REVISTA DE DIREITO MERCANTIL
industrial, econômico e financeiro

148

Publicação do
Instituto Brasileiro de Direito Comercial Comparado
e Biblioteca Tullio Ascarelli
do Departamento de Direito Comercial
da Faculdade de Direito da Universidade de São Paulo

Ano XLVI (Nova Série)
outubro-dezembro/2007

MALHEIROS
EDITORES

REVISTA DE DIREITO MERCANTIL
industrial, econômico e financeiro

Nova Série — Ano XLVI — n. 148 — outubro-dezembro de 2007

REVISTA DE DIREITO MERCANTIL
publicação trimestral de
MALHEIROS EDITORES LTDA.
Rua Paes de Araújo, 29, conjunto 171
CEP 04531-940
São Paulo, SP - Brasil
Tel. (11) 3078-7205
Fax: (11) 3168-5495

Assinaturas e comercialização:
CATAVENTO DISTRIBUIDORA DE LIVROS S.A.
Rua Conselheiro Ramalho, 928
CEP 01325-000
São Paulo, SP - Brasil
Tel. (11) 3289-0811
Fax: (11) 3251-3756

Diretor Responsável: Álvaro Malheiros
Diretora: Suzana Fleury Malheiros

Supervisão Gráfica: Vânia Lúcia Amato
Composição: *Scripta*

SUMÁRIO

DOUTRINA

REORGANIZAÇÃO SOCIETÁRIA E CONCORRÊNCIA.. 7
– RACHEL SZTAJN

ATUALIDADES

OPERAÇÕES COM DERIVATIVOS: UMA INTRODUÇÃO MULTIDISCIPLINAR E ALGUMAS LIÇÕES DA CRISE NO BRASIL 17
– ALEXSANDRO BROEDEL LOPES

SOCIEDADES DE GRANDE PORTE (Lei n. 11.638/2007, art. 3º).. 27
– ERASMO VALLADÃO A. E N. FRANÇA e MARCELO VIEIRA VON ADAMEK

O REGRESSO NO CONTRATO DE FOMENTO MERCANTIL 45
– CRISTIANO GOMES DE BRITO

RESPONSABILIDADE PATRIMONIAL DOS SÓCIOS E DOS EVENTUAIS EX-SÓCIOS PELAS OBRIGAÇÕES TRABALHISTAS CONTRAÍDAS PELA SOCIEDADE.................... 59
– JOSÉ ELIAS ALVARENGA DE PÁDUA

SOCIEDADE ANÔNIMA: UMA ANÁLISE SOBRE A NATUREZA DO CONFLITO DE INTERESSES DOS MEMBROS DO CONSELHO DE ADMINISTRAÇÃO 90
– FERNANDA AVIZ SANTOS

O PATRIMÔNIO DE AFETAÇÃO E AS EMPRESAS INDIVIDUAIS DE RESPONSABILIDADE LIMITADA.. 100
– MARIA ANTONIETA LYNCH

A PROTEÇÃO INTERNACIONAL DAS INDICAÇÕES GEOGRÁFICAS E SUA ATUAÇÃO COMO INSTRUMENTO DE DESENVOLVIMENTO 109
– ANALLUZA BRAVO BOLIVAR

O ENSINO DA DEFESA E DA PROMOÇÃO DA CONCORRÊNCIA NOS CURSOS DE GRADUAÇÃO EM DIREITO NO BRASIL: O ESTADO DA ARTE.................................... 140
– LEONARDO ARQUIMIMO DE CARVALHO

INSTRUMENTOS PARA INVESTIMENTOS E O CERTIFICADO DE RECEBÍVEIS DO AGRONEGÓCIO/CRA.. 146
– RENATO BURANELLO

ESPAÇO DISCENTE

A PROTEÇÃO DOS ACIONISTAS E CREDORES NA INCORPORAÇÃO 205
– Tércio Túlio Nunes Marcato

JURISPRUDÊNCIA COMENTADA

O CONTRATO-TIPO E A APLICAÇÃO DO CDC AOS CONTRATOS EMPRESARIAIS 223
– Gustavo Neto de Carvalho Dias

PARECERES

ATUAÇÃO DO ESTADO NO DOMÍNIO ECONÔMICO E SISTEMA FINANCEIRO NACIONAL. INEXIGIBILIDADE DE LICITAÇÃO EM INCORPORAÇÃO OU EM ALIENAÇÃO DO CONTROLE DE UMA SOCIEDADE DE ECONOMIA MISTA POR OUTRA SOCIEDADE DE ECONOMIA MISTA 233
– Gilberto Bercovici

Alexsandro Broedel Lopes

COLABORAM NESTE NÚMERO

Professor Titular de Contabilidade da Faculdade de Economia, Administração e Contabilidade da Universidade de São Paulo (FEA/USP). Professor Convidado da Faculdade de Direito da USP. Bacharel, Doutor e Livre-Docente em Contabilidade pela FEA/USP. Estudou Atuárias na PUC/SP. PhD em Finanças e Contabilidade pela *Manchester Business School*. Graduando em Direito pela Faculdade de Direito da USP. Membro do *Education Advisory Group* do IASB. Pesquisador do CNPq. Parecerista e Consultor em São Paulo.

Analluza Bravo Bolivar
Advogada em São Paulo.

Cristiano Gomes de Brito
Doutor e Mestre em Direito Empresarial pela Universidade Federal de Minas Gerais/UFMG. Especialista em Direito Processual Civil pela Universidade Federal de Uberlândia/UFU. Professor na Graduação e Pós-Graduação de Direito Empresarial, Civil e Processual Civil. Advogado em Uberlândia/MG.

Erasmo Valladão A. e N. França
Mestre e Doutor em Direito Comercial pela Faculdade de Direito da USP. Professor Doutor do Departamento de Direito Comercial da Faculdade de Direito da USP. Advogado em São Paulo.

Fernanda Aviz Santos
Advogada no Rio de Janeiro.

Gilberto Bercovici
Professor Associado da Faculdade de Direito da Universidade de São Paulo/USP. Doutor em Direito do Estado e Livre-Docente em Direito Econômico pela USP.

Gustavo Neto de Carvalho Dias
Mestrando em Direito Comercial pela USP. Advogado em São Paulo.

José Elias Alvarenga de Pádua
Bacharel em Direito pela Universidade de Itaúna/MG. Especialista em Direito de Empresa pela Pontifícia Universidade Católica de Minas Gerais/PUC-MG. Advogado.

Leonardo Arquimimo de Carvalho
Pesquisador da Escola de Direito de São Paulo da Fundação Getúlio Vargas (Direito/GV).

Marcelo Vieira von Adamek
Mestre e Doutorando em Direito Comercial pela Faculdade de Direito da USP. Pós-Graduado pelo IBRE/EASP-FGV. Advogado em São Paulo.

Maria Antonieta Lynch
Pós-Doutora pela Universidade Robert Schumam – Estrasburgo – França. Doutora em Direito. Professora Adjunta da UFPE.

Rachel Sztajn
Professora Associada da Faculdade de Direito da Universidade de São Paulo/USP.

Renato Buranello
Mestre em Direito Comercial pela PUC/SP. Graduado pela PUC/CAMP, com extensão em Comércio Exterior e *Banking* pela FGV. Professor do Curso de Direito Empresarial da PUC/SP (COGEAE). Fundador do Instituto Brasileiro de Desenvolvimento do Agronegócio/IBDA. Professor do MBA em Gestão do Agronegócio do Pensa-Fundace (FEA/USP). Membro do Instituto Brasileiro de Direito do Seguro/IBDS e da Academia Nacional de Seguro e Previdência/ANSP.

Tércio Túlio Nunes Marcato
Mestrando em Direito Empresarial pela Faculdade de Direito Milton Campos.

Doutrina

REORGANIZAÇÃO SOCIETÁRIA E CONCORRÊNCIA

RACHEL SZTAJN

1. A reorganização de sociedades empresárias, procedimento que inclui operações distintas como a cisão, fusão e incorporação, além da transformação do tipo societário, tem, em geral, origem em estratégias empresariais visando ao crescimento, à diversificação, à segregação de riscos, a par de processos de verticalização das atividades, pela agregação dos canais de distribuição.

Mais recentemente, prendem-se à inovação, à pesquisa e desenvolvimento de novos produtos ou serviços, bem como a aperfeiçoamentos qualitativos daqueles existentes.

Grosso modo essas estratégias podem ser agrupadas em duas diferentes vertentes: a) a primeira inclui aquelas operações em que a expansão das atividades, seja a integração vertical, seja horizontal, ao invés de produzidas por crescimento interno, são agilizadas mediante a fusão ou incorporação de outras sociedades que tenham como objeto as atividades visadas; b) a segunda vertente aparece quando a empresa entra em crise e os sócios consideram que uma das formas de superar os problemas é se desfazer de parcelas da atividade. Nesses casos a opção será a cisão, mais radical, ou o trespasse de estabelecimento, menos profunda, mas sempre tendo por meta, de um lado, segregar ativos ou riscos e, dessa forma, evitar a contaminação de todas as atividades pela crise de liquidez; de outro, fazer caixa para superar o problema momentâneo.

Na hipótese de crise estrutural, a adoção de estratégias que preservem ao menos parcela da(s) atividade(s) dependerá, conforme a profundidade com que os negócios tenham sido afetados, de não se tratar de efeito de crise setorial.

A legislação societária contempla, no Capítulo XVIII da Lei n. 6.404/1976 e alterações posteriores, os institutos da transformação (arts. 220 a 222) a incorporação, a fusão e a cisão (arts. 223 a 229). O art. 230 dispõe sobre o direito de recesso de acionistas dissidentes da deliberação que aprovar a incorporação, a fusão ou a cisão e, adiante, cuida-se de direito de credores.

2. A transformação é a operação mediante a qual se delibera a mudança da estrutura organizativa de uma sociedade que, em seguida, passa a ser regida pelas normas do tipo adotado. A transformação costuma ser aprovada quando, em sociedade que não seja do tipo por ações, os sócios entendem ser melhor buscar investimento direto, portanto, aumentar o capital, ao invés de via endividamento, salvo, por óbvio, a emissão de debêntures.

Após essa primeira decisão é necessário transformar a sociedade, convertendo-a em anônima para, em seguida, iniciar o procedimento de abertura nos termos previstos na legislação especial. E, inexistindo previsão estatutária, a aprovação deve ser unânime para esse tipo de reorganização.

A capitalização da sociedade facilita tanto a expansão dos processos produtivo e de comercialização, podendo-se mediante alteração contratual ou estatutária, ampliar o objeto social e com isso agregar novas atividades ou mesmo a entrada em outro setor da economia.

3. A cisão é a operação mediante a qual se divide, em duas ou mais partes, o patrimônio da sociedade que poderá ser extinta se todas as parcelas forem vertidas em sociedades novas, especialmente constituídas para recebê-los ou se forem incorporados em sociedades existentes. Se alguma parcela do patrimônio cindido não for vertida em nenhuma outra sociedade, remanesce a antiga com o que restar.

Esse tipo de operação serve para separar atividades que, ao longo do tempo, perdem a sinergia de forma que uma pode onerar as demais. Outro motivo pode estar associado a divergências entre membros da sociedade.

No que aqui se pretende tratar interessam a incorporação ou a fusão de parcela(s) cindida(s) em outras sociedades.

4. A fusão é a operação pela qual duas ou mais sociedades existentes se somam, constituindo-se uma sociedade nova, que recebe os patrimônios das anteriores que, dessa forma, desaparecem. A fusão facilita o "surgimento" de sociedades de maior porte e que, por receberem patrimônios de outras, opera mais rapidamente do que uma sociedade constituída *ex novo.*

Quando se pensa em fusão de duas ou mais sociedades para a constituição de uma nova há que considerar a partilha do capital social desta sociedade entre os sócios ou acionistas das sociedades que desaparecem. Nesses casos, tal como na incorporação, a avaliação de cada uma das sociedades permite antecipar a nova divisão de poder entre os membros da resultante e, em certa medida, as eventuais disputas entre eles, na aprovação de matérias submetidas à deliberação que poderão emergir.

5. Denomina-se *incorporação* a operação mediante a qual uma sociedade existente recebe o patrimônio ou parcela de patrimônio de sociedade cindida, permanecendo a incorporadora e desaparecendo a incorporada.

Por ser mais usual do que a fusão na estratégia de crescimento de sociedades, a incorporação será o objeto da discussão focada na concorrência, na mudança de estruturas de mercado pelo que se denomina *crescimento externo.*

Vale dizer que quando uma atividade produz lucros que permitem sua expansão, exceto em face de condutas específicas, a alteração da estrutura do mercado, ou seja, a eventual dificuldade de entrada de novos participantes por exigência de economias de escala, portanto vultosos investimentos, as autoridades reguladoras não poderão impedir o processo.

Quando o crescimento é externo, resulta de estratégia que retira concorrentes do mercado e altera o equilíbrio de forças anterior, então sim, as autoridades às quais incumbe promover a concorrência, podem intervir. E isto é verdadeiro em todos os países cujas economias são ditas de mercado e em que a livre iniciativa, a faculdade para entrar, permanecer ou sair do mercado, é regra.

Portanto, o foco da reorganização de sociedades será dirigido para os processos de incorporação como instrumento para somar forças, diversificar atividades, enfim, para o crescimento externo e os efeitos que as estratégias empresariais produzem nas estruturas de mercado. Problemas relativos às crises estruturais das empresas e as soluções previstas na legislação falencial de 2005 serão tratados tangencialmente e apenas na medida em que tenham projeções no plano concorrencial.

De toda forma, trata-se de compreender as externalidades de decisões de membros das sociedades e de sua análise sob o ângulo das eficiências e a distribuição, ou não, de benefícios e rupturas danosas à competição, portanto, os efeitos externos sobre mercados e consumidores. Não se enfocará o exercício do recesso nem, quando aplicável, a aquisição de ações na hipótese do art. 4º, § 5º, da Lei n. 6.404/1976 e modificações. Particularmente porque o § 2º ao art. 4-A exclui, do cômputo das ações em circulação, aquelas tituladas pelos controladores.

6. Parte-se da noção de que os agentes econômicos são movidos, na tomada de decisões, por incentivos e, para tanto, formulam estratégias com vistas quer à maximização de utilidades, quer à minimização de perdas.

Considera-se, ademais, que os agentes econômicos racionais, por conta das relações interindividuais e coletivas, especialmente em mercados, reagem às estratégias dos outros, o que permite estabelecer modelos estratégicos tanto de cooperação quanto de não-cooperação.

Nesse sentido, a Teoria dos Jogos formula, ainda, modelos de interação prevendo jogadas simultâneas e outros, em que as jogadas são seqüenciais, leva em conta a natureza e completude da informação.

Informação, ao contrário do que muitos imaginam, não é apenas importante no processo decisório, mas tem valor, pode ser entendida precificada e transferida mediante contraprestação que, não necessariamente, é valor monetário. Assimetria informacional constitui sério problema quando se observa o funcionamento de mercados.

O modelo de que se parte é o dos mercados de concorrência perfeita, nos quais a informação é amplamente disseminada e detida por todos os participantes. Esse modelo de mercado, cuja existência real é rara, foi elaborado pelos economistas para explicar os efeitos indesejáveis associados a estruturas diferentes daquela. É que, nos mercados em que a concorrência não segue o modelo da perfeita, a formação de preços pode comprometer, para reduzi-lo, o excedente do consumidor o que resulta em perda de bem-estar na sociedade.

A extração de recursos da sociedade por empresas que operam em regime de monopólio ou oligopólio tem que ver com imperfeições de mercado, demandando regulação para tentar evitar esse resultado. Por isso, o controle das concentrações empresariais e o questionamento dos regimes de monopólio são, por vezes, garantidos pelo Estado.

7. Empresas são criadas, explica Ronald H. Coase, em seu trabalho de 1937,[1] para redução dos custos de transação provocados pela atuação em mercados. O que Coase demonstra é que, ao organizar empresas, por conta da hierarquia de comando da estrutura adotada, os ganhos decorrem da especialização das atividades; da segurança que contratos de longo prazo proporcionam no planejamento da oferta; da redução dos efeitos da volatilidade, o que reduz, substancialmente, a incerteza sobre a disponibilidade de bens e serviços ao longo do tempo.

Para Coase a perseguição de redução dos custos de transação leva à decisão de organizar empresas que, no mais das vezes, aparecem sob forma de sociedades. A mesma lógica – redução de custos de transação –, pode ser aplicada à reorganização das empresas quer no plano da reorganização societária, vale dizer aquele formal-estrutural, quer no interno, o administrativo-operacional.

Claro que até mesmo a decisão de organizar a empresa tem fundamento estratégico – escolha do tipo de atividade, localização, informação sobre as empresas concorrentes, mercado local, estadual, nacional, além de especialização, quando requerida. No que concerne ao crescimento, há que considerar o aumento da participação no mercado, desenvolvimento tecnológico ou as crises.

Cada situação será analisada pelos empresários que, em seguida, desenharão uma estratégia para alcançar o objetivo, e na qual a minimização de danos e a maxi-

1. "The nature of the firm", atualmente em *The Firm, the Market and the Law.*

mização dos resultados futuros estarão presentes. Dado que a empresa opera em mercados e há a probabilidade de que as estratégias adotadas produzam efeitos que alcancem interesses de terceiros é curial que autoridades administrativas ou judiciais, em certas circunstâncias, tenham poder para impedir a implementação da estratégia ou para impor seu redesenho.

A preservação de atividades econômicas existentes, notadamente da óptica da função social da empresa (que muitos entendem como a manutenção de postos de trabalho, e para outros se refere, também, à preservação da oferta dos bens e serviços em mercados), no que tange a empresas em crise, pode ser fator que induza a aceitar alguma concentração a pretexto de "salvar a empresa" que, de outra forma, poderia ser liquidada. Isto significaria não submeter ao CADE certas fusões, aquisições de controle ou incorporações?

A resposta depende de cada caso, será afirmativa ou negativa? Se a "salvação" da empresa em crise mediante operação de fusão ou incorporação, resultar em ganhos de eficiência para a criada ou para a incorporadora, desde que não se configurem barreiras à entrada de novos agentes econômicos naquele mercado, não há motivo para que a autoridade concorrencial negue a operação, exatamente como faria na ausência de crise.

Se, contudo, a operação for de mero "resgate" de uma empresa sem ganhos de eficiência, o problema se coloca sob outra perspectiva. Não se justifica salvar uma empresa em crise recorrendo à concentração se houver indícios de que será danosa para o funcionamento do mercado. Há que encontrar outra solução para reorganizar empresa em crise ante a suspeita de que a incorporação ou a fusão poderá gerar poder no mercado se desacompanhada de ganhos de eficiência.

8. Mercado e eficiência: sem definir ou delimitar o mercado, para o quê se recorre à análise baseada na elasticidade cruzada – isto é, a variação da demanda de um bem quando seu substituto tenha o preço aumentado ou reduzido, ou a variação da demanda desse outro produto quando haja variação do preço do primeiro –, não há como avaliar os efeitos de uma concentração empresarial em relação ao bem-estar do consumidor ou, de outra forma, se o excedente do consumidor poderá ser reduzido.

A elasticidade cruzada quando preços e produtos substitutos entre si são comparados, porém, nem sempre leva em conta ganhos de eficiência, particularmente aquela denominada dinâmica, como se verá adiante.

Do ponto de vista da eficiência produtiva, as reorganizações societárias são importantes porque é possível avançar tanto na parte de melhor alocação dos recursos produtivos quanto no que concerne à eficiência produtiva.

No que se refere à primeira, considera-se que em face da escassez dos bens é de preferir que sejam alocados para quem deles faça melhor uso, esteja disposto a "pagar mais" para tê-los. O valor de uso prepondera nessa avaliação pelo que essa eficiência induz as empresas a ajustarem os níveis de produção de forma tal que o custo marginal se aproxime do preço marginal, valor que os consumidores atribuirão à última unidade produzida.

Já a eficiência produtiva incentiva as empresas a buscarem processos que reduzam os custos de produção. A redução de custos tem como um dos pilares as economias de escala; outro desses pilares é a racionalização das atividades em que até mesmo as atividades secundárias geram economia, levando a produzir mais ou com melhor qualidade, sem aumento dos custos fixos.

Dado que a concorrência tende a eliminar dos mercados aquelas empresas ineficientes, estimula-se produtores a operarem o mais perto possível da eficiência alocativa, com o que os preços se aproximam do custo marginal e avançam na eficiência produtiva para reduzir custos totais.

Duas outras eficiências devem ser consideradas, a estática e a dinâmica. Estas resultam de sinergias que favorecem o aperfeiçoamento das operações e podem levar à redução de custos, melhora da qualidade do(s) produto(s) ou serviço, ao desenvolvimento de novos produtos, ou, de forma potencialmente continuada, ao aperfeiçoamento da produção.

A eficiência dinâmica prende-ser à aptidão para inovar, portanto mais próxima do desenvolvimento de novos produtos e/ ou mercados, do que decorre maior risco, assim como áreas em que avanços tecnológicos são rápidos. Por isso que ganhos de escala em pesquisa e desenvolvimento são apreciados sob esta ótica enquanto, sob a estática, ficam os ganhos ou aperfeiçoamentos que ocorrem uma só vez.

É que, imagina-se, ganhos de eficiência dinâmicos, no médio prazo, tenderão a superar aqueles gerados pela eficiência estática, embora sejam mais difíceis de demonstrar. Os últimos são mais evidentes e imediatos e, com o recurso em modelos de gestão, baseados em cálculos econométricos, não é preciso considerar o fator tempo, a incerteza dos resultados futuros para aferir as vantagens.

A questão se prende à aceitação, por autoridades responsáveis pela fiscalização da concorrência, de recorrerem às eficiências como critério para aprovar concentrações de empresas que, anteriormente eram vetadas. A tendência, que representa inflexão da curva de avaliação de concentrações, é nesse sentido. A concorrência não é mais vista como valor por si e as eficiências informam as decisões administrativas. Dificuldade que persiste tem a ver com a demonstração de que os ganhos de eficiência são factíveis e, em certos casos, que compensarão os previsíveis efeitos anticoncorrenciais, especialmente no que tange à eficiência dinâmica que é mais complexa do que face à estática.

A última, por se basear em ganhos de escala, é muito mais simples. Basta comparar a divisão dos custos fixos atuais e os projetados e, se o divisor for maior, é matematicamente certo que o resultado por unidade será menor. Aquela, por envolver ganhos incrementais ao longo do tempo, permite indagar sobre ser factível atingir a projeção, sobre os resultados futuros corresponderem às previsões, notadamente porque os efeitos negativos sobre o(s) mercado(s) são atuais.

9. Da óptica dos contratos incompletos trata-se de estimar que eventos futuros e não previsíveis podem incidir sobre o plano e como, se ocorrerem, afetarão a estratégia que se prolonga no tempo. Há planos alternativos para enfrentar mudanças do "estado da natureza"? Como comparar qualidade atual com a prevista para produtos cuja pesquisa está em curso? Novos produtos que venham a competir com o pesquisado podem surgir; que efeitos produzirão sobre o investimento? Quanto de aperfeiçoamento ou melhoria de qualidade o consumidor exigirá para um determinado nível de preço que possa deslocar pessoas de um para outro produto/serviço? Como mesurar as incertezas inerentes à inovação que venham a aumentar os custos de produção, ou insucesso comercial?

Incertezas quanto à qualidade e competitividade da inovação e insucesso comercial, por exemplo, comuns na indústria de fármacos, sugerem que mesmo considerando que a concentração tem eficiência dinâmica, o risco sobre o sistema concorrencial indicaria como solução vetá-la.

Nesse campo há problemas adicionais como, por exemplo, o que fazer quando algum medicamento deve ser retirado do mercado porque produz efeitos colaterais imprevistos ou que se imaginava seriam marginais? Devem-se tais efeitos ao princípio ativo ou à combinação com outros fármacos?

Patente, pois, a dificuldade de estudar e aceitar, para fins de reorganização societária, as eficiências dinâmicas ainda quando se trate de pesquisa e desenvolvimento em certos setores da economia.

Admita-se, por isso, que a eficiência dinâmica, nada obstante o apelo teórico, não supera todas as dificuldades que a concentração possa produzir. As recomendações no sentido de privilegiar a inovação em razão de seu peso maior na promoção do bem-estar geral, e mesmo acreditando-se que as eficiências dinâmicas têm potencial para melhor explorar esse resultado que, no final, beneficiará consumidores, não bastam para que se afirme que novo e inatacável critério existe na matéria. Dificuldades de superar problemas para aferir se os ganhos serão reais, notadamente quando dependem da qualidade dos produtos ou serviços futuros, perduram.

9.1 Abre-se parênteses para tratar do excedente do consumidor como meta, que, para alguns, deve dominar a política concorrencial, contra outros que entendam que o bem-estar geral, portanto, os ganhos dos empresários, seriam melhor padrão para avaliar as eficiências.

Não há dúvida que, em certas situações, o peso derivado da concentração pode exceder os ganhos de eficiência produzidos, hipóteses em que a perda dos consumidores não será razoável. Contudo, em face de monopsônios ou oligopsônios, há que repensar se o padrão que dá prevalência aos consumidores deve ser mantido.

Há quem entenda mais adequado incluir todos os fatores de distribuição de ganhos nas análises de incorporações, e que as autoridades, ao considerar o bem-estar geral na avaliação das concentrações, agem de forma viesada, enquanto outros consideram que avaliar efeitos distributivos tornaria difícil explicar certas operações. E que não se compreende bem porque os empresários e trabalhadores das empresas que obtenham esses benefícios devam agir para favorecer consumidores em face de produtores e baseiam o raciocínio em bens de luxo. Dizem que há uma divisão lógida do trabalho entre as políticas públicas e que se a concorrencial foca os ganhos totais, outras se voltam para a distribuição do excedente segundo critérios de justiça.

Quando as concentrações são decididas pelos empresários é porque vêem nelas algumas vantagens mútuas. Claro que assimetrias informacionais e incentivos específicos influem e o excedente do produtor há de ser vantajoso.

Em que medida membros das sociedades incorporadoras se beneficiam das incorporações e qual a relação com os benefícios das sociedades incorporadas? Os ganhos de eficiência serão igualmente partilhados?

Essas dúvidas induzem a repensar a faculdade inserta na Lei n. 11.101/2005 sobre o plano de reorganização de empresas em crise prever, como uma das soluções ou alternativas, as incorporações. Será que nesses casos o legislador considerou dois fatores: possível negativa do CADE que impedirá a operação e a divisão dos ganhos dela resultantes, na hipótese de não se incorrer na proibição? Se os ganhos forem atribuídos apenas aos membros das sociedades em crise, a incorporada, dificilmente haverá interessados na concretização das operações. Se beneficiarem apenas os sócios das incorporadoras, provavelmente os credores daquela não aprovarão o plano. Assim, pode-se estar frente a uma alternativa que, na prática, será ineficiente.

9.2 Retornando ao campo das eficiências, as transativas, em que o aspecto redução de custos nas operações complementares sobreleva, é preciso que a operação de concentração visada gere redução de custos naquelas áreas em que as atividades sejam secundárias.

Para alguns economistas a racionalidade dos ganhos de eficiência que, em certas reorganizações, supera os efeitos adversos da concentração empresarial, faculta sua aprovação mesmo frente à hipótese de criação de eventual poder de mercado. Dizem, nesses casos, que os ganhos para os produtores são tão importantes quanto aqueles dos consumidores e que impedi-las, as concentrações, não é boa estratégia e que o desincentivo de tal política não interessa ao desenvolvimento econômico. Esta tem sido a posição majoritária da aplicação das normas concorrenciais.

Perante tais argumentos, no que tange a incentivos, uma incorporação será eficiente e deve ser aprovada nada obstante a concentração em mercado, inexistindo formas melhores de garantir as operações além de serem pouco viáveis, no plano econômico, alternativas que produzam o mesmo grau de eficiência.

Sobre ganhos de eficiência, a investigação projeta-se sobre repasse, ou não, aos consumidores e se será integral ou parcial. Demais disso, a análise volta-se para os efeitos sobre outros mercados, o que permite pensar a aprovação com ou sem restrições.

10. Efeitos sobre mercado em que atuam as sociedades cuja reorganização se avalia, tem nas barreiras à entrada um de seus pontos cardeais. Para Malcolm B. Coate,[2] nesse campo, é preciso que se determinem as condições estruturais ou os comportamentos estratégicos que dificultem ou impeçam que as forças de mercado atuem de forma rápida.

As políticas devem ser suficientemente estruturadas e aptas a lidar com as inovações empresariais, por isso que se volta para a Teoria dos Jogos como ferramenta que auxilia a entender estratégias e formular medidas para conter os efeitos indesejáveis da concentração.

Sobre recurso a Teoria dos Jogos, Coate e Jeffrey Fisher,[3] explicam que, depois de 1993, quando a Suprema Corte norte-americana decidiu o caso *Daubert*, ficou assente nos Estados Unidos da América que compete aos juízes avaliarem as bases científicas dos testemunhos de espertos, sendo tal análise feita em bases confiáveis, ou seja, científicas, a par de ter relevante contribuição para o deslinde da disputa.

Consideram que há conceitos subjacentes a quaisquer discussões científicas. A ciência parte de observação e mensuração, seguindo-se, se possível, a experimentação que permite novas observações. Enquanto os filósofos se perguntam se um fato é efetivamente fato, a maioria dos cientistas entende que observações mensuráveis são fatos; cientistas procuram determinar as relações entre vários fatos associando-os a premissas ou pressupostos de sorte a demonstrar a validade da teoria. Esse procedimento ou processo permite aceitar ou rejeitar teoria. Há quem diga que uma teoria é boa enquanto não for "desprovada".

Já em face da teoria dos jogos, modelagem de estratégias, uma proposta que combina o equilíbrio de Nash – ninguém pode melhorar sua posição em face das estratégias disponíveis para o outro jogador – com o de Bertrand[4] - cada empresa fixará o preço de seu produto levando em conta as expectativas dos comportamentos dos concorrentes, considera (o sujeito não é uma proposta, no singular?) que nem sempre os modelos capturam toda a realidade e que, quando as premissas deixam de capturar a realidade subjacente serão falsas ainda que apoiadas em simplificações, a realidade.

De toda sorte, a teoria dos jogos leva a repensar a firma e o processo concorren-

2. "Theory Meets Pratice: Barriers to Entry in Merger Analysis", in *Review of Law and Economics* 1-4, 2008, pp. 183 e ss.

3. Malcolm B. Coate e Jeffrey Fisher, *Daubert, Science, and Modern Game Theory: Implications for Merger Analysis*, disponível em *SSRN.com*, consultado em out./2008.

4. Para Bertrand, tratando-se de bens homogêneos, uma só empresa imporia preço de monopólio, várias delas concorreriam entre si e o preço seria o custo marginal, o que nada mais é do que a clássica teoria do monopólio e da concorrência.

cial é modelado ainda que se pense que cada empresa age independentemente, o que, sabe-se, nem sempre é verdade. Por isso, pensa-se em elasticidades preço e demanda e margem de lucro para avaliar as alterações de estruturas de mercado derivadas de concentrações ou coordenação de ações.

Conclusão dos articulistas indica ser difícil elaborar modelos de jogos generalizáveis, pelo que testes empíricos são requeridos em cada caso, embora afirmem que a teoria econômica é importante para apreciar incorporações nada obstante fatos sejam fundamentais para afirmar a redução da concorrência delas decorrentes.

11. A eficácia de uma política relacionada a incorporações deve ter presente a existência ou a criação de barreiras à entrada de forma a determinar como tornar essa "ameaça" o menos provável. As soluções serão diferentes diante de mercados homogêneos ou diferenciados, assim como podem mudar se a diferenciação for vertical ou espacial.

Tratando-se de mercados homogêneos convém investigar se os consumidores terão interesse em produtos similares (rivais) além de considerar que, sendo os bens relativamente homogêneos, se há algum nicho o que evita a disputa no plano mais geral.

Se os mercados são diferenciados outras devem ser as estratégias, portanto, diz Coate, a análise de entrada considerará o que deve ser feito para duplicar a posição de uma das partes envolvidas na incorporação.

12. Barreiras à entrada, por sua vez, podem decorrer não apenas de ações das empresas existentes, como de políticas públicas, ações do governo. É o caso de concessão de licenças, incentivos fiscais e financeiros, regulação. Políticas visando a controlar externalidades negativas e garantia de qualidade de produtos, são, também, em certa medida, barreiras à entrada, ao menos no que concerne ao tempo despendido para cumprir as exigências regulatórias.

Muitas das barreiras governamentais foram desenhadas para mercados estáticos e não se ajustam à atual dinâmica de alguns setores da economia. Este é o espaço em que a Teoria dos Jogos pode colaborar, seja para criar a barreira, seja para obter benefícios por entrar primeiro. Patentes, monopólio privado, são outro tipo de barreira à entrada que, na melhor das hipóteses, atrasa a competição. Curiosamente considera-se que quando os consumidores demandam inovação, pode-se ver aí outra barreira à entrada.

Enfim, as conclusões do estudo citado indicam ser melhor, no avaliar incorporações societárias, operar caso a caso e não se prender muito a considerações teóricas e ideológicas, e que as possíveis respostas do mercado para a concorrência, o marco regulatório e outras barreiras devem ser incluídos no procedimento.

13. No Brasil as operações de fusão e incorporação são submetidas aos órgãos de defesa da concorrência e estão disciplinadas na Lei n. 8.884/1994, das quais se destacam os arts. 20 e 21, relativos às infrações à ordem econômica, e o art. 54 que dispõe sobre o controle dos atos de concentração.

O art. 54 determina que aqueles atos (negócios jurídicos) que possam afetar a livre concorrência devem ser submetidos à apreciação do CADE, o que, por evidente, inclui as operações de reorganização societária, objeto do presente.

Nos últimos anos o CADE tem procurado nos casos de concentração mais complexos, que ainda são poucos, adotar os critérios de eficiência levando em conta os diferentes efeitos que a operação produz sobre o bem-estar geral, desde que não haja perdas para os consumidores.

Alguns dos casos de concentração empresarial no Brasil são emblemáticos da importância da política concorrencial. Vejam-se os casos AmBev – fusão da Antártica com a Brahma e a criação de uma nova sociedade –, o caso Kolynos na área de cremes dentifrícios, e por derradeiro, a aquisição do controle da Garoto pela Nestlé.

Supõe-se que será submetido ao crivo do CADE a formação da BrOi, operadora de telefonia que associa a Brasil Telecom à Oi Telecom, porque os efeitos sobre o mercado podem, no médio prazo, ser devastadores se a operação redundar em barreiras à entrada a par do desincentivo que acometerá as demais operadoras de telefonia, fixa ou móvel, instaladas no país.

13.1 O caso Nestlé-Garoto é, provavelmente, o mais emblemático dentre aqueles recentes. A aquisição pela Nestlé das ações representativas do capital social da Chocolates Garoto resulta em elevada concentração horizontal no mercado de chocolates. Elevada elasticidade cruzada de demanda no que se refere a chocolates – barras ou bombons –, especialmente porque a distribuição desse tipo de produto se faz por canais praticamente controlados pelas empresas que operam no país há tempo.

No plano das eficiências as autoridades avaliaram a redução de custos pelo encerramento de estabelecimentos, ganhos com a redução das despesas de locação, redução de custos de embalagem e de mudanças das composições e ingredientes utilizados na fabricação dos produtos, ganhos pela otimização da distribuição e com a aquisição de derivados de cacau, entre outras.

Depois de avaliar a proposta, à luz dos argumentos da adquirente e de empresas contrárias à operação, o CADE deliberou vetar a operação, argumentando que a redução de custos variáveis não era justificativa suficiente e que não se via mecanismos para reduzir os efeitos negativos da concentração.

13.2 O caso AmBev reflete a fusão da Companhia Antarctica Paulista Indústria Brasileira de Bebidas e Conexos (Antarctica) pela Companhia Cervejaria Brahma (Brahma), denominada Companhia de Bebidas das Américas (AmBev). A operação foi analisada tendo como centro ou eixo o mercado de cervejas, visto que as duas sociedades detinham, em conjunto, participação ao redor de 75%, e as outras empresas, algumas regionais ou locais, não teriam condições de competir no plano nacional.

Tratava-se de operação que criaria barreiras à entrada seja no que se refere ao aspecto marca seja em face do sistema de distribuição, de acesso aos pontos de venda direta aos consumidores e de certa forma dominados por aquelas duas sociedades.

As eficiências apresentadas foram: redução de custos fixos e variáveis, além dos administrativos, a otimização das despesas com transporte, alinhamento de preços das matérias-primas e, particularmente, a possibilidade de internacionalização da nova sociedade o que, ao final, deu-se mediante a incorporação com cervejeira belga.

Nada obstante os pareceres da SEAE e da SDE fossem contrários à operação, concluiu-se que o efeito líquido sobre o mercado era positivo e o CADE aprovou a fusão.

13.3 No caso Kolynos, a decisão de aprovar a operação impôs como condição, ou a cessão da marca do dentifrício a alguma outra sociedade, ou a abstenção do uso por 10 anos para compensar os efeitos anticoncorrenciais dela oriundos. Foi a maneira encontrada para impedir que o uso da marca muito conhecida facilitasse a criação de barreiras à entrada em mercado de produto que não carrega inovação e no qual a diferenciação tem em sabores, embalagem e a marca os diferenciais.

14. Conclusão: a reorganização de sociedades mediante incorporação ou fusão que, sob o aspecto da legislação societária aparece como simples decisão de seus sócios ou acionistas, extravasa o plano das decisões societárias internas dados eventuais efeitos sobre mercados. Esse o ponto em que a autonomia privada é posta sob escrutínio, pois outros interesses, os dos agentes que poderão ser afetados por uma decisão interna e sobre a qual não têm ingerência, ganham destaque.

A proteção às estruturas de mercado, para torná-los tão próximos quanto possível daquele modelo da concorrência perfeita, interfere sobre os interesses dos empresários. O argumento de que haverá ganhos de eficiência não basta, por si só, para apagar a discussão sobre os benefícios que a operação deve propiciar aos consumidores e o impacta sobre o bem-estar geral.

Lembre-se que até mesmo a fumaça expelida pela chaminé da lareira de uma residência pode afetar a saúde ou o bem-estar do morador da casa vizinha.

Analisar fusões e incorporações deve levar em conta tanto que os ganhos incrementais de inovações, aperfeiçoamentos na qualidade dos produtos ou serviços baseados nos ganhos das concentrações são desejáveis; como reduções de custo por ganhos de eficiência também. Porém, é preciso comparar tais ganhos com as externalidades, os efeitos sobre os mercados que a concentração causará antes de aprovar-se sem reservas, impor restrições ou, em última hipótese, vetar. A primeira análise é feita pela autoridade administrativa e, em grau de revisão, pelo Judiciário, o qual não deverá ficar adstrito apenas aos aspectos procedimentais, mas, tal como propõe Coate, entender que a ciência deve estar ligada à realidade fática.

Atualidades

OPERAÇÕES COM DERIVATIVOS: UMA INTRODUÇÃO MULTIDISCIPLINAR E ALGUMAS LIÇÕES DA CRISE NO BRASIL

ALEXSANDRO BROEDEL LOPES

1. Introdução. 2. Aspectos operacionais: a) Definições; b) Principais produtos; c) Finalidades; d) Apreçamento; e) Gestão de riscos. 3. Aspectos contábeis. 4. Opções reais e investimentos em ativos permanentes. 5. Questões de Direito Tributário e Societário. 6. Regulação prudencial. 7. Lições da crise recente. 8. Conclusão. Referências.

1. Introdução

O tema sobre o qual versa este artigo são as operações com derivativos. Devido à extensão do tema, nós o subdividimos em seis categorias:

(*i*) aspectos operacionais,

(*ii*) aspectos contábeis,

(*iii*) opções reais e investimentos em ativos permanentes,

(*iv*) questões do Direito Tributário e Societário,

(*v*) regulação prudencial e

(*vi*) lições da crise recente.

Essa divisão está orientada pelo fato de os instrumentos financeiros derivativos possuírem várias facetas que impactam diferentes aspectos da realidade econômica e jurídica. A consideração uníssona de uma de suas dimensões é frágil do ponto de vista de se entender a extensão de sua complexidade e impacto na sociedade. Longe de ter como objetivo exaurir o tema este artigo visa somente oferecer uma reflexão introdutória sobre as complexidades da realidade das operações com derivativos.

Outro aspecto que orienta a discussão aqui apresentada é a multi e interdisciplinaridade do tema. Para que se possa entender adequadamente o fenômeno instrumento financeiro derivativo é necessário o apoio de conhecimentos advindos das teorias de Finanças, Contabilidade, do estudo do Direito e da Regulação. É comum, porém árido e infrutífero, a tentativa de se entender as razões que motivam estruturas de *hedge*, por exemplo, somente pelo ponto de vista financeiro.

2. Aspectos operacionais

Esta seção está subdividida nas seguintes subseções: (*i*) definições, (*ii*) principais produtos, (*iii*) finalidades, (*iv*) apreçamento (precificação), e (*v*) gestão de riscos.

a) Definições

Instrumentos financeiros derivativos têm sido tradicionalmente definidos como aqueles instrumentos financeiros cujo valor depende do comportamento de um ativo subjacente ou *underlying* (Hull, 1997). O Pronunciamento n. 133 do FASB (FASB, 1998) apresenta uma definição mais precisa desses produtos. Segundo o FASB, instrumentos financeiros derivativos devem possuir três características concomitantes, a saber: (*i*) investimento inicial nulo ou muito pequeno, (*ii*) presença de um ou mais ativos subjacentes e (*iii*) liquidação em uma data futura. Dentro dessa definição assume papel importante a presença de um ativo subjacente cujo valor seja obtido de forma objetiva. Normalmente, esse valor é encontrado por intermédio de cotações em bolsas de mercadorias e ações ou publicado por um órgão independente como um instituto de pesquisas. Esse fato explica porque existem derivativos negociados sobre o resultado de uma copa do mundo e não existem derivativos negociados sobre placas de aço.

Apesar do grande interesse demonstrado pelo setor siderúrgico não existem bolsas de negociação e placas de aço nem formas objetivas de se apurar seu valor de mercado. É importante ressaltar que essa definição foi adotada pelas normas contábeis internacionais (IAS 39, *Financial Instruments: Recognition and Measurement*) e, conseqüentemente, pelo Pronunciamento Técnico CPC (Comitê de Pronunciamentos Contábeis) n. 14: Instrumentos Financeiros – Reconhecimento e Mensuração.

Assim, para que surja um novo instrumento financeiro derivativo duas condições precisam se estabelecer. Inicialmente, deve haver um interesse econômico no comportamento futuro da variável em questão advinda da grande flutuação do seu valor, dos impactos econômicos da mesma no resultado das empresas ou de ambos. Em segundo lugar, essa variável, que será base para a operação com o derivativo, deve ser objetivamente determinada por intermédio de sua cotação em bolsa de valores (no caso das ações) ou determinada de forma independente (no caso do índice de inflação). Atendidas essas condições não existem limites para o surgimento de novos produtos. O crescente mercado de derivativos climáticos exemplifica essa situação.

A BM&F Bovespa é freqüentemente classificada entre as dez maiores bolsas de mercadorias e derivativos do mundo. Os profissionais atuantes no Brasil também são considerados de nível internacional nesse setor. O mercado, no entanto, ainda é bastante concentrado nos derivativos relacionados a taxas de juros, câmbio e cupom cambial.

Apesar do crescimento dos derivativos agropecuários nos últimos anos, a participação desses ainda é pequena em relação ao total. Outro fenômeno recente do mercado de derivativos brasileiro é a popularização dos contratos que vem tendo seu valor reduzido para atender às demandas de pequenas empresas e investidores individuais.

b) Principais produtos

Os produtos derivativos básicos são de quatro naturezas: (*i*) contratos a termo ou *forwards*, (*ii*) contratos futuros, (*iii*) *swaps* e (*iv*) opções. Esses contratos são operados individualmente no mercado ou dentro de estratégias que se classificam em três famílias: (*i*) estratégias com um derivativo e o ativo objeto, (*ii*) estratégias com derivativos de mesma natureza, e (*iii*) estratégias com derivativos de naturezas diferentes. Os derivativos podem ainda ser classificados como do tipo tradicional (*plain vanilla*) nos quais as cláusulas contratuais são padronizadas ou do tipo exótico nos quais as cláusulas básicas são modificadas para atender à demanda dos investidores.

Os contratos a termo são os derivativos mais simples pois envolvem o compromisso de se comprar/vender um ativo em uma data futura. Os contratos a termo surgiram na negociação de produtos agrícolas entre produtores e compradores conforme apresenta Bernstein (1996). Eles podem ser negociados em bolsas de valores ou em mercado de balcão organizado. Nos contratos a termo não existem desembolsos iniciais e nem intermediários pelos participantes. A liquidação somente é realizada no vencimento. A grande maioria dos contratos a termo é liquidada sem a entrega da mercadoria – é feito um mero ajuste financeiro no vencimento. Um derivativo dessa natureza muito negociado no Brasil é o NDF (*Non Deliverable Forward*) que se refere a um contrato a termo sem entrega de dólares em uma data futura. Supondo que o contrato a termo realizado em 1.3.2009 defina o preço de exercício (*strike* ou preço de entrega) para o dólar no dia 1.6.2009 em R$ 1,80/US$. Não existe fluxo financeiro entre a data da contratação e o vencimento (exceto por taxas, corretagens e emolumentos pagos à Bolsa e às corretoras). No vencimento (supondo que o dólar à vista esteja cotado a R$ 1,90/US$) o comprador receberá R$ 0,10 por cada dólar negociado (normalmente os contratos são de US$ 100,000). Esse valor ainda deverá ser multiplicado pelo número de contratos para que se apure o valor final de pagamento. Não existe a necessidade de compra e respectiva entrega dos dólares. Todo o ajuste é feito pela diferença, em reais.

Os contratos a termo estão envolvidos em grande incerteza a respeito da capacidade de pagamento das partes no vencimento. Como não existem desembolsos iniciais e nem intermediários, toda a variação é realizada financeiramente no vencimento do contrato. Esse processo gera significativo risco de crédito para as partes (no caso do mercado de balcão) e para a bolsa (no caso de operações realizadas no pregão). Para resolver esse problema as bolsas de valores criaram os chamados contratos futuros que são, essencialmente, contratos a termo nos quais os pagamentos são feitos diariamente – os chamados ajustes diários. Os ajustes diários são realizados pela bolsa e reduzem muito o risco de crédito (ele se torna, de fato, oriundo de um único dia de variação). Os contratos futuros somente podem ser negociados em bolsas uma vez que o mecanismo de ajuste demanda grande complexidade operacional. Não existem contratos futuros sobre ações no Brasil.

Os contratos de *swap* correspondem, basicamente, à conjugação de dois contratos a termo. No *swap* o investidor não fica comprado ou vendido em uma dada variável, mas sim na diferença entre o comportamento de duas variáveis. No Brasil são muito comuns os *swaps* que envolvem a troca de variação cambial por taxa de juros local (CDI – Certificado de Depósito Interbancário que corresponde à taxa de remuneração das operações de empréstimos de recursos entre as instituições financeiras; corresponde a LIBOR no mercado inglês) ou taxa pré.

Esses contratos são usados por empresas que possuem dívidas em moeda estrangeira e precisam se proteger. Assim, elas ficam compradas em dólar (ou seja, recebem a variação cambial) em troca do pagamento da taxa pré-fixada ou CDI. Nessa situação as empresas estão preocupadas em trocar (daí o nome *swap*) uma taxa pela outra.

Os contratos com opções correspondem aos derivativos nos quais uma das partes paga um prêmio para ter o direito de comprar ou vender um ativo em uma data futura – chamada de titular. A parte que recebe o prêmio é chamada de lançadora do contrato e possui o compromisso de vender o ativo (nas *calls* ou opções de compra) ou comprar o ativo nas *puts* (ou opções de venda).

c) Finalidades

Os derivativos podem ser realizados com três finalidades distintas: (*i*) especulação, (*ii*) *hedge* e (*iii*) arbitragem. As operações especulativas são utilizadas pelos investidores que decidem comprar riscos e consequentemente aproveitar o maior valor esperado dessas transações. As operações com derivativos são especialmente importantes para os especuladores, pois permitem que esses assumam grandes riscos com investimentos pequenos. As operações de *hedge* visam proteger os usuários contra flutuações de preços e taxas na economia. As empresas podem proteger ativos e passivos reconhecidos, bem como receitas ou desembolsos futuros. As operações com derivativos que possuem finalidade de arbitragem são usadas para aproveitar ineficiências do mercado. Nessas operações os agentes econômicos corrigem as ineficiências de preços e taxas comprando nos mercados mais baratos e vendendo nos mais caros. A arbitragem também pode envolver dois momentos distintos no tempo.

d) Apreçamento

Um grande desafio para a teoria de finanças tem sido o correto apreçamento (precificação no jargão do mercado) dos derivativos. Desde o trabalho clássico, que propiciou aos seus autores o Nobel de Economia de 1998, de Black e Scholes (1973) todo um novo ramo de pesquisas se desenvolveu na área de economia e finanças. Os pesquisadores dessa área usam modelos baseados em tempo contínuo que se apóiam no comportamento estocástico das varáveis financeiras envolvidas. O sucesso dos modelos desenvolvidos tem sido bastante grande o que levou à significativa sofisticação tecnológica nas áreas de finanças das instituições financeiras. A intuição detrás desses modelos está em se utilizar uma distribuição de probabilidades para se parametrizar o comportamento dos derivativos que são então trazidos a valor presente e comparados com os valores estabelecidos para o *strike* (preço de exercício).

É importante que se tenha em mente que os modelos de apreçamento mencionados possuem premissas que nem sempre se adaptam à realidade dos mercados financeiros – especialmente os emergentes. Modelos são simplificações da realidade (mapas em uma analogia freqüente) e assim não podem, nem devem (pois seriam muito complexos) conter todos os elementos existentes no mundo real.

É fundamental que os modelos em finanças sejam entendidos como mapas: contém informações importantes, mas estão longe de serem simulacros perfeitos da realidade.

e) Gestão de riscos

Um dos aspectos mais característicos das operações com derivativos está no alto grau de risco que esses produtos expõem aos seus participantes. Para controlar essa exposição, muitas técnicas têm sido desenvolvidas com o intuito de mensurar e gerenciar os riscos. As técnicas mais comumente utilizadas são do tipo VAR (*Value-at-Risk*) conforme discutido por Best (1998). Nesse tipo de metodologia são calculados valores prováveis esperados para as perdas das posições envolvendo derivativos dentro de certo nível de significância. O VAR de uma posição apresenta uma idéia do valor de perdas que não deverá ser superado em um dado intervalo de tempo. Apesar do sucesso com técnicas de gestão de riscos de mercado, ainda existem problemas muito significativos na precificação de riscos operacionais envolvendo derivativos. As significativas perdas incorridas por bancos como Barings e Credit Lyonnais demonstram a importância da gestão de riscos operacionais e da segregação de funções. Zangari (1996) realiza uma interessante discussão a respeito dos problemas operacionais e da implementação das técnicas de VAR.

A crise recente brasileira ilustra as dificuldades e limitações do VAR. A variação do câmbio durante o ano de 2008 foi muito superior à esperada pelos modelos usados pelas empresas. Foi nesse sentido que a Comissão de Valores Mobiliários (CVM) trouxe, por intermédio da Instrução n. 475/2008, a obrigatoriedade do quadro demonstrativo de análise de sensibilidade que possui como objetivo básico a simulação dos valores que a companhia perderia caso cenários de deterioração de 25% e 50% respectivamente ocorressem nas variáveis de risco de seus instrumentos financeiros derivativos.

3. Aspectos contábeis

A contabilidade de instrumentos financeiros permanece como um dos pontos mais importantes da regulação contábil internacional. Os recentes esforços visando a convergência das normas internacionais têm esbarrado em resistências importantes no que tange aos instrumentos financeiros. Recentemente, os países da União Européia ao invés de adotar os pronunciamentos do IASB integralmente como define a Quarta Diretiva, adotaram uma versão reduzida do Pronunciamento n. 39 sobre instrumentos financeiros. Assim, o tema é complexo e bastante polêmico.

A recente crise econômica trouxe grande debate acerca dos modelos de mensuração do valor justo dos instrumentos financeiros. Alguns críticos importantes têm apontando a contabilidade como um dos elementos causadores da crise. O argumento apresentado é que a contabilização pelo valor justo (marcação a mercado na maior parte das vezes[1]) acaba por exacerbar a crise. Ou seja, os bancos têm prejuízos com derivativos, seus lucros caem e conseqüentemente eles têm menor margem para emprestar o que acaba piorando a crise econômica. Esse tratamento contábil acabou sendo relaxado pelo órgão normatizador americano (FASB) e pelo seu correspondente internacional (IASB). Assim, a compreensão da contabilidade dos derivativos – seus mitos e verdades – é essencial para entender a real dimensão desses instrumentos.

Nesta seção discutiremos as normas internacionais referentes aos instrumentos financeiros derivativos focando em suas similaridades e comparando-as com as normas recentemente emitidas pelo Comitê de Pronunciamentos Contábeis (CPC). Reforça esse tratamento a opção recente do governo brasileiro de adotar os IFRS (*International Financial Reporting Standards*) integralmente. A aprovação recente da Lei n. 11.638/2007 reforça essa intenção dando um passo importante para a harmonização das normas brasileiras com as normas internacionais. Inicialmente, a contabilização dos derivativos demanda a correta classificação dos mesmos. Operações com finalidades especulativas devem ser contabilizadas pelo seu *fair value* (valor de mercado quando houver) e contrapartida diretamente em contas de resultado. Paras as operações com finalidades de *hedge*, dois tratamentos serão adotados. Quando o *hedge* for de uma operação reconhecida no balanço da empresa e cujo *fair value* possa ser mensurado (*fair value hedge*), tanto o derivativo como o item sendo protegido devem ser mensurados pelo *fair value* com contrapartida em conta de resultado – promovendo um efeito nulo no resultado. Ou seja, a demonstração contábil segue a essência econômica da operação. Quando a operação de *hedge* tiver como objeto uma operação que ainda não foi reconhecida no balanço da empresa (uma transação futura projetada, por exemplo – *cash flow hedge*) o derivativo deverá ser mensurado pelo *fair value* com contrapartida em conta de patrimônio. O derivativo deverá permanecer nessa conta até o momento da realização da transação projetada. Além desse tipo de operação tem-se ainda o *cash flow hedge* de dívidas pós-fixadas (cujo *fair value* não pode ser mensurado). Esse tratamento é apresentado nas normas norte-americanas (FASB, Pronunciamento n. 133), internacionais (IASB, IAS 39) e brasileiras (CPC, Pronunciamento Técnico n. 14 e Circulares ns. 3.068/2001, 3.082/2002, 3.129/2002 e 3.150/2002, do Banco Central do Brasil).

Essas novas regras contábeis melhoram em muito o estágio de desenvolvimen-

1. Neste trabalho usaremos *marcação a mercado* e *mensuração pelo valor justo* como sinônimos apesar de *mensuração ao valor justo* ser um conceito mais amplo do que *marcação a mercado*.

to da regulação para esse tipo de produto que antes dos normativos internacionais eram classificados fora dos balanços (*off-balance sheet*). Outro aspecto que melhora significativamente como a nova norma refere-se ao nível de evidenciação (Lopes e Lima, 2003 e Perry, 1997). As normas internacionais exigem que as operações com derivativos sejam plenamente representadas nas demonstrações das empresas e principalmente em notas explicativas. As regras contábeis internacionais para as operações com derivativos privilegiam a essência sobre a forma das transações bem como o regime de competência. Ou seja, derivativos com finalidade de *hedge* não possuem existência independente do item que está protegendo de forma que o reconhecimento em resultado deve ser feito de forma concomitante. Derivativo e elemento patrimonial sendo protegido devem ir a resultado no mesmo momento.

Um tema que merece destaque especial é a questão dos derivativos embutidos. As normas internacionais estabelecem critérios para a segregação dos derivativos quando estes estão embutidos em outro contrato (os derivativos não podem ser baseados em uma variável intimamente relacionada com o contrato, por exemplo). Recentemente (julho de 2009) o IASB emitiu um *exposure draft* para discussão no qual planeja alterar as regras para a segregação dos derivativos. O assunto é controverso, pois a segregação ou não dos derivativos embutidos pode afetar de forma significativa a estrutura patrimonial de uma companhia bem como seu resultado.

4. Opções reais e investimentos em ativos permanentes

A precificação de operações com derivativos deu ensejo ao desenvolvimento de um grande número de técnicas de modelos que acabaram se mostrando úteis na avaliação de investimentos em ativos reais (as chamadas *real options*). Amram e Kulatilaka (1999) discutem esse tópico de forma bastante didática. Fine e Freund (1990) e Froot *et al.* (1993) apresentam metodologias importantes para se considerar a opcionalidade presente em boa parte dos investimentos em ativos reais e sua respectiva precificação. Esses autores demonstram claramente que a metodologia de avaliação de opções fornece um incremento técnico significativo sobre as técnicas tradicionais de valor presente líquido e taxa interna de retorno.

A metodologia de avaliação de opções permite, por exemplo, que a opção de espera no lançamento de um produto seja precificada no momento da realização do projeto.

O que se percebe neste caso é que uma tecnologia oriunda da área de finanças matemáticas acabou por adentrar o domínio da avaliação de projetos. Empresas que trabalham com contratos relacionados ao direito de exploração de recursos naturais utilizam essa metodologia com certa freqüência (Minardi, 2006) para avaliar o momento ideal de se proceder à prospecção dos recursos. Bernanke (1983) trata em trabalho clássico da irreversibilidade de alguns investimentos e das implicações dessa.

5. Questões de Direito Tributário e Societário

As operações com derivativos oferecem uma oportunidade ímpar para a discussão interdisciplinar entre os aspectos econômicos e regulatórios. A análise econômica da norma encontra nos instrumentos financeiros derivativos um campo fértil para análise e discussão. Isso ocorre inicialmente pela natureza atípica desses produtos como apresenta Torres (2005): "Todo esse conjunto de instrumentos financeiros, de negócios bursáteis e de operações com as entidades de previdência privada complementar, na natural complexidade que os envolve, quando relacionados com a aplicação da legislação tributária, vêm ampliados suas problemáticas em virtude dos conflitos entre os critérios de qualificação e inovação dos contratos atípicos".

Stajn (2005) aprofunda essa discussão para os contratos de *swaps* e demonstra a dificuldade encontrada pelo regulador para se atribuir disciplina a contratos tão específicos. Carvalhosa (2007) ao discutir as debêntures conversíveis em ações (instrumentos de dívida que possuem derivativos embutidos) ressalta a importância da consideração da essência das transações em oposição a sua forma jurídica.

A questão da tributação das operações com derivativos feitos com finalidade de *hedge* ilustra bem esse ponto. As normas tributárias exigem que as operações com derivativos (mesmo aquelas que possuam finalidade de *hedge*) sejam tributadas pelo regime de caixa e sem consideração do instrumento sendo protegido. Dessa forma, ocorre uma clara violação do princípio da capacidade contributiva, pois as empresas irão pagar imposto de renda sobre operações que não lhes geraram renda (são de *hedge* e, portanto, seus resultados são perfeitamente compensados pelas variações no item objeto do *hedge*). O que pode ser observado nesse caso é uma norma que viola os princípios básicos da natureza da operação gerando distorções nas atividades reais das empresas. Muitas empresas acabam deixando de se proteger devido a problemas fiscais.

Tem-se nesse caso uma norma gerando efeitos econômicos muito além do seu intuito inicial.

Esse é somente um caso dentro do qual uma análise mais fundamentada economicamente da norma poderia gerar *insights* importantes.

Em trabalho recente Lopes e Quiroga (2009) discutem em detalhes a tributação das operações de *hedge*. Os autores mostram que a tributação das operações com derivativos se utiliza de critérios bastante diversos dos critérios contábeis (marcação a mercado versus regime de caixa, por exemplo) o que pode acarretar distorções importantes.

6. Regulação prudencial

Os derivativos expõem as instituições que os contratam a riscos significativos que podem facilmente se transformar em riscos sistêmicos. Diversos organismos internacionais têm adotado medidas com o intuito de reduzir os efeitos de uma crise sistêmica com as operações com derivativos (Basle Supervisory Committee, 1988; Group of Thirty, 1993). Essas medidas visam criar incentivos para que as organizações adotem voluntariamente mecanismos visando a redução dos prejuízos envolvendo operações com derivativos bem como as conseqüências das crises. Os prejuízos vultosos com operações com derivativos não tem se reduzido nos últimos anos o que demonstram que existe ainda muito espaço para desenvolvimento nessa área.

As operações com derivativos realizadas pelas empresas trazem riscos importantes não só para elas, mas também para todo o sistema uma vez que perdas significativas podem comprometer a saúde financeira das companhias e conseqüentemente afetar os bancos credores. Esse aspecto fica ainda mais relevante na medida em que parcela importante das operações é realizada no mercado de balcão internacional e, por conseguinte, não possuem registro sistemático. Ou seja, os próprios órgãos reguladores não possuíam acesso completo às operações realizadas pelas empresas e que conseqüentemente tem efeitos nas instituições financeiras.

7. Lições da crise recente

A crise econômica que se iniciou em 2008 acabou tendo impactos diversos no Brasil. Aparentemente, os efeitos macroeconômicos foram menores localmente. No entanto, a valorização do dólar norte-americano em relação ao Real produziu enormes prejuízos em corporações brasileiras que estavam fortemente vendidas em dólar por intermédio de operações, normalmente, casadas com suas captações. Chamados de derivativos exóticos, a maior parte das operações envolvia, na realidade, a conjugação de uma operação de captação com o lançamento (venda) de opções de compra de moeda estrangeira (dólar). Assim, as companhias obtinham linhas de crédito a taxas mais baixas do que as usualmente praticadas pelo mercado e em troca vendiam opções para os bancos. A operação de venda normalmente envolve o recebimento de recursos financeiros. No entanto, no caso dessas operações estruturadas as companhias ao invés de receber o prêmio obtinham financiamentos com taxas mais atrativas. Ou seja, ao invés do recebimento do prêmio em dinheiro as companhias obtinham redução no custo de captação.

Existem fortes indícios de que essas operações foram realizadas por um número bastante grande de empresas e, aparentemente, em montantes muito elevados. Os enormes prejuízos sofridos por algumas empresas levantam um conjunto importante de lições que devem ser lembradas para que problemas similares não voltem a ocorrer no futuro. Vamos à discussão de alguns pontos essenciais:

• *Controles Internos*: as perdas recentes com operações com derivativos denotam problemas estruturais nas áreas de controles internos das corporações. Ainda é cedo para se avaliar se as alçadas foram mal estabelecidas (excesso de limites) ou se essas foram descumpridas. Mais informações sobre os casos específicos são necessárias. No entanto, podemos afirmar que os controles falharam uma vez que as companhias foram colocadas em sério risco de continuidade.

• *Estrutura Organizacional*: os sistemas de controle devem funcionar de forma independente da operação. Esse princípio básico de controle parece não ser comumente seguido em muitas companhias brasileiras.

• *Governança Corporativa*: o controle nas companhias abertas brasileiras tem sido, historicamente, muito concentrado. Esse aspecto compromete a profissionalização da gestão das companhias e conseqüentemente afeta o apetite e a consciência do risco sendo assumido.

• *Sistemas de Remuneração*: executivos são freqüentemente remunerados pelos resultados de curto prazo. Esse aspecto pode levar a uma dissonância nos incentivos, levando, por exemplo, a que operações de alto risco sejam realizadas para que retornos de curto prazo sejam maximizados.

• *Evidenciação*: as regras contábeis brasileiras anteriores ao advento da Lei n. 11.638/2007, ao Pronunciamento CPC n. 14 e à Instrução CVM n. 475/2008, eram muito modestas em relação ao nível de evidenciação necessário nas operações com derivativos. Esse cenário se alterou significativamente, mas é sempre importante atentar para os riscos com instrumentos financeiros que podem assumir características tão complexas.

• *Conhecimento*: os melhores sistemas de risco não terão efeito se os profissionais envolvidos não possuírem conhecimento adequado dos produtos sendo realizados. Esse aspecto, aparentemente óbvio, é esquecido em muitas organizações. Ou seja, para que os sistemas funcionem de fato é vital que os profissionais possam adaptar os sistemas de controle à realidade dos novos produtos sendo desenvolvidos diariamente. Não existem sistemas infalíveis quando os produtos evoluem na velocidade das operações com derivativos.

• *Mensuração do Valor Justo*: a crise recente levantou o debate acerca da mensuração do valor justo em operações com derivativos, principalmente quando a liquidez é reduzida. Para os profissionais brasileiros as novas normas internacionais trazem a novidade da responsabilidade pela mensuração do valor justo dos instrumentos. Ou seja, recai na contabilidade a responsabilidade pela mensuração do valor justo dos instrumentos financeiros derivativos. No Brasil, essa responsabilidade é nova e o conhecimento dos produtos deve compor o repertório de conhecimentos dos profissionais de contabilidade.

• *Integração Financeira-Contábil-Tributária*: não se pode imaginar que operações tão complexas possam ser entendidas sem que se conheça todas as implicações de natureza financeira, contábil e tributária. Ou seja, as operações devem ser vistas na prática de forma mais integrada do que as tradicionais divisões acadêmicas normalmente sugerem.

8. Conclusão

As operações com instrumentos financeiros derivativos se apresentam como importantes fenômenos econômicos dotados de grande complexidade e envolvendo diversas áreas do conhecimento. As discussões apresentadas nas páginas que passaram visam dar uma visão sucinta, porém rigorosa da multiplicidade de facetas que interagem com o tema. O entendimento aprofundado dessas operações somente poderá ser realizado por intermédio de uma análise detalhada das várias dimensões supracitadas.

Referências

AMRAM, M.; KULATILAKA, N. (1999). *Real Options*. Cambridge, Massachusetts, Harvard Business School.

Basle Supervisory Committee (1988). *International Convergence of Capital Measurement and Standards*. Basle.

BERNANKE, B. (1983). "Irreversibility, uncertainty and cyclical investment", *Quarterly Journal of Economics* 65.

BERNSTEIN, B. (1996). *Against the Gods: the Remarkable Story of Risk*. Nova York, John Wiley and Sons.

BEST, P. (1998). *Implementing Value-at-Risk*. Nova York, Wiley.

BLACK, F.; SCHOLES, M. (1973). "The pricing of options and corporate liabilities", *Journal of Political Economy* 81/637-659.

CARVALHOSA, M. (2007). *Comentários à Lei das Sociedades Anônimas*. 1º vol., arts. 1º a 74., ed. rev. e atual. Saraiva, 2007.

Financial Accounting Standards Board (1998). *Statement of Financial Accounting Standards* n. 133, "Accounting for derivative instruments and hedging activities". New Haven.

FINE, C.; FREUND, R. (1990). "Optimal investment in product-flexible manufacturing capacity", *Management Science* 36 (3)/449-466.

FROOT, K.; SCHARFSTEIN, D.; STEIN, J. (1993). "Risk management: coordinating corporate investment and financing policies", *Journal of Finance* 48 (5)/1.629-1.658.

Group of Thirty (1993). *Derivatives: Practices and Principles*.

HULL, J. (1997). *Options, Futures and other Derivative Securities*. Englewood Cliffs, N. J. Prentice Hall.

International Accounting Standards Board (2007). *A Guide through International Financial Reporting Standards*. IASC Foundation.

LOPES, A. B.; LIMA, I. S. (2003). *Contabilidade e Controle de Operações com Derivativos*. São Paulo, Thomson Learning.

LOPES, Alexsandro Broedel; MOSQUERA, Roberto Quiroga. "As normas contábeis internacionais e a tributação dos instrumentos financeiros", *Revista de Direito Tributário* 105/83.

MINARDI, A. (2006). *Opções Reais*. São Paulo, Atlas.

PERRY, R. (1997). *Accounting for Derivatives*. Chicago, IL., Richard D. Irwin.

Secretaria da Receita Federal (2004). *Instrução Normativa* 404. Brasil.

STAJN, R. (2005). "*Swaps*", in TORRES, H. T. (coord.). *Tributação em Mercados Financeiros e de Capitais e na Previdência Privada*. Quartier Latin.

TORRES, H. T. (coord.) (2005). *Tributação em Mercados Financeiros e de Capitais e na Previdência Privada*. Quartier Latin.

ZANGARI, P. (1996). *A VAR Methodology for Portfolios that Include Options*. Nova York, Risk Metrics.

Atualidades

SOCIEDADES DE GRANDE PORTE (Lei n. 11.638/2007, art. 3º)

ERASMO VALLADÃO A. E N. FRANÇA
MARCELO VIEIRA VON ADAMEK

1. Introdução. 2. Sociedade de grande porte: definição legal: 2.1 Critério quantitativo: ativo total ou receita bruta; 2.2 Critério temporal: exercício social anterior; 2.3 Critério material: sociedade isolada ou em grupo sob controle comum. 3. Escrituração e elaboração de demonstrações financeiras. 4. Publicação das demonstrações financeiras. 5. Auditoria independente: 5.1 Empresas de auditoria; 5.2 Fiscalização da CVM sobre as empresas de auditoria (e o relacionamento com a sociedade de grande porte). 6. Sanções aplicáveis à sociedade e aos seus administradores em caso de descumprimento das novas regras. 7. Conclusões. 8. Bibliografia.

1. Introdução

A Lei n. 11.638, de 28 de dezembro de 2007, que entrou em vigor em 1º de janeiro de 2008, encerrou mais uma etapa de reforma da vigente Lei das Sociedades por Ações (Lei n. 6.404/1976), agora especialmente em sua parte contábil. Originária do Projeto de Lei n. 3.741/2000, coordenado pela Comissão de Valores Mobiliários (CVM),[1] a nova lei de reforma teve os propósitos declarados de eliminar certas barreiras regulatórias que impediam a inserção total das companhias abertas no processo de convergência contábil internacional[2] e aumentar a transparência das demonstrações financeiras em geral, inclusive em relação às chamadas sociedades de grande porte não constituídas sob a forma de sociedade por ações.[3]

Dentre as inovações trazidas pela Lei n. 11.638/2007 – que, de acordo com a sua equivocada ementa, "altera e revoga dispositivos da Lei n. 6.404, de 15 de dezembro de 1976, e da Lei n. 6.385, de 7 de dezembro de 1976, e estende às sociedades de grande porte disposições relativas à elaboração e divulgação de demonstrações financeiras" –, centraremos a nossa atenção, doravante, na análise de seu art. 3º, o qual criou a classe das "sociedades de grande porte" para, com isso, submetê-las às regras de escrituração e de elaboração de demonstrações financeiras da vigente Lei das Sociedades por Ações (Lei n. 6.404/1976), bem como à obrigatoriedade de realização

1. Sobre as origens do Projeto de Lei n. 3.471/2000 e a sua tramitação legislativa, veja-se o relato apresentado por Hugo Rocha Braga e Marcelo Cavalcanti Almeida (*Mudanças Contábeis na Lei Societária*, pp. 1-3).

2. As alterações nas regras contábeis brasileiras buscaram harmonizá-las aos pronunciamentos contábeis internacionais, em especial aqueles emitidos pelo "International Accounting Standards Board" (IASB), através dos "International Financial Reporting Standards" (IFRS) e dos "International Accounting Standards" (IAS).

3. É o que a CVM indicou em seu "Comunicado ao Mercado" de 14.1.2008.

de auditoria independente por auditor registrado na Comissão de Valores Mobiliários.[4]

Esta disciplina, esclareça-se por oportuno, não é fruto da inventividade do legislador pátrio. Ao contrário, tem origem bem marcada em importantes experiências de direito comparado,[5] em especial nas Diretivas ns. 78/660/CEE de 25 de julho de 1968, 83/349/CEE de 13 de junho de 1983 e 84/253/CEE de 10 de abril de 1984, do Conselho da Comunidade Econômica Européia:[6] a primeira delas, na essência, institui distintas regras sobre escrituração, elaboração e publicidade de demonstrações financeiras, a serem observadas por sociedades de pequeno, médio e grande porte, assim classificadas em função de limites quantitativos vinculados aos valores de balanço e de receita (volume de negócios), bem como ao número de empregados (arts. 11, 27 e 47); a segunda, por sua vez, tratou das contas consolidadas de grupos; e a terceira, e última, regrou as hipóteses de vinculação de auditores independentes, suas qualificações, deveres e responsabilidades.

Diversamente do nosso legislador, porém, o legislador comunitário europeu não se cingiu a cuidar das sociedades de grande porte, pois deu tratamento sistemático às mesmas matérias também no tocante às sociedades pequenas e médias. Ademais, não bitolou a classificação, em grande, média e pequena, apenas a partir de dois discutíveis critérios quantitativos; preferiu adotar um sistema de critérios mistos, seguramente mais expressivos e indicativos da realidade e da relevância econômica da empresa subjacente.[7]

4. O art. 3º tem a seguinte redação: "Demonstrações Financeiras de Sociedades de Grande Porte. Art. 3º. Aplicam-se às sociedades de grande porte, ainda que não constituídas sob a forma de sociedades por ações, as disposições da Lei n. 6.404, de 15 de dezembro de 1976, sobre escrituração e elaboração de demonstrações financeiras e a obrigatoriedade de auditoria independente por auditor registrado na Comissão de Valores Mobiliários. Parágrafo único. Considera-se de grande porte, para os fins exclusivos desta Lei, a sociedade ou conjunto de sociedades sob controle comum que tiver, no exercício social anterior, ativo total superior a R$ 240.000.000,00 (duzentos e quarenta milhões de reais) ou receita bruta anual superior a R$ 300.000.000,00 (trezentos milhões de reais)".

5. Fábio Konder Comparato, após destacar a tendência legislativa de instituir regulações distintas para as sociedades anônimas de capital fechado e as de capital aberto, destacou que, na Holanda, "o legislador batavo estabeleceu outra distinção importante, entre a macrocompanhia e a microcompanhia, tanto B. V. (*Besloten Venootschap*) quanto N. V. (*Naamloze Venootschap*), agora em função do montante do patrimônio líquido e do número de empregados" ("A natureza da sociedade anônima e a questão da derrogabilidade das regras legais de *quorum* nas assembléias gerais e reuniões do conselho de administração", in *Novos Ensaios e Pareceres de Direito Empresarial*, p. 116).

6. A Diretiva n. 78/660/CEE do Conselho, de 25 de julho de 1978, é também conhecida como Quarta Diretiva sobre o Direito das Sociedades ou Diretiva (ou Diretriz) sobre Balanços, relativa às contas anuais de certas formas de sociedades; a de n. 83/348/CEE, de 13 de junho de 1983, é a Sétima Diretiva sobre o Direito das Sociedades ou Diretiva sobre Consolidação, relativa às contas consolidadas; e, finalmente, a de n. 84/253/CEE, de 10 de abril de 1984, é a Oitava Diretiva sobre o Direito das Sociedades ou Diretiva sobre Revisores, relativa à aprovação das pessoas encarregadas da fiscalização legal dos documentos contabilísticos. As suas regras aplicam-se especialmente às sociedades anônimas, em comandita por ações e limitadas; por extensão, abarcam também certas sociedades ditas de pessoas. O texto das diretivas e os pertinentes comentários a elas podem ser encontrados na interessante obra de António Menezes Cordeiro sobre a matéria (*Direito Europeu das Sociedades*, pp. 297-453).

7. Os arts. 11 e 27 da Diretiva n. 78/660/CEE do Conselho, de 25 de julho de 1978 (Quarta Diretiva sobre o Direito das Sociedades), no que interessa a este estudo, dão os seguintes critérios de classificação: "Artigo 11º (Balanço simplificado para pequenas sociedades). Os Estados-membros podem permitir que as sociedades que, na data do encerramento do balanço, não ultrapassem os limites quantitativos de dois dos três critérios seguintes: – total do balanço: 3.125.000 euros; – montante líquido do volume de negócios: 6.250.000 euros; – número de membros do pessoal empregue em média durante o exercício: 50, estabeleçam um balanço sintético (...)". "Artigo 27º (Aligeiramento para médias empresas). Os Estados-membros podem autorizar as sociedades que, na data do encerramento do balanço, não ultrapassem os limites quantitativos de dois

Atualmente, por efeito do sistema de harmonização do direito europeu, as regras das citadas diretivas foram transpostas e incorporadas ao direito interno de vários países da Europa. Assim, na Alemanha as regras comunitárias foram introduzidas através de lei de 19 de dezembro de 1985 (*Bilanzrichtlinien-Gesetz* – BiRiLiG) e foram introduzidas ao texto de um renovado Livro Terceiro – "Dos Livros Comerciais" do Código Comercial alemão (*Handelsgesetzbuch* – HGB).[8] Destacam-se, na disciplina interna alemã, as regras que: (i) classificam as sociedades em sociedades pequenas (*Kleine Kapitalgesellschaften*), médias (*Mittelgroße Kapitalgesellschaften*) e grandes (*Große Kapitalgesellschaften*), segundo os critérios da diretiva (HGB § 267);[9] (ii) em função dessa classificação, isenta as sociedades pequenas e médias do cumprimento de determinadas providências contábeis (HGB §§ 274a, 276, 288 e 293); (iii) exigem a revisão das demonstrações financeiras por auditores, exceção feita apenas às sociedades de pequeno porte (HGB § 316);[10] e, ainda, (iv) prescrevem diferentes providências de publicidade para as demonstrações financeiras (que não se restringem à publicação das mesmas em periódico, pois abrangem até mesmo o simples arquivamento dos documentos no registro público de empresas), conforme se trate de sociedade de grande porte (HGB § 325), pequena (HGB § 326) ou média (HGB § 327).[11] Adicionalmente, regulou-se a atuação e a responsabilidade dos auditores (HGB §§ 316-324) e, de maneira profilática, foram previstas severas punições, de ordem penal e administrativa, àqueles que descumprirem os comandos legais (HGB §§ 331-335b).

No Brasil, apenas agora, por efeito da Lei n. 11.638/2007, muitas daquelas regras de origem européia foram adotadas pelo nosso legislador, com sérias imperfeições. Cumpre agora analisá-las.

2. Sociedade de grande porte: definição legal

De acordo com a definição dada pelo parágrafo único do art. 3º da Lei n. 11.638/2007, "considera-se de grande porte, para os fins exclusivos desta Lei, a sociedade ou conjunto de sociedades sob controle comum que tiver, no exercício social anterior, ativo total superior a R$ 240.000.000,00 (duzentos e quarenta milhões de reais) ou receita bruta anual superior a R$ 300.000.000,00 (trezentos milhões de reais)".

dos três critérios seguintes: – total do balanço: 12.500.000 euros; – montante líquido do volume de negócios: 25.000.000 euros; – número de membros de pessoal empregue em média durante o exercício: 250, a derrogar os esquemas figurados nos artigos 23º e 26º dentro dos seguintes limites: (...)". No art. 47, por sua vez, criam-se regras derrogatórias específicas de publicidade para pequenas sociedades e médias empresas.

8. As regras da BiRiLiG, por efeito de novas diretivas comunitárias em matéria de escrituração, sofreram sucessivas alterações (v. sobre a disciplina alemã: Karsten Schmidt, *Handelsrecht*, 5ª ed., pp. 413 e ss.; Thomas Raiser e Rüdiger Veil, *Recht der Kapitalgesellschaften*, 4ª ed., ns. 1-2, pp. 561-562; e Adolf Baumbach e Klaus J. Hopt, *Handelsgesetzbuch*, 29ª ed., ns. 1-17, pp. 638-643; e, em tradução para o espanhol: Friedrich Kübler, *Derecho de Sociedades*, 5ª ed., pp. 439-446).

9. Em todo caso, considera-se de grande porte a sociedade cujos títulos de sua emissão estejam admitidos à negociação em mercado regulado (HGB 267(3)).

10. Se não se efetua a auditoria obrigatória, as contas anuais não podem ser aprovadas (HGB § 316(1)) e os lucros também não podem ser repartidos.

11. A publicidade das demonstrações financeiras conspiraria contra o segredo dos negócios? A esta questão, Maurice Cozian e Alain Viandier, analisando o direito francês, lembraram a correlação entre publicidade e benefício de limitação de responsabilidade, registrando, com fina ironia, o seguinte: "Les maniaques du secret exploiteront leurs affaires dans des sociétés à risque illimité (les comptes n'y sont pas divulgués), mais non dans des sociétés à risque limité dont n'importe quel curieux, bien ou mal intentionné, peut connaître le montant du chiffre d'affaires ou du bénéfice (...)" (*Droit des Sociétés*, 5ª ed., n. 403, p. 135).

Os elementos componentes da definição legal, portanto, são três: (i) *critério quantitativo*: ter "ativo total superior a R$ 240.000.000,00 (duzentos e quarenta milhões de reais) ou receita bruta anual superior a R$ 300.000.000,00 (trezentos milhões de reais)"; (ii) *critério temporal*: os valores de receita bruta ou de ativo total são os do "exercício social anterior"; e (iii) *critério material*: os referidos valores de receita bruta ou de ativo total são aferidos individualmente ou, se for o caso, no "conjunto de sociedades sob controle comum". Vejamos cada qual.

2.1 Critério quantitativo: ativo total ou receita bruta

Os elementos integrantes do critério quantitativo – "ativo total superior a R$ 240.000.000,00 (duzentos e quarenta milhões de reais) ou receita bruta anual superior a R$ 300.000.000,00 (trezentos milhões de reais)" – são, à evidência, alternativos, e não cumulativos, como se infere do emprego da conjunção alternativa "ou" nas *verbas legis*. Bastará, pois, que um deles seja atingido, para que se tenha por presente o critério quantitativo.

Por "ativo total", compreende-se, no caso, o resultado da soma dos valores das contas do ativo circulante, ativo realizável a longo prazo e ativo permanente (composto este por investimentos, imobilizado, intangível e diferido) (LSA, art. 178, § 1º, *a* a *c*). De outra banda, "receita bruta anual" (LSA, art. 187, I) é conceito que, em sentido próprio, significa o produto da venda de bens nas operações por conta própria[12] ou da prestação de serviços, ao longo do exercício; na área tributária, não raras vezes, o conceito de receita bruta ganha contornos específicos nas leis de regência dos mais diversos tributos, mas, no caso, não se vê razão para desprezar o sentido próprio do termo ou acatar o de uma espécie tributária. Em qualquer caso, lembre-se, receita bruta não se confunde com rendimento.[13]

2.2 Critério temporal: exercício anterior

Do ponto de vista temporal, os valores de receita bruta ou ativo total, a serem considerados para a eventual qualificação da sociedade como de grande porte, são aqueles apurados no exercício social findo imediatamente anterior. Uma sociedade que, por hipótese, tenha excedido o valor de receita bruta ou de ativo total *apenas* no exercício social findo em 31.12.2007, não estará obrigada a auditar as demonstrações financeiras deste exercício, mas, certamente, deverá fazê-lo para o exercício seguinte, de modo a poder assim seguir, neste novo exercício, as regras de escrituração previstas na Lei das S/A e ter condições de apresentar futuramente aos sócios, na assembléia ou reunião de sócios, as demonstrações financeiras de 31.12.2008 estruturadas de acordo com as regras das Lei das S/A[14] e auditadas por auditor independente registrado na CVM. O que não se poderia supor, no exemplo figurado, é que ditas

12. Nas vendas por conta de terceiros, diversamente, o preço da venda pertence ao comitente, ou mandante, e a receita da pessoa jurídica será a comissão ou outra modalidade de remuneração recebida pela prestação do serviço de intermediação.

13. José Luiz Bulhões Pedreira, que, além de excepcional societarista, foi também brilhante tributarista, ensinava: "Receita bruta de vendas ou serviços é dinheiro (ou outros direitos patrimoniais) que a pessoa jurídica recebe como contraprestação em operação de troca na qual transmite domínio sobre bem econômico material ou fornece serviço, que é bem econômico imaterial. Não se confunde, por isso, com rendimento, que é contraprestação do fornecimento de 'serviços de fatores de produção'" (*Imposto sobre a Renda – Pessoas Jurídicas*, vol. I, p. 351).

14. Observando-se, em todo caso, as regras transitórias dos arts. 6º e 7º da Lei n. 11.638/2007, que emprestam tratamento especial para as reservas de reavaliação e permitem a divulgação da demonstração de fluxo de caixa e da demonstração de valor adicionado, no primeiro ano de vigência da nova lei, sem a indicação dos valores correspondentes ao exercício anterior.

obrigações já se impusessem por ocasião da assembléia ou reunião de sócios que tivesse por objeto a análise das demonstrações financeiras do exercício social findo em 31.12.2007, justamente aquele em que, pela primeira vez, o valor de receita bruta ou ativo total superou a cifra legal. De outro lado, porém, se no exercício findo em 31.12.2007, a receita bruta ou o ativo total *já excediam* aos valores de referência fixados no art. 3º da Lei n. 11.638/2007, a incidência das regras próprias do regime jurídico das sociedades de grande porte será inquestionável, sem que se possa enxergar, na espécie, aplicação retroativa da lei: a lei, no caso figurado, não estará a retroagir, justamente porque os deveres impor-se-ão prospectivamente, ainda quando tome, como elemento de referência para a incidência das regras novas, dados do passado da sociedade.[15-16]

2.3 Critério material: sociedade isolada ou em grupo sob controle comum

O art. 3º da Lei n. 11.638/2007 aplica-se não apenas à sociedade cujo ativo total ou a receita bruta anual alcance isoladamente as cifras legais; aplica-se, igualmente, ao conjunto de sociedades que, "sob controle comum", atinja aqueles números. Ou seja, os valores do ativo total ou da receita bruta anual não são apenas aferidos isoladamente em relação a cada entidade e, sim, são considerados pela soma dos valores do ativo total ou receita bruta das sociedades porventura "sob controle comum".

De imediato, duas indagações se colocam: a primeira delas é definir o que sejam sociedades "sob controle comum"; a segunda, verificar a quem se aplica a obrigação de proceder ao levantamento das demonstrações financeiras de acordo com as prescrições da lei acionária e de submetê-las à auditoria por auditor independente: a cada uma, e a todas, as sociedades sob controle comum, ou ao grupo do qual as sociedades façam parte?

No que se refere à primeira indagação, não pode haver dúvidas de que o conceito de sociedades "sob controle comum" não se confunde nem se restringe àqueles da lei acionária para "sociedades controla-

15 O que fatalmente deverá haver, de certo que sim, é a implementação de medidas de ajuste já a partir do balanço de abertura de 2008 (sobre o ponto, v.: Hugo Rocha Braga e Marcelo Cavalcanti Almeida, *Mudanças Contábeis na Lei Societária*, cit., n. 16, pp. 150-153).

16. O exercício social, como se sabe, não precisa coincidir com o ano civil, e não é raro que isso ocorra. P. ex., as sociedades exploradoras de atividades agrícolas (como as cafeeiras e as sucroalcooleiras) normalmente encerram o exercício social no meio do ano, para com isso refletir, nas suas demonstrações financeiras, os resultados obtidos em cada safra, propiciando melhor controle e compreensão das atividades. Nestes casos, a dúvida que pode haver é se, na hipótese de os limites quantitativos terem sido excedidos no exercício findo antes de 1.1.2008, a sociedade deverá adequar-se às novas regras a partir da entrada em vigor da nova lei *ou*, ao contrário, só deverá fazê-lo para o exercício social seguinte, e isso desde que, no exercício que se findar no curso de 2008, continue a exceder os limites quantitativos definidos no art. 3º, parágrafo único, da Lei n. 11.638/2007. A questão é tormentosa, mas a última interpretação parece mais consentânea, tanto por preservar os atos de escrituração praticados na vigência da anterior legislação como, ainda, por não impor o desarrazoado ônus da contratação emergencial de auditores para rever até mesmo vários atos contábeis de exercícios passados (o que se afigura necessário para a confecção do parecer sobre as demonstrações financeiras do exercício que se findar no curso de 2008). No seu "Comunicado ao Mercado" de 14.1.2008, a CVM também sinalizou nesta mesma direção, registrando o seu entendimento no sentido de que, "no caso das companhias que iniciaram o exercício antes de 1º de janeiro de 2008, as alterações da Lei n. 11.638/07 conseqüentemente somente serão aplicáveis às demonstrações financeiras encerradas a partir de 2009". A nosso ver, porém, há certo excesso nesta orientação da CVM porque, na realidade, para aquelas sociedades cujo exercício social se iniciou antes da entrada em vigor da nova lei, as novas regras incidirão a partir do exercício social que se iniciar no curso do ano de 2008 e, portanto, a partir de então, deverão ser observadas para a elaboração de quaisquer outras demonstrações financeiras previstas na lei societária que venham a ser porventura levantadas; portanto, não serão "*somente* aplicáveis às demonstrações financeiras encerradas a partir de 2009".

das e controladora" (LSA, art. 243, § 2º) ou "grupo de sociedade" (LSA, art. 265). Na realidade, o conceito de "sociedades sob controle comum", que não é desconhecido da lei acionária (LSA, art. 116), é mais abrangente do que aqueles,[17] pois alcança ainda aquelas situações de grupos em que o controlador em última instância não é necessariamente uma outra sociedade (LSA, art. 243, § 2º) e, sim, um outro tipo de pessoa jurídica, uma pessoa física ou, mesmo, grupos de sociedades submetidas a controle conjunto,[18] isto é, controladas por grupo de pessoas vinculadas por acordo de voto ou sob controle comum. Para a configuração da situação de sociedades sob controle comum, não é necessário que todas essas pessoas participem de todas as sociedades, bastando que uma ou algumas delas exerçam direitos de sócio nas respectivas sociedades do grupo, de tal ordem a garantir ao grupo a supremacia nas deliberações da assembléia geral ou reunião de sócios. Além disso, no caso de controle conjunto por grupo de pessoas, exige-se mais do que a mera pluralidade de indivíduos; exige-se que os mesmos estejam aglutinados por acordo de votos ou estejam sob controle comum: "o primeiro tipo corresponde ao grupo composto por pessoas unidas pelos chamados *shareholders' pooling agreements* (distintos, na prática norte-americana, dos *voting trusts*); o segundo tipo corresponde àquele grupo composto por acionistas, direta ou indiretamente, submetidos a um controle comum (*under common control with*, tal como definido pela norma 405 das *General Rules and Regulations*, disciplinadoras da *Securities Act*, de 1933). Estão nesse caso o grupo de acionistas aglutinados por uma *holding*, ou o grupo formado mediante a outorga de procurações a instituições financeiras, ou aos próprios administradores".[19] Lembre-se que o acordo de votos, para fins atributivos de deveres, pode ser até mesmo tácito[20] ou constituir-se por uma sociedade em comum, através da qual os seus administradores, mesmo não participando de todas as demais sociedades do grupo, controlam-nas, direta ou indiretamente (por meio de procurações outorgadas pelos sócios ou outros instrumentos). O que importa considerar é que, "operando sob o influxo de uma só vontade, a diversidade de acionistas na sociedade não elide a configuração do controle",[21] atraindo, pois, a incidência da nova disciplina especial para sociedades de grande porte.

Quanto à segunda e última indagação, parece certo que a obrigação se aplica a cada uma das sociedades sob controle co-

17. É mais abrangente e, portanto, engloba, compreende, alcança também aquelas situações. Portanto, sociedade integrante de grupo de subordinação, composto por sociedades controladas e controladora, que, em conjunto, excedam os valores de referência previstos no art. 3º da Lei n. 11.638/2007, jamais poderia deixar de atender as exigências próprias de sociedades de grande porte, pretextando que, na espécie, não se estaria diante de um grupo de sociedades sob controle comum.

18. Ao se referir a "grupo de pessoas vinculadas por acordo de votos, ou sob controle comum", a norma prevê hipótese de controle conjunto (cf.: Fábio Konder Comparato e Calixto Salomão Filho, *O Poder de Controle na Sociedade Anônima*, 5ª ed., n. 16, p. 84).

19. Luiz Gastão Paes de Barros Leães, *Comentários à Lei das Sociedades Anônimas*, vol. 2, n. 266, p. 253. Com registro análogo, confira-se também: Modesto Carvalhosa, *Comentários à Lei das Sociedades Anônimas*, 2º vol., 3ª ed., pp. 490-491.

20. É o que registra Fábio Konder Comparato, ao apreciar a redação do art. 116 da LSA: "Esse 'acordo de votos', para ser reconhecido como elemento integrante do controle, não precisa ser arquivado na companhia, como manda o art. 118 (da LSA). Pode, até mesmo, consistir em acordo tácito. O arquivamento representa, tecnicamente, um ônus, isto é, uma condição de exercício de direitos contra terceiros. Se o reconhecimento do poder de controle devesse ficar submetido ao arbítrio dos próprios controladores, segundo o arquivamento ou não do instrumento contratual na companhia, toda a disciplina da vida societária, fundada na realidade do poder, perderia sentido" (*O Poder de Controle na Sociedade Anônima*, cit., n. 16, p. 85).

21. Egberto Lacerda Teixeira e José Alexandre Tavares Guerreiro, *Das Sociedades Anônimas no Direito Brasileiro*, vol. I, § 14, p. 295.

mum, a todas elas indistintamente, e não ao grupo por elas formado. Com efeito, se a lei toma em conta, para a aplicação de uma dada disciplina (= sociedades de grande porte), certa particularidade comum a várias sociedades (= valor global dos ativos totais ou das receitas brutas das sociedades sob controle comum), trouxe aí uma disciplina própria de grupo (de sociedades). Os deveres de escriturar e levantar as demonstrações financeiras de determinada forma, e submetê-las à auditoria independente, aplicam-se a cada uma e a todas as sociedades sob controle comum, sem que exista previsão de confecção de demonstrações consolidadas – exceção feita àquelas situações, já previstas na Lei das S/A, de grupos societários de subordinação, composto por sociedades controladas e controladora (LSA, arts. 249 e 250), e dos grupos de direito (LSA, art. 275).

Em suma, todas e cada uma das sociedades sob controle comum terão que, independentemente do tipo societário adotado, seguir as regras da lei acionária referentes a escrituração e elaboração das demonstrações financeiras, submetendo-as a auditoria independente; não haverá demonstrações financeiras de grupo, salvo naqueles casos em que a lei acionária assim expressamente determine.

3. Escrituração e elaboração de demonstrações financeiras

A sociedade de grande porte, pouco importa o tipo societário adotado, estará obrigada a proceder à escrituração e à elaboração das demonstrações financeiras de acordo com as regras da Lei n. 6.404/1976. Ou seja, no tocante à escrituração, deverá observar o disposto no art. 177 da lei acionária, podendo-se valer do disposto nos §§ 2º e 6º do mesmo artigo. Em relação às demonstrações financeiras, a sociedade de grande porte terá obrigatoriamente que levantar: (i) o balanço patrimonial (BP) (LSA, arts. 178 a 184); (ii) a demonstração de lucros ou prejuízos acumulados (DLPA) (LSA, art. 186);[22] (iii) a demonstração de resultados do exercício (DRE) (LSA, art. 187); e (iv) a demonstração de fluxo de caixa (DFC) (LSA, arts. 176, IV, e 188), que veio a substituir a de origens e aplicação de resultados (DOAR).[23]

4. Publicação das demonstrações financeiras

Conquanto as sociedades de grande porte estejam obrigadas a proceder à escrituração e à elaboração de suas demonstrações financeiras de acordo com os preceitos da Lei n. 6.404/1976, não há previsão legal de sua obrigatória publicação, ficando essa medida de transparência reservada *ou* à discrição de seus membros *ou* a exigência legal ou regulamentar autônoma; não resulta do disposto no art. 3º da Lei n. 11.638/2007. Assim tem opinado a maioria

22. Por força da Instrução CVM n. 59, de 22.12.1986, as companhias abertas devem obrigatoriamente levantar a demonstração de mutações do patrimônio líquido (DMPL) e, por isso, estão dispensadas de preparar separadamente a demonstração dos lucros ou prejuízos acumulados (DLPA). Para as sociedades de grande porte, que não sejam companhias abertas, vale a mesma regra: a demonstração de mutações do patrimônio líquido supre a demonstração dos lucros ou prejuízos acumulados, pela mera circunstância de que esta é parte, está contida, naquela (LSA, art. 186, § 2º). Assim, "nada mais racional, portanto, que se admita a substituição da peça mais restrita pela demonstração maior que, entre outros, contém todos os elementos da primeira" (Américo Oswaldo Campiglia, *Comentários à Lei das Sociedades Anônimas*, vol. 5, p. 178). Sobre o ponto ainda, v.: Sérgio de Iudícibus, Eliseu Martins e Ernesto Rubens Gelbcke, *Manual de Contabilidade das Sociedades Por Ações – Fipecafi*, 4ª ed., n. 29.1.2, p. 570.

23. A demonstração de valor adicionado (DVA), também prevista na lei acionária, é obrigatória apenas para as companhias abertas (LSA, art. 176, V). Além disso, a companhia fechada (ou a sociedade de grande porte de qualquer tipo societário), com patrimônio líquido, na data do balanço, não superior a R$ 2.000.000,00 (dois milhões de reais), não será obrigada à elaboração e publicação da demonstração de fluxo de caixa (DFC) (LSA, art. 176, § 6º).

dos especialistas e, assim, também, opinou a Comissão de Valores Mobiliários,[24] em que pese, neste particular, não seja a exegese da autarquia vinculante.

O tema, não obstante, continua a suscitar controvérsias. Os que entendem necessária a publicação das demonstrações financeiras da sociedade de grande porte (e, juntamente com elas, o parecer do auditor independente), valem-se, em síntese, dos seguintes argumentos: (1º) a intenção do legislador pátrio teria sido a de dar publicidade às demonstrações financeiras; (2º) a ementa da Lei n. 11.638/2007 expressamente afirma que ela "estende às sociedades de grande porte disposições relativas à elaboração e divulgação de demonstrações financeiras"; (3º) a obrigatoriedade de publicação encontra-se prevista em artigo da Lei das S/A, que trata especificamente das demonstrações financeiras, a cujas regras devem as sociedades de grande porte se submeter;[25] e (4º) a exigência de realização de auditoria por auditor independente reforça a existência da obrigatoriedade de publicação das demonstrações financeiras.

Respeitada a opinião contrária, não nos parece que assim seja, pois: (1º) a intenção do legislador, uma vez findo o processo legislativo, é elemento de somenos ou nenhuma relevância, porquanto, a partir da promulgação, o que prevalece é a regra objetiva da lei, e não a intenção subjetiva do legislador;[26] (2º) mesmo se se quisesse dar relevância às pretensas intenções do legislador, na espécie, a rememoração do processo legislativo viria a desautorizar a posição daqueles que opinam pela obrigatoriedade de publicação das demonstrações financeiras, visto que, justamente por força de emenda supressiva verificada no curso do processo legislativo, a exigência de publicação, de início prevista de forma expressa, foi suprimida, confirmando-se, por esse modo, a intenção de eliminá-la; (3º) a ementa da lei, que não foi alterada no processo legislativo e ainda se reporta à divul-

24. Em seu "Comunicado ao Mercado" de 14.1.2008, a CVM destacou que, "embora não haja menção expressa à obrigatoriedade de publicação dessas demonstrações financeiras, qualquer divulgação voluntária ou mesmo para atendimento de solicitações específicas (credores, fornecedores, clientes, empregados etc.), as referidas demonstrações deverão ter o devido grau de transparência e estar totalmente em linha com a nova lei (art. 3º)".

25. É o que, dentre outros, defende Modesto Carvalhosa: "o art. 3º da nova legislação declara que aplicam-se às sociedades de grande porte, ainda que constituídas sob a forma de limitadas, as disposições da Lei n. 6.404 sobre a elaboração e divulgação das demonstrações financeiras. Para tanto, as demonstrações financeiras das limitadas de grande porte devem, doravante, obedecer ao que consta no art. 176, inclusive no seu § 1º, que determina que as demonstrações de cada exercício serão publicadas, com a indicação dos valores correspondentes das do exercício anterior. Por sua vez, o art. 289 da lei societária vigente determina que todas as publicações ordenadas na lei societária serão feitas no *Diário Oficial do Estado* em que esteja situada a sede da companhia e em outro jornal de grande circulação editado na localidade respectiva" ("A nova legislação contábil e as limitadas", in *Valor Econômico* – Legislação & Tributos de 21.1.2008).

26. O tema encontra-se, como sempre, muito bem exposto na clássica obra de Carlos Maximiliano (*Hermenêutica e Aplicação do Direito*, 2ª ed., ns. 23-37, pp. 30-45), ao longo da qual o grande jurista destacava: "Se descerem a exumar o pensamento do legislador, perder-se-ão em um báratro de dúvidas maiores ainda e mais inextrincáveis do que as resultantes do contexto. Os motivos que induziram alguém a propor a lei, podem não ser os mesmos que levaram outros a aceitá-la" (ob. cit., n. 26, p. 35). "O projeto peregrina pelos dois ramos do Poder Legislativo, em marchas e contramarchas, recebendo retoques de toda ordem, a ponto de o renegar afinal, espantado do aspecto definitivo da própria obra, o autor primitivo da medida. Como descobrir, naquele labirinto de idéias contraditórias, a intenção diretora e triunfante?" (ob. cit., n. 26, p. 36). "A lei é a vontade transformada em palavras, uma força constante e vivaz, objetivada e independente do seu prolator; procura-se o sentido imanente do texto, e não o que o elaborador teve em mira" (ob. cit., n. 32, p. 41). "Com a promulgação, a lei adquire vida própria, autonomia relativa; separa-se do legislador; contrapõe-se a ele como um produto novo; dilata e até substitui o conteúdo respectivo sem tocar nas palavras; mostra-se, na prática, mais previdente que o seu autor" (ob. cit., n. 35, p. 43). Na mesma linha, v. também: Roberto De Ruggiero, *Instituições de Direito Civil*, vol. I, § 17, pp. 142-147.

gação das demonstrações financeiras, não tem força normativa alguma, pois traduz mero enunciado do objeto da lei[27] e, bem vistas as coisas, a ementa da Lei n. 11.638/2007, no caso, é duplamente imperfeita (tanto por aludir a disciplina inexistente na lei como por omitir a menção à "escrituração", que integra o seu objeto); e (4º) a determinação legal constante do art. 3º é para que as sociedades de grande porte observem as prescrições da Lei das S/A referentes à "escrituração" e "elaboração" de demonstrações financeiras, e não para a aplicação do capítulo da lei acionária que contempla aqueles institutos ou de certo artigo de lei. Tivesse o legislador prescrito a aplicação da disciplina prevista em certo capítulo da lei, ou de tais e quais de seus artigos, ou, ainda, das regras sobre "publicação", a solução poderia ser diferente. Mas, no caso, ao inequivocamente se reportar à aplicação das "disposições da Lei n. 6.404, de 15 de dezembro de 1976, sobre escrituração e elaboração de demonstrações financeiras", não se vê como sustentar distinta posição: "publicação", que tem na lei acionária regência própria, não é algo que se inclua no âmbito das atividades de "escrituração" ou "elaboração". No mais, pode-se, é certo que sim, criticar o legislador, averbando-o de incoerente, por ter exigido a custosa realização de auditoria por auditor independente registrado na CVM e não ter previsto a necessidade de publicação do laudo e dos elementos contábeis, mas, ainda aqui, não nos parece viável extrair dessa rematada incoerência legislativa um dever sem amparo na lei (CF, art. 5º, II).

Diga-se, ainda, que não existe a obrigatoriedade de publicação nem mesmo para aquelas sociedades de grande porte constituídas sob a forma de sociedade limitada às quais se apliquem supletivamente as normas da sociedade anônima (CC, art. 1.053, parágrafo único). É que, para estas sociedades limitadas, a aplicação da lei acionária se dá apenas de forma subsidiária, "nas omissões" do capítulo que trata das sociedades limitadas no Código Civil, sendo certo que, em matéria de publicação, não há omissão alguma: o legislador disciplinou expressamente as hipóteses de publicação dos atos societários[28] e, dentre estas, não está a exigência de publicação de demonstrações financeiras.[29] Aliás, se a escolha da regência supletiva da sociedade anônima pela Lei das S/A tivesse o efeito de tornar impositiva a publicação das demonstrações financeiras, força reconhecer que então isso já deveria estar ocor-

27. A LC n. 95, de 26 de fevereiro de 1998, prevê que "a ementa será grafada por meio de caracteres que a realcem e *explicitará*, de modo conciso e sob a forma de título, *o objeto da lei*" (art. 5º). Trata-se, pois, de um resumo temático da lei, sem autonomamente criar regras gerais e abstratas. Sobre o tema, Vicente Ráo escreveu: "Os títulos, que designam as leis, têm valor diverso, nos sistemas legislativos vigentes. Assim, em França, *les titres restent en dehors de la loi* e não são, sequer, submetidos a voto do parlamento, nenhum efeito, pois, se lhes pode atribuir, ao ser a lei aplicada. Em outros países, atribui-se-lhes valor igual ao do texto: ali, os títulos devem indicar por modo preciso o conteúdo da lei, sem acréscimos nem restrições; e decisões existem, de tribunais norte-americanos, declarando a lei inconstitucional por insuficiência de título. Nos demais sistemas, o título da lei tem um valor prático, por designar a matéria, a natureza dos institutos disciplinados, auxiliando por este modo o trabalho do intérprete. Mas, por muito que se condene a inclusão de matéria diversa naquela que o título enuncia, por este defeito de técnica legislativa a disposição mal classificada não perde a sua eficácia, nem a sua obrigatoriedade, nem o seu sentido próprio" (*O Direito e a Vida dos Direitos*, 6ª ed., n. 206, p. 313).

28. Os atos societários sujeitos a publicação obrigatória encontram-se previstos nos arts. 1.084, § 1º, 1.103, I, 1.109, parágrafo único, e 1.122 do Código Civil.

29. Cf.: Priscila M. P. Corrêa da Fonseca e Rachel Sztajn, *Código Civil Comentado*, vol. XI, p. 525; e Nelson Abrão, *Sociedades Limitadas*, 9ª ed., n. 75, p. 172. De igual modo, na III Jornada de Direito Civil, promovida pelo Centro de Estudos Judiciários do Conselho de Justiça Federal, sob os auspícios do Superior Tribunal de Justiça, aprovou-se o seguinte enunciado: "Enunciado 228: As sociedades limitadas estão dispensadas da publicação das demonstrações financeiras a que se refere o art. 1.078, § 3º, do Código Civil".

rendo desde a entrada em vigor do novo Código Civil, e não por efeito da Lei n. 11.638/2007, sendo certo que, mesmo aqueles estudiosos que defendem a arrojada posição de que a Lei n. 11.638/2007 teria tornado obrigatória a publicação das demonstrações financeiras das sociedades de grande porte, não foram tão longe a ponto de afirmar que a aplicação subsidiária da lei acionária às sociedades limitadas teria esse mesmo efeito; afirmaram, isto sim, justamente o contrário; que a lei apenas exige a disponibilização do (projeto de) balanço aos sócios não-administradores (CC, art. 1.078, § 1º).

Em suma, a sociedade de grande porte não estará obrigada a publicar as demonstrações financeiras, a não ser que isso seja previsto em regra específica do seu tipo societário (sociedade anônima) ou da atividade porventura exercida.[30]

5. *Auditoria independente*

Afora seguir as regras da Lei das Sociedades por Ações sobre escrituração e elaboração de demonstrações financeiras, as sociedades de grande porte deverão submeter-se à auditoria independente por auditor registrado na Comissão de Valores Mobiliários.[31] Doravante, pois, a sociedade anônima fechada, a sociedade limitada, a sociedade simples, a cooperativa ou a que adote qualquer outro tipo societário deverá necessariamente ter as suas demonstrações financeiras auditadas por auditor registrado na Comissão de Valores Mobiliários, se se qualificar como sociedade de grande porte, de conformidade com os critérios legais acima analisados.

5.1 Empresas de auditoria

A auditoria independente, de acordo com a lei, deverá necessariamente ser realizada por auditor registrado na Comissão de Valores Mobiliários. Não é suficiente, pois, a auditoria realizada por qualquer auditor,[32] mas apenas por pessoa física ou jurídica que tenha o seu registro na Comissão de Valores Mobiliários.[33] Atualmente,

30. P. ex., para as concessionárias de serviço público, a lei determina que, no contrato de concessão, se deve prever a exigência de publicação de demonstrações financeiras periódicas da concessionária (Lei n. 8.987, de 13 de fevereiro de 1985, art. 23, XIV). Marçal Justen Filho entende, porém, tratar-se de mera faculdade: "Eventualmente, poderá determinar-se que as demonstrações financeiras do concessionário serão objeto de publicação na imprensa. Trata-se de manifestação daquele princípio da publicidade, pelo qual o concessionário sujeita-se também à fiscalização perante a comunidade. Anote-se que, na quase totalidade dos casos, a entidade concessionária adota a forma de sociedade anônima, o que importa certas formalidades de publicidade do balanço e demonstrações contábeis. A regra ora comentada traduz possibilidade de regras especiais, distintas daquelas contidas na Lei das S/A" (*Teoria Geral das Concessões de Serviço Público*, p. 325).

31. Paralelamente, é claro, o estatuto ou contrato social de sociedade, que não se qualifique como de grande porte e que, portanto, não esteja obrigada legalmente a submeter as suas demonstrações financeiras a auditor independente, pode contemplar a obrigatoriedade de realização de auditoria, medida essa que se insere no âmbito da competência dos sócios (v.: Karsten Schmidt, *Handelsrecht*, cit., p. 440).

32. A própria CVM ressalva, no seu sítio na rede mundial de computadores, que "o exercício da atividade de auditoria independente é uma prerrogativa profissional dos contadores legalmente habilitados por registro em Conselho Regional de Contabilidade. Isto significa esclarecer que o registro de auditor independente na Comissão de Valores Mobiliários não constitui uma nova categoria profissional" (*http://www.cvm.gov.br/ port/snc/ResumoNormas.asp*; acesso em 30.7.2008).

33. Dentre os crimes contra o mercado de capitais, a Lei n. 6.385/1976 prevê, no art. 27-E, o crime de "exercício irregular de cargo, profissão, atividade ou função", assim tipificado: "Art. 27-E. Atuar, ainda que a título gratuito, no mercado de valores mobiliários, como instituição integrante do sistema de distribuição, administrador de carteira coletiva ou individual, agente autônomo de investimento, auditor independente, analista de valores mobiliários, agente fiduciário ou exercer qualquer cargo, profissão, atividade ou função, sem estar, para esse fim, autorizado ou registrado junto à autoridade administrativa competente, quando exigido por lei ou re-

a Comissão de Valores Mobiliários apenas contempla um só e mesmo registro de auditor independente para exercer atividades de auditoria de companhias abertas e de instituições, sociedades ou empresas que integrem o sistema de distribuição e intermediação de valores mobiliários (Lei n. 6.385, de 7 de dezembro de 1976, arts. 1º, VII, e 26; e Inst. CVM n. 308, de 14 de maio de 1999, arts. 1º e 2º).[34]

5.2 Fiscalização da CVM sobre as empresas de auditoria (e o relacionamento com a sociedade de grande porte)

De regra, os poderes de regulação e de fiscalização da Comissão de Valores Mobiliários circunscrevem-se às companhias integrantes do mercado de valores mobiliários (Lei n. 6.385/1976, arts. 1º, VII, 9º, I, *e*, II, V e VI, e 11[35]). Excepcionalmente, e ainda em conexão com o mercado de capitais, a Comissão de Valores Mobiliários poderá intimar terceiros para prestar informações e esclarecimentos, assim como examinar e extrair cópias de seus documentos e registros, para fins de apuração, em regular processo administrativo, de atos ilegais ou práticas não eqüitativas de administradores, membros de conselhos fiscais e acionistas de companhias abertas, dos intermediários e dos demais participantes do mercado de valores mobiliários (Lei n. 6.385/1976, art. 9º, I, *g*, e II[36]). Fora

gulamento. Pena – detenção, de 6 (seis) meses a 2 (dois) anos, e multa". A figura penal em questão reporta-se à atuação do agente "no mercado de valores mobiliários", de sorte que a atuação irregular do auditor independente, sem o registro apropriado, junto a sociedade de grande porte fora do âmbito do mercado de valores mobiliários, não configurará o crime em questão. Quando muito, poderá configurar exercício ilegal de profissão ou atividade, capitulado no art. 47 da Lei de Contravenções Penais (DL n. 3.688, de 3 de outubro de 1941): "Art. 47. Exercer profissão ou atividade econômica ou anunciar que a exerce, sem preencher as condições a que por lei está subordinado o seu exercício: Pena – prisão simples, de 15 (quinze) dias a 3 (três) meses, ou multa".

34. Para desconcentrar o mercado de auditoria, talvez se pudesse futuramente cogitar da criação de outro registro próprio para a realização de serviços de auditoria em sociedades de grande porte não integrantes do mercado de valores mobiliários, até mesmo de forma a criar o acesso inicial de profissionais para o setor de companhias abertas. Foi a orientação seguida na Diretiva n. 84/253/CEE de 10 de abril de 1984, do Conselho da Comunidade Econômica Européia (8ª Diretiva sobre Direito das Sociedades), que permitiu, em caráter transitório e até ulterior coordenação, a aprovação pelos Estados-membros da atuação de auditores para rever pequenas e médias empresas, e para a revisão de médias empresas consolidadas (arts. 20 e 21).

35. Eis os preceitos citados da Lei n. 6.385/1976: "Art. 1º. Serão disciplinadas e fiscalizadas de acordo com esta Lei as seguintes atividades: (...); VII – a auditoria das companhias abertas". "Art. 9º. A Comissão de Valores Mobiliários, observado o disposto no § 2º do art. 15, poderá: I – examinar e extrair cópias de registros contábeis, livros e arquivos magnéticos, ópticos ou de qualquer outra natureza, bem como papéis de trabalho de auditores independentes, devendo tais documentos ser mantidos em perfeita ordem e estado de conservação pelo prazo mínimo de 5 (cinco) anos: (...); e) dos auditores independentes; (...); II – intimar as pessoas referidas no inciso I a prestar informações, ou esclarecimentos, sob cominação de multa, sem prejuízo da aplicação das penalidades previstas no art. 11; (...); V – apurar, mediante processo administrativo, atos ilegais e práticas não eqüitativas de administradores, membros do conselho fiscal e acionistas de companhias abertas, dos intermediários e dos demais participantes do mercado; VI – aplicar aos autores das infrações indicadas no inciso anterior as penalidades previstas no art. 11, sem prejuízo da responsabilidade civil ou penal". "Art. 11. A Comissão de Valores Mobiliários poderá impor aos infratores das normas desta Lei, da Lei de Sociedades por Ações, das suas resoluções, bem como de outras normas legais cujo cumprimento lhe incumba fiscalizar, as seguintes penalidades: (...)".

36. Eis a regra: "Art. 9º. A Comissão de Valores Mobiliários, observado o disposto no § 2º do art. 15, poderá: I – examinar e extrair cópias de registros contábeis, livros e arquivos magnéticos, ópticos ou de qualquer outra natureza, bem como papéis de trabalho de auditores independentes, devendo tais documentos ser mantidos em perfeita ordem e estado de conservação pelo prazo mínimo de 5 (cinco) anos: (...);g) de outras pessoas quaisquer, naturais ou jurídicas, quando da ocorrência de qualquer irregularidade a ser apurada nos termos do inciso V deste artigo, para efeito de verificação de ocorrência de

daí, não tem a autarquia ingerência sobre as sociedades fechadas, e o quadro não foi alterado pela Lei n. 11.638/2007. Vale dizer, a circunstância de a lei exigir sejam as sociedades de grande porte auditadas por auditor registrado na Comissão de Valores Mobiliários não estendeu as atribuições e poderes da autarquia diretamente sobre aquelas sociedades.

Diversamente, porém, com a nova lei, a Comissão de Valores Mobiliários terá doravante o poder-dever de fiscalizar e, se for o caso, punir os auditores independentes nela registrados, até mesmo com a suspensão ou cancelamento do seu registro, nos casos em que estes descumprirem deveres próprios de suas funções (Inst. CVM n. 308, de 14 de maio de 1999, arts. 35 a 37), e já aí pouco importa se a desídia se verificar na execução de serviços junto a companhias abertas ou sociedades de grande porte, pois, em ambas as situações, a conduta profissional do auditor deve sempre pautar-se por um só e mesmo metro. Contra semelhante poder de fiscalização (e punição), poder-se-ia argumentar com o disposto no art. 1º, VII, da Lei n. 6.385/1976, que se reporta apenas à fiscalização das atividades de auditoria de companhias abertas. Contra isso, porém, também cabe contra-argumentar com a letra do art. 11 da mesma lei,[37] cuja regra é assaz lata, e, em complemento, salientar que, se o legislador exigiu que, tanto em companhias abertas, como nas sociedades de grande porte, os serviços de auditoria sejam realizados exclusivamente por auditores registrados junto à Comissão de Valores Mobiliários, por via de lógica conseqüência, necessariamente atribuiu a ela a correlata incumbência de censurar os desvios de conduta destes profissionais na execução de missões para as quais ela os habilitou. Vale dizer, os poderes de fiscalização e punitivo da CVM em relação à atuação de auditores independentes junto às sociedades de grande porte, que não sejam companhias abertas, são corolários lógico-necessários da exigência legal de que, para o exercício destas funções, estejam os auditores registrados junto a ela. Quem tem o poder de registrar e, assim, habilitar, tem os poderes de fiscalizar e punir. De outro modo, seria absurdo imaginar que o legislador tivesse exigido o cadastramento e, ao mesmo tempo, deixado de prever qualquer fiscalização ou circunscrito esta última ao âmbito dos Conselhos Regionais de Contabilidade (que, enquanto tais, não podem cassar o registro concedido pela Comissão de Valores Mobiliários). Por isso, e reconhecendo a controvérsia do tema, entendemos que, a pedido de sócio ou outro interessado, a Comissão de Valores Mobiliários poderá promover inquéritos administrativos e, se o caso, instaurar processo administrativo contra auditores independentes registrados, no curso do qual, para averiguar a regularidade dos serviços praticados, poderá colher os elementos de prova necessários, inclusive junto a sociedades de grande porte – o que não significa, em absoluto, que possa fiscalizar as atividades destas; apenas poderá junto a elas colher elementos para averiguar os serviços dos auditores.

Por fim, além de poderem ter a sua responsabilidade administrativa debatida na Comissão de Valores Mobiliários, os auditores independentes respondem civilmente, à evidência, pela reparação de danos causados à sociedade de grande porte, sócios ou terceiros no desempenho de suas atividades profissionais. A responsabilidade dos auditores independentes é mesmo

atos ilegais ou práticas não eqüitativas; II – intimar as pessoas referidas no inciso I a prestar informações, ou esclarecimentos, sob cominação de multa, sem prejuízo da aplicação das penalidades previstas no art. 11".

37. O art. 11, *caput*, da Lei n. 6.385/1976 tem a seguinte redação: "Art. 11. A Comissão de Valores Mobiliários poderá impor aos infratores das normas desta Lei, da Lei de Sociedades por Ações, das suas resoluções, bem como de outras normas legais cujo cumprimento lhe incumba fiscalizar, as seguintes penalidades: (...)".

inegável. Conquanto o § 2º do art. 26 da Lei n. 6.385/1976 afirme que "as empresas de auditoria contábil ou auditores independentes responderão, civilmente, pelos prejuízos que causarem a terceiros em virtude de culpa ou dolo no exercício das funções previstas neste artigo" e muito embora no artigo em questão trate apenas da atuação desses profissionais com relação a "companhias abertas e instituições, sociedades ou empresas que integram o sistema de distribuição e intermediação de valores mobiliários", não se há de olvidar que a responsabilidade civil desses profissionais deriva do próprio sistema geral de responsabilidade civil e existe independentemente da enunciação do princípio na Lei n. 6.385/1976.[38]

6. *Sanções aplicáveis à sociedade e aos administradores em caso de descumprimento das novas regras*

A Lei n. 11.638/2007, em seu art. 3º, impôs deveres às sociedades de grande porte, mas não previu as sanções porventura aplicáveis a estas e aos seus administradores. Isso não significa, à evidência, que se esteja diante de deveres sem sanção. O que ocorre, apenas (e o mesmo sucede em várias outras leis[39]), é que o sancionamento não se encontra previsto no mesmo corpo legislativo, mas em leis esparsas.

Assim, a sociedade de grande porte que descumpre as regras do art. 3º da Lei n. 11.638/2007, por exemplo: (i) não terá condições de se habilitar em procedimentos de licitação (Lei n. 8.666/1993, arts. 27, III, e 31, I[40]) e, por efeito, não terá condições de celebrar contratos com o Poder Público ou neles prosseguir (Lei n. 8.666/1993, art. 55, XV[41]); (ii) não poderá requerer recuperação judicial ou pretender a homologação extensiva de plano de recuperação extrajudicial, diante de irregularidade a afetar documentos essenciais (Lei n. 11.101/2005, arts. 51, II, e 162, § 6º, II[42]);

38. Por essa linha, é bastante discutível se o art. 26, § 2º, da Lei n. 6.385/1976, ao enunciar a responsabilidade civil subjetiva dos auditores independentes, teria pretendido criar ou destacar a existência de responsabilidade desses profissionais ou, pelo contrário, teria pretendido restringi-la. É que, com ou sem a citada regra, a responsabilidade civil profissional dos auditores independentes existiria e seria dedutível das regras gerais de responsabilidade civil. Seria ingênuo, por isso mesmo, crer que o intento da regra foi o de tornar expresso o que antes já existia. O que não havia, isto sim, era uma regra claramente dispondo que a responsabilidade civil destes agentes é subjetiva, afastando construções que pretendessem submetê-la a regime objetivo, como as que podem ser elaboradas em relação aos trabalhos prestados para sociedades de grande porte que não integrem o mercado de valores mobiliários e dos quais resultem prejuízos a terceiros (em especial os *by-standers*).

39. A vigente Lei de Recuperação de Empresas e Falência (Lei n. 11.101/2005), para aqui ficar com apenas um exemplo, prevê que "o devedor em crise econômico-financeira que julgue não atender aos requisitos para pleitear sua recuperação judicial deverá requerer ao juízo sua falência, expondo as razões da impossibilidade do prosseguimento da atividade empresarial (...)". Conquanto não tenha a mesma lei previsto a sanção, não há dúvida que se trata de dever jurídico, cuja sanção aos administradores é encontrada em leis esparsas.

40. Os arts. 27, III, e 31, I, da Lei n. 8.666, de 21 de junho de 1993, ao disporem sobre a licitação, prescrevem o seguinte: "Art. 27. Para a habilitação nas licitações exigir-se-á dos interessados, exclusivamente, documentação relativa a: (...); III – qualificação econômico-financeira". "Art. 31. A documentação relativa à qualificação econômico-financeira limitar-se-á a: I – balanço patrimonial e demonstrações contábeis do último exercício social, já exigíveis e apresentados na forma da lei, que comprovem a boa situação financeira da empresa, vedada a sua substituição por balancetes ou balanços provisórios, podendo ser atualizados por índices oficiais quando encerrados há mais de 3 (três) meses da data de apresentação da proposta (...)".

41. O art. 55, XV, da Lei n. 8.666, de 21 de junho de 1993, que trata do contrato administrativo, dispõe: "Art. 55. São cláusulas necessárias em todos contratos as que estabeleçam: (...); XV – a obrigação do contratado de manter, durante toda a execução do contrato, em compatibilidade com as obrigações por ele assumidas, todas as condições de habilitação e qualificação exigidas na licitação".

42. A Lei n. 11.101, de 9 de fevereiro de 2005, exige, no art. 51, II, que "a petição inicial de recupe-

(iii) poderá, de conformidade com os respectivos atos normativos, ter cassada a sua autorização de funcionamento ou o seu registro ou cadastro para a realização de operações reguladas junto a órgãos públicos; e, além disso, (iv) estará impossibilitada, na prática, de celebrar muitas operações de crédito, seguro e câmbio, porquanto, para isso, não terá como apresentar à respectiva instituição financeira os documentos de que esta necessariamente precisa para proceder à abertura do cadastro documental, de conformidade com os atos normativos expedidos pelas respectivas autoridades fiscalizadoras.

Para além disso, os administradores de sociedades de grande porte, ao descumprirem deveres próprios de sua função – não providenciando a elaboração das demonstrações financeiras de acordo com a lei (LSA, art. 133; e CC, art. 1.179) ou não as submetendo à auditoria por auditor independente registrado na Comissão de Valores Mobiliários[43] – poderão também ser chamados a responder civilmente pela reparação dos danos porventura causados à própria sociedade, aos seus sócios ou a terceiros em geral, desde que se componham no caso os pressupostos do dever de indenizar (LSA, art. 158; e CC, art. 1.016).[44] Em conexão ao tema, lembre-se, com efeito, que podem gerar a responsabilidade civil dos administradores de sociedades, dentre outras hipóteses, as seguintes: (i) a divulgação de informações falsas ou inexatas em demonstrações financeiras, em virtude das quais o sócio ou o terceiro vem a subscrever ações ou outros títulos por preço superior ao real ou vendê-los por preço inferior ao correto;[45] (ii) a indução de instituição financeira à concessão de crédito à sociedade, com base em balanço falso ou inexato,[46] ou, nestas mesmas condições, levá-la a aceitar em penhor as ações de sociedade, de escasso valor, para garantir crédito elevado;[47] ou (iii) a elaboração

ração judicial será instruída com: (...); II – as demonstrações contábeis relativas aos 3 (três) últimos exercícios sociais e as levantadas especialmente para instruir o pedido, confeccionadas com estrita observância da legislação societária aplicável (...)". Para a homologação (extensiva) do plano de recuperação extrajudicial, também se requer, no art. 163, § 6º, II, a juntada das "demonstrações contábeis relativas ao último exercício social e as levantadas especialmente para instruir o pedido, na forma do inciso II do *caput* do art. 51 desta Lei".

43. A CVM, ao decidir processos envolvendo companhias abertas, tem decidido pela responsabilidade administrativa do administrador que deixa de vincular auditores independentes para auditar as demonstrações financeiras de companhia aberta (cf.: CVM, Processo n. RJ-8280/2001, Rel. Dir. Wladimir Castelo Branco Castro, v.u., j. 14.11.2002) ou que elabora ou faz elaborar demonstrações financeiras inexatas e em desconformidade com os princípios contábeis (cf.: CVM, Processo n. 3/1996, Rel. Dir. Eli Loria, v.u., j. 8.7.2004; CVM, Inq. Adm. n. 17/2001, Rel. Dir. Norma Jonssen Parente, v.u., j. 17.9.2003; CVM, Processo n. RJ-2001/8385, Rel. Dir. Wladimir Castelo Branco Castro, v.u., j. 3.4.2003; CVM, Processo n. TA-11949/2001, Rel. Dir. Luiz Wladimir Castelo Branco Castro, v.u., j. 6.12.2005; e CVM, Processo n. 24/2003, Rel. Dir. Wladimir Castelo Branco Castro, m.v., j. 9.6.2005), sendo que tal responsabilidade não é elidida pela aprovação sem reservas das demonstrações financeiras e das contas (cf.: CVM, Processo n. 24/2003, Rel. Dir. Wladimir Castelo Branco Castro, m.v., j. 9.6.2005).

44. Na Alemanha, é controvertida a questão de saber qual seria o objetivo das regras sobre prestação de contas e quais seriam então os interesses tutelados (sobre o tema, v.: Claus-Wilhelm Canaris, *Handelsrecht*, 23ª ed., ns. 11-17, pp. 272-275). Admite-se, porém, que são normas cogentes, de caráter público.

45. Sobre o tema, confira-se: Luiz Gastão Paes de Barros Leães, *Direito Comercial*: *Textos e Pretextos*, p. 181; Franco Bonelli, *Gli Amministratori di s.p.a. dopo la Riforma delle Società*, pp. 215-217; e Robert R. Pennington, *Pennington's Company Law*, 7ª ed., 1995, p. 812.

46. Nos tribunais estrangeiros: (Itália) Cass., 28.3.1960, n. 669, *Giust. civ.*, 1960, I, p. 887, com nota di C. Giannattasio; Cass., 2.6.1989, n. 2.685, *Giur. it.*, 1989, I, 1, c. 1.686; Trib. Milão, 21.4.1986, *Le Società*, 1986, p. 1.211; Trib. Milão, 28.4.1990, *Giur. it.*, 1990, I, 2, c. 805; Trib. Napoles, 16.6.1986, *Società*, 1986, p. 1.345; Ap. Veneza, 26.7.1965, *Arch. resp. civ.*, 1966, p. 920; e Ap. Firenze, 13.4.1966, *Riv. dir. comm.*, 1966, II, p. 435; Ap. Bolonha, 5.5.1987, *Le Società*, 1987, p. 1.156.

47. Nos tribunais estrangeiros: (Itália) Cass., 3.12.1984, n. 6.300, *Mass. Foro it.*, 1984; e Trib. Roma, 28.10.1966, *Dir. fall.*, 1967, II, p. 184.

de contas e demonstrações financeiras viciadas para, com base nelas, promover a distribuição de gratificação a empregados e aos próprios administradores, em detrimento do patrimônio social.[48]

Por final, estarão os administradores sujeitos eventualmente à responsabilidade por crime falimentar, se verificada a hipótese do art. 178 da Lei n. 11.101, de 9 de fevereiro de 2005, isto é, apenas se dolosamente deixarem de elaborar ou escriturar ou autenticar os documentos de escrituração contábil obrigatórios.[49]

7. *Conclusões*

A introdução de uma disciplina própria para as sociedades de grande porte, através do art. 3º da Lei n. 11.638/2007,[50] representa mais um passo importante de nosso legislador em direção ao correto caminho de procurar estabelecer a clivagem no regime jurídico empresarial não mais a partir da forma adotada pelo empresário, do tipo societário escolhido, e sim pela importância da empresa e dos impactos que a sua atuação pode gerar a outros grupos de interesses, em especial, e ao mercado, em geral. A universal tendência legislativa, sem dúvida, é esta[51] e, entre nós, não é de hoje que juristas esclarecidos, escorados na rica experiência estrangeira, clamam para que se criem fundas diferenças no regime jurídico das macroempresas, em especial para aquelas sociedades anônimas de capital aberto, e não mais se teime em querer cindir o regramento do exercício da atividade econômica a partir da equívoca distinção entre sociedades ditas de capital e sociedades de pessoas.[52] Quanto a isso, é verdade, o legislador pátrio, em obséquio a regra constitucional (CF, arts. 170, IX, e 179), chegou a prever algumas regras privilegiadas para sociedades de pequeno porte,[53] embora sem nunca prezar pela sis-

48. Cf.: TJSP, Ap. 80.734, 2ª CC., Rel. Des. Dimas de Almeida, v.u., j. 30.4.1957, *RT* 267/234.

49. O crime concursal de "omissão dos documentos contábeis obrigatórios" encontra-se tipificado no art. 178 da Lei de Recuperação de Empresas e Falência (Lei n. 11.101/2005): "Art. 178. Deixar de elaborar, escriturar ou autenticar, antes ou depois da sentença que decretar a falência, conceder a recuperação judicial ou homologar o plano de recuperação extrajudicial, os documentos de escrituração contábil obrigatórios: Pena – detenção, de 1 (um) a 2 (dois) anos, e multa, se o fato não constitui crime mais grave". A dúvida que pode haver é se o crime apenas se consuma se o agente dolosamente "deixa de elaborar, escriturar ou autenticar" os documentos obrigatórios de escrituração contábil ou, ao revés, se também se positiva nos casos em que, ainda dolosamente, os documentos são elaborados ao arrepio da lei. Na lei anterior, diversamente, o crime se caracterizava com a "escrituração atrasada, lacunosa, defeituosa ou confusa" (DL n. 7.661/1945, art. 186, VI).

50. Sob o ponto de vista da sistematização, teria sido preferível a inclusão do comando legal dentre as regras societárias gerais previstas no Código Civil.

51. Confiram-se, a propósito, as várias regras legais italianas específicas para empresários pequenos ou de grande porte referidas por Giuseppe Ferri (*Manuale di Diritto Commerciale*, 8ª ed., n. 22, pp. 46-51). Na França, por meio da Lei 94-1, de 3.1.1994, criou-se a sociedade anônima simplificada (*société par actions simplifiée* ou SAS), atualmente regulada nos arts. L. 227-1 a L. 227-20 e L. 244-1 a L. 244-4 do CCom fr.

52. Por todos, vale referir a clássica obra de Fábio Konder Comparato sobre os *Aspectos Jurídicos da Macro-Empresa* (1970), em cuja introdução o grande jurista lembra a constatação de Hegel – segundo a qual "os aumentos quantitativos acabam redundando em modificações qualitativas dos seres" – para, na seqüência, verberar a miopia, doutrinária e legislativa: "O logicismo abstrato dos codificadores do século passado continua a pesar sobre os nossos esquemas mentais, impedindo a visão de uma realidade que salta aos olhos. Fenômenos econômicos tão díspares como a insolvabilidade de um armarinho, e a da macro-empresa de exportação, devem em princípio submeter-se aos mesmos remédios processuais da lei de falências" (ob. cit., pp. 1-2), quadro esse que, no campo do direito concursal, foi parcialmente alterado apenas em 2005! Do mesmo autor, vale ainda conferir os belos estudos intitulados "Restrições à circulação de ações em companhia fechada: *nova et vetera*" e "A natureza da sociedade anônima e a questão da derrogabilidade das regras legais de *quorum* nas assembléias gerais e reuniões do conselho de administração", publicados em *Novos Ensaios e Pareceres de Direito Empresarial* (pp. 32-51 e 116-131).

53. Assim, p. ex., no âmbito federal: (i) Lei n. 7.256, de 27 de novembro de 1984 (que estabelece normas integrantes do Estatuto da Microempresa e dá

tematicidade e unicidade do sistema legal, fragmentado em leis esparsas.[54] De certa forma, a criação da novel classe das sociedades de grande porte, sem apego ao tipo societário mas somente ao porte da entidade, prossegue na mesma linha,[55] consagrando a prevalência da realidade, da essência, sobre a forma, agora mirando as macroempresas. Quanto a isso, merece encômios.

Em contrapartida, se a intenção do legislador foi mesmo criar ou ampliar as regras de um regime próprio para as sociedades de grande porte, para assim tutelar o mercado e outros grupos de interesse, não há como deixar de reconhecer que essa intenção ficou muito aquém da esperada. Ao não prever a obrigatoriedade de publicidade das demonstrações financeiras de sociedades de grande porte, claudicou, gravemente, pois acabou por criar instrumentos de tutela apenas àqueles terceiros que, detendo significativo poder e estando em posição dominante, antes já tinham como se proteger. E nem se diga que a exclusão da obrigação de publicação se deveu a magnânima intenção do legislador pátrio de poupar as sociedades de incorrer em custos elevados. É que, conquanto se reconheça serem custosas as publicações pela imprensa, sobretudo para uma sociedade anônima fechada, isso não se aplica a uma portentosa sociedade de grande porte, que seguramente teria condições de arcar com os custos. Nesta medida, tem razão Modesto Carvalhosa ao pugnar pela necessidade de publicação das demonstrações financeiras e parecer de auditores de tais sociedades. *De lege ferenda*, porém, o que se impõe não é sempre e sempre obrigar a publicação das demonstrações financeiras em jornais e, sim, prever instrumentos efetivos de publicidade (que não se restringem apenas à publicação e compreendem até mesmo medidas simples e menos custosas como o registro dos documentos no registro público de empresas mercantis[56]), mais

outras providências; revogada); (ii) LC n. 48, de 10 de dezembro de 1984 (que estabelece normas integrantes do Estatuto da Microempresa, relativas a isenção do imposto sobre Circulação de Mercadorias – ICM e do Imposto sobre Serviços – ISS); (iii) Lei n. 9.317, de 5 de dezembro de 1996 (que dispõe sobre o regime tributário das microempresas e das empresas de pequeno porte, institui o Sistema Integrado de Pagamento de Impostos e Contribuições das Microempresas e das Empresas de Pequeno Porte – SIMPLES e dá outras providências; revogada); (iv) Lei n. 9.841, de 5 de outubro de 1999 (que institui o Estatuto da Microempresa e da Empresa de Pequeno Porte, dispondo sobre o tratamento jurídico diferenciado, simplificado e favorecido previsto nos arts. 170 e 179 da Constituição Federal; revogada); e (v) LC n. 123, de 14 de dezembro de 2006 (que institui o Estatuto Nacional da Microempresa e da Empresa de Pequeno Porte e dá outras providências), parcialmente alterada pela LC n. 127, de 14 de agosto de 2007.

54. E isto sucede não obstante a própria Constituição Federal indique o desejo e a necessidade de consolidação das milhares de leis esparsas (CF, art. 59, parágrafo único).

55. A Lei das S/A (Lei n. 6.404/1976), lei adiantada e moderna, já previu várias regras específicas para as sociedades anônimas fechadas (LSA, arts. 4º; 15, § 1º; 16; 22, parágrafo único; 36; 124, § 1º, I, e § 3º; 129, § 1º; 134, § 6º; 171, § 8º; 172, parágrafo único; 176, § 6º; 177, § 6º; 202, § 3º, II; e 294) e para as sociedades anônimas abertas (LSA, arts. 4º; 4º-A; 11, § 3º; 15, § 1º; 22, parágrafo único; 24, § 2º; 25, parágrafo único; 29; 30, § 2º; 37; 47, parágrafo único; 59, § 1º; 65, § 1º; 100, § 2º; 116-A; 118, § 5º; 124, § 1º, II, § 5º, I e II, e § 6º; 126, § 1º; 130, § 2º; 136, § 2º; 138, § 2º; 141, § 4º, I e II; 147, § 2º; 155, § 1º; 157; 158, § 3º; 165-A; 167, § 1º; 171, § 7º; 172; 176, V; 177, § 3º; 202, § 3º, I, e § 4º; 223, § 3º; 235, § 1º; 243, § 3º; 244, § 3º; 248, III, "c"; 249; 254-A; 255; 256; 257; 264; e 291). Inclusive, deu tratamento especial para as sociedades anônimas fechadas com patrimônio líquido inferior a R$ 1.000.000,00 (um milhão de reais), dispensando certas formalidades (LSA, art. 294), e, para aquelas com patrimônio líquido inferior a R$ 2.000.000,00 (dois milhões de reais), isentando-as do dever de levantar e publicar a demonstração de fluxo de caixa (LSA, art. 176, § 6º).

56. Por que não se introduz, no direito brasileiro, a necessidade de registro das demonstrações financeiras e, conforme o caso, do relatório de auditores na Junta Comercial, reservando-se a publicação em periódico apenas para as sociedades de grande porte, conforme previsto na Diretiva n. 78/660/CEE de 25 de julho de 1968? Afinal, o registro no órgão do Registro Público de Empresas Mercantis é barato, empresta publicidade ao ato e garante, a qualquer interessado, acesso ao seu conteúdo, sem

ou menos dilargados conforme o porte da empresa.[57] Espera-se que, no futuro, além de corrigir o ponto,[58] o legislador persista em trilhar a rota agora percorrida, criando regime jurídico próprio para as macroempresas, contemplando mecanismos eficazes de tutela das posições dos demais grupos de interesse do direito societário e, sempre que possível, prestigiando a unicidade da legislação, que poderia encontrar no Livro do Direito da Empresa (originariamente designado, de forma mais correta, Livro da Atividade Negocial) do Código Civil, a sede própria para a consolidação e sistematização das regras legais.

necessidade de prova de interesse (Lei n. 8.934/1994, art. 29). A insistência do legislador em prever apenas a publicação em periódico, como se não houvesse outra alternativa, seguramente encobre interesses outros daqueles que muito lucram às custas de providências cartoriais.

57. É preciso que haja o necessário vínculo de pertinência e proporcionalidade entre os meios e os fins a alcançar.

58. Em 17.6.2008, o Senador Adelmir Santana apresentou projeto de lei (Projeto de Lei do Senado n. 243, de 2008), pelo qual se pretende transformar o atual parágrafo único do art. 3º da Lei n. 11.638/2007 em § 1º e, assim, prever a obrigatoriedade de publicação das demonstrações financeiras. O novo parágrafo proposto tem a seguinte redação: "§ 2º. As sociedades de grande porte de que trata o *caput* deste artigo publicarão as suas demonstrações financeiras em jornal de grande circulação ou, alternativamente, na rede mundial de computadores, em sítios credenciados pelas Juntas Comerciais ou pela Comissão de Valores Mobiliários". As justificativas apresentadas para tanto são as de que, de um lado, a Lei n. 11.638/2007 não contempla a obrigatoriedade de publicação e, por outro, "com a revolução da tecnologia da informação, operada nos anos 70, 80 e 90, assumiu a mídia eletrônica o papel principal de divulgação de informações nos dias atuais. A mídia eletrônica tem, ainda, duas vantagens adicionais sobre a mídia impressa: é ambientalmente mais adequada, porque não consome papel, e oferece espaço de publicação a menor custo econômico e financeiro". O projeto de lei, no entanto, merece a nosso ver algumas críticas. A primeira delas é a de que, em nome da sistematização legal, não se deveriam criar regras societárias em diplomas legais extravagantes, preferindo-se sempre introduzi-las no âmbito da disciplina geral do Código Civil. A segunda crítica é a de que os motivos invocados como justificativa para a permissão de publicação das demonstrações financeiras em meio eletrônico aplicam-se não somente às sociedades de grande porte, mas, com maior vigor, também para as sociedades anônimas fechadas de menor porte (e mesmo para outras que, por efeito de regras legais ou regulamentares diversas, estão obrigadas a publicar as suas demonstrações financeiras) e que, ainda assim, não iriam se favorecer daquela alternativa. O projeto, ademais, revogará o § 7º do art. 289 da Lei das S/A (pois, pela norma proposta, a disponibilização em sítio da *internet* dar-se-á *com prejuízo* da publicação em jornal).

8. *Bibliografia*

ABRÃO, Nelson. *Sociedades Limitadas.* 9ª ed., São Paulo, Saraiva, 2005.

ALMEIDA, Marcelo Cavalcanti; e BRAGA, Hugo Rocha. *Mudanças Contábeis na Lei Societária.* São Paulo, Atlas, 2008.

BAUMBACH, Adolf; e HOPT, Klaus J. *Handelsgesetzbuch.* 29ª ed. München, C. H. Beck, 1995.

BONELLI, Franco. *Gli Amministratori di s.p.a. dopo la Riforma delle Società.* Milano, Giuffrè, 2004.

BRAGA, Hugo Rocha; e ALMEIDA, Marcelo Cavalcanti. *Mudanças Contábeis na Lei Societária.* São Paulo, Atlas, 2008.

BULHÕES PEDREIRA, José Luiz. *Imposto sobre a Renda – Pessoas Jurídicas.* vol. I. Rio de Janeiro, Adcoas, 1979.

CAMPIGLIA, Américo Oswaldo. *Comentários à Lei das Sociedades Anônimas.* vol. 5. São Paulo, Saraiva, 1978.

CANARIS, Claus-Wilhelm. *Handelsrecht.* 23ª ed. München, C. H. Beck, 2000.

CARVALHOSA, Modesto. *Comentários à Lei das Sociedades Anônimas.* 2º vol., 3ª ed. São Paulo, Saraiva, 2003.

COMPARATO, Fábio Konder. *Aspectos Jurídicos da Macro-Empresa.* São Paulo, Ed. RT, 1970.

______. *Novos Ensaios e Pareceres de Direito Empresarial.* Rio de Janeiro, Forense, 1981.

______; e SALOMÃO FILHO, Calixto. *O Poder de Controle na Sociedade Anônima.* 5ª ed. Rio de Janeiro, Forense, 2008.

CORDEIRO, António Menezes. *Direito Europeu das Sociedades.* Coimbra, Almedina, 2005.

CORRÊA DA FONSECA, Priscila M. P.; e SZTAJN, Rachel. *Código Civil Comentado.* vol. XI. São Paulo, Atlas, 2008.

COZIAN, Maurice; e VIANDIER, Alain. *Droit des Sociétés*. 5ª ed. Paris, Litec, 1992.

DE RUGGIERO, Roberto. *Instituições de Direito Civil*. vol. I. Trad. da 6ª ed. italiana por Ary dos Santos. São Paulo, Saraiva, 1934.

FERRI, Giuseppe. *Manuale di Diritto Commerciale*. 8ª ed. Torino, UTET, 1991.

GUERREIRO, José Alexandre Tavares; e TEIXEIRA, Egberto Lacerda. *Das Sociedades Anônimas*. vol. I. São Paulo, José Bushatsky, 1979.

HOPT, Klaus J; e BAUMBACH, Adolf. *Handelsgesetzbuch*. 29ª ed. München, C. H. Beck, 1995.

IUDÍCIBUS, Sérgio de; MARTINS, Eliseu; e GELBCKE, Ernesto Rubens. *Manual de Contabilidade das Sociedades por Ações – Fipecafi*. 4ª ed. São Paulo, Atlas, 1995.

JUSTEN FILHO, Marçal. *Teoria Geral das Concessões de Serviço Público*. São Paulo, Dialética, 2003.

KÜBLER, Friedrich. *Derecho de Sociedades*. Trad. Michèle Klein. 5ª ed. Madrid, Fundación Cultural del Notariado, 2001.

LEÃES, Luiz Gastão Paes de Barros. *Comentários à Lei das Sociedades Anônimas*. vol. 2. São Paulo, Saraiva, 1978.

______. *Direito Comercial: Textos e Pretextos*. São Paulo, José Bushatsky, 1976.

MARTINS, Eliseu; IUDÍCIBUS, Sérgio de; e GELBCKE, Ernesto Rubens. *Manual de Contabilidade das Sociedades por Ações – Fipecafi*. 4ª ed. São Paulo, Atlas, 1995.

MAXIMILIANO, Carlos. *Hermenêutica e Aplicação do Direito*. 2ª ed. Rio Grande do Sul, Globo, 1933.

PENNINGTON, Robert R. *Pennington's Company Law*. 7ª ed. Londres, Butterworths, 1995.

RAISER, Thomas; e VEIL, Rüdiger. *Recht der Kapitalgesellschaften*. 4ª ed. München, Verlag Franz Vahlen, 2006.

RÁO, Vicente. *O Direito e a Vida dos Direitos*. Atualização de Ovídio Rocha Barros Sandoval. 6ª ed. São Paulo, Ed. RT, 2004.

SALOMÃO FILHO, Calixto; e COMPARATO, Fábio Konder. *O Poder de Controle na Sociedade Anônima*. 4ª ed. Rio de Janeiro, Forense, 2005.

SCHMIDT, Karsten. *Handelsrecht*. 5ª ed. Köln, Carl Heeymanns Verlag, 1999.

SZTAJN, Rachel; e CORRÊA DA FONSECA, Priscila M. P. *Código Civil Comentado*. vol. XI. São Paulo, Atlas, 2008.

TEIXEIRA, Egberto Lacerda; e GUERREIRO, José Alexandre Tavares. *Das Sociedades Anônimas*. vol. I. São Paulo, José Bushatsky, 1979.

VEIL, Rüdiger; e RAISER, Thomas. *Recht der Kapitalgesellschaften*. 4ª ed. München, Verlag Franz Vahlen, 2006.

VIANDIER, Alain; e COZIAN, Maurice. *Droit des Sociétés*. 5ª ed. Paris, Litec, 1992.

O REGRESSO NO CONTRATO DE FOMENTO MERCANTIL

CRISTIANO GOMES DE BRITO*

1. Introdução. 2. Conceito: 2.1 Elementos; 2.2 Natureza jurídica; 2.3 Modalidades; 2.4 Operacionalização. 3. Inexistência do direito de regresso. 4. Bibliografia.

1. Introdução

O contrato de *factoring* constitui-se em um dos meios mais eficazes de viabilização das pequenas e médias empresas, caracterizada pela grande simplificação nas providências de se conseguir capital de giro.

Nesse tipo de contrato, um comerciante (faturizado) cede a outro (faturizador), no todo ou em parte, os créditos provenientes de suas vendas mercantis a terceiro, mediante o pagamento de uma remuneração, consistente no desconto sobre os respectivos valores. Essa avença caracteriza-se pelo risco assumido pelo faturizador na liquidação do crédito, pois não há direito de regresso contra o faturizado, salvo se o crédito cedido estiver eivado de vício que o invalide, como se demonstrará adiante.

O *factoring*, tal como se conhece hoje – cessão de créditos provenientes de vendas mercantis, com garantia dos créditos da empresa cliente, mediante o pagamento de uma remuneração, podendo o faturizador desenvolver ainda operações de cobrança e financiamento –, é resultado de uma longa e constante evolução histórica, na qual sofreu diferentes mutações, causadas principalmente pelas alterações das condições do mercado mundial.

2. Conceito

O *factoring*,[1] como técnica financeira e de forte aceitação nos países desenvolvidos, não está ainda regulado em lei no ordenamento pátrio[2] e também não se identifica com os institutos jurídicos clássicos.

Sua natureza é discutida, originando interpretações diversas, uns entendendo ser uma cessão de crédito a título oneroso e outros afirmando ser uma compra e venda.

* *professor@cristianobrito.com.br.*

1. Quanto à etimologia, Arnaldo Rizzardo (2000:15) leciona que a palavra *factoring* é inglesa, entretanto tem sua origem no latim – do verbo *facere* (fazer), de onde é proveniente o substantivo *factor*, com significado de aquele que faz, e que, para os romanos, representava um agente comercial ou intermediário de comerciante nas trocas de produtos em locais afastados ou distantes.

2. Pelo Projeto de Lei 230, em tramitação no Senado, as aplicações próprias vedadas às empresas de *factoring* envolvem até empréstimos, por serem estas reservadas aos bancos, consoante art. 2º, parágrafo único: "É vedado à sociedade de fomento mercantil: a) captar recursos junto ao público, e b) executar operações de natureza próprias daquelas realizadas pelas instituições financeiras que dependem de prévia autorização do Banco Central do Brasil para funcionar, de acordo com a Lei 4.595, de 31.12.1964, e a Lei 7.492, de 10.6.1988".

Para os primeiros, o contrato de *factoring* situa-se na forma jurídica da cessão de créditos, utilizando-a como instrumento para transferência total dos créditos decorrentes da atividade comercial.

Nesse sentido, Fran Martins (2001:469) expõe que o contrato de *factoring* "é aquele em que um comerciante cede a outro os créditos, na totalidade ou em parte, de suas vendas a terceiros, recebendo o primeiro do segundo o montante desses créditos, mediante o pagamento de uma remuneração".

Assim uma pessoa (*faturizador*) recebe de outra (faturizado) a cessão de créditos oriundos de operações de compra e venda e outras de natureza comercial, assumindo o risco de sua liquidação, sendo responsável pela sua cobrança e recebimento, cujo líquido transfere de imediato ao cedente ou faturizado.

Para Arnaldo Rizzardo (2000:11) está-se diante de uma relação jurídica entre duas empresas, em que uma delas entrega à outra um título de crédito, recebendo, como contraprestação, o valor constante do título, do qual se desconta certa quantia, considerada a remuneração pela transação.

Em seguida, o citado autor comenta: "parte dos autores que se dedicou ao assunto dá relevo à idéia não propriamente de cessão do título de crédito, mas de compra e venda. Tem-se uma compra de crédito celebrada entre uma empresa ou cliente e uma entidade mercantil – que é a sociedade de *factoring*, ou o *factor*. Há um negócio de compra de crédito não especificamente regulamentado, embora com tipicidade própria, malgrado entendimento contrário de muitos, objetivando uma finalidade econômica concreta. Esta transferência de crédito melhor se coaduna com sua realidade fática se vista como uma cessão remunerada de título".[3]

Outros comungam com o entendimento de que o *factoring*, na hipótese de ocorrer *pro soluto*, *i.e.*, sem ação regressiva, configuraria a venda de um crédito, em vez de uma operação creditícia instrumentalizada pela cessão.

Arnoldo Wald (1992:446) entende que o contrato de *factoring* consiste na aquisição, por uma empresa especializada, de créditos faturados por um comerciante ou industrial, sem direito de regresso. Assim, a empresa de *factoring*, ou seja, o *factor*, assume os riscos da cobrança e, eventualmente, da insolvência do devedor, recebendo uma remuneração ou comissão, ou fazendo a compra dos créditos com redução em relação ao valor destes.

Segundo Roca Guillamón (1977:2), é uma atividade de cooperação empresarial, que tem por objetivo, para o fator, a aquisição, em definitivo, junto aos produtores de bens ou prestadores de serviço, dos créditos de que sejam titulares contra seus clientes ou compradores, garantindo sua satisfação e prestando serviços complementares de contabilidade, estudo de mercado, investigação de clientela etc., em troca de uma retribuição a que pode agregar-se, ainda, uma possibilidade de financiamento, mediante antecipação do pagamento com o recebimento de alguma retribuição.

O contrato de *factoring* consiste no negócio jurídico de venda de créditos, por meio do qual a empresa vendedora de bens ou serviços, denominada faturizada, cede ao faturizador a titularidade de todos os direitos creditórios decorrentes de sua atividade (venda de bens ou prestação de serviços), assumindo o faturizador o risco do não pagamento, pela boa ou má liquidação destes, mediante uma remuneração, consistente no desconto sobre os respectivos valores, podendo prestar ao faturizado serviços especializados de gestão de crédito (contabilização, faturamento, controle de riscos, análise de crédito etc.).

Com a evolução do comércio, o *factoring* passou a atingir novos rumos e objetivos, como gestão financeira, administração do crédito ou de contas a receber e a

3. Idem.

pagar, planejamento econômico e de mercados, seleção e cadastramento de clientes, assessoria creditícia etc.

Desse modo, passou a abarcar três importantes funções, quais sejam: (a) gestão de crédito, com exame e cobrança dos créditos; (b) financiamento, com adiantamento dos recursos financeiros aos créditos cedidos; (c) garantia, assumindo a responsabilidade pelo pagamento do crédito cedido, salvo nulidades ou vícios do crédito.

Como técnica de gestão empresarial, nota-se na faturização a interferência do faturizador nas operações do faturizado, selecionando os clientes deste, fornecendo-lhe, enfim, serviços que, de qualquer modo, diminuem os encargos comuns do vendedor.[4]

O faturizador fica encarregado e responsável pela seleção de clientes e obtenção de informações comerciais, de modo a permitir a redução de custos do faturizado, daí, destinar-se, sobretudo, às pequenas e médias empresas.

No que tange ao caráter financeiro, ocorre uma operação pela qual o faturizador paga ao faturizado a importância dos créditos transmitidos, permitindo que este obtenha liquidez imediata, sob a forma de antecipação de uma porcentagem do valor nominal dos créditos transmitidos. Assim, os créditos cedidos são liquidados no momento da cessão (*conventional factoring*), e não apenas nas épocas dos vencimentos respectivos (*maturity factoring*).

Assim, representa um financiamento da empresa faturizada, adquirindo o faturizador os créditos desta, pagando-lhe e assumindo o risco com a cobrança e o não pagamento das contas, sem ter o direito de regresso contra o faturizado.

Quanto à garantia, o faturizador, cedente do crédito, fica integralmente isento e desobrigado de qualquer responsabilidade pelo pagamento dos créditos cedidos, *v.g*, solvência e pontualidade do devedor, transmitindo todo o risco do recebimento ao faturizador.

Nesse caso, tornando-se o faturizador titular do direito de crédito e assumindo os riscos pela impontualidade, insolvabilidade e insolvência do devedor, quer parecer, a toda evidência, que tais eventos constituiriam ônus ou risco da atividade empresarial, arcando o faturizador com as suas conseqüências.

2.1 Elementos

Da análise anterior, verifica-se que são três os elementos que intervêm numa operação de *factoring*: o faturizador, o faturizado e o cliente-devedor.

O faturizado é, em regra, o fabricante ou distribuidor de uma mercadoria, o qual, em troca do pagamento de uma comissão ao faturizador, entrega a este os créditos comerciais que possui contra seus compradores, a fim de que ele se ocupe de sua administração, contabilização e cobrança, ao mesmo tempo, garantindo-o contra a falta de pagamento, a insolvência ou a quebra dos compradores, sem direito de regresso, de tal forma que o faturizado não correrá qualquer risco pelo não pagamento dos créditos cedidos.

Quem pratica tal modalidade de avença, ou que se serve do crédito, denomina-se *faturizado* ou *cliente*, sendo o comerciante ou o distribuidor de mercadorias, ou o prestador de serviços. Ele entrega os títulos comerciais, originados da atividade que exerce, ou advindos, geralmente, das vendas.

O *faturizador*, ou *factor*, é o titular da empresa de *factoring* ou faturização, ou aquele que empreende este tipo de negócio, adquirindo os títulos e pagando-os, indo, depois, contra o real devedor.

O devedor, ou comprador do faturizado é aquele que se obrigou junto ao faturizado e que passa a dever para o *factor*, uma

4. Fran Martins (2001:475).

vez verificada a operação de *factoring*. Diga-se de passagem, que este pode ser simplesmente pessoa física, não exigindo que se classifique como comerciante.

2.2 Natureza jurídica

Em função do contrato de *factoring* não ser positivado,[5] tem-se discutido sobre sua natureza, se seria, ou não, atividade privativa de instituição financeira.

O art. 17, da Lei 4.595/1964, definiu que são consideradas instituições financeiras as pessoas jurídicas públicas ou privadas, que tenham como atividade principal ou acessória, a coleta, intermediação ou aplicação de recursos financeiros próprios ou de terceiros, em moeda nacional ou estrangeira e custódia de valor de propriedade de terceiro.

As instituições financeiras são empresas que desempenham, no mercado, as funções de intermediárias entre os que têm recursos ou economias disponíveis e os que necessitam de financiamento para seus gastos de consumo ou de investimento. Essas empresas servem de caixa único para a comunidade (depósitos bancários) e efetuam o transporte financeiro da produção, provendo os recursos necessários ao processo produtivo, por meio de financiamento para aquisição de bens de consumo etc.

Para Arnaldo Rizzardo (2000:26) não se consideram as empresas que atuam no *factoring* instituições financeiras reguladas pelo Banco Central do Brasil. Nem são disciplinadas pela Lei 4.595, de 31.12.1964. Segundo o autor: "o art. 17 desta lei conceitua como bancos as pessoas jurídicas que visem ou tenham por finalidade básica a coleta, a intermediação ou aplicação de recursos financeiros de terceiros ou próprios. Já a finalidade que leva a constituir uma empresa de *factoring* nunca será a coleta ou captação de recursos monetários e a intermediação – o que é característica dos bancos. Nesta ordem, não integram os escritórios de *factoring* o Sistema Financeiro Nacional. Verdade que a sua finalidade consiste na aplicação de recursos, mas de recursos próprios e não de terceiros. Não se lhes permite a captação de dinheiro, sob pena de passar a desempenhar uma atividade específica de bancos".[6]

Na verdade, o banco exerce uma intermediação econômica, devendo ser considerado como empresa intermediária do crédito, realizando esta mediação por meio de suas atividades necessárias e interdependentes, e que constituem o chamado binômio: tomar dinheiro emprestado a crédito e dá-lo também por empréstimo.

O *factoring* não é uma operação financeira ou de crédito, mas, sim, em técnica financeira e técnica de gestão comercial, razão pela qual está ele elencado como operação *sui generis*.

Como visto, as empresas de *factoring* exercem atividade mercantil, adquirindo ativos, prestando assessoria creditícia ao faturizado, agindo de forma própria, diferentemente das instituições financeiras, realizando operações na seara comercial, com características de direito civil e comercial.[7]

5. A legislação tributária, por sua vez, conceituou *factoring* como sendo "a prestação cumulativa e contínua de serviços de assessoria creditícia, mercadológica, gestão de crédito, seleção e riscos, administração de contas a pagar e a receber, compras de direitos creditórios resultantes de vendas mercantis a prazo ou de prestação de serviços (*factoring*)" (art. 15, II, *d*, Lei 9.249/1995).

6. Idem.

7. Por tais razões, as empresas de *factoring* não podem cobrar juros do mercado financeiro. Neste sentido decidiu STJ. Confira-se:

"Contrato de financiamento. Empresa de *factoring*. Limitação da taxa de juros. Incidência da Lei de Usura. Tratando-se de empresa que opera no ramo de *factoring*, não integrante do Sistema Financeiro Nacional, a taxa de juros deve obedecer à limitação prevista no art. 1º do Decreto n. 22.626, de 7.4.1933. Recurso especial não conhecido" (4ª T., REsp 330.845-RS, rel. Ministro Barros Monteiro, j. 17.6.2003, *DJ* 15.9.2003, p. 322).

2.3 Modalidades

Basicamente, o *factoring* materializa-se em duas modalidades: o *convencional* e o *maturity factoring*. Entretanto, em função das necessidades do mercado, aliadas à prática comercial, criaram-se novas modalidades que, na verdade, não são manifestações puras do contrato de *factoring*, mas, sim, uma variação na prestação de serviços por parte do faturizador.

O *conventional factoring*[8] constitui a expressão típica, tradicional e mais completa do *factoring*. Ocorre quando o faturizador garante o pagamento das faturas do faturizado antes do vencimento, antecipando-lhe seus respectivos valores. Pela alienação dos títulos, o *factor* paga ao faturizado o seu valor, descontados a comissão e os encargos, caracterizando uma forma de financiamento. O pagamento é feito à vista pela sociedade de fomento mercantil, e a transferência materializa-se por meio da cessão de créditos ou pelo endosso.

É o que a doutrina costuma identificar como financiamento ou antecipação de pagamento, pois a obrigação decorrente do contrato de *factoring* que surge entre faturizado e faturizador é inteiramente distinta daquela materializada nos títulos alienados e que se forma entre o faturizado e terceiros.

"Comercial – *Factoring* – Atividade não abrangida pelo Sistema Financeiro Nacional – Inaplicabilidade dos juros permitidos às instituições financeiras. I – O *factoring* distancia-se de instituição financeira justamente porque seus negócios não se abrigam no direito de regresso e nem na garantia representada pelo aval ou endosso. Daí que nesse tipo de contrato não se aplicam os juros permitidos as instituições financeiras. E que as empresas que operam com o *factoring* não se incluem no âmbito do Sistema Financeiro Nacional. II – O empréstimo e o desconto de títulos, a teor de art. 17, da Lei 4.595/1964, são operações típicas, privativas das instituições financeiras, dependendo sua prática de autorização governamental. III – Recurso não conhecido" (STJ, 3ª T., REsp 119.705-RS (1997/0010587-3), rel. Ministro Waldemar Zveiter, *DJU* 29.6.1998).

8. Denominado também *old line factoring*.

No *maturity factoring*, ou sem antecipação, o faturizador paga o valor das faturas ao faturizado, em dia predeterminado, marcado pela empresa, sempre depois do vencimento dos títulos, sem qualquer antecipação de valores, deduzindo-se uma comissão que, na verdade, é uma remuneração equivalente aos riscos assumidos em relação aos créditos adquiridos, não havendo nessa modalidade o chamado financiamento.

O *maturity factoring* difere do convencional, uma vez que exclui a viabilidade de conceder financiamentos e, portanto, concretiza-se simplesmente na cessão do crédito sem retroação contra o cedente dos créditos comerciais. No vencimento das faturas, o *factor* reconhecerá a importância relativa ao fornecedor, o que também ocorrerá nas hipóteses de atraso ou insolvência da parte do devedor, ressalvado o caso em que a negativa de pagamento seja imputada a um erro técnico ou comercial do fornecedor.

Para Arnaldo Rizzardo (2000:35), "a grande desvantagem é o risco do não recebimento. Parece que foge o seu conteúdo do núcleo do *factoring*, posto que o pagamento fica sob a condição de também pagar o devedor".

O *factoring exportação* possibilita a comercialização no exterior de bens produzidos por empresa cliente do *factoring*. Trata-se de uma modalidade voltada para clientes que não dispõem de subsídios ou de seguros de crédito para as exportações. É largamente utilizado na Europa e no Extremo Oriente.

Na modalidade de compra de matéria-prima, a empresa de *factoring* faz a intermediação da compra de matéria para seu cliente, negociando diretamente com o fornecedor, visando obter melhor preço de compra.

Já o *collection type factoring agreement* ou *collection factoring*, ocorre quando a empresa de *factoring* paga ao cliente somente após o recebimento da fatura, atuando o *factor* como cobrador dos títulos do faturizado.

A operação é semelhante ao serviço de cobrança simples, pela qual o cliente deposita seus títulos em casa bancária, transferindo-os mediante endosso não translativo, para que promova, pura e simplesmente, sua cobrança, mediante o pagamento de uma comissão.

2.4 Operacionalização

Quando uma empresa vende seus produtos, ou presta seus serviços, o pagamento pode não se realizar à vista; aliás, o que ocorre comumente é a concessão de crédito ao comprador. Aquele, em garantia do crédito concedido, pode, se comerciante for, sacar uma duplicata contra o comprador, ou, se não for comerciante, o comprador ser tomador de uma nota promissória ou de um cheque que representem o valor devido.

Este crédito, consubstanciado em títulos cambiais, até seu vencimento e efetiva liquidação, não poderia ficar estagnado, reduzindo o ativo líquido do comerciante, pois o empresário necessita de capital de giro para aumentar a liquidez e a normalidade do "fluxo de caixa". Esta é a razão pela qual os comerciantes negociam os títulos cambiais, como se mercadorias fossem, vendendo-os a outra empresa, qual seja, as de *factoring*.

Pode ainda o credor, além de receber de imediato pela venda de seus créditos, se conveniente for, delegar a administração do crédito às empresas de *factoring*, que abrange controle dos vencimentos, acompanhamento das taxas de juros, contatos com os devedores inadimplentes, adoção de medidas assecuratórias do direito creditício etc., libertando-se dos custos que teria se mantivesse estes serviços.

O *factoring* operacionaliza-se, basicamente, em duas fases: na primeira, o faturizado cede seus créditos (representados por títulos) ao *faturizado*. A seguir, este, em contrapartida, entrega ao cedente o valor dos títulos, descontada sua comissão e encargos equivalente aos riscos assumidos em relação aos créditos. Com isso, efetua um adiantamento sobre as vendas, um financiamento no ato da cessão, no caso do *conventional factoring*, ou simplesmente compromete-se a pagar os créditos cedidos nos respectivos vencimentos, no caso do *maturity factoring*.

Assim, o faturizado apresenta ao faturizador uma relação de títulos em que estão discriminados os créditos. O faturizador examina-os e seleciona aqueles que quer adquirir.[9] Em suma, uma vez realizado o contrato, o vendedor simplesmente remete à empresa de *factoring* todos os títulos que recebe pelas vendas que efetuou, podendo alguns ou todos serem recusados.

Cumpre dizer que a técnica operacional de faturização funda-se no princípio da globalidade dos créditos que constituem o seu objetivo. É todo o faturamento da empresa, ou todo um ramo do seu faturamento, que deve ser cedido ao fator. Assim se procede, não só para se evitar a seleção dos riscos pela empresa faturizada – que seria inclinada a ceder apenas os maus créditos –, como também de forma a se operar a sua pulverização, estabelecendo-se, com base na lei dos grandes números, a mais ampla compensação entre bons e maus créditos, fora da qual, aliás, é impossível o tratamento atual dos riscos.

Com a transferência dos créditos, o faturizado torna-se credor do faturizador, em virtude do contrato de *factoring*, retirando-se inteiramente da primitiva relação jurídica que existia entre ele, faturizado, e seus compradores ou clientes. Tanto assim, que, pelo inadimplemento do faturizador, entende este trabalho não poder o faturiza-

9. Neste ponto, é de ressaltar-se que o faturizado deverá notificar seu cliente, dando-lhe ciência de que o título deverá ser pago ao novo credor, qual seja, o *factor*.

do reverter o *statu quo ante*, ou seja, voltar a ser o credor dos créditos cedidos.

É oportuno narrar a sistemática de escolha e seleção dos créditos por parte do faturizador.

A política de gestão do faturizador, para enfrentar racionalmente os riscos da insolvência, deve desenvolver-se com tendência a uma carteira fracionada (clientela diversificada, de vários setores econômicos), a fim de poder antecipar-se vantajosamente aos efeitos positivos derivados da compensação de riscos.

Para Antônio Bertuccelli (1984:193): "na aplicação ortodoxa do procedimento de segurança, parece ser essencial para os *factors* a constituição de uma carteira caracterizada pela difusa presença de riscos homogêneos, de tal forma que as insolvências (evento segurado) ocorram sob a 'lei dos grandes números', com freqüência menor em relação às probabilidades. Bem analisado, constata-se que essa tese não leva em conta que, na medida em que se realiza tal condição, se reduzem os efeitos da compensação do risco, a qual, ao contrário, se realiza a melhor quanto mais conseguir compensar os riscos independentes (clientelas de múltiplos setores produtivos)".

Arremata o referido autor: que a política de gestão dos *factors*, para enfrentar racionalmente os riscos da insolvência, deve desenvolver-se com tendência a uma carteira fracionada (clientela numerosa) e diferenciada (clientela diversificada, de vários setores econômicos), a fim de poder antecipar-se vantajosamente aos efeitos positivos derivados da compensação de riscos.[10]

Com isso, mantém-se a liquidez da empresa de *factoring*, por meio do equilíbrio dos fluxos das entradas e saídas monetárias, dando relevante atenção ao "grau de mobilidade", intrínseca nos créditos de *factoring*.

O faturizador recorre ainda às estatísticas, visando avaliar a incidência percentual das insolvências nas mais complexas transações registradas num mercado. Portanto, se a estatística interna registra uma cifra de insolvências inferior àquela do mercado, os *factors* poderão concluir ter agido com os necessários cuidados técnicos. Ao contrário, deverão atuar com maior prudência.

3. Inexistência do direito de regresso

Como visto, o contrato de *factoring* consiste no negócio jurídico de venda de créditos, por meio do qual o faturizado cede ao faturizador a titularidade dos direitos creditórios decorrentes de sua atividade, mediante uma remuneração, consistente no desconto sobre os respectivos valores, podendo o faturizador prestar ao faturizado serviços especializados de gestão de crédito (contabilização, faturamento, controle de riscos, análise de crédito e etc.).

Existem correntes doutrinárias divergentes quanto à possibilidade de poder voltar-se, em regresso, o faturizador contra o faturizado, na hipótese de inadimplemento do devedor originário do título.

A primeira corrente entende que, se o faturizador não receber do devedor principal a dívida, poderá voltar-se contra o faturizado.

Entende Waldirio Bulgarelli (2000:545) ser possível o direito de regresso em relação à cessão de crédito pelo direito obrigacional comum, pois, as exceções carregando consigo a cessão do devedor contra o cedente originário, estas podem ser opostas ao cessionário. Entende também ser cabível o direito de regresso nos casos de se tratar de títulos de créditos, pois a cessão se fará pela forma peculiar do direito cambiário, o endosso. Neste caso, o *factor* poderá voltar-se contra o endossante, se o devedor recursar-se o pagar, justamente com base nas causas apontadas no art. 8º da Lei 5.474.

10. Idem.

Já o posicionamentos de Fran Martins (2001:474) e de Fábio Konder Comparato (1972:64) são no sentido de permitir o direito de regresso em função dos efeitos decorrentes do endosso, o que será analisado mais adiante, quando se tratar do endosso sem garantia, e não em função das características peculiares do contrato de *factoring*.

Todavia é questão pacífica, na doutrina, o fato de o faturizado continuar responsável e não se eximir pela existência e legitimidade do crédito, ou, como citado por Fábio Konder Comparato (1972:60), "não exime dos chamados riscos técnicos, eventos que possam configurar inadimplemento do faturizado".[11]

Neste sentido, recentemente o STJ decidiu:

> Cheque – Endosso – *Factoring* – Responsabilidade da endossante-faturizada pelo pagamento. Salvo estipulação em contrário expressa na cártula, a endossante-faturizada garante o pagamento do cheque a endossatária-faturizadora (Lei do Cheque, art. 21).[12]

Em seu voto, o ministro Humberto Gomes de Barros, asseverou:

> O cheque é regido por lei especial (Lei 7.357/1985), o que afasta as disposições sobre títulos de crédito contidas no Código Civil de 2002 (CC/2002, art. 903). Quanto à garantia representada pelo endosso, o art. 21 da Lei do Cheque é claro:
>
> "Art. 21. Salvo estipulação em contrário, o endossante garante o pagamento."

A Lei é mais que explícita: quem endossa garante o pagamento do cheque. Seja o endossatário quem for! A Lei não fez exclusões! Portanto, não cabe criar exceções à margem da Lei! Pouco importa se o endossatário do título for uma sociedade de fomento mercantil ou um banco ou uma pessoa física. Isso não diminuirá a garantia gerada pelo endosso. Data vênia, basta a simples leitura da Lei para resolver a questão.

O endossatário somente se exime da garantia do pagamento do cheque se expressamente o fizer na cártula. Aliás, nem se diga que os princípios da cartularidade, literalidade, abstração e autonomia são antigos e ultrapassados, pois foram expressamente incorporados ao nosso Código Civil de 2002 como prova de que continuam presentes no sistema cambiário nacional. Portanto, vale dizer: salvo estipulação em contrário expressa na cártula, a endossante-faturizada garante o pagamento do cheque à endossatária-faturizadora.

Além disso, também cabe menção ao argumento de que o fomento mercantil é baseado num contrato de risco e, por isso, o faturizador não pode ter garantias do recebimento dos títulos comprados. Data vênia, a meu ver, esse argumento não vinga, porque, primeiramente, não há Lei que impute esse risco ao faturizador. Ao contrário, risco muito maior assume quem endossa um cheque, pois a Lei expressamente o coloca na condição de garante do pagamento do valor estampado na cártula. Quem compra título endossado coloca-se em situação até confortável, pois tem opções de cobrança. Corre risco quem endossa cheque, porque passa a figurar na condição de co-devedor.

Convém relembrar que, apesar de já existirem alguns projetos de lei em andamento no Congresso Nacional, o fomento mercantil não tem regulação jurídica própria em nosso País. Assim, sob o ponto de vista legal, as sociedades empresárias de fomento mercantil estão sujeitas aos mesmos direitos e obrigações que qualquer outra sociedade que explore outra atividade empresarial. Não há ra-

11. "Ação anulatória de duplicata sem aceite e cautelar de sustação de protesto. Endosso. Operando-se o endosso pleno a empresa de *factoring*, através de contrato de fomento mercantil, mas inexistindo aceite e não comprovada a origem do título, é ineficaz e não nula a duplicata frente ao sacado, como forma de resguardar-se o direito de regresso do endossatário contra o endossante. Apelo parcialmente provido" (TJRS, 12ª C.Civ., AC 70006057814, rel. Desembargador Orlando Hermann Júnior, j. 1.4.2004).

12. 3ª T., REsp 820.672-DF, rel. Ministro Humberto Gomes de Barros, j. 6.3.2008, *DJ* 1.4.2008, p. 1.

zão para distinção. Em suma: a exclusão da garantia do endosso às sociedades de fomento mercantil é incompatível com os princípios constitucionais da isonomia, da livre iniciativa e da legalidade.

Em que pesem as respeitáveis opiniões doutrinárias, em nosso sistema jurídico doutrina não revoga Lei. O secular e internacional instituto do endosso não pode ser abolido ou mitigado por construção doutrinária sem respaldo legal.

Tenho percebido que a jurisprudência tem feito restrições cambiais à atividade de fomento mercantil. Com todo respeito, não entendo o porquê das limitações feitas a tal atividade empresarial, pois a Lei não as faz. Trata-se de negócio lícito, mesmo porque não é proibido. Tal atividade, inclusive, possibilita a sobrevivência de muitas micro e pequenas empresas mediante a negociação imediata de créditos que demorariam certo tempo para ingressarem no caixa das faturizadas-clientes caso não fosse a atividade empresarial das faturizadoras. É verdade que o faturizador compra o título de crédito com abatimento pelo valor de face, mas esse é justamente lucro perseguido nessa empresa (atividade), que não pode ser discriminada pelos Tribunais. Não se pode perder de vista que a livre iniciativa é fundamento da República Federativa do Brasil (CF, art. 1º, IV).

Também é importante atentarmos para possíveis fraudes que podem ser realizadas contra os faturizadores em decorrência desse raciocínio adotado pelo TJDF. Ao se negar ao faturizador o direito de regresso decorrente do endosso é possível que se esteja a chancelar uma fraude (vulgo calote) decorrente de possível conluio entre emitente do título e faturizado. Perceba-se que alguém pode sacar títulos frios em benefício do faturizado já com prévia intenção de frustrar-lhes o cumprimento (p.ex.: por contra-ordem ao banco sacado, no caso do cheque). Daí o faturizador, que pagou pelo título garantido pela segurança do endosso, fica frustrado por um entendimento jurisprudencial louvado em opiniões doutrinárias sem qualquer aparo legal.

No julgamento do REsp 612.423-DF fiquei vencido mas, data vênia, não fui convencido. Peço vênia para fazer citar trecho daquele voto-vista, que tem alguma relação com o caso em exame:

"O fato do cheque ter sido objeto de operação de *factoring* não desnatura o valor cambial do título ou lhe diminui a autonomia e abstração. Lembre-se que o *factoring* não possui regime jurídico próprio no direito pátrio. Não há delimitação jurídica dos efeitos de tal operação, que, na verdade, é feita à base de institutos jurídicos próprios. Assim, não podemos desconsiderar a eficácia duma relação cambial pelo simples fato de se ter ocorrido uma operação de *factoring*, que não possui qualquer efeito jurídico legal capaz de elidir a relação cambial.

"Na prática, em linhas muito simples, o fomento mercantil, na faceta abordada nesse caso, consiste na compra de títulos de crédito com um deságio sobre o valor de face da cártula. Essa compra acaba se perfazendo com uso de institutos jurídicos conhecidos, que possuem efeitos próprios. (...).

"No caso, a faturizada, ora recorrida, endossou em preto cheques à faturizadora, ora recorrente. Inclusive, o endosso é expresso a assumir responsabilidade por regresso. Consta expressamente no dorso da cártula: (...).

"Ora, além de tudo, no caso, a atitude da faturizada, ora recorrida, beira à má-fé, porque endossou – garantindo expressamente o pagamento – e depois buscou excluir judicialmente sua responsabilidade contra a literal disposição do art. 21 da Lei do Cheque. No mínimo, não houve apreço ao princípio da boa-fé objetiva.

"Obviamente a garantia do regresso decorrente do endosso reflete nos valores de compra do título de crédito. Tem maior valor o título de crédito garantido pelo endosso, porque representa maior segurança de recebimento para a faturizadora. Em resenha: o interesse e o valor de compra do título de crédito estão diretamente ligados à garantia do pagamento.

Isso também não pode ser desprezado na análise de questões sobre *factoring*.

"Em conclusão, o entendimento adotado pelo Juiz e pelo Tribunal não possui, data vênia, qualquer apoio legal. Apesar das diversas citações doutrinárias, não houve menção a qualquer dispositivo de Lei que lastreasse a posição adotada pelo Tribunal *a quo*. Na verdade, a Lei tem solução contrária à posição assumida.

"A meu ver, reiterada vênia, o acórdão recorrido violou a própria literalidade da Lei, porque louvou-se apenas em opiniões doutrinárias e ignorou solenemente o texto da Lei do Cheque que trata explicitamente da questão em foco.

"Por fim, quero apenas deixar um alerta: devemos mais atenção às Leis, porque elas são a fonte primária do Direito. A doutrina – não se nega – tem relevante papel, porém, data vênia, até a mais respeitável opinião acadêmica não pode sobrepor à Lei."

A segunda, à qual se filia este trabalho, entende ser incabível o direito de regresso contra o faturizado, não devendo prevalecer, com a devida *vênia*, o entendimento do e. Superior Tribunal de Justiça, pelas seguintes razões.

Operada a transferência definitiva do crédito, exonera-se o faturizado de responder pela satisfação da dívida, pois é da essência do contrato de fomento mercantil a assunção do faturizador dos riscos da impontualidade e da insolvência do sacado.[13]

Esse é o posicionamento de Orlando Gomes (2001:468), para quem o "*factoring* é o contrato por via do qual uma das partes cede a terceiros (o *factor*) créditos provenientes de vendas mercantis, assumindo o cessionário o risco de não recebê-los contra o pagamento de determinada comissão a que o cedente se obriga".

O faturizador, ao adquirir os créditos, assume o risco da cobrança e o não pagamento das contas, não tendo direito de regresso contra o faturizado.

Explica Arnaldo Rizzardo (2000:83) que não se tem, na espécie, a cessão pura e simples do crédito. Há a compra, sendo a cessão uma forma ou instrumento de materializar a transação. Este elemento é característico do *factoring*, ou a sua marca fundamental. Constitui essência, ou o fator que o distingue de outras figuras afins ou próximas. Fosse o *factoring* uma simples cessão, não seria necessária sua existência, posto que já regrado no direito positivo. Ou, se coincidisse como o desconto,[14] igualmente não demandaria que se engendrasse essa nova figura, eis que presente já em nosso mundo jurídico.

13. "Anulação de ato jurídico C.C. – Indenização por perdas e danos – *Factoring* – Contrato mediante o qual o faturizador assume o risco sobre o não-recebimento – Inexistência de direito de regresso contra o faturizado, à exceção da ocorrência de vício da dívida cedida que a invalide – Duplicatas emitidas sem causa – Autor que se desincumbiu do ônus probatório – Perdas e danos devidos – Tem o contrato de faturização como característica o fato de não responder o faturizado, ao ceder seus créditos, pela solvência do devedor, correndo por conta do faturizador o risco do não-recebimento, já que não existe o direito de regresso. Exceção à regra, quando o faturizador terá direito de ação contra o faturizado, ocorre se a dívida cedida estiver eivada de vício que a invalide, como, por exemplo, no caso da emissão de duplicata sem causa" (TAPR, 1ª C.Cív., AC 0149390-9, rel. Juiz Mario Rau, *DJPR* 6.2.2001).

"Direito privado não especificado. Ação monitória. Cheque. *Factoring*. Ausência de direito de regresso contra a endossante. Pela natureza da operação de *factoring*, a empresa faturizadora assume os riscos pela solvabilidade do título, podendo ele ser exigido unicamente da sua emitente. Sentença mantida. Apelo conhecido em parte e, nesta, desprovido" (TJRS, 12ª C.Civ., AC 70007734924, rel. Desembargador Naele Ochoa Piazzeta, j. 8.4.2004).

14. O desconto bancário é o contrato em que o banco (descontador) antecipa ao cliente (descontário) o valor de crédito que este titulariza perante terceiro, em geral, não vencido, e o recebe em cessão. Nesse contrato, ao contrário do que se verifica no fomento mercantil, o cliente garante ao banco o pagamento do crédito transferido. Se o devedor com quem o descontário entabulou a relação jurídica originária do crédito não honra a obrigação no vencimento, o banco pode cobrá-la do seu cliente, em regresso (Fábio Ulhoa Coelho, 2000:125-126).

Ademais, segundo o art. 296 do Código Civil o cedente não é garante do crédito cedido. Dispõe o mencionado artigo que: "salvo estipulado em contrário, o cedente não responde pela solvência do devedor".

Assim, o *factoring* apresentar-se como uma cessão de direito, na qual o seu credor originário (faturizado) transfere, pela via própria, o endosso, ao faturizador, a titularidade do crédito.

Quando operada a cessão dos créditos, deve existir o crédito, pois, ausente este, não existirá um dos elementos essenciais da compra e venda ou da prestação de serviços, que é seu objeto.

O art. 294 do Código Civil dispõe que o devedor pode opor ao cessionário as exceções que lhe competirem, bem como as que, no momento em que veio a ter conhecimento da cessão, tinha contra o cedente.[15]

Por isso, o cedente assumirá uma obrigação de garantia, tendo, então, responsabilidade perante o cessionário pela existência do crédito, quando da cessão, no caso de cessão onerosa, como no contrato de *factoring*.[16]

Como explicado por Arnaldo Rizzardo (2000:46), constituindo o *factoring* uma figura jurídica complexa, integra-se de vários elementos, dentre os quais, a cessão. Enquanto for considerado um instituto de direito civil, há a incidência de regras do Código Civil.

Assim, uma vez não sendo certo, lícito e regular o crédito, tem o faturizador direito de regresso contra o faturizado, pois são oponíveis as exceções que afetam a própria substância do crédito, como as nulidades por vícios de consentimento e prescrição.

Já o art. 295 do Código Civil dispõe que "na cessão por título oneroso, o cedente, ainda que não se responsabilize, fica responsável ao cessionário pela existência do crédito ao tempo em que lhe cedeu; a mesma responsabilidade lhe cabe nas cessões por título gratuito, se tiver procedido de má-fé".[17]

O crédito deve ser verdadeiro, isto é, deve ter uma origem, ou representar um negócio. Se já extinto, segundo Arnaldo Rizzardo (2000:87), pela prescrição, ou suspensa a exigibilidade, ou dependente de condição, não podia ser objeto de transmissão. De outro lado, impõe-se que real-

15. "Cancelamento de protesto – Duplicata – Cessão de crédito – *Factoring* – Notificação do devedor – Pagamento ao cedente – Invalidade – Direito de regresso – Improcedência do pedido – A operação de *factoring* representa contrato misto, implicando, dentre outros aspectos, verdadeira cessão de crédito, em que este é adquirido pelo cessionário, que assume o risco de sua cobrança. Se, após sua notificação acerca da aquisição do título em operação de faturização, o devedor faz o pagamento ao cedente, o ato revela-se inválido, sendo possível ao cessionário, para a competente cobrança, proceder ao protesto da duplicata. Efetuando o devedor o pagamento à empresa cedente, que o aceita, sabendo não mais ser credora da obrigação, manifesto o direito de regresso daquele contra esta" (TAMG, 7ª C.Cív., AC 361.096-4, rel. Juiz Vieira de Brito, *DJMG* 14.3.2003).

16. "*Factoring* – Legitimidade passiva – Direito de regresso – Vício na relação jurídica entre consumidor e faturizado – Responsabilidade do faturizado – Juros – Limite legal – Lei de usura – Não há que se cogitar de ilegitimidade passiva em ação de cobrança manejada pelo faturizador contra o faturizado, tendo em vista a existência de relação jurídica entre eles, constituindo matéria de mérito a apuração da obrigação de pagar. Havendo cessão de títulos de crédito no contrato de *factoring*, adquirindo o faturizador sua propriedade, deve ele assumir o risco do não-pagamento do débito pelos emitentes dos referidos títulos. Entretanto, sendo os cheques oriundos de vício na relação jurídica de compra e venda celebrada pelo faturizado com terceiro, é possível a responsabilização do cedente, uma vez que agiu de má-fé ao alienar títulos cuja quitação sabia ser impossível. Assiste ao faturizador o direito de cobrar o percentual que entender adequado para a remuneração de seus serviços, devendo se limitar, porém, a cobrar juros à taxa legal, inserta na Lei de Usura" (TAMG, 6ª C.Cív., AC 412.039-0, rel. Juiz Dídimo Inocêncio de Paula, *DJMG* 12.5.2004).

17. Segundo Arnaldo Rizzardo (2000:87) o objeto do *factoring* é a venda do crédito, razão pela qual não há, na figura, a cessão gratuita, o que leva a concluir pela não aplicação, no caso, da parte final do dispositivo acima.

mente pertença ao cedente, ou que era legítimo o cedente, e não outra pessoa. A titularidade é fundamental.

No que se refere às duplicatas, é admissível o direito de regresso contra o faturizado nas hipóteses do art. 8º da Lei 5.474, que dispõe:

> O comprador só poderá deixar de aceitar a duplicata por motivo de:
>
> I – avaria ou não recebimento das mercadorias, quando não expedidas ou não entregues por sua conta e risco;
>
> II – vícios, defeitos e diferenças na qualidade das mercadorias, devidamente comprovados;
>
> III – divergência nos prazo ou nos preços ajustados.[18]

Ademais, por assumir os riscos dos créditos, e não ter ação *in rem verso* contra o faturizado, o faturizador tem a liberdade de escolher os títulos a serem cedidos, bem como cobrar uma alta taxa de risco, cobrando um ágio ou um *plus*, relativamente ao valor inserido nos títulos, devendo o título ser regularmente válido.

Não é sem razão que se faculta ao *factor* a escolha dos créditos, pois, ao receber o borderô dos títulos, tem ele a faculdade de rejeitar os que não lhe interessam.

Segundo Fran Martins (2001:481): "essa subordinação das contas à seleção do faturizador tem em vista evitar que apenas contas más, de difícil recebimento, sejam oferecidas ao faturizador. Assumindo essa responsabilidade pelo recebimento das contas, correndo, assim, o risco de perder o seu capital se tais contas não forem pagas, é plausível que participe da escolha dos clientes cujas contas honrará".

Explica Arnaldo Rizzardo (2000:85) que, uma vez admitido o direito de regresso, não encontra qualquer justificativa a remuneração ao faturizador, uma vez que a remuneração envolve precisamente o *quantum* correspondente ao risco que assume o *factor* pelas vicissitudes do crédito, inserindo-se nele a possibilidade de insolvência do devedor. Assim, o crédito é comprado pelo *factor*, que paga um preço abatido o correspondente ao risco.

Resta, pois, ao *factor*, unicamente buscar o crédito junto ao devedor, habilitando-se na falência ou insolvência, ou plano de recuperação judicial.

Outro fundamento que justifica a impossibilidade do direito de regresso no contrato de *factoring* refere-se aos princípios que regem os títulos de crédito.

Não tendo o título circulado, é admissível a argüição das exceções pessoais entre as partes imediatas, ou seja, enquanto o título ainda estiver entre os participantes diretos, p.ex., emitente e sacado, endossante e endossatário, avalista e avalizado, tanto a autonomia como a independência e a abstração não se incorporam à cártula, admitindo-se com isso, *v.g.*, a discussão da causa do título.

Isso quer dizer que, se há relações pessoais entre o portador e o devedor, este pode alegá-las, opondo-se ao pagamento.

Desta forma, quando o título de crédito, mesmo que seja da sua natureza a circulação, permanece nas mãos do portador originário, não se aplica o princípio da *inoponibilidade das exceções pessoais*. Só com a efetiva circulação do título, os princípios da autonomia, independência e abstração incorporam-se ao título.

Rubens Requião (1995:292) leciona, com fundamentos em Vivante, que "os títulos de crédito podem circular como *documentos abstratos*, sem ligação com a causa a que devem sua origem. A causa fica fora da obrigação, como no caso da letra de câmbio e notas promissórias".

Adverte o citado autor que a obrigação ocorre apenas quando o título está em

18. O art. 4º do Projeto de Lei 230, que regulamenta o *factoring*, em trâmite no Senado Federal, prevê: "A cedente se responsabiliza civil e criminalmente pela veracidade e legalidade do crédito cedido, respondendo pelos vícios redibitórios".

circulação,[19] isto é, "quando põe em relação duas pessoas que não contrataram entre si, encontrando-se uma em frente da outra, em virtude apenas do título".[20]

Assim, o devedor pode discutir a *causa debendi* quando o título se encontra em poder do beneficiário originário da transação. Na lição de João Eunápio Borges (1976:154), "o título de crédito, entre partes imediatas, não modifica, não amplia, nem restringe os efeitos legais da dívida originária, tudo continuando disciplinado pela relação contratual da qual o título se inseriu".

Logo, partindo dessa premissa, pode o faturizado exercer o direito de opor as exceções pessoais contra o faturizador.

Endossada a duplicata, o cheque ou outro título de crédito ao faturizador, o faturizado poderá exonerar-se do pagamento da cártula alegando as exceções pessoais entre as partes, dentre elas, a inexistência de direito de regresso no contrato de *factoring*, por ser da essência do contrato.

Como o título ainda não circulou, não se abstraiu da relação entre faturizador e faturizado, poderão os diretamente envolvidos argüirem exceções pessoais, no caso concreto, a inexistência do direito de regresso no contrato de *factoring*. Para eximir-se da responsabilidade, o faturizado poderá alegar as exceções pessoais que possui contra o faturizador.

Como narrado, é da essência do contrato de *factoring* a responsabilidade do faturizador pelos riscos da impontualidade e da insolvência do sacado, sendo incabível o direito de regresso contra o faturizado, pois, operada a transferência definitiva do crédito, o cedente do título exonera-se de responder pela satisfação da dívida.[21]

Até porque o faturizador cobra taxas de comissão e de risco. Na compra do referido crédito, o faturizador cobra uma "taxa de risco", ou seja, uma remuneração pelo risco que corre ante a possibilidade do não recebimento do crédito.

Assim, compatibilizando a duplicata, o cheque e outros títulos de crédito e o contrato de *factoring*, basta que exista qualquer defesa de mérito entre as partes imediatas, *in casu*, faturizador e faturizado, para que possa ser oposta, sem qualquer ofensa à autonomia das obrigações cartulares e ao princípio da inoponibilidade das exceções pessoais.

Em suma, o faturizador, pela história, característica e natureza do contrato de *factoring*, não tem direito de regresso contra o faturizado, desde que exista o crédito quando da sua transferência, exceto nos casos de vícios na sua origem e formação.

4. Bibliografia

BERTUCCELLI, Antônio. "*Factoring* – Noções elementares da nova técnica de financiamento às empresas", *Revista Forense* n. 288/183-208, Rio de Janeiro.

BIANCHI, Renzo (1970). *Il Factoring e i Problemi Gestionali che Comporta*. Turim, G. Giappichelli Editore.

BORGES, João Eunápio (1976). *Títulos de Crédito*. 2ª ed., Rio de Janeiro, Forense.

BULGARELLI, Waldirio (2000). *Contratos Mercantis*. 13ª ed., São Paulo, Atlas.

BRITO, Cristiano Gomes de. "Análise econômica do *factoring* no âmbito das pequenas e médias empresas", *Revista de Direito Mercantil* n. 124/174-182, São Paulo.

19. Mas, se o mesmo título houver saído das mãos do credor direto e for apresentado por um terceiro, que esteja de boa-fé, já nenhuma exceção de defesa ou oposição poderá usar o devedor contra o novo credor, baseado na relação pessoal anterior. Este, ao receber o título, houve-o purificado de todas as relações pessoais anteriores que não lhe dizem respeito (idem).

20. Idem.

21. O faturizado continua responsável e não se exime pela existência e legitimidade do crédito. Uma vez não sendo certo, lícito e regular o crédito, tem o faturizador direito de regresso contra o faturizado, pois são oponíveis as exceções que afetam a própria substância do crédito, como as nulidades por vícios de consentimento e prescrição.

COELHO, Wilson do Egito. "O *factoring* e a legislação bancária brasileira", *Revista de Direito Mercantil* n. 54/73-82, São Paulo.

COMPARATO, Fábio Konder. "*Factoring*", *Revista de Direito Mercantil* n. 6/59-66, São Paulo.

COSTA, Wille Duarte (2002). *Títulos de Crédito*. Belo Horizonte, Del Rey.

CUNHA PEIXOTO, Carlos Fulgêncio da (1970). *Comentários à Lei de Duplicatas*. Rio de Janeiro, Forense.

GOFFREDO, Zuddas (1983). *Il Contrato di Factoring*. Nápoles, Casa Editrice Dott.

GOMES, Orlando (2001). *Contratos*. 24ª ed., Rio de Janeiro, Forense.

GUILLAMÓN, Juan Roca (1977). *El Contrato de Factoring y su Regulación por el Derecho Privado Español*. Madri, Derecho Reunidas.

LEONIS, Jacobo. "O contrato de *factoring*", *Revista Forense* n. 253/458-459, São Paulo.

LUCCA, Newton de (1986). *A Faturização no Direito Brasileiro*. São Paulo, Ed. RT.

______ (1990). "O contrato de *factoring*", in BITTAR, Carlos Alberto (coord.). *Novos Contratos Empresariais*. São Paulo, Ed. RT.

MARTINS, Fran (1999). *Títulos de Crédito*. 11ª ed. Rio de Janeiro, Forense.

______. "O contrato de *factoring* e sua introdução no Direito brasileiro", *Revista Forense* v. 262/9-14, Rio de Janeiro.

______ (2001). *Contratos e Obrigações Comerciais*. 15ª ed., Rio de Janeiro, Forense.

RIZZARDO, Arnaldo (2000). *Factoring*. 2ª ed., São Paulo, Ed. RT.

RODIÈRE, René, e RIVES-LANGE, Jean-Louis (1980). *Droit Bancaire*. 3ª ed., Paris, Dalloz.

SANTI, Francesco (1999). *Il Factoring*. Milão, Giuffrè Editore.

VASCONCELOS, Luís Miguel D. P. Pestanha (1999). *Dos Contratos de Cessão Financeira (Factoring)*. Universidade de Coimbra, Ed. Coimbra.

VILAÇA LOPES, Maria Elizabete. "O contrato de *factoring* e o Sistema Financeiro Nacional", *Revista de Direito Mercantil* v. 74/57-71, São Paulo.

VILLAVERDE, Rafael García (1999). *El Contrato de Factoring*. Madri, McGraw-Hill.

WALD, Arnoldo (1992). *Curso de Direito Civil*. v. III, Ed. RT.

RESPONSABILIDADE PATRIMONIAL DOS SÓCIOS E DOS EVENTUAIS EX-SÓCIOS PELAS OBRIGAÇÕES TRABALHISTAS CONTRAÍDAS PELA SOCIEDADE

José Elias Alvarenga de Pádua

1. Introdução. 2. Considerações preliminares: 2.1 Conceito de "pessoas" e de "personalidade" – 2.2 Fundamentos da responsabilidade limitada dos sócios – 2.3 Compreensão da doutrina da desconsideração da personalidade jurídica – 2.4 Das outras maneiras de se responsabilizar terceiros pelas obrigações sociais. 3. Exame dos fundamentos justrabalhistas para a responsabilização dos sócios e dos eventuais ex-sócios: 3.1 Art. 135, III, do CTN – 3.2 Despersonalização do empregador – 3.3 Art. 28 do CDC: 3.3.1 Analogia no direito do trabalho – 3.3.2 Aplicação subsidiária do direito comum – 3.4 Jurisprudência axiológica: enfoque valorativo na interpretação do art. 50 do CC – 3.5 Interpretação conforme a Constituição: natureza alimentar do crédito trabalhista e dignidade da pessoa humana como fundamento da República Federativa do Brasil – 3.6 Arts. 1.003 e 1.032 do CC. 4. Conclusão.

1. Introdução

O entendimento na Justiça Especializada do Trabalho é uniforme:[1] em contexto de execução frustrada contra a sociedade empregadora,[2] os respectivos sócios e eventuais ex-sócios são inevitavelmente incluídos no pólo passivo da lide. Não se exige a prévia – e necessária – comprovação de fraude ou abuso da personalidade jurídica[3] ou de ato ilícito praticado pelos membros de órgãos sociais, bastando apenas a inexistência ou insuficiência de bens da sociedade empregadora.

Esse peculiar entendimento, como se sabe, não encontra correspondência nas

1. Observa-se que não existe súmula no TST que trate da responsabilização dos sócios e ex-sócios, simplesmente porque não existe divergência a respeito do tema na Justiça do Trabalho. É como se existisse uma norma cogente, não-escrita, que determinasse a responsabilização dos sócios e dos eventuais ex-sócios para o caso de mera inexistência ou insuficiência de bens da sociedade empregadora na execução.

2. Sempre que se referir, neste estudo, "sociedade empregadora" se está referindo às sociedades em que todos os sócios respondem de maneira limitada "na tradicional classificação das sociedades quanto aos efeitos jurídico-patrimoniais de sua constituição sobre as pessoas dos sócios que se obrigam na sua instrumentalização" (Gontijo 2004:189).

3. Tal como determinam a doutrina da desconsideração da personalidade jurídica e o art. 50 do CC. Ressalte-se, nesse contexto, que a responsabilização dos sócios é instantânea, não se preocupando os empregados exeqüentes em suas pretensões, ou os juízes em suas decisões, em sequer mencionar o abuso da personalidade jurídica ou fraude ou outro vício.

outras esferas do Poder Judiciário,[4] para as quais é imprescindível a comprovação de fraude, abuso da personalidade jurídica ou outro vício societário[5] para se desconsiderar a personalidade jurídica;[6] ou a comprovação de ato ilícito praticado pelo membros dos órgãos sociais para responsabilizá-los pelas perdas e danos causados em nome da sociedade.

Com isso, é possível concluir que a responsabilidade limitada dos sócios e dos eventuais ex-sócios é considerada para todas as obrigações contraídas pela sociedade, à exceção das obrigações trabalhistas, pelas quais respondem os sócios e eventuais ex-sócios de forma subsidiária, porém solidária e ilimitadamente, independentemente do tipo societário da sociedade empregadora. Ou seja, a limitação da responsabilidade dos sócios é simplesmente ignorada em relação às obrigações trabalhistas.

Nesse contexto, desenvolveu-se o presente estudo com a proposta de identificar a hermenêutica utilizada pela Justiça Especializada do Trabalho para explicar o porquê de ser sempre ilimitada a responsabilidade dos sócios e dos eventuais ex-sócios quando as obrigações descumpridas pela sociedade forem de natureza trabalhista. Para tanto, foram apresentados breves comentários acerca do objeto deste estudo, conceituando "pessoas", "personalidade", apresentando os fundamentos da limitação da responsabilidade dos sócios e elencando as hipóteses de responsabilização de terceiros, sócios ou não, pelas obrigações contraídas pela sociedade. Em seguida buscou-se identificar e analisar os fundamentos mais freqüentemente utilizados pela jurisprudência e doutrina trabalhistas, contrapondo-os às maneiras legais de responsabilizar os sócios e eventuais ex-sócios, na tentativa de descobrir a origem do entendimento laboral e se essa origem constitui uma fonte válida do Direito.

2. *Considerações preliminares*

2.1 *Conceito de "pessoas" e de "personalidade"*

Conforme Pontes de Miranda, "rigorosamente, só se devia tratar das pessoas depois de se tratar dos sujeitos de direito; porque ser pessoa é apenas ter a possibilidade de ser sujeito de direito" (Pontes de Miranda 2000:207). E continua: "O ser pessoa é fato jurídico: com o nascimento, o ser humano entra no mundo jurídico, como elemento do suporte fático em que o nascer é o núcleo" (Pontes de Miranda 2000:207). Assim, a personalidade vem a ser a mera possibilidade de se encaixar em suportes fáticos que se tornem fatos jurídicos – ou seja, a possibilidade de ser sujeito de direitos e, portanto, de ser pessoa. Para ser pessoa basta a possibilidade de ter um direito, qualquer que seja, porque "quem pode ter um direito é pessoa" (Pontes de Miranda 2000: 207).

Através desse elaborado raciocínio desenvolvido no primeiro tomo do seu *Tratado de Direito Privado*, sucintamente apresentado no parágrafo anterior, Pontes de Miranda demonstra o óbvio: que "pessoa é titular do direito, o sujeito de direito. (...). Capacidade de direito e personalidade são o mesmo" (Pontes de Miranda 2000: 209).

Nessa concepção, a diferenciação entre pessoa física e jurídica resta inócua,

4. *E.g.*: STJ, 3ª Turma, REsp 401.081-TO, rel. Min. Humberto Gomes de Barros, j. 6.4.2006, v.u., *DJU* 15.5.2006, p. 200; STJ, 1ª Seção, EREsp 716.412-PR, rel. Min. Herman Benjamin, j. 12.9.2007, v.u., *DJU* 22.9.2008.

5. Como, por exemplo, a dissolução irregular da sociedade ou a mudança de sede sem a correspondente alteração contratual registrada na Junta Comercial: STJ, 4ª Turma, REsp 140.564-SP, rel. Min. Barros Monteiro, j. 21.10.2004. v.u., *DJU* 17.12.2004, p. 547.

6. A teoria da desconsideração da personalidade jurídica encontra-se positivada no ordenamento jurídico brasileiro no art. 50 do CC.

pois ambas, tecnicamente, são pessoas jurídicas, por serem criações do Direito. Para fins didáticos é que se convencionou que "pessoa física ou natural é o ser humano. A pessoa que não corresponde tão-só a ser humano diz-se pessoa jurídica" (Pontes de Miranda 2000:209). Sobre a expressão "pessoa jurídica", prossegue Pontes de Miranda: "A expressão 'jurídica' está, aí, empregada em sentido estrito, porquanto pessoas físicas e pessoas jurídicas são igualmente jurídicas. Enquanto houve seres humanos que não tinham capacidade de direito, nem todo ser humano era pessoa. Então, artificial era o trato mesmo do ser humano, uma vez que se impunha distinção incompatível com os princípios mesmos que presidiram a formação do *homo*. (...). Não só o ente humano tem personalidade. Portanto não só ele é pessoa. Outras entidades podem ser sujeitos de direito; portanto, ser pessoa, ter personalidade. A tais entidades, para se não confundirem com as pessoas-homens, dá-se o nome de pessoas jurídicas, ou morais, ou fictícias, ou fingidas" (Pontes de Miranda 2000: 210).

Nota-se que a concepção de "pessoa" enquanto titular de direitos é, inclusive, objeto do primeiro artigo do Código Civil brasileiro,[7] de modo que a doutrina de Pontes de Miranda acerca de pessoa e personalidade deve, indubitavelmente, orientar o desenvolvimento deste artigo.

2.2 Fundamentos da responsabilidade limitada dos sócios

J. X. Carvalho de Mendonça, no início do século passado, já assegurava que: "A sociedade, animada, provida de economia especial, de patrimônio autônomo, destinado ao escopo comercial e vinculado à garantia dos seus credores, é distinta das pessoas dos sócios, tem vida independente; realiza função econômica diversa da dos sócios; é o verdadeiro titular dos direitos e obrigações provenientes do exercício da sua atividade" (Carvalho de Mendonça 2001:100).

Conforme se demonstrou, a sociedade, sendo sujeito de direitos e obrigações, é pessoa. Os respectivos sócios, titulares de direitos e obrigações distintos daqueles da sociedade, também são pessoas, naturalmente distintas da pessoa da sociedade empresária. Logo, cada qual tem direitos e obrigações distintos, conseqüentemente tendo cada qual a possibilidade de ter próprio patrimônio. O patrimônio da sociedade, portanto, não se confunde com o patrimônio dos sócios. Tanto que, "seja qual for o tipo da sociedade, o seu patrimônio responde ilimitadamente pelo seu passivo" (Requião 2003:382).

Enquanto titular de direitos e obrigações – ou seja, enquanto pessoa –, a sociedade surge como uma opção dos seus empreendedores, que poderiam eles mesmos exercer a empresa sozinhos, não o fazendo por preferirem se associar a outras pessoas e por "necessidade técnica da criação da pessoa jurídica, quando da elaboração de grandes empreendimentos, que necessitam de elevado investimento e da conjugação de esforços e recursos de inúmeras pessoas" (Grinover 2008:13). Dessa conveniência da criação de uma "pessoa jurídica" surgiu também a necessidade de limitar a responsabilidade dos sócios, pessoas distintas da sociedade, para o fim de incentivar os empreendimentos e desenvolver, com isso, a atividade econômica produtiva – em desestímulo à atividade econômica especulativa, que não distribui riqueza nem atende a interesses sociais.

Para esse efeito, existem positivadas no ordenamento jurídico brasileiro as sociedades limitadas e as sociedades anônimas, reservando o professor Osmar Brina Corrêa-Lima, por exemplo, o direito de questionar implicitamente o porquê da existência de outros tipos de sociedade, ao

7. CC, art. 1º: "Toda pessoa é capaz de direitos e deveres na ordem civil".

afirmar que: "A constituição de outras sociedades empresárias de tipos diferentes da sociedade por cotas, de responsabilidade limitada[8] e da sociedade anônima parece refletir desconhecimento do direito empresarial" (Corrêa-Lima 2003:12).

Logo, a regra da limitação da responsabilidade dos sócios revela-se uma necessidade econômico-institucional, razão pela qual ao Estado é imposto o encargo de garanti-la e promover seu incentivo, tudo em prol da segurança jurídica e do desenvolvimento econômico produtivo do país. Conforme Nunes: "É preciso que se identifiquem os gargalos que impedem o crescimento da economia. Certamente dois deles são facilmente perceptíveis, a saber: a segurança jurídica e a incerteza para a realização do crédito. (...). Ao não se prestigiar a segurança jurídica fixada a partir da separação patrimonial, é inegável que se desestimula o investimento através de capital de risco, facilitando a concentração de crédito mediante modalidades tradicionais de financiamento, sabidamente mais custosas, tudo a revelar uma forma de concentração de riqueza não-produtiva" (Nunes 2007: 262-264).

Nota-se que a garantia à limitação da responsabilidade dos sócios, ao promover o desenvolvimento econômico produtivo nacional, contribui, inevitavelmente, para o aumento da média salarial e, sobretudo, para a geração de empregos, beneficiando diretamente os empregados enquanto classe. E, como se sabe, não se descobriu melhor forma de distribuir renda senão através do emprego, de modo que a limitação da responsabilidade dos sócios constitui garantia de interesse público e, também, coletivo (classe dos empregados e dos empresários).

Porém, não se pode olvidar que essa limitação da responsabilidade dos empreendedores possa vir a ser mal-utilizada, visando a fraudar credores particulares dos sócios ou da sociedade ou, mesmo, a descumprir obrigações de fazer ou de não fazer decorrentes de determinações judiciais, contratuais ou legais. Contra isso foi desenvolvida a doutrina da desconsideração da personalidade jurídica,[9] justamente para aperfeiçoar o instituto da personalização das sociedades.

2.3 Compreensão da doutrina da desconsideração da personalidade jurídica

O primeiro jurista brasileiro a estudar a doutrina da desconsideração da personalidade jurídica foi Rubens Requião, em estudo publicado pela primeira vez em 1969 (Requião 1977). Foi ele quem deu a notícia de que a doutrina foi originariamente desenvolvida pelos tribunais norte-americanos e alemães com o objetivo principal de impedir a fraude ou abuso através do uso da personalidade jurídica. Por isso, constitui técnica casuística destinada à utilização privativa do juiz para o fim de solucionar fraudes apresentadas em determinados fatos concretos levados à sua jurisdição. Conforme Rubens Requião, "o mais curioso é que a *disregard doctrine* não visa anular a personalidade jurídica, mas somente objetiva desconsiderar no caso concreto, dentro de seus limites, a pessoa jurídica, em relação às pessoas ou bens que atrás dela se escondem" (Requião 1977: 69).

Assim, retira-se o véu da pessoa jurídica para trazer à lide seus respectivos sócios, responsabilizando-os pelas obrigações contraídas fraudulentamente em nome

8. Com o Código Civil de 2002, a "sociedade por cotas, de responsabilidade limitada" passou a ser denominada simplesmente como "sociedade limitada".

9. Também conhecida como *disregard doctrine, disregard of legal entity, lifting the corporate veil, durchgriff, superamento della personalità giuridica* (cf. Munhoz 2004:26).

da sociedade; ou o contrário, responsabilizando a sociedade pelas obrigações contraídas fraudulentamente em nome dos sócios. Lógico, a prévia comprovação de abuso da personalidade jurídica ou da fraude é imprescindível para a utilização da *disregard doctrine*.

Nesse contexto, deve-se compreender o abuso da personalidade jurídica como uma vertente do abuso de direito, o qual consiste num exercício regular de direito com o objetivo de prejudicar terceiros, sem o benefício que a lei visava a assegurar (cf. Gontijo 2005:94). Por causa da redação do art. 50 do CC, o abuso da personalidade jurídica, além de ser abuso de direito, é caracterizado também pela confusão patrimonial (situação objetiva) e pelo desvio de finalidade (situação subjetiva).

A fraude, por sua vez, deve ser entendida como "o formalmente lícito e materialmente ilícito. Por outras palavras, na fraude se agarra ferrenhamente à forma para, através dela, subtrair aquilo que, materialmente, se pretendia proteger" (Gontijo 2005:94).

Saliente-se, outrossim, que a teoria teve sua construção pretoriana originária da *Common Law*, vindo a ser adaptada ao sistema romanístico[10] a partir dos estudos pioneiros de Rubens Requião, os quais fizeram "merecer a atenção da Comissão Revisora do Código Civil, presidida pelo professor Miguel Reale, inspirando o art. 49 do Anteprojeto" (Requião 2003:379). Como se sabe, o referido art. 49 do Anteprojeto do CC, após sugestões do mesmo Rubens Requião, foi alterado para o vigente art. 50.[11] Daí por que se extrai a primeira premissa: a de que o referido dispositivo legal, apesar de não ser o ideal, consubstancia a norma geral abstrata a partir da qual a doutrina da desconsideração da personalidade jurídica deve ser aplicada nos casos concretos, através da interpretação dedutiva inerente ao sistema romanístico, ao qual se enquadra o ordenamento jurídico brasileiro.

Logo, não há outra maneira de desconsiderar a personalidade jurídica senão através da comprovação inequívoca de fraude ou de abuso da personalidade jurídica. E não há outra pessoa que possa vir a aplicá-la senão o juiz, num determinado caso concreto, nunca *ex officio*, mas a requerimento da parte ou do Ministério Público, tal como prescreve o art. 50 do CC.

Para a compreensão da doutrina da desconsideração da personalidade jurídica é necessário fixar, ainda, a premissa de que sua aplicação deve se dar sempre em favor da sociedade,[12] privilegiando e garantindo seu bom uso e o desenvolvimento lícito da atividade empresária. Tanto é em favor da sociedade, que esta deve ser excluída da lide (afinal, ela é desconsiderada) para que, em seu lugar, sejam incluídos os respectivos sócios. Ou seja, a *disregard doctrine* jamais deverá ser aplicada em benefício

10. Conforme Miguel Reale, "a tradição romanística caracteriza-se pelo primado do processo legislativo, com atribuição de valor secundário às demais fontes do Direito. (...). Na tradição dos povos anglo-saxões, o Direito se revela muito mais pelos usos e costumes e pela jurisdição que pelo trabalho abstrato e genérico dos Parlamentos" (Reale 1986: 141-142).

11. CC, art. 50: "Em caso de abuso da personalidade jurídica, caracterizado pelo desvio de finalidade, ou pela confusão patrimonial, pode o juiz decidir, a requerimento da parte, ou do Ministério Público quando lhe couber intervir no processo, que os efeitos de certas e determinadas relações de obrigações sejam estendidos aos bens particulares dos administradores ou sócios da pessoa jurídica".

12. Conforme Alexandre Couto Silva, "a desconsideração da personalidade jurídica não busca a anulação da personalidade jurídica em toda a sua extensão, mas apenas a declaração de sua ineficácia para determinado ato. Também não visa a destruir o princípio da separação da personalidade jurídica da sociedade da dos sócios, *funcionando como um reforço ao instituto da pessoa jurídica*, atingindo apenas o episódio sem atingir a validade do ato constitutivo da sociedade. Enfim, visa à desconsideração, e não à desconstituição da pessoa jurídica ou à despersonificação" (Couto e Silva 2004:464) (grifos acrescidos ao original).

dos credores da sociedade, mas única e exclusivamente do instituto da personalidade jurídica.

Com isso, infere-se naturalmente que não basta a insolvência econômica da sociedade para que a desconsideração seja aplicada, sendo indispensável a má-fé decorrente da fraude ou do abuso da personalidade jurídica, tal como prescreve o art. 50 do CC. Até porque a *disregard doctrine* não se resume em obrigações pecuniárias, na medida em que é também permitida para coibir atos aparentemente lícitos que perdem esse caráter quando passam a ser imputados à pessoa física dos sócios escondidos atrás da personalidade jurídica da sociedade (cf. Coelho 1999:43). É o caso, por exemplo, de eventual obrigação de não fazer – contraída por uma pessoa física por disposição legal, decisão judicial ou mesmo voluntariamente – que venha a ser aparentemente cumprida pela pessoa física, mas descumprida pela sociedade – que não teria assumido a obrigação – da qual é sócio.

Cabe trazer para o contexto, por fim, que a "dissonância entre o texto da lei *(art. 28 do CDC)* e a doutrina nenhum proveito traz à tutela dos consumidores; ao contrário, é fonte de incertezas e equívocos" (Coelho 1999:49), sendo que o mesmo raciocínio se aplica ao art. 18 da Lei 8.884/1994 (Lei Antitruste) e ao art. 4º da Lei 9.605/1998 (Lei dos Crimes Ambientais). É que as fundamentações constantes nos referidos dispositivos legais, em especial o Código de Defesa do Consumidor, confundem a *disregard doctrine* com outra maneira de se responsabilizar terceiros pelas obrigações sociais. Não bastasse, ainda que sob a denominação da "desconsideração da personalidade jurídica", entende-se que referidas prescrições legais não passam de iniciativas aventureiras dos legisladores, implicando, em verdade, expressa negativa de limitação da responsabilidade dos sócios e, conseqüentemente, expressa negativa à doutrina da desconsideração da personalidade jurídica, tumultuando o ordenamento jurídico e gerando a chamada "crise da pessoa jurídica".

Conforme se verá adiante, a jurisprudência trabalhista trilha por esse caminho, ignorando várias das características essenciais da *disregard doctrine* acima demonstradas, a começar pela sua "aplicação" no caso de mera inexistência ou insuficiência de bens sociais. Porém, antes de adentrar esse mérito, é necessário desfazer algumas confusões, identificando outras duas hipóteses de responsabilização de terceiros pelas obrigações sociais.

2.4 Das outras maneiras de se responsabilizar terceiros pelas obrigações sociais

Este estudo não tem a pretensão de aprofundar a discussão a respeito das hipóteses de responsabilização de terceiros pelas obrigações da sociedade,[13] mas de examinar a maneira como os sócios e ex-sócios se responsabilizam pelas obrigações trabalhistas. Não obstante, é preciso esclarecer que há mais duas maneiras pelas quais os sócios podem ser responsabilizados pelas obrigações contraídas em nome da sociedade além da desconsideração da personalidade jurídica, conforme sintetiza Vinícius José Marques Gontijo:

"*Primeiro*, a responsabilização do terceiro pelas obrigações da pessoa jurídica poderá decorrer do tipo societário pelo qual se optou. Assim, os sócios podem, *voluntariamente*, optar por um tipo de sociedade em que todos eles respondam de maneira subsidiária, porém solidária e ilimitadamente pelas obrigações da entidade, ou, ainda que nem todos os sócios da sociedade respondam pelas obrigações da pessoa jurídica, haverá um sócio ou um grupo deles que desta maneira responderá.

13. Para esse fim sugere-se a leitura de (Gontijo 2005:86-98).

"*Segundo*, a responsabilidade do terceiro decorrente de ações ou omissões ilícitas praticadas em órgão da sociedade. Trata-se de responsabilização civil por dano.

"E, finalmente, *terceiro*, no caso de desconsideração da personalidade jurídica, com isso atingindo terceiros em relação à sociedade.

"No caso de despersonificação, quando se anula a constituição da sociedade por ação judicial própria (art. 1.034, I, do CC e art. 206, II, 'a', da Lei 6.404/1976), não se trata propriamente de hipótese de terceiro responder por obrigação que seria da sociedade, uma vez que, anulada a sua constituição, ela deixa de ter existência jurídica, e, assim, naturalmente, não tem existência diversa da dos seus membros, assim como de seus administradores e outros membros, tratando-se, portanto, de responsabilidade direta dos próprios agentes" (Gontijo 2005:86-87).

Portanto, a responsabilização dos sócios pelas obrigações contraídas em nome da sociedade só pode decorrer do tipo societário pelo qual voluntariamente optaram os sócios, pela responsabilidade civil dos membros de órgãos sociais ou, como já mencionado, pela aplicação da teoria da desconsideração da personalidade jurídica.

Pelo tipo societário, podem todos ou alguns dos sócios responder de forma subsidiária,[14] porém ilimitada e solidariamente, pelas obrigações sociais. É o caso das sociedades em nome coletivo (art. 1.039 do CC[15]), das sociedades em comandita simples (art. 1.045 do CC[16]) e das sociedades em comandita por ações (art. 1.091 do CC[17]). Esclareça-se que no caso das sociedades não-personificadas (sociedade em comum – art. 990 – e sociedade em conta de participação – art. 991, ambos do CC) não há responsabilização de terceiros, já que essas sociedades, por não serem titulares de direitos e obrigações, não são pessoas – portanto, não têm personalidade, respondendo todos os sócios da sociedade em comum, e os sócios ostensivos da sociedade em conta de participação, sempre pessoalmente, de forma ilimitada e solidária entre si, pelas obrigações contraídas pela sociedade.

Pela responsabilidade civil dos órgãos sociais, tem-se, a rigor, a aplicação do art. 927 do CC.[18] Portanto, "a responsabilização terá sempre caráter econômico direto, diversamente do que se dá com a desconsideração da personalidade jurídica, que nem sempre o tem, necessariamente" (Gontijo 2005:89). Especificamente, a responsabilidade civil dos órgãos sociais das sociedades empresárias está prevista nos arts. 1.016 do CC e 158, §§ 2º e 4º, da Lei das S/A (responsabilidade dos administradores); art. 117 da Lei das S/A (responsabilidade dos acionistas controladores); arts. 1.070 do CC e 165 da Lei das S/A (responsabilidade dos conselheiros fiscais); art. 115, § 3º, da Lei das S/A (responsabilidade

14. A responsabilidade subsidiária é em relação à sociedade, tal como prescrevem o art. 1.024 do CC – "Os bens particulares dos sócios não podem ser executados por dívidas da sociedade, senão depois de executados os bens sociais" – e o art. 596 do CPC – "Os bens particulares dos sócios não respondem pelas dívidas da sociedade senão nos casos previstos em lei; o sócio, demandado pelo pagamento da dívida, tem direito a exigir que sejam primeiro excutidos os bens da sociedade".

15. Art. 1.039 do CC, *caput*: "Somente pessoas físicas podem tomar parte na sociedade em nome coletivo, respondendo todos os sócios, solidária e ilimitadamente, pelas obrigações sociais".

16. Art. 1.045 do CC, *caput*: "Na sociedade em comandita simples tomam parte sócios de duas categorias: os comanditados, pessoas físicas, responsáveis solidária e ilimitadamente pelas obrigações sociais; e os comanditários, obrigados somente pelo valor de sua quota".

17. Art. 1.091 do CC, *caput*: "Somente o acionista tem qualidade para administrar a sociedade e, como diretor, responde subsidiária e ilimitadamente pelas obrigações da sociedade".

18. Art. 927 do CC: "Aquele que, por ato ilícito (arts. 186 e 187), causar dano a outrem, fica obrigado a repará-lo".

do acionista pelos danos causados pelo exercício abusivo do direito de voto); e art. 1.080 do CC (responsabilidade dos sócios-quotistas decorrentes de deliberações infringentes do contrato ou da lei).

Logo, espera-se terem sido identificadas as hipóteses para se responsabilizar terceiros pelas obrigações contraídas pela sociedade, tornando-se possível, com isso, demonstrar, no decorrer deste estudo, que os fundamentos justrabalhistas utilizados para a responsabilização dos sócios e dos eventuais ex-sócios evidenciam verdadeira confusão do Judiciário quanto ao enquadramento dos julgados a alguma dessas três hipóteses. Ora se tenta aplicar a doutrina da desconsideração da personalidade jurídica, ora a responsabilidade civil dos administradores, ora considerando a sociedade limitada como se em nome coletivo fosse, negando expressamente a limitação da responsabilidade dos sócios. Em verdade, não é aplicada qualquer dessas hipóteses nas execuções trabalhistas, a partir do quê se observa que a Justiça Especializada do Trabalho, por si, criou uma quarta hipótese, peculiar e sem respaldo legal, baseada em suposta eqüidade.

Para entender isso basta examinar os fundamentos justrabalhistas mais freqüentemente utilizados para responsabilizar os sócios e os eventuais ex-sócios pelas obrigações trabalhistas contraídas em nome da sociedade – o que será objeto de análise ao longo deste trabalho.

3. Exame dos fundamentos justrabalhistas para a responsabilização dos sócios e dos eventuais ex-sócios

3.1 Art. 135, III, do CTN[19]

O primeiro fundamento justrabalhista a ser examinado é justamente aquele que iniciou a formação do entendimento jurisprudencial hoje dominante na Justiça do Trabalho relativamente à responsabilidade dos sócios pelas obrigações trabalhistas da sociedade: a aplicação do art. 135, III, do CTN na execução trabalhista.

Inicialmente é preciso esclarecer que o Código Tributário Nacional não é fonte subsidiária do direito do trabalho. Tratar-se-ia de verdadeiro equívoco estender a interpretação do art. 889 da CLT para aplicar o art. 135, III, do CTN nas execuções trabalhistas, na medida em que naquele artigo se determina, na omissão na Consolidação das Leis do Trabalho, a aplicação da Lei de Execução Fiscal (Lei 6830/1980), e não a aplicação de qualquer lei em matéria tributária. Conforme Sérgio Pinto Martins: "Na omissão da Consolidação das Leis do Trabalho aplica-se em primeiro lugar a Lei 6.830 e depois o Código de Processo Civil (art. 889 da CLT). Não se aplica, portanto, o art. 135 do CTN. Este trata de direito material, de direito tributário, e não de regra processual" (Martins 2005:674).

Porém, em razão de a jurisprudência tributária,[20] por certo tempo, ter estabelecido a premissa de que o simples não-recolhimento de um tributo constituiria infração sujeita à responsabilização dos sócios, algumas não chegando a discriminar o fato de estes participarem, ou não, do órgão de administração social, a jurisprudência tra-

19. CTN, art. 135, III: "São pessoalmente responsáveis pelos créditos correspondentes a obrigações tributárias resultantes de atos praticados com excesso de poderes ou infrações de lei, contrato social ou estatutos: (...) III – os diretores, gerentes ou representantes de pessoas jurídicas de direito privado".

20. "Tributário – Execução fiscal – Penhora de bens – Responsabilidade do sócio-gerente – Viúva sócia-quotista – Arts. 135, *caput* e inciso III, e 136 do CTN. 1. O sócio-gerente de uma sociedade limitada, por substituição, é objetivamente responsável pela dívida fiscal contemporânea ao seu gerenciamento, *constituindo violação à lei o não-recolhimento de tributo*. Não exclui a sua responsabilidade o fato do seu nome não constar na Certidão da Dívida Ativa. 2. Precedentes da jurisprudência. 3. Recurso improvido" (SJT, 1ª Turma, REsp 10.547-RJ, rel. Min. Milton Luiz Pereira, j. 17.8.1994, *DJU* 5.9.1994, p. 23.033 – grifos acrescidos ao original).

balhista desenvolveu o seguinte silogismo: (a) se o art. 135, III, do CTN permite a inclusão dos sócios da sociedade executada no pólo passivo da execução fiscal quando esta não tiver bens suficientes para a satisfação do crédito, (b) se o crédito trabalhista tem natureza alimentar e, por isso, consubstancia crédito privilegiado (art. 186, *caput*, do CTN), (c) logo,[21] com muito mais razão haveria de ser aplicada na execução trabalhista a *teoria da desconsideração da personalidade jurídica*, tal como na execução fiscal, para que fossem incluídos no pólo passivo da lide os sócios da sociedade empregadora quando esta não tiver bens suficientes para satisfazer o crédito trabalhista. Conforme Vinícius Gontijo: "Impropriamente, argumentava-se que as hipóteses dos arts. 134 e 135 do CTN pudessem ser causas de desconsideração da personalidade jurídica e, como o crédito trabalhista prefere ao tributário (art. 186, *caput*, do CTN), havendo a possibilidade de se aplicar esta teoria em favor da Administração Pública, com muito mais razão deveria ser aplicada em favor do empregado, uma vez que, caso contrário, poderia haver a subversão da ordem de preferência, na medida em que o Fisco poderia lograr receber seu crédito e o empregado não" (Gontijo 2007:1.448-1.499).

Nota-se que a jurisprudência trabalhista valeu-se de uma premissa até então muito controvertida, advinda de decisões esparsas proferidas em execuções fiscais. O STJ foi consolidar sua jurisprudência acerca da interpretação do art. 135, III, do CTN somente em 2004, quando se reuniram em 1ª Seção a 1ª e a 2ª Turmas para o julgamento de embargos de divergência opostos pelo INSS, que pretendia a responsabilidade subsidiária dos sócios-gerentes[22] pela mera insuficiência de bens da sociedade para satisfazer seus débitos tributários: "Responsabilidade de sócio-gerente – Limites – Art. 135, III, do CTN – Precedentes. 1. Os bens do sócio de uma pessoa jurídica comercial não respondem, em caráter solidário, por dívidas fiscais assumidas pela sociedade. A responsabilidade tributária imposta por sócio-gerente, administrador, diretor ou equivalente só se caracteriza quando há dissolução irregular da sociedade ou se comprova infração à lei praticada pelo dirigente. 2. Em qualquer espécie de sociedade comercial é o patrimônio social que responde sempre integralmente pelas dívidas sociais. Os diretores não respondem pessoalmente pelas obrigações contraídas em nome da sociedade, mas respondem para com esta e para com terceiros, solidária e ilimitadamente, pelo excesso de mandato e pelos atos praticados com violação do estatuto ou da lei (art. 158, I e II, da Lei n. 6.404/1976). 3. De acordo com o nosso ordenamento jurídico-tributário, os sócios (diretores, gerentes ou representantes da pessoa jurídica) são responsáveis, por substituição, pelos créditos correspondentes a obrigações tributárias resultantes da prática de ato ou fato eivado de excesso de poderes ou com infração de lei, contrato social ou estatutos, nos termos do art. 135, III, do CTN. 4. O simples inadimplemento não caracteriza infração legal. Inexistindo prova de que se tenha agido com excesso de poderes ou infração de contrato social ou estatutos, não há falar-se em responsabilidade tributária do ex-sócio a esse título ou a título de infração legal – Inexistência de responsabilidade tributária do ex-sócio. Assim, a solidariedade do sócio pela dívida da socieda-

21. "Fundada no art. 135 do CTN (que fixa a responsabilidade tributária dos administradores societários) e na circunstância de que o crédito trabalhista recebe da ordem jurídica proteção ainda mais acentuada que a deferida ao crédito tributário (art. 8º da CLT), *(omissis)* a jurisprudência trabalhista tem compreendido que o sócio-gerente reponde pelas dívidas trabalhistas da sociedade *caso esta não tenha bens para garantir a execução judicial*" (Delgado 2005:473).

22. Como se sabe, com o advento do Código Civil de 2002 não mais existe a figura do "sócio-gerente", passando o mandatário da sociedade a ser denominado "administrador".

de somente se manifesta quando comprovado que, no exercício de sua administração, praticou os atos eivados de irregularidades indicados no *caput* do art. 135 do CTN, atos, esses, que devem ser provados pela Fazenda Pública" (STJ, 1ª Seção, REsp/EDv 260.106, rel. Min. José Delgado, j. 10.3.2004, v.u., *DJU* 19.4.2004, p. 149).

A partir da consolidação da jurisprudência do STJ ficou claro que o art. 135, III, do CTN não mais constituía hipótese legal de desconsideração da personalidade jurídica,[23-24] mas de responsabilização pessoal e substitutiva[25] do administrador,[26] seja ele sócio ou não,[27] por débito tributário contraído em decorrência de ato ilícito seu, tratando-se de mera modalidade de responsabilidade civil. É o que afirma, por exemplo, Cleide Previtalli Cais, com quem se concorda: "A disposição legal *(art. 135, III, do CTN)* é bem clara no sentido de separar a responsabilidade do contribuinte pessoa jurídica, pelos débitos tributários oriundos de operações regulares, da responsabilidade pessoal dos diretores ou gerentes, pelos créditos tributários oriundos de atos praticados com excesso de poderes ou infração à lei, contrato social ou estatuto" (Cais 2007: 617).

A responsabilidade dos administradores na execução fiscal, então, depende de prévia comprovação, pela Fazenda Pública, de abuso da personalidade jurídica, caracterizada pela fraude ou infração à lei ou ao contrato.

Com isso, extrai-se que a premissa utilizada como fundamento justrabalhista para a responsabilização dos sócios por obrigações trabalhistas da sociedade pela mera insuficiência de bens desta foi sumariamente invalidada. Apesar disso, a Justiça do Trabalho manteve aquela interpretação peculiar do art. 135, III. do CTN, continuando a aplicá-lo inadvertidamente nas

23. Registra-se que, sob a nomenclatura "redirecionamento da execução", o STJ tem se utilizado do art. 135 do CTN para, equivocadamente, desconsiderar a personalidade jurídica da sociedade executada (REsp 704.502-RS, rel. Min. José Delgado, *DJU* 2.5.2005).

24. Porém, a Fazenda Pública sempre terá o ônus de provar o abuso da personalidade jurídica a fim de *redirecionar* a execução para o sócio (STJ, REsp 825.853-MG/AgR, rel. Min. Francisco Falcão, *DJU* 25.5.2006).

25. A opinião é compartilhada por Aliomar Baleeiro, em obra atualizada por Mizabel Abreu Machado Derzi, para os quais "o caso (...) não é apenas de solidariedade, mas de responsabilidade por substituição. As pessoas indicadas no art. 135 passam a ser os responsáveis ao invés do contribuinte (...)" (Baleeiro 1999:435). Ives Gandra Martins: "(...). Ora, sempre que os contratos ou estatutos sociais, a saber, os diplomas protetores da vida societária, são violados por quem estaria na obrigação de preservá-los, é evidente que a pessoa jurídica, a quem pertencem, está, como o Fisco, na posição de vítima, e não pode a vítima ser transformada em autora. Sob esse aspecto, parece-me sadia a orientação legislativa em tornar, para esses casos, (a) pessoal, (b) total e (c) exclusiva a responsabilidade das pessoas físicas, enunciadas no referido artigo, sempre que o dolo, a fraude e a má-fé forem os agentes deflagradores das obrigações tributárias" (Martins 1998:271-272) – dentre outros renomados tributaristas.

26. Nas palavras de Caio Mário da Silva Pereira: "Os administradores das pessoas jurídicas não são considerados seus 'representantes', porém os órgãos por via dos quais elas procedem no mundo físico e social" (Pereira 1999:122). Além disso, o administrador, a teor do que prescreve o art. 1.061 do CC, pode ou não ser sócio da sociedade, fortalecendo a tese de que o art. 135, III, do CTN definitivamente não trata de hipótese de desconsideração da personalidade jurídica.

27. Oportuno lembrar aqui que na relação jurídica tributária o sujeito passivo nem sempre é o contribuinte, podendo o responsável tributário também assumir essa condição, conforme os arts. 134 e 135 do CTN. O responsável assume perante a Fazenda Pública a obrigação de terceiro, por expressa disposição legal. Assim, não sendo possível o cumprimento da obrigação pelo contribuinte, caberá ao terceiro responder pela obrigação fiscal, ou na condição de responsável solidário de cunho subsidiário (art. 134 do CTN) ou, tratando-se de prática de ato doloso, na qualidade de responsável por substituição (art. 135 do CTN). O mesmo acontece no direito do trabalho quando a lei estabelece como sendo responsável solidário o tomador de serviços terceirizados, sociedades empresárias de um mesmo grupo econômico ou a sucessora, por exemplo. *Ressalta-se, no entanto, que a lei* ***não*** *atribui ao sócio e ao ex-sócio a condição de responsável solidário ou subsidiário.*

execuções trabalhistas, a partir de então sem qualquer motivação jurídica válida. Em um raciocínio silogístico, verifica-se quão desconexa tem sido a ilação realizada na Justiça do Trabalho, pois, alterando-se a primeira premissa, a conclusão, por óbvio, também haveria de ser alterada.

Portanto, para a responsabilização de terceiros por obrigações trabalhistas da sociedade empregadora com base no art. 135, III, do CTN seria necessário prova inequívoca de co-responsabilidade do administrador, seja ele sócio ou não, pelos débitos trabalhistas em execução, quando assumiria a dívida contraída por ato ilícito seu, em substituição à pessoa jurídica. Pelo menos era assim que o art. 135, III, do CTN deveria ter sido interpretado, querendo-se aplicá-lo nas execuções trabalhistas. Entendimento diverso, ao que parece, não se sustenta validamente.

3.2 Despersonalização do empregador

O princípio da despersonalização do empregador, oriundo do próprio direito do trabalho, tem se apresentado como um dos principais fundamentos jurisprudenciais para a responsabilização dos sócios pelas obrigações trabalhistas da sociedade em contexto de insuficiência de bens deste na ação de execução. O trecho do acórdão a seguir sintetiza a fundamentação baseada no referido princípio: "Execução – Responsabilidade do acionista da empresa executada – Teoria da desconsideração da personalidade jurídica do devedor. (...). Em se considerando que a empresa, definida como universalidade de bens e pessoas, não tem personalidade jurídica, e o contrato de trabalho somente é *intuitu personae* no que tange à pessoa do empregado, *as disposições dos arts. 10 e 448 da CLT despersonalizam a figura do empregador. Não é por acaso que o art. 2º o identifica com a empresa. Despido de personalidade jurídica, o empregador é uma entidade de fato.* (...)" (TST, 1ª Turma, AI/RR 1.235/1992-007-08-40, rel. Lélio Bentes Corrêa, j. 3.8.2008, v.u., *DJU* 19.9.2008 – *grifos acrescidos ao original*).

Partindo do conceito legal de "empregador"[28] adotado pela Consolidação das Leis do Trabalho, a jurisprudência e a doutrina trabalhistas construíram um criativo fundamento jurídico para responsabilizar os sócios da sociedade empregadora pelas obrigações trabalhistas: Querem fazer crer que o empregador, sendo a *empresa*, poderia ser tanto a sociedade empresária quanto os respectivos sócios, em razão das características impessoais assumidas pelo sujeito passivo no âmbito da relação de emprego. Conforme Aldacy Rachid Coutinho: "(...) o sentido funcional conferido à expressão 'empresa' pela Consolidação das Leis do Trabalho, ao se referir ao empregador (*caput* do art. 2º, art. 10 e art. 448, por exemplo, todos da Consolidação), demonstraria a intenção da ordem jurídica de sobrelevar o fato da organização empresarial, enquanto complexo de relações materiais, imateriais e de sujeitos jurídicos, independentemente do envoltório formal a presidir sua atuação no campo da economia e da sociedade (...)" (Coutinho 2001:205-249).

Com efeito, "empresa" deve ser sempre entendida como "a atividade econômica organizada para a produção ou circulação de bens ou de serviços", nos termos do art. 966 do CC.[29] Enquanto atividade, portanto, *empresa* jamais poderá ser considerada empregadora, pois "o empresário, titular da empresa, é quem ostenta a condição de sujeito de direito" (Campinho *apud* Gontijo 2004:21). A empresa é tão-somen-

28. CLT, art. 2º: "Considera-se empregador a *empresa*, individual ou coletiva, que, assumindo os riscos da atividade econômica, admite, assalaria e dirige a prestação pessoal de serviço" (grifo acrescido ao original).

29. CC, art. 966: "Considera-se empresário quem exerce profissionalmente *atividade econômica organizada para a produção ou a circulação de bens ou de serviços*" (grifos acrescidos ao original).

te objeto de direitos do empresário. A própria doutrina trabalhista encerra o assunto: "Empregador não é a *empresa* – ente que não configura, obviamente, sujeito de direitos na ordem jurídica brasileira. Empregador será a pessoa física, jurídica ou ente despersonificado titular da empresa ou estabelecimento" (Delgado 2005:389).

Por isso, não é possível vislumbrar a possibilidade de se subjetivar uma atividade para estender responsabilidades para todos os que dela se utilizaram. Qualificar o empregador como uma atividade, e não como um titular de direitos, evidencia apenas mais um equívoco legislativo, dentre tantos outros recorrentes no ordenamento jurídico pátrio. Alterar fato com normas, como se sabe, é naturalmente impossível, sendo certo que o empregador deverá ser, necessariamente, um titular de direito: uma pessoa física, jurídica ou, então, um ente despersonalizado (por exemplo, sociedade em comum, massa falida e espólio).

Além disso, o princípio da *despersonalização* do empregador corresponde à inalterabilidade do contrato de trabalho quando houver alteração da estrutura jurídica da sociedade empregadora, tal como prescrevem os arts. 10[30] e 448[31] da CLT. Implica assegurar que a pessoalidade no contrato individual de trabalho seja restrita unicamente em relação ao empregado, pouco importando se a sociedade empregadora seja alienada, tenha seu controle acionário ou administração substituídos, seja incorporada ou fundida a outra sociedade etc. O que de fato importa é a preservação dos contratos individuais de trabalho e dos direitos adquiridos pelos empregados, que seriam invariavelmente assumidos pelo eventual empregador sucessor, conforme sintetiza Maurício Godinho Delgado: "A caracterização da despersonalização da figura do empregador consiste na circunstância de autorizar a ordem justrabalhista a plena modificação do sujeito passivo da relação de emprego (o empregador), sem prejuízo da preservação completa do contrato empregatício com o novo titular" (Delgado 2005:391).

Portanto, pelo fundamento da despersonalização do empregador não é possível estender a responsabilidade pelas obrigações trabalhistas da sociedade aos respectivos sócios. Trata-se de fundamento justrabalhista que garante o cumprimento das obrigações trabalhistas pelo empregador sucessor, e não pelos sócios, razão pela qual não é possível sustentar validamente a responsabilização dos sócios pelo fundamento aqui apresentado.

3.3 Art. 28 do CDC[32]

Talvez o fundamento justrabalhista mais utilizado pela jurisprudência para a suposta desconsideração da personalidade jurídica da sociedade empregadora seja a aplicação do art. 28 da Lei 8.078/1990 (Código de Defesa do Consumidor).

De fato, a teoria da desconsideração da personalidade jurídica, trazida ao Brasil através dos estudos pioneiros de Rubens Requião,[33] foi pela primeira vez positivada no ordenamento jurídico com a publicação da Lei 8.078, de 11.9.1990 (Código de Defesa do Consumidor). Essa lei, sob o espírito protetivo ao consumidor, *pareceu* ter

30. CLT, art. 10: "Qualquer alteração na estrutura jurídica da empresa não afetará os direitos adquiridos por seus empregados".

31. CLT, art. 448: "A mudança na propriedade ou na estrutura jurídica da empresa não afetará os contratos de trabalho dos respectivos empregados".

32. CDC, art. 28: "O juiz poderá desconsiderar a personalidade jurídica da sociedade quando, em detrimento do consumidor, houver abuso de direito, excesso de poder, infração da lei, fato ou ato ilícito ou violação dos estatutos ou contrato social. A desconsideração também ser efetivada quando houver falência, estado de insolvência, encerramento ou inatividade da pessoa jurídica provados por má administração".

33. V. subitem 2.3 do presente estudo, onde são traçados breves comentários acerca da teoria da desconsideração da personalidade jurídica.

ampliado o alcance da teoria da desconsideração da personalidade jurídica praticado até então pela doutrina e jurisprudência.

Com essa aparente[34] ampliação do alcance da desconsideração da sociedade nas relações jurídicas de consumo, a jurisprudência trabalhista[35] passou a consolidar seu entendimento no sentido de que "o art. 28 do CDC *(sic)* embasa, por força de aplicação analógica, a responsabilização do sócio e o comprometimento de seu patrimônio, independentemente – repita-se – da existência de fraude, abuso de direito ou qualquer ato ilícito" (Baracat 2008:53-71).

E, voltando-se ao silogismo interpretativo do art. 135, III, do CTN, "se o consumidor tem proteção ampla (...), muito maior – ou pelo menos similar – deve ser a proteção aos meios de subsistência do trabalho, normalmente pessoa despatrimonializada, dependente exclusivamente do salário para subsistência" (Baracat 2008: 53-71).

Nesse contexto, imputa-se necessário analisar a integração jurídica no direito do trabalho, assim entendida como o instrumental jurídico colocado à disposição do juiz para solucionar casos concretos cujas hipóteses normativas abstratas acham-se nas lacunas da lei.

3.3.1 *Analogia no direito do trabalho*

No direito do trabalho a integração está prescrita no art. 8º da CLT,[36] que prevê expressamente a possibilidade de o juiz se valer, dentre outras fontes do Direito, da analogia – modalidade de integração jurídica que interessa para a finalidade deste estudo. Conforme Maurício Godinho Delgado, "analogia, na Ciência do Direito, constitui o processo pelo qual se aplica à hipótese não prevista em lei disposição relativa a caso semelhante (*ubi eadem ratio, ibi idem jus*). Pressupõe semelhança de relações ou situações jurídicas, conduzindo ao encontro de fórmula normativa semelhante" (Delgado 2005:243).

A analogia, portanto, é um tipo de integração perfeitamente aplicável no direito do trabalho desde que, de acordo com o art. 8º

34. Conforme se demonstrou no subitem 2.3 deste estudo, o art. 28 do CDC tratou, em verdade, de outra modalidade de responsabilização dos sócios, e não da *disregard doctrine*. Na verdade, o que o art. 28 do CDC fez foi negar a limitação da responsabilidade dos sócios, gerando a chamada "crise da pessoa jurídica". Esclareça-se que, para não ultrapassar o tema proposto neste estudo, não se tem a pretensão, aqui, de aprofundar essa discussão. Para efeito de síntese conclusiva, entende-se pela ineficácia do referido dispositivo quando se aplica a interpretação sistemática – prevalência do art. 50 do CC, pelo seu caráter protetivo do empresário. Além disso, diante da incompatibilidade entre as normas, aplica-se o § 1º do art. 2º da LICC, que determina que "a lei posterior revoga a anterior (...) quando for com ela incompatível".

35. "Recurso de revista em sede de processo de execução – Responsabilidade do sócio – Desconsideração da personalidade jurídica – Litispendência. Na espécie, o v. acórdão consagra a tese da desconsideração da personalidade jurídica. Em conseqüência, *o julgamento, em última análise, tem motivação fundada no art. 28 da Lei n. 8.078/1990, sem importar afronta direta ao inciso LV do art. 5º da CF.* A decisão regional que determina que a execução se processe sobre os bens do recorrente independentemente da proporção de sua participação no capital social não guarda identidade com o julgamento proferido em sede mandamental, não havendo que se falar em litispendência nem, tampouco, em cerceamento do direito de defesa – Recurso de revista não conhecido" (TST, 4ª Turma, RR 466.349, rela. Min. Helena Sobral Albuquerque e Mello, j. 26.3.2003, v.u., *DJU* 4.4.2003 – grifos acrescidos ao original).

36. Art. 8º da CLT:

"Art. 8º. As autoridades administrativas e a Justiça do Trabalho, *na falta de disposições legais ou contratuais*, decidirão, conforme o caso, pela jurisprudência, por *analogia*, por eqüidade e outros princípios e normas gerais do Direito, principalmente do direito do trabalho, e, ainda, de acordo com os usos e costumes, o Direito Comparado, *mas sempre de maneira que nenhum interesse de classe ou particular prevaleça sobre o interesse público.*

"Parágrafo único. O *direito comum* será fonte subsidiária do direito do trabalho, naquilo em que não for incompatível com os princípios fundamentais deste" (grifos acrescidos ao original).

da CLT, estejam presentes os seguintes pressupostos: (a) omissão na legislação trabalhista para regular a controvérsia existente no caso concreto; (b) existência de norma na ordem jurídica que apresente semelhança com o caso concreto; (c) compatibilidade da norma a ser invocada com os princípios fundamentais do direito do trabalho; e (d) prevalência do interesse público sobre o interesse de classe ou particular.

De fato, o direito do trabalho é omisso ao tratar da responsabilização de terceiros pelas obrigações trabalhistas contraídas pela sociedade. E não poderia ser diferente: a regulamentação das sociedades empresárias e da responsabilidade civil de seus órgãos sociais é matéria reservada ao direito privado, especificamente ao ramo do direito empresarial. Portanto, poder-se-ia dizer presente o primeiro pressuposto para a aplicação da analogia no direito do trabalho, na hipótese considerada neste estudo.

Do mesmo modo, poder-se-ia dizer presente o segundo pressuposto – qual seja, a existência de norma na ordem jurídica que apresente semelhança com o caso concreto. Se o caso concreto, na hipótese considerada neste estudo, contém a pretensão do empregado-credor de estender a responsabilidade da sociedade empregadora para os respectivos sócios, parece óbvio que o credor e o juiz do trabalho estariam autorizados a invocar uma legislação extraordinária que em casos semelhantes determinaria a responsabilização dos sócios pelas obrigações sociais. Essa norma, por certo, é a norma geral da *disregard doctrine* – art. 50 do CC – ou aquelas normas que prevêem a responsabilidade civil dos órgãos sociais – conforme demonstrado no subitem 2.4 deste estudo. O que não se pode admitir é que essa norma venha a ser o art. 28 do CDC, pois inexiste semelhança com os "casos concretos" da Justiça do Trabalho, na medida em que lá se prescreve uma situação especial para determinada relação jurídica especial, o que afasta sua aplicação para as demais relações jurídicas. Conforme Sérgio Pinto Martins: "O art. 28 do CDC (Lei 8.078/1990) não pode ser usado como fundamento para desconsiderar a personalidade jurídica da empresa e ser exigida a dívida trabalhista do sócio, pois trata de proteção ao consumidor, e não de regra processual do trabalho. O referido dispositivo é claro em ser aplicado para desconsiderar a personalidade jurídica da sociedade em relação a prejuízos ao consumidor" (Martins 2005:673).

Ainda que, por hipótese, o art. 28 do CDC venha a ser considerado aquela norma a ser aplicada analogicamente nas execuções trabalhistas, não se poderia negar sua compatibilidade com os princípios fundamentais do direito do trabalho. Em ambas as normas são evidentes a regulação de relações jurídicas em que uma das partes é tratada como hipossuficiente pelo Estado, razão pela qual o terceiro pressuposto poderia ser considerado preenchido.

Mas é pelo quarto pressuposto, por fim, que definitivamente se chega à conclusão de que o art. 28 do CDC jamais poderia ser aplicado analogicamente nas execuções trabalhistas.

Com efeito, conforme demonstrado sucintamente no subitem 2.2 deste estudo, "a regra da limitação da responsabilidade dos sócios revela-se uma necessidade econômico-institucional, razão pela qual ao Estado é imposto o encargo de garanti-la e promover seu incentivo, tudo em prol da segurança jurídica e do desenvolvimento econômico produtivo do país". Logo, a limitação da responsabilidade dos sócios traz consigo um interesse de ordem pública, em benefício de toda a coletividade, incluindo, naturalmente, a classe dos trabalhadores, na medida em que o desenvolvimento econômico produtivo do país implica geração de emprego, distribuição de renda e melhorias salariais.

Existindo um interesse público – limitação da responsabilidade dos sócios como fator imprescindível aos empreendimentos e, conseqüentemente, ao desenvolvimento econômico produtivo –, resta incontestável que este venha a prevalecer sobre o interesse privado ou de classe – responsabilização de terceiros como forma de satisfazer crédito trabalhista individualmente considerado. Conforme Vinícius José Marques Gontijo, "o direito do trabalho será, essencialmente – como já falavam Hueck e Nipperdey –, o direito de *todo e qualquer empregado*" (Gontijo 2007:239), de modo que o quarto pressuposto para a aplicação da analogia no direito do trabalho, em contexto de execução frustrada contra sociedade empregadora, não autoriza a aplicação do art. 28 do CDC.

Situação inversa se dá quando se invoca o art. 50 do CC para aplicá-lo por analogia nas execuções trabalhistas. Já foi demonstrado neste estudo que o referido dispositivo legal consubstancia a regra geral da *disregard doctrine*, cujo maior objetivo é preservar o instituto da personalidade jurídica e a limitação da responsabilidade dos sócios através da coação à fraude e ao abuso da personalidade jurídica. Ao contrário do art. 28 do CDC, o art. 50 do CC vem garantir o interesse público consistente no desenvolvimento econômico produtivo nacional, garantindo a boa-fé, o bom uso da personalidade jurídica – e, conseqüentemente, inibindo a concorrência desleal e incentivando os empreendimentos.

Assim, o art. 28 do CDC é inaplicável nas execuções trabalhistas pela via da interpretação analógica, pois a responsabilização dos sócios pelas obrigações trabalhistas da sociedade, da forma ali prescrita, não reúne dois de seus pressupostos necessários para a integração jurídica no direito do trabalho – quais sejam, a semelhança com o caso considerado neste estudo e a prevalência do interesse público sobre o interesse privado ou de classe.

3.3.2 *Aplicação subsidiária do direito comum*

Afastada a aplicação analógica do art. 28 do CDC no direito do trabalho, passa-se a analisar a possibilidade de aplicar referido dispositivo legal de forma subsidiária.

Com efeito, o parágrafo único do art. 8º da CLT determina a aplicação subsidiária do direito comum quando este não for incompatível com os princípios fundamentais do direito do trabalho. Assim, conforme sintetiza Antônio José Loureiro da Silva, "o *caput* e o § 5º do art. 28 do CDC (Lei 8.078/1990) são subsidiariamente aplicáveis à esfera trabalhista por força do parágrafo único do art. 8º e do art. 769 da CLT, na medida em que ambas as relações jurídicas têm em um de seus pólos um hipossuficiente, guardando, com efeito, princípios, técnicas e finalidades em comum" (Silva 2006:106).

O mesmo entendimento é compartilhado pela jurisprudência trabalhista para aplicar subsidiariamente o art. 28 do CDC em contexto de execução frustrada, motivada pelo que prescreve o parágrafo único do art. 8º da CLT. Com isso, observa-se que o Código de Defesa do Consumidor é tratado como "direito comum" para que seja possível a subsidiariedade normativa tal como prescreve a Consolidação das Leis do Trabalho.

Nesse contexto, impõe-se necessário compreender o que seria "direito comum". Conforme De Plácido e Silva: "*Direito Comum*. Assim se diz de toda espécie de lei ou direito que se aplica em caráter de generalidade a uma série de relações jurídicas, todas as vezes que a própria lei ou as pessoas interessadas não avoquem princípio de lei especial, que deva ser particularmente aplicada" (Silva 2000:270).

A concepção de *direito comum* proposta por De Plácido e Silva é exatamente aquela que surge naturalmente para qualquer exegeta ao tentar conceituá-lo: é a norma jurídica genérica cuja aplicabilidade atinge a todos, salvo para os envolvidos em relações jurídicas destinatárias de norma jurídica específica.

Como se sabe, o Código de Defesa do Consumidor tem sua aplicabilidade restrita às relações jurídicas de consumo, assim entendidas como sendo aquelas relações jurídicas que se formam em razão das pessoas envolvidas nos pólos da relação. Através de um critério de interpretação dedutivo, por meio de um raciocínio tipológico, verifica-se se um dos envolvidos na relação jurídica se enquadra na tipificação do art. 2º do CDC, quando será considerado consumidor, e se o outro envolvido se enquadra na tipificação do art. 3º do CDC, quando será considerado fornecedor. Havendo consumidor e fornecedor nos pólos da relação jurídica, ter-se-ia invariavelmente a configuração de uma relação de consumo – regida, portanto, pelo Código de Defesa do Consumidor.

Na hipótese considerada neste estudo – execução trabalhista proposta em face da sociedade empregadora, em contexto de inexistência ou insuficiência de bens sociais – é inegável a inexistência de relação jurídica de consumo, mas de relação jurídica de trabalho *lato sensu*. Logo, apresentam-se duas relações jurídicas distintas, especiais, cada qual se enquadrando num ramo específico do Direito, não se compreendendo interligações entre ambas. A cada qual, igualmente, ao buscar a subsidiariedade normativa, é-lhe exigida a aplicabilidade, primeiro, do direito comum. Coincidentemente, para as duas relações jurídicas mencionadas o direito comum deve ser considerado a norma genérica do direito privado – qual seja, o Código Civil.

Portanto, a regra geral do Código Civil (art. 50) relativa à aplicação da *disregard doctrine*, por ser o direito comum mencionado pela Consolidação das Leis do Trabalho, afasta a regra específica do Código de Defesa do Consumidor, aplicável especificamente nas relações de consumo.

Além disso, o art. 8º da CLT deve ser interpretado de forma sistêmica. Como o parágrafo único do art. 8º da CLT, que prescreve a aplicação subsidiária do direito comum, está vinculado ao seu *caput*, e como não se prevê exceção à regra geral do *caput*, tem-se como conseqüência lógica a exigência do quarto pressuposto para a integração jurídica no direito do trabalho, tal como explicado no subitem 3.3.1: a aplicação subsidiária do direito comum exige a prevalência do interesse público sobre o interesse de classe ou particular. Com isso, de acordo com a conclusão a que já se chegou no subitem anterior, a limitação da responsabilidade dos sócios evidencia interesse público, devendo este prevalecer sobre a pretensão do credor individualmente considerado em relação aos sócios de sociedade limitada. Mais uma vez fortalece-se a concepção de que o art. 50 do CC integra o direito comum a que se refere o parágrafo único do art. 8º da CLT, na medida em que este artigo vem garantir o interesse público negado pelo art. 28 do CDC.

Ressalta-se, por fim, que o mesmo raciocínio desenvolvido para o art. 28 do CDC se aplica ao art. 18 da Lei 8.884/1994[37] (Lei Antitruste) e ao art. 4º da Lei 9.605/1998[38] (Lei dos Crimes Ambientais), tendo em vista que referidos dispositivos tiveram como inspiração o art. 28 do CDC, além de tratarem, também, de relações jurídicas especiais e distintas da relação jurídica de trabalho.

3.4 Jurisprudência axiológica: enfoque valorativo na interpretação do art. 50 do CC

Conforme se demonstrou na análise do fundamento justrabalhista anterior (su-

37. Lei 8.884, de 11.6.1994, art. 18: "A personalidade jurídica do responsável por infração da ordem econômica poderá ser desconsiderada quando houver da parte deste abuso de direito, excesso de poder, infração da lei, fato ou ato ilícito ou violação dos estatutos ou contrato social. A desconsideração também será efetivada quando houver falência, estado de insolvência, encerramento ou inatividade da pessoa jurídica provocados por má administração".

38. Lei 9.605, de 12.2.1998, art. 4º: "Poderá ser desconsiderada a pessoa jurídica sempre que sua personalidade for obstáculo ao ressarcimento de prejuízos causados à qualidade do meio ambiente".

bitem 3.3 deste estudo), o art. 50 do CC é a norma geral do direito comum a ser aplicada subsidiariamente no direito do trabalho. E, de fato, este dispositivo legal é sempre mencionado nas decisões proferidas em execuções trabalhistas que *desconsideram a personalidade jurídica* da sociedade empregadora – só que sem a exigência de prévia comprovação de fraude ou de abuso da personalidade jurídica, bastando a insuficiência de bens sociais na fase de execução. Apesar disso, o art. 50 do CC é tratado como a previsão legal que fundamenta a jurisprudência trabalhista,[39] embora as respectivas justificativas, geralmente sucintas, não apresentem de forma clara e compreensível quais e como as regras de hermenêutica são utilizadas para se chegar àquela conclusão. Aparentemente, é como se toda a Justiça do Trabalho fizesse uma leitura de outro texto normativo, e não aquele sancionado e publicado como sendo o art. 50 do CC.[40]

Para se conseguir compreender essa peculiar interpretação do art. 50 do CC é imprescindível examiná-la sob o enfoque valorativo (jurisprudência axiológica) da pirâmide hierárquica trabalhista,[41] norteada pelo princípio da proteção ao trabalhador, "inspirado pela prevalência de valores e *princípios* essenciais ao direito do trabalho no processo de interpretação" (Delgado 2005:239). Esclareça-se que o desenvolvimento hermenêutico, tal como sintetizado aqui, dificilmente é apresentado de forma clara e inteligível pela jurisprudência trabalhista, que geralmente se resume a ditar preceitos sem prévias explicações. Portanto, eventual equívoco na apresentação do instituto sob a perspectiva laboral, neste estudo, decorre da própria obscuridade dos julgados trabalhistas. Por outro lado, espera-se ter sido satisfatório o esforço interpretativo aqui engendrado sob a perspectiva do direito do trabalho, desprovido de preconceitos, para se tentar apresentar o raciocínio hermenêutico justrabalhista para a responsabilização dos sócios.

Com efeito, a interpretação no direito do trabalho deve sempre se pautar pelo princípio da proteção ao trabalhador, o qual é resultante das normas imperativas que caracterizam a intervenção do Estado nas relações de trabalho, visando a opor obstáculos à autonomia da vontade. O empregado é colocado como a parte hipossuficiente da relação jurídica de emprego, a quem o Estado garante um mínimo de direitos irrenunciáveis. Conforme Deveali, citado por Arnaldo Süssekind, o direito do trabalho "pressupõe uma situação de desigualdade que ele tende a corrigir com outras desigualdades" (Süssekind 2000:149).

Dessa relação jurídica desigual, norteada pelo princípio da proteção ao trabalhador, extraiu-se o preceito de que o risco do negócio é sempre do empregador,[42] ja-

39. "Desconsideração da personalidade jurídica – Responsabilização do sócio não-participante do processo de conhecimento. Poderá haver sujeição dos bens do sócio à execução dos débitos trabalhistas da sociedade reconhecidos na sentença, ainda que não tenha ele participado da relação processual de conhecimento, sem que isso represente ofensa à coisa julgada e ao devido processo legal. Para tanto, deve ser considerado o critério previsto no art. 592, II, do CPC, que abrange, sem dúvida, a aplicação da teoria da desconsideração da personalidade jurídica, *agasalhada nos arts. 50 do CC de 2002*, 134 e 135 do CTN e 28 da Lei n. 8.078/1990 (Código de Defesa do Consumidor), que reflete a amplitude da incidência dessa prática para fins de ressarcimento de prejuízos causados" (TRT-3ª Região, 8ª Turma, AP 00946-2005-011-03-00-6, rela. Desa. Denise Alves Horta, *DJMG* 12.10.2007 – grifos acrescidos ao original).

40. Deve-se compreender o art. 50 do CC como sendo a previsão legal da doutrina da desconsideração da personalidade jurídica, a qual exige, como visto sucintamente no subitem 2.3 do presente estudo, a comprovação prévia de abuso de personalidade ou fraude.

41. Assim como fez o professor Vinícius Gontijo ao analisar os efeitos da falência do empregador nas execuções trabalhistas (Gontijo 2007:1.488-1.499).

42. "Execução – Bens dos sócios. O direito do trabalho, informado por filosofia de *proteção ao hipossuficiente*, já se desprendeu há muito do

mais podendo ser transferido aos empregados. Preceito, este, inclusive, que é consagrado pelo art. 2º da CLT. Daí, conjugando-se com o princípio *in dubio pro operario*, também proveniente do princípio da proteção ao trabalhador, partiu-se para a "presunção" de fraude à lei ou ao contrato social pela sociedade empregadora em contexto de execução frustrada, num exercício hermenêutico ardiloso para se aplicar o art. 50 do CC. Nessa perspectiva, a mera inexistência ou insuficiência de bens sociais na execução de crédito trabalhista seria o bastante para caracterizar o abuso da personalidade jurídica, *por presunção*, a fim de se determinar a *desconsideração da personalidade jurídica* da sociedade empregadora: "Desconsideração da personalidade jurídica da sociedade – Evolução do instituto. Evoluiu-se a visão que se tinha sobre a teoria da desconsideração da personalidade jurídica da sociedade. Se antes, para sua caracterização, era indispensável a prova da ocorrência da fraude ou do abuso de direito, e só assim restava ela aplicável (Lei n. 3.708/1919), hoje, com o surgimento de novos institutos jurídicos (Código Tributário Nacional, Lei de Execução Fiscal, Código de Defesa do Consumidor), mais dilargadas passaram a ser as hipóteses de seu cabimento, *inclusive com a atribuição do ônus da prova da sua inaplicabilidade transferindo-se da pessoa do credor para a do devedor*. Questões que envolvam créditos de natureza trabalhista, os seguintes fatores dão a nova visão do instituto: o caráter alimentar destes créditos, que por todos os ângulos recebem tratamento diferenciado e de supremacia frente aos demais (1); o princípio da desconsideração da personalidade jurídica da sociedade, seja em sua concepção prevista no art. 10 da Lei n. 3.708/1919, seja também pela regra do art. 28, *caput* e seu § 5º, da Lei n. 8.078/1990 (2); o art. 135 do CTN (3); e o princípio da imputação exclusiva do risco da atividade econômica ao empregador (4) – todos de aplicação subsidiária às execuções trabalhistas, segundo art. 889 da CLT c/c o art. 4º, V, e §§ 2º e 3º, da Lei n. 6.830/1980" (TRT-3ª Região, 2ª Turma, AP 723/2000, rel. Juiz Emerson José Alves Lage, *DJMG* 19.7.2000, p. 15 – grifos acrescidos ao original).

Ao que se observa, o princípio da proteção ao trabalhador, pela sua abstração e amplitude na forma de aplicá-lo, consubstanciou forma tendenciosa de interpretar o art. 50 do CC e invocá-lo na execução trabalhista. Como o referido dispositivo legal exige a prova de fraude ou do abuso da personalidade jurídica para sua desconsideração, a jurisprudência trabalhista passou a *presumir* essa fraude ou abuso em favor do empregado, trazendo para a sociedade empregadora – e seus respectivos sócios – o ônus de provar o contrário.

Por esse raciocínio, o Poder Judiciário se atribui o direito de presumir a fraude e de conceder à sociedade empregadora e aos respectivos sócios – em vários casos, também aos ex-sócios – o direito de se defender somente em sede de embargos à execução[43] – após disporem de seu patri-

formalismo exacerbado. Razões de ordem fática e jurídica inexistem para que o sócio, que corre o risco do empreendimento, que participou dos lucros e enriqueceu o seu patrimônio particular, seja colocado à margem de qualquer responsabilidade quando a pessoa jurídica se mostre inidônea a responder por suas obrigações trabalhistas. *O empregado não corre o risco do empreendimento*, já que também não participa dos lucros. Em não havendo bens da sociedade que suportem a execução forçada, devem os sócios responder pelos débitos trabalhistas da executada, da qual devem participar com seus bens particulares" (TRT-2ª Região, 5ª Turma, AP em ET 19990406998, acórdão 19990613837, rel. Juiz Francisco Antônio de Oliveira; j. 16.11.1999 – grifos acrescidos ao original).

43. "Recurso de revista – Processo de execução – Nulidade da prestação jurisdicional – Inocorrência – Desnecessidade de enfrentamento de todos os argumentos da parte. A exigência de fundamentação das decisões judiciais previstas no inciso IX do art. 93 da Carta Política não vai ao exagero de se exigir do órgão judicial que enfrente todos os argumentos apresentados pelas partes, mormente quando estes dependem de premissa afastada, peremptoriamente, pela decisão. Tal é o caso em que a Corte

mônio para garantir o juízo –, na inócua tentativa de provar que a personalidade jurídica não seria uma fraude e que não teria havido abuso na sua utilização.[44] Ou seja, é imposto aos executados[45] o custoso ônus de produzir prova negativa, subvertendo a lógica do *due process of law* e da ampla defesa e contraditório.

Ressalta-se que a presunção de fraude decorrente da mera insuficiência de bens da sociedade, contraditória e incompreensivelmente, constitui forma de impedir a fraude e o abuso de direito segundo a doutrina trabalhista: "Filiamo-nos aos que admitem a responsabilidade dos bens dos sócios e daqueles que se retiram da sociedade sem meios de honrar os seus compromissos, exatamente para impedir fraude, abusos e transferências do risco do empreendimento para o empregado" (Barros 2006: 282).

A bem da verdade, como todas as estruturas que a experiência do Direito vai modelando através da História, as pessoas jurídicas também devem ser concebidas por terem por pressuposto a boa-fé e por fim a satisfação de reais interesses privados e coletivos. A má-fé, nesse sentido, é algo que jamais poderia ser presumido, sob pena de se contrariar toda a lógica do sistema jurídico. Conforme Cândido Rangel Dinamarco: "(...) o normal é respeitar as barreiras representadas pela personalidade jurídica, que constitui notória realidade do direito positivo. Reveste-se também de normalidade a exclusão da responsabilidade do sócio-quotista pelos débitos da sociedade, desde que integralizado o capital. *Excepcional é a desconsideração*. Conforme tradicional lição doutrinária de conhecimento geral (Nicolò Framarino dei Malatesta), *o ordinário se presume e o extraordinário se prova*" (Dinamarco 2001: 1.185).

Nem mesmo o princípio *in dubio pro operario* é capaz de justificar a presunção[46] de fraude ou de abuso da personalidade jurídica, pois sua aplicação é vedada quando a dúvida se referir a matéria fática de cunho probatório. De acordo com Maurício Godinho Delgado: "A teoria do ônus da prova sedimentada no direito processual do trabalho e o largo espectro de presunções que caracteriza esse ramo especializado do Direito – tudo isso já franqueia, pelo desequilíbrio de ônus probatório imposto às partes (em benefício do prestador de serviços), possibilidades mais eficazes de reprodução, no processo, da verdade real. *Em conseqüência, havendo dúvida do juiz em face do conjunto probatório existente e das presunções aplicáveis, ele deverá decidir em desfavor da parte que tenha o ônus da prova naquele tópico duvidoso e não segundo uma parêmia genérica do tipo* ***in dubio pro operario***" (Delgado 2005:240) (grifo acrescidos ao original).

Assim, sempre que no processo surgir uma questão fática incerta, sem a corres-

de origem sustentou a incontornável necessidade de citação executória de empresa limitada na pessoa de seus sócios-gerentes e a possibilidade de penhora de seus respectivos bens, uma vez inexistentes ou dissipados os da reclamada. *A dicção do aresto regional no sentido de que a exceção de pré-executividade não se revelava instrumento adequado para afastar a responsabilidade dos sócios, e sim os embargos competentes, não exigiria cuidar de outros argumentos relativos a limites subjetivos da coisa julgada, penhora de bens de sócios* etc. – Recurso não conhecido" (TST, 2ª Turma, RR 572.939/1999, rel. Juiz convocado José Pedro de Camargo, j. 23.5.2001, v.u., *DJU* 22.6.2001 – grifos acrescidos ao original).

44. Como referida prova é praticamente impossível de ser produzida, a responsabilidade dos sócios e ex-sócios nas execuções trabalhistas acaba não sendo ilidida nunca, ainda que estes venham a provar o bom uso da personalidade jurídica e que a insuficiência de bens decorra de adversidades outras alheias à sua vontade e à sua correta e diligente condução dos negócios sociais, quando administradores.

45. Por "executados", aqui, entendem-se a sociedade empregadora e os sócios e ex-sócios incluídos no pólo passivo da lide após a liquidação da sentença ou na fase de cumprimento forçado de acordo realizado durante a fase de conhecimento.

46. A presunção, naturalmente, tem como pressuposto a ausência de prova.

pondente comprovação, abrem-se para o juiz duas alternativas: "(a) ou ele prescinde de resolver aquela questão de fato ou (b) insiste em resolvê-la" (Grinover 2003: 350). Como a primeira alternativa implicaria negativa de prestação jurisdicional, o juiz tem o dever constitucional de insistir em resolver a questão fática. Para tanto, impõe-se o emprego das regras de distribuição do ônus da prova, inequivocamente as mais acertadas e justas dentro da relação jurídica processual. Conforme Ada Pellegrini Grinover: "O juiz deve julgar *secundum allegata et probata partium* e não *secundum propriam suam conscientiam* – e daí o encargo, que as partes têm no processo, não só de alegar, como também de provar" (Grinover 2003:350). Se o empregado exeqüente pretende a desconsideração da personalidade jurídica da sociedade empregadora, incumbe a ele, portanto, o encargo de provar o fato constitutivo de sua pretensão (art. 333, I, do CPC[47]) – qual seja, a fraude ou o abuso da personalidade jurídica, caracterizado pelo desvio de função ou confusão patrimonial. Porque "sem fraude não se desconsidera; sem prova, a fraude não pode ser reconhecida" (Dinamarco 2001:1.187).

Desconsiderar a personalidade jurídica, como já se demonstrou, é medida que deve ser adotada de forma excepcionalíssima, destinada justamente a coibir a fraude e o abuso de direito, os quais, reitere-se, jamais poderiam ser presumidos. Não há tese jurídica com fundamento constitucional que permita sustentar a presunção desses ilícitos, atribuindo ao julgador a prerrogativa de ignorar o princípio do devido processo legal e inverter o ônus da prova de forma aleatória.[48] A presunção de validade dos negócios jurídicos está em favor dos jurisdicionados, e não o contrário – razão pela qual a inversão do ônus da prova sustentada pela jurisprudência trabalhista revela-se uma grave ameaça ao ambiente dos negócios e ao princípio da segurança jurídica.

Para que a teoria da desconsideração da personalidade jurídica seja utilizada, portanto, estendendo regularmente a responsabilidade pelas obrigações trabalhistas da sociedade aos sócios, é imprescindível a apuração de fraude ou de abuso da personalidade jurídica, mediante prova a ser produzida, naturalmente, pelo empregado-exeqüente, pois deste a pretensão e, conseqüentemente, o ônus da prova.

Além disso, o princípio da proteção ao trabalhador deve ser aplicado, na hipótese, ao lado da regra – e não *sobre* a regra – da limitação da responsabilidade dos sócios de sociedade limitada, prescrita no livro "Direito de Empresa" inserido no Código Civil, que disciplina, substancialmente, a proteção ao empresário.[49] O fato de a relação jurídica de emprego ser desigual, sendo o trabalhador considerado hipossuficiente, ao contrário do que possa parecer, não implica a idéia de que o trabalhador deva merecer mais proteção que o empresário. Cada qual tem sua proteção nos limites da lei, e em respeito ao ordenamento jurídico.

Reitere-se que o Estado intervém na relação jurídica de emprego para garantir um mínimo de direitos ao trabalhador, a fim de estabelecer um equilíbrio entre as

47. CPC, Art. 333, I: "O ônus da prova incumbe: I – ao autor, quanto ao fato constitutivo do seu direito; (...)".

48. Veja-se que até mesmo nas relações de consumo, onde há previsão expressa nesse sentido, o juiz não poderia determinar a sumária inversão do ônus da prova. É imprescindível o "juízo de verossimilhança acerca dos fatos apenas afirmados pelo autor (...) a hipossuficiência demonstrada (...) motivo *in concreto* seja aduzido" (Theodoro Jr. 2001:142).

49. Conforme Vinícius Gontijo: "Analogicamente, como no direito do trabalho e na aplicação de suas normas há o princípio *in dubio pro operario*, no direito empresarial e na aplicação de suas normas, que regulamentam esta matéria, mesmo quando isso se dá por outros ramos, deve haver a prevalência, na dúvida, em favor do empresário" (Gontijo 2004:76-88).

partes contratantes. Estabelecido o equilíbrio na relação jurídica, a Consolidação das Leis do Trabalho, em matéria atinente ao direito comercial, jamais poderá se sobrepor ao Código Civil, e vice-versa. O princípio da proteção ao trabalhador não tem aptidão para negar vigência à regra da limitação da responsabilidade dos sócios. Para que a personalidade jurídica seja desconsiderada é necessário obedecer aos requisitos impostos pelo Código Civil brasileiro, sob pena de ocorrer arbitrariedade pelo Estado, desrespeitando-se o princípio da legalidade, ao qual é vinculado (art. 37, *caput*, da CF de 1988[50]). Conforme Ives Gandra da Silva Martins Filho: "Assim, podemos concluir que a responsabilidade do sócio-quotista pelas dívidas trabalhistas da empresa, em sociedade por quotas de responsabilidade limitada na qual tenha integralizado a sua parte das quotas (hipótese mais comum em que a controvérsia judicial se instala), só pode ocorrer quando demonstrada a fraude na constituição, administração ou desfazimento da sociedade e comprovada a insuficiência do patrimônio social. *Querer extrapolar tal responsabilidade, com base no caráter protetivo do direito do trabalho, é ir além do que a lei permite.* Se, por um lado, o empregado não arca com os riscos da atividade econômica (CLT, art. 2º), por outro, a legislação comercial é clara ao estabelecer os limites e as condições em que os bens pessoais dos sócios responderão pelas dívidas da sociedade. O simples insucesso da atividade econômica, por razões alheias à vontade do empresário, não pode importar a sua responsabilização ilimitada, pois, conforme diz o adágio latino, *summum jus, summa injuria*" (Martins Filho 2000) (grifos acrescidos ao original).

Destarte, o princípio da proteção ao trabalhador, o derivado princípio *in dubio pro operario*, a teoria do risco do empreendimento e a presunção de fraude, todos decorrentes da jurisprudência axiológica do direito do trabalho, não se sustentam validamente para alterar a interpretação do art. 50 do CC. O fundamento justrabalhista aqui apresentado constitui mais um norteado por suposta eqüidade e que atenta flagrantemente contra o ordenamento jurídico brasileiro.

3.5 Interpretação conforme a Constituição: natureza alimentar do crédito trabalhista e dignidade da pessoa humana como fundamento da República Federativa do Brasil

Outro fundamento justrabalhista para a responsabilização dos sócios por débitos trabalhistas da sociedade é aquele que se desenvolve a partir da natureza alimentícia[51] do crédito trabalhista e da dignidade da pessoa humana como fundamento da República Federativa do Brasil.

Um dos autores que melhor desenvolve esse fundamento justrabalhista é Eduardo Milléo Baracat, para quem "a desconsideração da personalidade jurídica quando se está diante da execução de crédito alimentar, como é o trabalhista, deve ser interpretada tendo em vista o princípio da

50. CF, art. 37: "A Administração Pública direta e indireta de qualquer dos Poderes da União, dos Estados, do Distrito Federal e dos Municípios obedecerá aos princípios da *legalidade*, impessoalidade, moralidade, publicidade e eficiência e, também, ao seguinte: (...)".

51. "Recurso de revista – Processo de execução de sentença – Penhora sobre bem de sócio – Teoria da desconsideração da personalidade jurídica. Partindo da premissa de que os créditos trabalhistas, *ante a natureza alimentar de que são revestidos, são privilegiados e devem ser assegurados*, a moderna doutrina e a jurisprudência estão excepcionando o princípio da responsabilidade limitada do sócio, com fulcro na teoria da desconsideração da personalidade jurídica, de forma que o empregado possa, verificada a insuficiência do patrimônio societário, sujeitar à execução os bens dos sócios individualmente considerados – Inocorrida afronta a norma constitucional – Recurso de revista não conhecido" (TST, 4ª Turma, RR n. 2549-2000-012-05-00, rela. Juíza convocada Helena Sobral Albuquerque e Mello, j. 19.2.2003, v.u., *DJU* 7.3.2003).

dignidade da pessoa humana como também o dos valores sociais do trabalho e da livre iniciativa, pois estes princípios conformam os conceitos dogmáticos decorrentes do direito societário e do direito do trabalho aos valores prevalentes na sociedade brasileira" (Baracat 2008:53-71).

Citando Ingo Sarlet,[52] o mesmo autor prossegue dizendo que "uma das dimensões do conceito de dignidade da pessoa humana é a de vedar que o ser humano seja tratado como objeto. (...) para a ordem jurídico-constitucional a concepção do homem-objeto (ou instrumento), com todas as conseqüências que daí podem e devem ser extraídas, constitui justamente a antítese da dignidade da pessoa humana (...) o desempenho de funções sociais em geral encontra-se vinculado a uma recíproca sujeição, de tal sorte que a dignidade da pessoa humana, compreendida como vedação da instrumentalização humana, em princípio proíbe a completa e egoísta disponibilização do outro, no sentido de que se está a utilizar outra pessoa apenas como meio para alcançar determinada finalidade, de tal sorte que o critério decisivo para a identificação de uma violação da dignidade passa a ser (pelo menos em muitas situações, convém acrescer) o do objetivo da conduta, isto é, a intenção de instrumentalizar ('coisificar') o outro" (Baracat 2008:53-71).

Propondo que a dialética entre os interesses do sócio (ou do administrador da sociedade empregadora) e o do empregado-credor seja vista sob a ótica da dimensão conferida ao princípio da dignidade da pessoa humana, Eduardo Milléo Baracat chega à seguinte conclusão: "(...) ainda que o sócio ou administrador não tenha agido com abuso de poder, ou com a intenção de fraudar credores, ou sequer tenha praticado ato ilícito que atraia para si a responsabilidade civil, seria inegável que o interesse no trabalho do empregado foi o de utilizá-lo com a finalidade egoística de realizar a atividade econômica lucrativa. (...). Inviabilizar o recebimento do salário pelo trabalhador que contribuiu com seu trabalho para a atividade egoística do empresário – protegendo o patrimônio deste – é 'coisificar' o trabalhador, tratando-o como objeto, similar a qualquer outro meio de produção (capital ou matéria-prima), já que não se permite a retribuição do trabalho prestado (...) aplicar a desconsideração da personalidade jurídica na execução de crédito alimentar apenas nas hipóteses de fraude e abuso de poder do sócio ou administrador é violar o princípio da dignidade da pessoa humana. (...). A livre iniciativa, assim, acompanhada da valorização do trabalho humano, significa que o empresário que exerce a livre iniciativa deve ser pessoalmente responsabilizado pelos salários dos empregados quando a atividade econômica, por qualquer razão, não tiver tido sucesso" (Baracat 2008:53-71).

Essas considerações *aparentemente* demonstram serem capazes de justificar tecnicamente a celeuma jurisprudencial trabalhista baseada em suposta eqüidade, segundo a qual a responsabilidade patrimonial dos sócios estaria consubstanciada no aproveitamento, pelo sócio, do serviço prestado pelo empregado.[53] Esse funda-

52. Ingo Wolfgang Sarlet, "As dimensões da dignidade da pessoa humana: construindo uma compreensão jurídico-constitucional necessária e possível", in Béatrice Maurer e outros (orgs.), *Ensaios de Filosofia do Direito e Direito Constitucional*, Porto Alegre, Livraria do Advogado, 2005, pp. 16-33.

53. O curioso é que parte da doutrina destina esse entendimento somente às relações de emprego, negando-o às demais relações de trabalho. O porquê dessa diferenciação também não é suficientemente claro, já que a natureza alimentar do crédito e o aproveitamento da mais-valia são os mesmos, conforme Carlos Henrique Bezerra Leite: "Parece-nos que nas ações oriundas de relação de trabalho diversa da relação de emprego o juiz do trabalho deverá ter redobrada cautela ao adotar a teoria da desconsideração da personalidade jurídica, pois em tais ações o crédito objeto da obrigação contida no título executivo judicial, por não ter natureza trabalhista, no sentido estrito do termo, isto é, por não ser

mento da *mais-valia*, que não encontra qualquer amparo legal, tem sido utilizado, inclusive, para responsabilizar os ex-sócios[54] pelos débitos trabalhistas da sociedade da qual se retiraram.

Como adiantado, as considerações acima *parecem* ser capazes de fundamentar a jurisprudência trabalhista, mas não são.

A uma, porque o raciocínio desenvolvido confunde a figura do sócio (empreendedor) com a figura do empresário. A atividade egoística é deste, e não daquele. É a sociedade empresária – ou o empresário individual – que se beneficia diretamente dos serviços prestados pelos seus empregados, e não os sócios. Estes são empreendedores que investem previamente na sociedade, na ocasião da integralização do capital social, limitando aí seu risco pessoal no empreendimento. Os sócios, quando muito, participam dos dividendos – naturalmente, quando a sociedade aufere lucro, hipótese na qual se presume já terem os empregados concedido a quitação quanto às suas verbas trabalhistas, pois estas precedem à distribuição de dividendos.

A duas, porque tornar ilimitada a responsabilidade dos sócios e dos eventuais ex-sócios pelas obrigações trabalhistas da sociedade, de fato, consubstancia verdadeira violação ao princípio da dignidade da pessoa humana, mas por outro viés. Na mesma expressão utilizada por Baracat, o sócio é quem seria "coisificado", para se tornar um patrimônio garantidor das obrigações da sociedade, tal como uma garantia fidejussória – a diferença é que essa garantia não decorreria da manifestação livre e desimpedida de vontade; e – o mais curioso – não decorreria nem da lei, mas de uma jurisprudência deturpada e tendenciosa!

A três, porque ignorar a limitação da responsabilidade dos sócios implicaria, também, violar a livre iniciativa, igualmente fundamento da República Federativa do Brasil. Como se sabe, a livre iniciativa deve ser compreendida como a liberdade do indivíduo para empreender uma atividade empresarial, sem que isso, logicamente, venha a significar êxito compulsório. O insucesso comercial, com todas as conseqüências pertinentes – perda de capital integralizado pelo empreendedor, fechamento dos postos de trabalho para os empregados, frustração da arrecadação tributária para o Poder Público, atraso no desenvolvimento tecnológico e outras –, deve ser compreendido como resultado negativo de um empreendimento, intrínseco a qualquer processo econômico. Na verdade, são tantas as variáveis que determinam o sucesso ou insucesso do empreendimento, que o mercado trata ambos os resultados (positivo e negativo) como fator natural da economia, contribuindo cada qual da sua maneira para o desenvolvimento do sistema capitalista *lato sensu* – e, portanto, para o bem maior da coletividade. O risco do negócio, por conseqüência natural, deve sempre estar limitado ao capital social integralizado, sob pena de severos problemas de ordem social, assim como explica o professor Vinícius José Marques Gontijo: "A personalidade jurídica e a limitação da responsabilidade dos sócios permitem pro-

crédito empregatício, não autoriza a ilação de que os sócios seriam ilimitadamente responsáveis" (Leite 2006:825).

54. "Sócio retirante da sociedade – Penhora de seus bens particulares – Possibilidade. Na esfera trabalhista é absolutamente pacífico o entendimento de que os bens particulares dos sócios das empresas executadas devem responder pela satisfação dos débitos em execução. Trata-se da aplicação do disposto no art. 592, II, do CPC, da teoria da desconsideração da personalidade jurídica, esta derivada diretamente do *caput* do art. 2º da CLT (empregador como ente empresarial ao invés de pessoa) e do princípio justrabalhista especial da despersonalização da figura jurídica do empregador, a par, se necessário, da aplicação analógica do art. 28, § 2º, da Lei n. 8.078/1990 (Código de Defesa do Consumidor). *Comprovado que o ex-sócio integrou o quadro societário da empregadora ao tempo em que se deu a prestação de serviços, tendo se beneficiado da força de trabalho despendida pelo obreiro*, fica ele responsável pelo débito trabalhista em execução" (TRT-3ª Região, 1ª Turma, AP 01410-2005-016-03-00-0, rel. Des. Maurício Godinho Delgado, j. 5.6.2006, v.u, *DJMG* 9.6.2006, p. 6 – *grifos acrescidos ao original*).

teger o empreendedor de riscos não aceitáveis no empreendimento societário, prefixando suas participação nos prejuízos da sociedade, sendo que, se isso não se desse, a maioria das pessoas não se disporia a atuar no mercado, trazendo, como conseqüência, aumento no desemprego e na criminalidade, mitigação no desenvolvimento do país, menor contribuição fiscal etc." (Gontijo 2005:86-98).

A quatro, porque a responsabilização dos sócios tal como é realizada na Justiça do Trabalho implica violação ao direito de propriedade, outra garantia constitucional. O Estado-juiz, vinculado ao princípio da legalidade, previsto no art. 37 da CF DE 1988, jamais poderá ignorar tão importante garantia, não permitindo que alguém responda com seu patrimônio pessoal por débitos contraídos por terceiros, como é o caso da responsabilização dos sócios pelas obrigações trabalhistas da sociedade fora daquelas três hipóteses já mencionadas no subitem 2.4 deste estudo. A responsabilização deliberada acaba afrontando, inevitavelmente, a segurança jurídica nas relações sociais e nas relações entre Estado e jurisdicionados.

Enfim, o discurso que só identifica finalidades nobres na cobrança de crédito trabalhista de natureza alimentar tem que ser visto com temperamentos. Se o empresário[55] tem interesses econômicos egoístas, que se manifestam através da finalidade lucrativa do negócio, não menos egoístas são os interesses do empregado numa execução trabalhista, que, sob o pretexto da dignidade da pessoa humana, pretende receber seu crédito alimentar de qualquer pessoa, seja ela responsável ou não pela dívida. O Estado-juiz, nessa situação, deve se servir não só para a efetividade da prestação jurisdicional, mas também para resguardar o patrimônio de terceiros, a dignidade dos sócios, a dignidade da pessoa jurídica[56] e a livre iniciativa, de forma a atender a todas as garantias e fundamentos constitucionais.

Por tudo isso, pelas várias violações a preceitos constitucionais, é que a responsabilidade pessoal dos sócios deve ser atribuída em caráter excepcional, condicionada à existência de abuso da personalidade ou de ato ilícito, em conformidade com a teoria da desconsideração da personalidade jurídica positivada pelo art. 50 do CC ou com a responsabilidade civil dos administradores por ato *ultra vires* ou contrário à lei ou ao contrato ou estatuto social. Logo, a interpretação conforme a Consti-

55. Ratifica-se que o empresário, aqui, é a sociedade ou o empresário individual, nunca os sócios. Estes são meros empreendedores, que se arriscam investindo capital na sociedade para contar com posterior retorno financeiro.

56. Não se poderia deixar de mencionar, aqui, que a desconsideração da personalidade jurídica tal como é realizada na Justiça do Trabalho constitui verdadeira violação a outro preceito constitucional: a *dignidade da pessoa jurídica*. A tese é desenvolvida de forma inédita por Vinícius José Marques Gontijo em obra ainda não publicada (*Da Violação à Honra Objetiva e a Literal Preceito Constitucional, in mimeo*), de onde se permite colacionar o seguinte trecho, *verbis*: "(...). A partir da constatação da extensão dos direitos da personalidade à pessoa jurídica, verifica-se que a aplicação indiscriminada e fora da técnica do direito empresarial pela Justiça do Trabalho viola o princípio da dignidade da pessoa jurídica, em função da qual a teoria foi concebida e se desenvolveu. Com efeito, o inciso III do art. 1º da Constituição da República de 1988 cuida de assegurar a dignidade da pessoa *humana*. Por outro lado, o *caput* do art. 170 da CF de 191988 assegura a *todos* existência digna, lembrando que o inciso IX deste dispositivo constitucional se refere inclusive à microempresa e à empresa de pequeno porte – claro que o inciso somente pode se reportar à mesma lógica do *caput*; por outras palavras, o artigo se interpreta como um todo, e, se o inciso se refere às empresas, é porque o *caput* também a elas se aplica. Naturalmente, não há palavras inúteis na lei (e muito menos na Constituição – que se presume absolutamente técnica); se o inciso III do art. 1º tratou da dignidade da pessoa *humana*, o *caput* do art. 170 (inserido no título 'Da Ordem Econômica e Financeira') somente pode se tratar da outra modalidade de pessoa – qual seja: a jurídica – quando dispõe acerca da *dignidade*! Logo, há um *princípio da dignidade da pessoa jurídica* constitucionalmente fundado que, se não observado, implicará negativa de vigência ao *caput* do art. 170 da Constituição da República, de 5.10.1988. (...)".

tuição, baseada na natureza alimentar do crédito trabalhista e na dignidade da pessoa humana como fundamento da República Federativa do Brasil, apresenta graves falhas em sua formulação, utilizando-se de premissas equivocadas – razão pela qual se conclui que este fundamento não se sustenta validamente para justificar o entendimento unificado da Justiça Especializada do Trabalho.

3.6 Arts. 1.003 e 1.032 do CC

Para a responsabilização dos ex-sócios[57] a jurisprudência apresenta como fundamento justrabalhista o parágrafo único do art. 1.003[58] e o art. 1.032[59] do CC. Ressalta-se que referida responsabilização pressupõe a negativa de limitação da responsabilidade dos sócios pelas obrigações trabalhistas da sociedade, a qual, conforme se demonstrou no decorrer deste estudo, restou sumariamente invalidada – conseqüentemente, referida fundamentação, por depender das demais, não se presta para responsabilizar ex-sócios.

No entanto, é interessante analisar esse fundamento para observar o modo pelo qual a Justiça Especializada do Trabalho se vale da hermenêutica jurídica: "Responsabilidade dos ex-sócios. De acordo com o disposto no art. 1.003, parágrafo único, do CC, o cedente responderá solidariamente com o cessionário, perante a sociedade e terceiros, pelas obrigações decorrentes da condição de sócio. Assim, o ex-sócio pode ser chamado a responder pelos débitos da sociedade da qual fez parte, até dois anos após a sua retirada" (TRT-3ª Região, 6ª Turma, AP 00493-2007-111-03-00-8, rel. Juiz convocado Fernando A. Viegas Peixoto, j. 21.7.2008, v.u., *DJMG* 7.8.2008).

O sócio retirante, portanto, no entendimento da Justiça Especializada do Trabalho, responde solidariamente com os sócios remanescentes pelas obrigações contraídas pela sociedade da qual se retirou, pelo prazo de dois anos, independentemente de comprovação de fraude, ato ilícito etc. Ou seja: os sócios que exercerem regularmente o direito de retirada (art. 1.029 do CC[60]) ficariam a depender da sorte do empreendimento do qual não mais auferem qualquer benefício e, logicamente, não exercem qualquer influência na administração.

Com efeito, referidos dispositivos legais devem ser compreendidos como hipótese de extinção da pretensão pelo decurso de prazo – ou, em outras palavras, hipótese de prescrição extintiva. Assim, os sócios retirantes da sociedade respondem, pelo prazo de dois anos, pelas obrigações que *tinham* como sócios na eventual pretensão de algum credor da sociedade, ou mesmo dos sócios desta em relação ao ex-sócio. O objeto da pretensão, por conseqüência lógica, deve ter como fato gerador, necessariamente, obrigações contraídas no período em que o ex-sócio ainda fazia parte dos quadros societários da sociedade. Logo, as obrigações assumidas pela sociedade após a retirada do sócio dos quadros societários em nenhuma hipótese poderiam ser dirigidas ao referido ex-sócio.

57. Sempre que se mencionar "ex-sócios", neste estudo, deve-se presumir que se trata de retirada regular dos sócios dos quadros societários, com o correspondente registro na Junta Comercial, produzindo-se, assim, efeitos contra terceiros.

58. CC, art. 1.003, parágrafo único: "Até 2 (dois) anos depois de averbada a modificação do contrato, responde o cedente solidariamente com o cessionário, perante a sociedade e terceiros, pelas obrigações que *tinha* como sócio".

59. CC, artigo 1.032: "A retirada, exclusão ou morte do sócio não o exime, ou a seus herdeiros, da responsabilidade pelas obrigações sociais *anteriores*, até 2 (dois) anos após averbada a resolução da sociedade; nem nos 2 (dois) primeiros casos, pelas posteriores e em igual prazo, enquanto não se requerer a averbação".

60. CC, art. 1.029: "Além dos casos previstos na lei ou no contrato social, qualquer sócio pode retirar-se da sociedade; (...)".

Além disso, as obrigações pelas quais o ex-sócio está sujeito a responder correspondem àquelas que ele *tinha* enquanto sócio. Se sua responsabilidade enquanto sócio era limitada, sua responsabilidade enquanto ex-sócio, logicamente, também será limitada – neste caso, a limitação terá dupla acepção: (1) em razão da extensão patrimonial – limitada ao o valor das quotas sociais que ele integralizara enquanto sócio, ou solidariamente com os outros sócios pela integralização do capital social, e (2) em razão do tempo – limitada às obrigações a que ele responderia cujos fatos geradores tenham ocorrido antes de sua retirada dos quadros societários.

Nesse sentido, caso a personalidade jurídica da sociedade venha a ser validamente desconsiderada, em conformidade com as regras da *disregard doctrine* positivadas no art. 50 do CC, o ex-sócio responderia limitadamente nas duas acepções acima mencionadas.

O prazo de dois anos a que referem os arts. 1.003 e 1.032 do CC, portanto, corresponde ao prazo que o titular de uma pretensão teria para propor ação e responsabilizar o ex-sócio; jamais ao prazo em que o sócio retirante permaneceria respondendo solidariamente pelas obrigações dos sócios remanescentes. Entender assim significaria negar expressamente o texto da lei e constranger terceiros estranhos à sociedade a submeter seu patrimônio para responder pelas obrigações sociais.

4. Conclusão

Montesquieu, ao analisar o sistema parlamentar bicameral inglês, constatou que para regular o poder uno do Estado e prevenir o despotismo seriam necessários diversos organismos exercendo as funções de fazer leis, administrar e julgar (Montesquieu 1748/2003). Foi assim que ele desenvolveu o sistema em que ao Poder Legislativo é atribuída a abstração normativa decorrente da elaboração das leis; ao Executivo a administração e o cumprimento dessas leis; e ao Judiciário a incumbência de dar solução aos fatos concretos, logicamente a partir da aplicação das leis. Formulou-se, com isso, a representação ideal do *check and balances*, essencial para a prevalência da liberdade no Estado de Direito, porque: "Pouco importa seja o poder exercido por um, por alguns ou por muitos. Quem o detém tende a dele abusar. O poder vai até onde encontra os seus limites. Para que os seus titulares não possam abusar dele, é preciso que, pela disposição das coisas, o poder freie o poder" (Montesquieu 2003:26).

No mesmo sentido, assegura José Afonso da Silva que: "(...). O mecanismo de freios e contrapesos, caracterizador da harmonia entre os Poderes (...) demonstra que os trabalhos do Legislativo e do Executivo, especialmente, mas também do Judiciário só se desenvolverão a bom termo se esses órgãos se subordinarem ao princípio da harmonia, que não significa nem o domínio de um pelo outro nem a usurpação de atribuições, mas a verificação de que, entre eles, há de haver consciente colaboração e controle recíproco (que, aliás, integra o mecanismo), para evitar distorções e desmandos" (Silva 1997:112).

Tais assertivas foram incorporadas pela CF de 1988, especificamente no art. 2º, onde diz que "são Poderes da União, independentes e harmônicos entre si, o Legislativo, o Executivo e o Judiciário". O mesmo aconteceu no Título IV, ao versar sobre a organização dos Poderes, destinando um capítulo a cada Poder.

Salienta-se que cada um dos Poderes também exerce funções atípicas, como é o caso, por exemplo, da função normativa do Poder Executivo, manifestada através da edição de medidas provisórias e de leis delegadas; outro exemplo decorre da função judiciária do Poder Legislativo, quando da instalação das Comissões Parlamentares de Inquérito etc.

Para a finalidade deste estudo, interessa reservar atenção às funções atípicas de caráter legislativo realizadas pelo Poder Judiciário. Diferentemente da posição extremada assumida por Montesquieu quando afirmou que "o Judiciário é um Poder nulo, os juízes *(são)* a boca que pronuncia as palavras da lei" (Montesquieu 2003:148), é preciso reconhecer que o atual paradigma do Estado impõe o exercício de funções atípicas. Uma delas é o poder normativo[61] do Poder Judiciário, que, por ser função atípica, tem suas limitações e, naturalmente, regras que não permitem sua equiparação à lei, a começar pela necessidade de ser provocado por quem tenha legitimidade processual ativa, pela estrita vinculação às normas constitucionais e legais, pela impossibilidade de inovar o ordenamento jurídico etc.

De acordo com Cândido Rangel Dinamarco, o poder normativo do Poder Judiciário manifesta-se nas seguintes hipóteses: "(a) na competência do STF para eliminar da ordem jurídica leis ou atos normativos federais que mediante o controle concentrado sejam reputados constitucionalmente incompatíveis; (b) no seu poder de declarar incidentalmente essas inconstitucionalidades e provocar o Senado à suspensão da eficácia dos atos viciados; (c) na competência da Justiça do Trabalho para ditar normas referentes a dissídios coletivos; e (d) na instituição de uma *sentença genérica* que, sem enunciar o próprio *an debeatur* em relação a eventuais credores individualizados por danos decorrentes das relações de consumo, dá um passo além da lei e se aproxima mais que ela ao plano das normas concretas, vinculando o juiz que examinará a situação de cada pretendente" (Dinamarco 2001:1.148-1.449).

Dessas hipóteses, com previsões constitucionais e legais específicas, podem ser extraídas algumas observações. O controle concentrado da constitucionalidade, por exemplo, apesar de fazer coisa julgada *erga omnes* – daí o caráter normativo –, pretende tão-somente declarar a ineficácia de determinado dispositivo incompatível com a Constituição; a competência para ditar normas referentes a dissídios coletivos, apesar de genérica e abstrata, decorre de direitos trabalhistas disponíveis que as categorias (dos empregadores e dos empregados) não conseguiram transacionar; e a instituição de uma sentença condenatória genérica, prevista nos arts. 95-97 do CDC, simplesmente reconhece e adianta a "tutela jurisdicional dos titulares de direitos individuais homogêneos" (Dinamarco 2001: 1.135).

Como se vê, o poder normativo do Poder Judiciário não inova o ordenamento jurídico. Simplesmente se coloca à disposição dos jurisdicionados no escopo de garantir a efetividade da tutela jurisdicional e, principalmente, para servir como "freio e contrapeso" ao Poder Legislativo, prevenindo que este venha a abusar no típico exercício de sua função normativa. Ou seja, é o poder se prestando a regular o próprio poder, tal como preconizado por Montesquieu pouco antes da Revolução Francesa.

Trazendo essas considerações para o contexto do presente estudo, relativamente à responsabilidade dos sócios e dos ex-sócios pelas obrigações trabalhistas contraídas pela sociedade empregadora, percebe-se que a Justiça Especializada do Trabalho, através da construção de sua peculiar jurisprudência, transcendeu as (1) *funções típicas inerentes ao Poder Judiciário*, na medida em que não se baseou validamente na lei ou na Constituição para formar sua jurisprudência, conforme demonstrado neste estudo; e, também, as (2) *funções atípicas de caráter normativo*, na medida em que inovou o ordenamento jurídico e negou vigência a vários dispositivos legais – limitação da responsabilidade dos sócios (arts. 1.052[62]

61. Cf. denominação utilizada por Cândido Rangel Dinamarco (Dinamarco 2001).

62. CC, art. 1.052: "Na sociedade limitada, *a responsabilidade de cada sócio é restrita ao valor de suas quotas*, mas todos respondem solidaria-

e 1.088[63] do CC), *disregard doctrine* (art. 50 do CC) e as hipóteses de responsabilização civil dos membros dos órgãos sociais da sociedade –, sem ter sido provocado em sede de controle concentrado da constitucionalidade, sobrepondo-se abusivamente ao Poder Legislativo.[64]

Não se pode esquecer que "o material com que se envolve o juiz (...) é o concreto da vida dos direitos, e não o abstrato da atribuição de direitos e obrigações no plano da legislação" (Dinamarco 2001:1.134). Com essa percepção na análise da jurisprudência trabalhista relativamente ao objeto deste estudo, constata-se um temeroso ativismo político do Poder Judiciário, que, se não for "freado" por algum dos outros Poderes do Estado, estar-se-á caminhando em direção à prevalência de um único Poder, ao invés de sua relação "independente e harmônica" com os demais.

Além disso, o Poder Legislativo, bem ou mal, é legitimado para a função de elaboração das leis através da *vontade do povo*, único titular do Poder do Estado.[65] Ignorar a lei elaborada pelo Poder Legislativo equivale, indiscutivelmente, a ignorar o povo destinatário dessas leis.

Conforme Márcio Tadeu Guimarães Nunes, "o juiz legislador, personagem para quem a doutrina francesa reserva ácidas críticas, ao aplicar as suas convicções pessoais em detrimento das normas de Direito preexistentes, pode criar regras estranhas ao sistema e certamente as criará sem os atributos da abstração, generalidade e impessoalidade, dentre outros. Tudo está a apontar, portanto, para a cautela com que tais iniciativas 'ativistas' devam ser tratadas no Direito interno" (Nunes 2007: 165).

Veja-se que o entendimento unificado na Justiça Especializada do Trabalho tem apresentado elementos característicos da eqüidade,[66] na medida em que pretende fazer justiça nos casos concretos levados à sua jurisdição. A eqüidade, porém, conforme mencionado brevemente no subitem 3.3.1 deste estudo, constitui forma de integração jurídica e, portanto, fonte subsidiária para o Direito, inclusive para o ramo trabalhista, devendo ser utilizada somente onde houve lacuna na lei. "Como fonte normativa subsidiária (no sentido romano, portanto), a eqüidade deve, efetivamente, ser contingenciada ao máximo, inclusive por não ser esse instituto hábil a produzir fórmula jurídica geral e universal – e, portanto, democrática" (Delgado 1995: 133).

Levar o juiz em consideração, na aplicação da lei, as circunstâncias do caso concreto, ajustar a lei à espécie, aplicá-la humanamente – decidir, enfim, *com eqüidade*, dentro dos limites da norma –, é função legítima do julgador. Mas, como adverte a doutrina trabalhista "o que lhe não será possível é negar a aplicação da lei, por considerá-la injusta. (...). Não se deve refazer o Direito sob o pretexto de eqüidade" (Teixeira Filho 2000:168).

Ressalta-se que este estudo não tem a pretensão de negar a jurisprudência como

mente pela integralização do capital social" (grifos acrescidos ao original).

63. CC, art. 1.088: "Na sociedade anônima ou companhia, o capital divide-se em ações, *obrigando cada sócio ou acionista somente pelo preço de emissão das ações que subscrever ou adquirir*" (grifos acrescidos ao original).

64. Observa-se que parte da doutrina trabalhista reconhece que "há necessidade de que lei trate do assunto. Seria determinado que, independentemente da espécie societária, o sócio responde pelas obrigações trabalhistas conforme ela definir" (Martins 2005:674).

65. CF de 1988, art. 1º, parágrafo único: "Todo o poder emana do povo, que o exerce por meio de representantes eleitos ou diretamente, nos termos desta Constituição".

66. Conforme Miguel Reale: "(...) o juiz constitui norma para o caso concreto *toda vez que houver lacuna na lei*, assim como nos casos em que lhe couber julgar por *eqÜidade*. (...) Nessas hipóteses, inexistindo dispositivo legal, o juiz emana para o caso concreto uma norma como se fosse legislador" (Reale 1986:168) (grifos acrescidos ao original).

fonte do Direito. Nem poderia. Conforme afirma de forma categórica o filósofo do Direito Miguel Reale: "É inegável que, se o Judiciário considera de ordem pública uma norma legal antes tida na conta de regra dispositiva, ou vice-versa, verifica-se uma alteração substancial na dimensão típica do preceito, o qual adquire ou perde força cogente. Se uma regra é, no fundo, a sua interpretação, isto é, aquilo que se diz ser o seu significado, não há como negar à jurisprudência a categoria de *fonte do Direito*, visto como ao juiz é dado armar de obrigatoriedade aquilo que declara ser 'de direito' no caso concreto" (Reale 1986: 168).

O que se pretende questionar, entretanto, é até que ponto a jurisprudência trabalhista, relativamente à responsabilização dos sócios, pode vir a ser considerada fonte válida do Direito; se o ativismo político do Judiciário consubstanciaria uma inovação no ordenamento jurídico, caracterizando desarmonia entre os Poderes do Estado.

Como se sabe, a jurisprudência não é fonte autônoma, pois dependente da lei e dos princípios gerais do Direito. Não existe sozinha. Exige, necessariamente, uma fundamentação teórica baseada em outras fontes do Direito, pois é considerada fonte a partir da sua principal característica: interpretação e aplicação da lei. Assim, se as fontes nas quais se baseou a jurisprudência trabalhista para formar seu entendimento são inválidas ou inexistentes, o entendimento jurisprudencial, por conseqüência lógica, também resta inválido. É o mesmo raciocínio baseado no silogismo: a inexistência ou invalidade de uma premissa afeta a conclusão com a mesma conseqüência.

Enfim, o entendimento uniforme na Justiça Especializada do Trabalho relativamente à negativa de limitação da responsabilidade dos sócios precisa ser questionado pelo Poder Legislativo e até mesmo pelo próprio Judiciário. Nota-se que os recursos de revista com essa pretensão, por exemplo, dificilmente são conhecidos e apreciados pelo TST, em razão do art. 896, § 2º, da CLT[67] e, sobretudo, porque aquele órgão jurisdicional se recusa a aceitar a ocorrência de violações à Constituição.[68] E, por não serem conhecidos pelo TST, mais difícil ainda é a apreciação da matéria pelo STF.

Uma conseqüência é certa sobre a generalização da responsabilidade dos sócios: "Ao invés de avanços, essas seitas maculam a pureza e a sanidade do Direito e deturpam as conquistas fundadas na coerência e no respeito a institutos jurídicos milenares" (Rizzardo 2007:1.127).

Referências

BALEEIRO, Aliomar (1999). *Direito Tributário Brasileiro*. 11ª ed., atualizada por Misabel Abreu Machado Derzi. Rio de Janeiro, Forense.

BARACAT, Eduardo Milléo (2008). "Desconsideração da personalidade jurídica da sociedade limitada empregadora: o problema do sócio minoritário". *RDTrabalho* 34-n.129/53-71. São Paulo.

BARROS, Alice Monteiro de (2006). *Curso de Direito do Trabalho*. 2ª ed. São Paulo, LTr.

CAIS, Cleide Previtalli (2007). *O Processo Tributário*. 5ª ed. São Paulo, Ed. RT.

67. CLT, art. 896, § 2º: "Das decisões proferidas pelos Tribunais Regionais do Trabalho ou por suas Turmas, em execução de sentença, inclusive em processo incidente de embargos de terceiro, não caberá recurso de revista, salvo na hipótese de ofensa direta e literal de norma da Constituição Federal".

68. "Agravo de instrumento – Execução – Responsabilidade patrimonial – Sócio retirante – Violação do art. 5º, XXII e LV, da CF – Súmula n. 126 – Não provimento. 1. Nos termos do art. 896, § 2º, da CLT e Súmula n. 266, a admissibilidade do recurso de revista interposto de acórdão proferido em agravo de petição na liquidação de sentença ou em processo incidente na execução, inclusive os embargos de terceiro, *depende de demonstração inequívoca de violência direta à Constituição Federal*" (TST, 7ª Turma, AI/RR 1282/2004-026-01-40, rel. Min. Caputo Bastos, j. 24.9.2008, v.u., *DJU* 26.9.2008 – grifos acrescidos ao original).

CARRION, Valentin (2006). *Comentários à Consolidação das Leis do Trabalho.* 31ª ed. São Paulo, Ed. RT.

CARVALHO DE MENDONÇA, J. X. (2001). *Tratado de Direito Comercial Brasileiro.* 1ª ed., vol. II, t. II, atualizada por Ruymar de Lima Nucci. Campinas. Bookseller.

CINTRA, Antônio Carlos de Araújo, DINAMARCO, Cândido Rangel, e GRINOVER, Ada Pellegrini (2003). *Teoria Geral do Processo.* 19ª ed. São Paulo, Malheiros Editores.

COELHO, Fábio Ulhôa (1999). *Curso de Direito Comercial.* 1ª ed., vol. 2. São Paulo, Saraiva.

CORRÊA-LIMA, Osmar Brina (2001). "A teoria da desconsideração da personalidade jurídica descomplicada". *Revista da Faculdade de Direito Milton Campos.* Belo Horizonte, Del Rey (pp. 225-229).

———— (2003). *Sociedade Anônima.* 2ª ed. Belo Horizonte, Del Rey.

COUTINHO, Aldacy Rachid (2001). "Aplicação da teoria da desconsideração da personalidade jurídica no processo de execução trabalhista". In: NORRIS, R. (coord.). *Execução Trabalhista: Visão Atual.* Rio de Janeiro, Forense (pp. 205-249).

DELGADO, Maurício Godinho (1995). *Introdução ao Direito do Trabalho.* 1ª ed. São Paulo, LTr.

———— (2005). *Curso de Direito do Trabalho.* 4ª ed. São Paulo, LTr.

DINAMARCO, Cândido Rangel (2001). *Fundamentos do Processo Civil Moderno.* 4ª ed., t. II. São Paulo, Malheiros Editores.

———— CINTRA, Antônio Carlos de Araújo, e GRINOVER, Ada Pellegrini (2003). *Teoria Geral do Processo.* 19ª ed. São Paulo, Malheiros Editores.

GONTIJO, Vinícius José Marques (2004). "A regulamentação das sociedades limitadas". In: VIANA, Frederico (org.). *O Direito de Empresa no Novo Código Civil.* 1ª ed. Rio de Janeiro, Forense (pp. 189-205).

———— (2004). "O empresário no Código Civil brasileiro". *RDM* 135/76-88. São Paulo, Malheiros Editores.

———— (2005). "Responsabilização no direito societário de terceiro por obrigação da sociedade" *RDM* 140/86-98. São Paulo, Malheiros Editores.

———— (2007). "Efeitos da falência do empregador na ação de execução de crédito trabalhista". *Revista LTr* 71/1.488-1499. São Paulo, LTr.

————. (*In mimeo*). *Da Violação à Honra Objetiva e a Literal Preceito Constitucional.*

GRINOVER, Ada Pellegrini (2008). "Da desconsideração da pessoa jurídica (aspectos de direito material e processual)". *Revista Interesse Público* 48/13-30. Belo Horizonte, Forum.

————, CINTRA, Antônio Carlos de Araújo, e DINAMARCO, Cândido Rangel (2003). *Teoria Geral do Processo.* 19ª ed. São Paulo, Malheiros Editores.

LEITE, Carlos Henrique Bezerra (2006). *Curso de Direito Processual do Trabalho.* 4ª ed. São Paulo, LTr.

MARANHÃO, Délio, SÜSSEKIND, Arnaldo, TEIXEIRA FILHO, João de Lima, e VIANNA, Segadas (2000). *Instituições de Direito do Trabalho.* 9ª ed. São Paulo, LTr.

MARTINS, Ives Gandra da Silva (1998). *Comentários ao Código Tributário Nacional.* São Paulo, Saraiva.

MARTINS, Sérgio Pinto (2005). *Direito Processual do Trabalho.* 23ª ed. São Paulo, Atlas.

MARTINS FILHO, Ives Gandra da Silva (2000). *A Responsabilidade Solidária dos Sócios ou Administradores Ante as Dívidas trabaLhistas da Sociedade.* Disponível em *http://www.planalto.gov.br/ccivil_03/revista/Rev_15/IvesGandra.htm* (acesso em 13.10.2008).

MONTESQUIEU, Charles de (2003). *Do Espírito das Leis* (1748). Trad. Jean Melville. São Paulo, Martin Claret.

MUNHOZ, Eduardo Secchi (2004). "Desconsideração da personalidade jurídica e grupos de sociedades". *RDM* 134/25-47. São Paulo, Malheiros Editores.

NORRIS, R. (coord.) (2001). *Execução Trabalhista: Visão Atual.* Rio de Janeiro, Forense.

NUNES, Márcio Tadeu Guimarães (2007). *Desconstruindo a Desconsideração da*

Personalidade Jurídica. 1ª ed. São Paulo, Quartier Latin.

PEREIRA, Caio Mário da Silva (1999). *Responsabilidade Civil*. 9ª ed. Rio de Janeiro, Forense.

PONTES DE MIRANDA, F. C. (2000). *Tratado de Direito Privado*. 2ª ed., vol. I, t. I, atualizada por Vilson Rodrigues Alves. Campinas, Bookseller.

REALE, Miguel (1986). *Lições Preliminares de Direito*. 13ª ed. São Paulo, Saraiva.

REQUIÃO, Rubens (1977). *Aspectos Modernos de Direito Comercial: Estudos e Pareceres*. São Paulo, Saraiva.

———— (2003). *Curso de Direito Comercial*. 25ª ed., vol. 1. São Paulo, Saraiva.

RIBEIRO, Antônio de Pádua (2000). "O Judiciário como Poder político no Século XXI". *Estud. Av.* 14-n. 38. São Paulo (disponível em *http://www.scielo.br/scielo.php?script=sci_arttext&pid=S0103-40142000000100017&lng=&nrm=isso*, acesso em 10.10.2008).

RIZZARDO, Arnaldo (2007). *Direito de Empresa*. 1ª ed. Rio de Janeiro, Forense.

SANTOS, Monisa Carla Bertacco dos (2007). "A desconsideração da personalidade jurídica na execução fiscal vista pelos tribunais". *RePro* 32-n. 145/24-51. São Paulo, Ed. RT.

SILVA, Alexandre Couto (2004). "Desconsideração da personalidade jurídica no Código Civil". In: VIANA, Frederico (org.). *O Direito de Empresa no Novo Civil*. 1ª ed. Rio de Janeiro, Forense (pp. 431-467).

SILVA, Antônio José Loureiro da (2006). *A Efetividade da Tutela Jurisdicional na Execução Trabalhista*. Belo Horizonte/MG, dissertação de Mestrado, PUC/MG (Orientador: José Roberto Freire Pimenta).

SILVA, De Plácido e (2000). *Vocabulário Jurídico*. 17ª ed. Rio de Janeiro, Forense.

SILVA, José Afonso da (1997). *Curso de Direito Constitucional Positivo*. 13ª ed. São Paulo, Malheiros Editores.

SÜSSEKIND, Arnaldo, MARANHÃO, Délio, TEIXEIRA FILHO, João de Lima, e VIANNA, Segadas (2000). *Instituições de Direito do Trabalho*. 9ª ed. São Paulo, LTr.

TEIXEIRA FILHO, João de Lima, MARANHÃO, Délio, SÜSSEKIND, Arnaldo, e VIANNA, Segadas (2000). *Instituições de Direito do Trabalho*. 9ª ed. São Paulo, LTr.

THEODORO JR., Humberto (2001). *Direitos do Consumidor*. 2ª ed. Rio de Janeiro, Forense.

VIANA, Frederico (org.) (2004). *O Direito de Empresa no Novo Código Civil*. 1ª ed. Rio de Janeiro, Forense.

VIANNA, Segadas, MARANHÃO, Délio, SÜSSEKIND, Arnaldo, e TEIXEIRA FILHO, João de Lima (2000). *Instituições de Direito do Trabalho*. 9ª ed. São Paulo, LTr.

SOCIEDADE ANÔNIMA: UMA ANÁLISE SOBRE A NATUREZA DO CONFLITO DE INTERESSES DOS MEMBROS DO CONSELHO DE ADMINISTRAÇÃO

FERNANDA AVIZ SANTOS

1. Introdução. 2. Natureza do conflito de interesses no Conselho de Administração: súmula da controvérsia. 3. A regra do conflito de interesses formal. 4. A regra do conflito de interesses material. 5. Solução intermediária: necessidade de temperamento. 6. Conclusão.

1. Introdução

O Conselho de Administração é um dos órgãos de maior importância na vida social, eis que dita os rumos dos negócios da companhia, definindo suas diretrizes fundamentais. Assim, os conselheiros de administração, na qualidade de membros desse vital órgão, devem sempre expressar a vontade social, com a observância de deveres de natureza fiduciária, tais como os de diligência, lealdade e transparência, além do dever de agir visando aos fins e no interesse social.

Em diversas situações, entretanto, o que se nota é que aqueles que deveriam manifestar e zelar pelo interesse social têm, paralelamente, interesses particulares na deliberação ou operação – o que dá ensejo ao surgimento de conflito de interesses.

Dessa forma, tendo em vista a relevante função exercida pelos conselheiros de administração e a repercussão que seus atos podem gerar na vida social, é fundamental que se entenda corretamente a natureza do conflito de interesses, de acordo com a regra positivada no art. 156 da Lei 6.404/1976, pois a partir deste entendimento poderão ser adotadas diferentes medidas para preservar o interesse social.

2. Natureza do conflito de interesses no Conselho de Administração: súmula da controvérsia

A regra vigente relativa ao conflito de interesses por parte dos administradores dispõe ser "vedado ao administrador intervir em qualquer operação social em que tiver interesse conflitante com o da companhia, bem como na deliberação que a respeito tomarem os demais administradores, cumprindo-lhe cientificá-los do seu impedimento e fazer consignar, em ata de reunião do Conselho de Administração ou da Diretoria, a natureza e extensão do seu interesse".

Diante de tal norma, a questão que se põe diz respeito à natureza do impedimento do administrador, se formal ou material.

Como se verá, a principal diferença entre essas duas formas de se entender o conflito de interesses reside no momento da sua verificação e na restrição ao direito do administrador de votar. A questão toda se resume, na realidade, a uma indagação bem simples: o legislador estabeleceu uma hipótese de proibição de voto, ou sua preocupação foi com o conteúdo do voto do administrador?

Sobre o tema há divergências importantes na doutrina e na Comissão de Valores Mobiliários/CVM, ente regulador do mercado de capitais brasileiro, que, dependendo da composição de seu órgão colegiado, tem apresentado entendimentos diametralmente opostos para casos semelhantes. Verifica-se, ainda, que no âmbito do Poder Judiciário não há, até o momento, uma linha de pensamento sobre o assunto, seja em instâncias ordinárias ou superiores, mas apenas casos isolados.

A ausência de posicionamento firme, seja na doutrina, na CVM ou no Poder Judiciário, reforça a importância de estudos nessa área.

3. A regra do conflito de interesses formal

Segundo a corrente que defende o conflito de interesses formal – minoria na doutrina –, a verificação do conflito deve se dar mediante a análise *a priori* e abstrata da situação, ou seja, antes mesmo de o administrador proferir seu voto em determinado conclave. Para essa corrente não importa o conteúdo do voto do administrador, mas sim a existência de possível interesse que se sobreponha ao da sociedade.

Haverá, portanto, conflito de interesses sempre que, em potencial, o administrador demonstrar interesse direto no negócio ou ato – ou seja, se ele for a contraparte da sociedade ou tiver de alguma forma interesse maior na contraparte.

Essa corrente, que valoriza a letra da lei, sustenta que o legislador estabeleceu verdadeiro impedimento de voto para o administrador interessado, como medida cautelar para evitar eventual prejuízo à sociedade.

Nada obstante, os formalistas não relacionam o impedimento de voto com a existência de um interesse pessoal que necessariamente importe o sacrifício do interesse social. Também não correlacionam a obrigação de não votar com a comprovação de que o benefício particular do administrador acarrete efetivo dano para a companhia.

Conforme assinala Modesto Carvalhosa, principal defensor dessa corrente, o fundamento da norma não consiste no pressuposto de que o administrador pretenderia votar e contratar contra o interesse social, mas sim no fato de que "não pode o administrador que será parte contratual formar a vontade da outra parte, que é ou será a companhia".[1] Ou seja, não pode o administrador estar nas duas pontas da negociação, pois, nesse caso, o administrador não estaria em condições de ser absolutamente imparcial na busca pelo atendimento do interesse social. Isso porque as partes antagônicas da contratação se confundiriam na mesma pessoa, configurando o que o Direito Norte-Americano define como *self-dealing transaction*.

Portanto, o administrador interessado deve, nessas situações, cientificar o impedimento aos seus pares, fazer consignar em ata de reunião do Conselho a natureza e extensão do seu interesse e simplesmente abster-se de votar. Não há espaço, pois, para que o administrador sequer delibere, segundo a corrente formal.

Dessa forma, não há que se perquirir se o voto do administrador efetivamente privilegiaria seu interesse pessoal em detrimento do interesse da sociedade, ou não. Em outras palavras, a conseqüência da infração à proibição de voto é, para a corrente formal, a anulação da deliberação, ainda que o interesse social tenha, ao final, preponderado.

A 4ª Turma do STJ, ao julgar o REsp 156.076-PR, de relatoria do Min. Ruy Rosado de Aguiar, acolheu a interpretação formal do conflito de interesses, tendo decidido que este decorre "da simples exis-

1. Modesto Carvalhosa, *Comentários à Lei das Sociedades Anônimas*, 3ª ed., vol. 3, São Paulo, Saraiva, 2003, p. 314.

tência de prestações contrapostas, contratualmente ajustadas".[2]

No plano da CVM a defesa da corrente formal se deu no julgamento do Processo CVM/RJ-2004/5.494, quando se entendeu haver conflito de interesses em operação de permuta de ações do controle de duas sociedades a qual foi aprovada com o voto de um administrador que também era controlador de uma das sociedades e que, assim, era um dos principais beneficiários da operação.

O colegiado da CVM, naquela ocasião, concluiu que o conflito de interesses "é presumido, isto é, independe da análise do caso concreto a sua aplicação, restando o administrador da companhia impedido de participar de qualquer tratativa ou deliberação referente a uma determinada operação em que figure como contraparte da companhia ou pela qual seja beneficiado, independentemente se está a se perseguir o interesse social ou não".[3]

No mesmo sentido foi o posicionamento daquele órgão no julgamento do Inquérito Administrativo 2001/4.977.[4]

4. A regra do conflito de interesses material

Apesar dos precedentes da CVM acima citados, a doutrina francamente majoritária é no sentido de que a natureza do conflito de interesses é material, ou seja, como questão de fato, ele deve ser analisado, casuisticamente, após a prolação do voto pelo administrador.

O conflito, portanto, se confirmará quando, após a análise do voto do administrador, se concluir que o interesse extrasocial que o conduziu é estridente, colidente, efetivo, inconciliável com o interesse social. Isto é, para o atendimento do interesse de uma das partes necessariamente deverá haver o efetivo sacrifício do interesse da outra. Não basta que haja apenas um duplo interesse por parte do administrador, como defende a corrente formal.

Nesse sentido, J. X. Carvalho de Mendonça afirma que "muitas vezes é difícil precisar os interesses opostos entre o administrador e a sociedade. Só a apreciação do caso concreto oferece a justa solução".[5] Trajano de Miranda Valverde, da mesma forma, sustenta que "a existência ou não de interesses opostos é uma questão de fato, a ser, portanto, apreciada e julgada em cada caso".[6]

Ratificando essas lições, um dos coautores do Anteprojeto da Lei 6.404/1976, José Luiz Bulhões Pedreira, ensina que "interesse conflitante significa interesse oposto, contrário, incompatível ou colidente. Não é apenas interesse diferente, ou distinto, que pode ser, inclusive, coincidente com o da companhia, ou complementar a este".[7]

Socorre a tese ora analisada a definição de "conflito" dada pelos léxicos Aurélio Buarque de Holanda Ferreira, Antônio Houaiss e Mauro de Salles Villar, para quem, respectivamente, conflito significa "choque, embate, peleja"[8] e "convergência de direitos antagônicos de dois ou mais indivíduos, que obriga a que nenhum deles

2. *DJU* 29.6.1998, p. 201.

3. Disponível em *http//:www.cvm.gov.br* (acesso em 29.10.2007).

4. Disponível em *http//:www.cvm.gov.br* (acesso em 20.10.2007).

5. J. X. Carvalho de Mendonça, *Tratado de Direito Comercial Brasileiro*, 5ª ed., vol. IV, Rio de Janeiro, Freitas Bastos, 1954, p. 64.

6. Trajano de Miranda Valverde, *Sociedade por Ações*, Rio de Janeiro, Forense, 1953, p. 315, nota 32, *apud* Adriano Castello Branco, *O Conselho de Administração nas Sociedades Anônimas*, Rio de Janeiro, Forense Universitária, 2004, p. 75.

7. José Luiz Bulhões Pedreira, parecer elaborado a pedido da parte indiciada do InqAdministrativo CVM/RJ-2002/1.153 (v. Erasmo Valladão Azevedo e Novaes França, "Conflito de interesses: formal ou substancial? Nova decisão da CVM sobre a questão", *RDM* 128/225-262, 2002).

8. Aurélio Buarque de Holanda Ferreira, *Novo Dicionário Aurélio da Língua Portuguesa*, 2ª ed., Rio de Janeiro, Nova Fronteira, 1986, p. 451.

tenha exercício pleno ou exerça gozo exclusivo do direito do qual se arroga titular: colisão de direitos".[9]

A corrente material defende, ainda, que a regra do conflito de interesses formal seria insuficiente para a identificação de todos os possíveis casos de interesses conflitantes, haja vista que ela circunscreveria as hipóteses de conflito àquelas em que o administrador contratasse com a sociedade, quando, na verdade, podem ser verificados conflitos de interesses mesmo quando não há qualquer relação contratual entre administrador e sociedade. Além disso, a regra do conflito de interesses formal seria muito rigorosa, pois acabaria por impedir a realização de operações vantajosas para a sociedade pelo simples fato de a outra parte contratante ser o administrador ou pessoa de seu interesse.

Concluem, assim, os defensores da corrente material que o legislador teria proibido, cautelarmente, o administrador de votar. Mas, se este entender que não se encontra em situação de conflito e votar, dever-se-á analisar o modo como votou, o conteúdo do voto; e se efetivamente tiver havido sacrifício do interesse social, a deliberação deverá ser anulada, haja vista que o ato ilícito, para essa corrente, consiste em votar contra o interesse social, e não em votar tendo um interesse extra-social.

A 4ª Turma do egrégio STJ – que, como visto anteriormente, no julgamento do REsp 156.076-PR, havia adotado a interpretação formal do conflito de interesses, ao julgar o REsp 131.300-RS[10] entendeu que a existência do conflito só é concretizada quando os interesses extra-social e social são efetivamente colidentes. Note-se que no julgado foi analisada hipótese de conflito de interesses por parte de acionista, e não por parte de administrador de sociedade anônima.

No âmbito da CVM também prevaleceu a tese da natureza material do conflito de interesses no julgamento do InqAdministrativo CVM/RJ-2002/1.153, quando se entendeu que não tinha o condão de configurar conflito de interesses o simples fato de os acionistas votantes deterem participação acionária direta e indireta nas duas partes do contrato em questão. O voto condutor do julgado menciona o princípio da presunção de boa-fé do acionista, que poderia ser afastado pelo exame meramente formal e aparente do conflito de interesses. Ainda em resposta à corrente formal, afirmou-se que a presunção *iuris et de iure* do conflito de interesses exigiria a previsão clara de hipóteses específicas – o que não teria sido feito pela lei vigente. Assim, sustentou-se que quando há na lei mera referência genérica e subjetiva, a análise inicial do conflito deve se dar primeiramente pelo acionista interessado, porquanto só ele tem condições, naquele momento, de avaliar a situação e somente ele sabe o teor do voto que proferirá.[11]

O Conselho de Recursos do Sistema Financeiro Nacional, ao analisar o recurso interposto dessa última decisão, entendeu que o conflito de interesses pode e deve ser verificado pelo próprio administrador (*rectius*, "acionista") antes de proferir seu voto; e, sendo constatada sua existência, o exercício do voto é vedado *a priori*. Se, porém, o administrador (*rectius*, "acionista") entender que não há conflito de interesses, ele poderá votar, e o conteúdo do seu voto será objeto de análise posteriormente.[12] Muito embora tenha havido, em sua essência, um direcionamento formal da referida decisão, pode-se verificar uma certa in-

9. Antônio Houaiss e Mauro de Salles Villar, *Dicionário Houaiss da Língua Portuguesa*, Rio de Janeiro, Objetiva, 2001, p. 797.

10. Brasil, STJ, processual civil, REsp 131.300-RS, rectes.: Jorge Moreira da Silva e cônjuge, recdos.: José Abrão dos Santos e cônjuge, rel. Min. César Asfor Rocha, da 4ª Turma, Brasília, 20.5.1997 (*DJU* 4.8.1997, p. 34.774).

11. Disponível em *http//:www.cvm.gov.br* (acesso em 29.10.2007).

12. Disponível em *http//:www.bcb.gov.br* (acesso em 29.10.2007).

fluência material, porquanto se admitiu a análise posterior do próprio conteúdo do voto do acionista.

5. *Solução intermediária: necessidade de temperamento*

Na busca por uma solução conciliatória entre a profusão de interesses existentes na sociedade anônima, a opção deve ser por uma alternativa média, nem só voltada para uma solução formalista pura, nem apenas para uma solução casuística radical.

A regra de conflito de interesses deve ser vista não apenas como uma regra estática, isolada dentro do sistema. A discussão em torno dela não pode limitar-se, cegamente, ao momento em que o conflito deve ser verificado e às conseqüências daí resultantes. Cumpre deslocar o foco da questão. A sobredita regra deve, assim, ser lida à luz de todas as demais normas previstas na Lei 6.404/1976 e no ordenamento jurídico como um todo, notadamente os valores e princípios constitucionais, para – aí, sim – identificar o critério para sua apuração.

Não se pode esquecer, neste contexto, a realidade histórica em que se desenvolveu a mencionada Lei 6.404/1976 e o propósito a que ela se destinou. Conforme o II Plano Nacional de Desenvolvimento/II PND, aprovado pela Lei 6.151/1974, que concebeu a estratégia para o desenvolvimento do país para os anos de 1975 a 1979, dentre as metas a serem alcançadas estava o fortalecimento da empresa nacional para competir com as empresas estrangeiras. Esse objetivo somente seria alcançado se fosse facilitada a concentração do poder dentro das novas sociedades anônimas.[13] O contraponto imperioso, todavia, que devia ser contemplado pela nova e moderna Lei das S/A, era a proteção das minorias acionárias – o que somente poderia ser alcançado mediante a criação de deveres de eticidade e freios impostos aos controladores e administradores. Assim, a Lei 6.404/1976 devia conter normas de natureza cogente que impedissem os controladores e administradores de atender a seus interesses egoísticos pessoais em detrimento dos interesses dos demais agentes da sociedade.

Nesse contexto, a regra do conflito de interesses prevista na Lei 6.404/1976 deve ser interpretada à luz dos princípios axiológicos consagrados na Constituição Federal, de modo a promover valores como o da moralidade, solidariedade, boa-fé, dignidade da pessoa humana, os direitos sociais e a justiça distributiva, à qual deve submeter-se a iniciativa econômica privada.

É importante, neste passo, lembrar que o legislador impôs aos administradores, em linhas gerais, deveres essenciais de eticidade, como os deveres de transparência, de lealdade, de diligência e de atuar no interesse da companhia e de acordo com seus fins, satisfeitas as exigências do bem público e da função social da empresa, sendo-lhe defeso faltar com seus deveres ainda que seja para defesa dos interesses dos que o elegeram.

Dentro desse quadro, observou, com propriedade, Calixto Salomão Filho, acerca do conflito de interesses, que "implica deslocar a questão da análise e comparação do ato e sua relação com o interesse social para a verificação da situação e dos deveres mínimos de cuidado de administradores e controladores. Retorna-se, como dito acima, portanto, aos deveres de cuidado e fiduciários não como disciplina substitutiva do conflito de interesses, mas como critério para sua apuração".[14]

Dessa forma, a tradicional classificação entre conflito de interesses *formal* e

13. Viviane Muller Prado, *Conflito de Interesses nos Grupos Societários*, São Paulo, Quartier Latin, 2006, pp. 48-52.

14. Calixto Salomão Filho, *O Novo Direito Societário*, São Paulo, Malheiros Editores, 2002, p. 96.

material deve ser "transformada em diferença entre situações em que se verifique forte perigo de comportamento incorreto e situações em que isso não ocorra".[15]

Assim, havendo risco de inobservância pelo conselheiro dos seus deveres fundamentais, deve a ele ser imposto o impedimento de voto, *a priori*. Esse impedimento de participar da deliberação é amplo, abrangendo também a proibição de "opinar, sugerir ou sob qualquer forma influenciar a deliberação dos órgãos da administração da companhia".[16]

Chega-se facilmente a essa conclusão pela análise do próprio art. 156 da Lei 6.404/1976, que é claro ao estabelecer que, havendo o conflito de interesses, o administrador está impedido de votar na respectiva deliberação. E o § 1º, confirmando a regra do *caput*, deixa evidente que a hipótese lá prevista (celebração de contrato entre administrador e sociedade) é daquelas contempladas pela regra geral, pois preceitua que o contrato, "ainda que observado o disposto neste artigo" – ou seja, ainda que o administrador interessado se abstenha de votar –, deve conter bases eqüitativas.

O raciocínio acima, contudo, não deriva apenas de interpretação puramente gramatical da lei, mas também – e principalmente – da constatação de que a formação da vontade social é realizada pelo próprio administrador, que tem deveres importantes para com a companhia. É ele, portanto, que, como membro integrante de um dos órgãos da sociedade e parte de uma relação eminentemente fiduciária, exterioriza a vontade social. Assim, a conduta que se espera do administrador é a representação leal, diligente e transparente dos interesses da sociedade na negociação das condições do contrato que ela vier a celebrar ou de qualquer outra operação societária que vier a realizar, buscando sempre as melhores condições para a companhia.

Dessa forma, tal como defende a corrente formal antes analisada, não pode aquele que representa os interesses de uma das partes, fixa a orientação geral dos seus negócios e negocia as melhores condições possíveis para ela, ao mesmo tempo, ser ou ter interesse direto na outra parte contratante ou auferir benefícios decorrentes da contratação ou operação em pauta, eis que lhe faltará a necessária isenção.

Outra não foi a conclusão da CVM no julgamento do já referido InqAdministrativo CVM/RJ-2004/5.494. No caso, tal autarquia entendeu, inicialmente, que não se pode traçar um paralelo entre a regra do *caput* do art. 156 da Lei 6.404/1976 e a do § 1º do art. 115 da mesma lei (que trata do conflito de interesses do acionista), a qual, para a maioria da doutrina, é a única hipótese em que a violação do interesse da companhia não deve ser presumida, e sim analisada *a posteriori*. Esse raciocínio, segundo o referido julgado, não poderia ser aplicado aos casos que envolvem conflito de interesses do administrador, pois a conduta esperada do acionista e a conduta esperada do administrador são inteiramente distintas. De fato, diferentemente do que compete aos acionistas, cabe aos administradores negociar as condições de um contrato que a companhia vai celebrar, de forma que a existência de qualquer interesse paralelo poderá influenciar as próprias bases do negócio. Assim, no precedente, a CVM concluiu que, havendo dupla inserção do administrador em determinada operação, ele deve abster-se de intervir nas respectivas negociações em nome de uma das partes, em virtude do próprio critério de independência que se deve exigir do administrador.[17]

Nessa ordem de idéias, parece acertado sustentar, com Fábio Konder Comparato e Calixto Salomão Filho, que ocorrerá impedimento de voto sempre que "o con-

15. Idem, ibidem.

16. Modesto Carvalhosa, *Comentários à Lei das Sociedades Anônimas*, cit., 3ª ed., vol. 3, p. 316.

17. Disponível em *http//:www.cvm.gov.br* (acesso em 29.10.2007).

flito de interesses transpareça *a priori* da própria estrutura da relação ou negócio sobre que se vai deliberar, como, por exemplo, um contrato bilateral entre a companhia e o acionista"[18] (*rectius*, "administrador").

Contudo, muitas vezes o conflito de interesses revela-se de forma camuflada, não-evidente, o que dificulta a imposição, *a priori*, pelos demais administradores, àquele administrador interessado, da regra de impedimento de voto. É comum que o interesse conflitante não envolva a celebração de um contrato bilateral, em que o administrador seja a contraparte direta da sociedade. Pode ocorrer que em alguma operação social o administrador tenha interesse indireto e não aparente na contraparte da sociedade, seja por receber algum benefício pessoal em troca de seu voto, seja por ser sócio, ainda que indireto e longínquo, da contraparte. Em muitos desses casos o conflito só se exteriorizará para os demais administradores após o exame do conteúdo da deliberação.

Não há dúvidas, porém, de que a situação de conflito de interesses existe e é precedente à deliberação. A questão, contudo, é que esse conflito só se revela, *a priori*, internamente, para o próprio administrador. Sua verificação pelas demais pessoas é que, muitas vezes, só será possível *a posteriori*.

Nem por isso, todavia, deixa de existir para o administrador interessado o impedimento de voto. Nada obstante, se o administrador interessado não observar tal comando de não votar, é preciso temperar a regra do conflito formal de interesses, para se admitir que, nesses casos, o conflito seja verificado *a posteriori*.

Assim, havendo afronta à regra clara de conduta prevista no art. 156 da Lei 6.404/1976, dever-se-á apurar *a posteriori* e casuisticamente, com base no conteúdo do voto, se, ao votar, o administrador privilegiou seu interesse pessoal, violando seus deveres básicos de conduta. Em outras palavras, na prática se permitirá que o administrador vote, e posteriormente se analisará o modo pelo qual votou, para se concluir pela sua atuação, ou não, no interesse da sociedade e de acordo com seus fins.

Se constatada a preferência pelo interesse pessoal do administrador, com prejuízo para a sociedade, a deliberação deverá ser anulada. Caso, porém, não seja privilegiado o interesse extra-social em detrimento do interesse social, a deliberação deverá prevalecer, pois não se anula o negócio não-danoso, de acordo com a regra do § 2º do art. 156 da Lei 6.404/1976.

Esclareça-se, por fim, que o Colegiado da CVM, ao julgar o Processo RJ-2007/3.453, decidiu que por "interesse extra-social", pessoal do administrador, deve-se entender apenas seu interesse próprio na negociação, seja direto ou indireto.[19] O sentido do voto conflituoso do administrador deve ter por escopo, assim, a reversão de algum benefício para ele próprio, ainda que seja o favorecimento de sociedade da qual ele participa como sócio ou o mero recebimento de um bônus pela contraparte da companhia. A simples participação do administrador como empregado na contraparte da companhia, portanto, não configura conflito de interesses para a CVM.

6. Conclusão

Diante das considerações feitas anteriormente, conclui-se que a regra do conflito de interesses não pode ser lida apenas sob seu aspecto formal, sob pena de virar letra morta, uma vez que, nesse caso, não terá o condão de abranger inúmeras situações de conflito de interesses, deixando de

18. Fábio Konder Comparato e Calixto Salomão Filho, *O Poder de Controle na Sociedade Anônima*, Rio de Janeiro, Forense, 2005, p. 307.

19. Disponível em *http//:www.cvm.gov.br* (acesso em 23.6.2008).

proteger, muitas vezes, o interesse da própria sociedade.

A melhor interpretação da regra positivada no art. 156 da Lei 6.404/1976 é aquela que estabelece proibição cautelar de voto nos casos em que há forte e evidente perigo de comportamento incorreto e que permite o voto mas analisa *a posteriori* seu conteúdo, se o receio de violação pelo administrador de seus deveres fiduciários não é manifesto desde logo.

Assim, em uma e em outra situação, se houver deliberação com a participação do administrador interessado, seu conteúdo somente será passível de anulação se houver concreto e efetivo dano à companhia, pois isso decorre da lógica da preservação do ato não-lesivo. Nesse caso, ainda, o comando do § 2º do art. 156 da Lei 6.404/1976 determina que o administrador transfira para a sociedade as vantagens que tiver auferido do negócio contratado em conflito de interesses.

Bibliografia

AMARAL, Francisco. *Direito Civil – Introdução*. 3ª ed. Rio de Janeiro, Renovar, 2000.

ANTUNES, José Augusto Quelhas Lima Engrácia. *Os Grupos de Sociedades: Estrutura e Organização Jurídica da Empresa Plurissocietária*. Coimbra, Livraria Almedina, 2002.

ARAGÃO, Leandro Santos de, e CASTRO, Rodrigo R. Monteiro de (coords.). *Sociedade Anônima*. São Paulo, Quartier Latin, 2007.

BARBOSA FILHO, Marcelo Fortes. *Sociedade Anônima Atual*. São Paulo, Atlas, 2004.

BORBA, José Edwaldo Tavares. *Direito Societário*. 8ª ed. Rio de Janeiro, Renovar, 2003.

BRANCO, Adriano Castello. *O Conselho de Administração nas Sociedades Anônimas*. Rio de Janeiro, Forense Universitária, 2004.

BULGARELLI, Waldírio. "Apontamentos sobre a responsabilidade dos administradores das companhias". *RDM* 50/77. Ano 22. São Paulo, Ed. RT, abril-junho/1983.

————. *Regime Jurídico da Proteção às Minorias nas S/A*. Rio de Janeiro, Renovar, 1998.

CARVALHO DE MENDONÇA, J. X. *Tratado de Direito Comercial Brasileiro*. 5ª ed., vol. IV. Rio de Janeiro, Freitas Bastos, 1954.

CARVALHOSA, Modesto. *Comentários à Lei das Sociedades Anônimas*. 3ª ed., vol. 3. São Paulo, Saraiva, 2003; 3ª ed., vol. 4, t. 2. São Paulo, Saraiva, 1998.

————. e EIZIRIK, Nelson. *A Nova Lei das S/A*. São Paulo, Saraiva, 2002.

CASTRO, Rodrigo R. Monteiro de, e ARAGÃO, Leandro Santos de (coords.). *Sociedade Anônima*. São Paulo, Quartier Latin, 2007.

COELHO, Fábio Ulhoa. *Curso de Direito Comercial*. 5ª ed., vol. 2. São Paulo, Saraiva, 2002.

————. *Direito e Poder*. São Paulo, Saraiva, 1992.

COMPARATO, Fábio Konder. "Competência privativa do Conselho de Administração para a designação de diretores em companhia aberta". *Novos Ensaios e Pareceres de Direito Empresarial*. Rio de Janeiro, Forense, 1981.

————. e SALOMÃO FILHO, Calixto. *O Poder de Controle na Sociedade Anônima*. Rio de Janeiro, Forense, 2005.

CUNHA, Rodrigo Ferraz Pimenta da. *Estrutura de Interesses nas Sociedades Anônimas. Hierarquia e Conflitos*. São Paulo, Quartier Latin, 2007.

EIZIRIK, Nelson. *Temas de Direito Societário*. Rio de Janeiro, Renovar, 2005.

————. e CARVALHOSA, Modesto. *A Nova Lei das S/A*. São Paulo, Saraiva, 2002.

FERREIRA, Aurélio Buarque de Holanda. *Novo Dicionário Aurélio da Língua Portuguesa*. 2ª ed., rev. e aum. Rio de Janeiro: Editora Nova Fronteira, 1986

FERREIRA. Renato Luis Bueloni. "Sistemas de Administração das S/A no Direito Comparado e no Direito Pátrio". *Revista de Direito Mercantil, Industrial, Econô-*

mico e Financeiro, São Paulo, v. 108, p. 125-131, out./dez. 1997

FRANÇA, Erasmo Valladão Azevedo e Novaes. "Acionista controlador – Impedimento ao direito de voto". *RDM* 125/139-172. São Paulo, Malheiros Editores, janeiro-março/2002.

———. "Conflito de interesses: formal ou substancial? Nova decisão da CVM sobre a questão". *RDM* 128/225-262. São Paulo, Malheiros Editores, outubro-dezembro/2002.

———. *Conflito de Interesses nas Assembléias de S/A*. São Paulo, Malheiros Editores, 1993.

———. *Invalidade das Deliberações de Assembléias das S/A*. São Paulo, Malheiros Editores, 1999.

GALDINO, Flávio, e SARMENTO, Daniel. *Livro de Estudos em Homenagem a Ricardo Lobo Torres*. Rio de Janeiro, Renovar, 2008.

HOUAISS, Antônio, e VILLAR, Mauro de Salles. *Dicionário Houaiss da Língua Portuguesa*. Rio de Janeiro, Objetiva, 2001.

INSTITUTO BRASILEIRO DE GOVERNANÇA CORPORATIVA. *Código de Melhores Práticas de Governança Corporativa*. 3ª versão. Rio de Janeiro, 2003 (disponível em *http://www.ibgc.org.br*, acesso em 1.10.2007).

KALANSKU, Daniel, PERIN JR., Écio, e PEYSER, Luís (coords.). *Direito Empresarial. Aspectos Atuais de Direito Empresarial Brasileiro e Comparado*. São Paulo, Método, 2005.

KATAOKA, Eduardo Takemi. "Segurança jurídica como direito fundamental e as cláusulas gerais no novo Código Civil brasileiro". In: GALDINO, Flávio, e SARMENTO, Daniel. *Livro de Estudos em Homenagem a Ricardo Lobo Torres*. Rio de Janeiro, Renovar, 2008.

LAMY FILHO, Alfredo. "A reforma da Lei de Sociedades Anônimas". *RDM* 7/123-158. São Paulo, abril/1988.

LAZZARESCHI NETO, Alfredo Sérgio. *Lei das Sociedades por Ações Anotada*. São Paulo, Saraiva, 2006.

LEÃES, Luiz Gastão Paes de Barros. "O conceito de *security* no Direito Norte-Americano e o conceito análogo no Direito Brasileiro". *RDM* 14 (Nova Série). São Paulo, 1974.

———. *Pareceres*. São Paulo, Singular, 2004.

LOBO, Jorge Joaquim. "Direito dos grupos de sociedades". *RF* 94-n. 341/89-110. Rio se Janeiro, Forense, 1998.

———. *Grupo de Sociedades*. Rio de Janeiro, Forense, 1978.

LOPES, Ana Frazão de Azevedo. *Empresa e Propriedade: Função Social e Abuso de Poder Econômico*. São Paulo, Quartier Latin, 2006.

MACEDO, Ricardo Ferreira de. *Controle Não-Societário*. Rio de Janeiro, Renovar. 2004.

MARTINS, Fran. *Comentários à Lei das Sociedades Anônimas*. t. 1, vol. 2. Rio de Janeiro, Forense, 1984.

MARTINS, Ives Gandra da Silva, e VIDIGAL, Geraldo de Camargo. *Comentários à Lei das Sociedades por Ações*. Rio de Janeiro, Forense Universitária, 1999.

MEIRELES, Hely Lopes. *Direito Administrativo Brasileiro*. 34ª ed. São Paulo, Malheiros Editores, 2008.

MUNHOZ, Eduardo Sechi. *Empresa Contemporânea e Direito Societário*. São Paulo, Juarez de Oliveira, 2002.

PARENTE, Flávia. *O Dever de Diligência dos Administradores de Sociedades Anônimas*. Rio de Janeiro, Renovar. 2005.

PERIN JR., Écio, KALANSKU, Daniel, e PEYSER, Luís (coords.). *Direito Empresarial. Aspectos Atuais de Direito Empresarial Brasileiro e Comparado*. São Paulo, Método, 2005.

PEYSER, Luís, KALANSKU, Daniel, e PERIN JR., Écio (coords.). *Direito Empresarial. Aspectos Atuais de Direito Empresarial Brasileiro e Comparado*. São Paulo, Método, 2005.

PINHO, Themóstocles Américo. *A Reforma da Lei das Sociedades Anônimas*. Rio de Janeiro, Freitas Bastos, 2001.

PONTES DE MIRANDA, F. C. *Tratado de Direito Privado*. 3ª ed., t. 3. São Paulo, Ed. RT, 1984.

PRADO, Viviane Muller. *Conflito de Interesses nos Grupos Societários*. São Paulo, Quartier Latin, 2006.

REQUIÃO, Rubens. *Curso de Direito Comercial*. 23ª ed., vol. 2. São Paulo, Saraiva, 2003.

RIBEIRO, Renato Ventura. *Dever de Diligência dos Administradores de Sociedades*. São Paulo, Quartier Latin, 2006.

SALOMÃO FILHO, Calixto. *O Novo Direito Societário*. São Paulo, Malheiros Editores, 2002 .

————. "Sociedade anônima: interesse público e privado". *RDM* 127/7-20. São Paulo, Malheiros Editores, julho-setembro/2002.

————. e COMPARATO, Fábio Konder. *O Poder de Controle na Sociedade Anônima*. Rio de Janeiro, Forense, 2005.

SANTOS, Theóphilo de Azevedo (coord.). *Novos Estudos de Direito Comercial em Homenagem a Celso Barbi Filho*. Rio de Janeiro, Forense, 2003.

SARMENTO, Daniel, e GALDINO, Flávio. *Livro de Estudos em Homenagem a Ricardo Lobo Torres*. Rio de Janeiro, Renovar, 2008.

SIMIONATO, Frederico Augusto Monte. *Sociedades Anônimas & Interesse Social*. Curitiba, Juruá, 2004.

SIMÕES, Paulo César Gonçalves. *Governança Corporativa e o Exercício do Voto nas S/A*. Rio de Janeiro, Lumen Juris, 2003.

TOMAZETTE, Marlon. *Direito Societário*. São Paulo, Juarez de Oliveira, 2004.

VIDIGAL, Geraldo de Camargo, e MARTINS, Ives Gandra da Silva. *Comentários à Lei das Sociedades por Ações*. Rio de Janeiro, Forense Universitária, 1999.

VILLAR, Mauro de Salles, e HOUAISS, Antônio. *Dicionário Houaiss da Língua Portuguesa*. Rio de Janeiro, Objetiva, 2001.

WALD, Arnoldo. "Sociedade anônima: do regime legal do Conselho de Administração e da liberdade de voto dos seus componentes". *RT* 630/9-19. São Paulo, Ed. RT, abril/1988.

O PATRIMÔNIO DE AFETAÇÃO E AS EMPRESAS INDIVIDUAIS DE RESPONSABILIDADE LIMITADA

MARIA ANTONIETA LYNCH

1. A limitação da responsabilidade do empresário individual. 2. Meios técnicos. 3. Natureza jurídica. 4. Patrimônio de afetação: 4.1 Conceito e características; 4.2 O patrimônio de afetação na Lei 10.931/1994. 5. A EIRL como patrimônio de afetação.

1. A limitação da responsabilidade do empresário individual

A limitação do risco para o empresário individual se apresenta como um instrumento promotor de novas atividades e negócios, estimulando a criação de agentes econômicos empreendedores, que, com modestos capitais, contribuem para o desenvolvimento da nação.

A adoção de um regime patrimonial diferenciado para esta categoria de empresários assumiria relevante importância para a economia brasileira, pois, o tipo jurídico – firma individual – tem presença expressiva, segundo os dados disponibilizados pelo DNRC, que fornece dentre outras informações, o quantitativo de constituições anuais.

As estatísticas oficiais indicam que mais da metade das atividades econômicas nacionais são exercidas por empresários individuais, o que deixa clara sua predominância na economia.

Ressalte-se que sequer especulamos os percentuais referentes àquelas sociedades limitadas que na realidade têm uma constituição fática diferente da legal, posto que sem representar uma verdadeira reunião de pelo menos duas pessoas que desejam unir esforços para alcançar um mesmo objetivo, externam-se sob essa forma apenas para cumprir os requisitos legais alcançando assim, a limitação patrimonial.

Deste modo, se nas atuais condições – pouco favoráveis – temos ampla utilização da firma individual, lógica e coerente é a recomendação no sentido de adotar um novo instituto que os afaste deste tipo jurídico, na feição como hoje está posto.

Assim, deve facilitar-se a iniciativa individual, minimizando as dificuldades que travam o desenvolvimento de atividades produtoras de bens e serviços, que pode ocorrer através de um instituto eqüitativo e isonômico capaz de limitar a responsabilidade do seu titular, nos moldes do tratamento dispensado às sociedades empresárias.

As vantagens não se restringem à seara econômica, mas também podem ser perceptíveis no campo social. A limitação patrimonial outorga ao empresário uma relativa seguridade pessoal, pois a parte de seu patrimônio que não foi destinada à exploração do novo negócio, fica protegida da ação dos credores da empresa. Assim, o patrimônio pessoal/privado do empresário assegura a subsistência de certos bens indispensáveis a ele e a sua família.

Evitam-se ou diminuem os negócios simulados, assim como o fechamento irregular de firmas individuais que desaparecem sem deixar rastros.

A atual ausência no Brasil de um instrumento legal que permita ao empresário individual limitar sua responsabilidade no mundo dos negócios, acarreta inevitavelmente a formação de sociedades fictícias.

2. *Meios técnicos*

O problema da natureza jurídica dos meios aptos a limitar a responsabilidade do empresário individual é talvez o ponto mais controvertido do tema como um todo. As soluções propostas pela doutrina são as mais variadas.

Nos últimos anos diversos países têm incorporado o princípio aos seus ordenamentos pelo reconhecimento de algum meio técnico-jurídico.

Alguns optaram por constituir um instituto de forma direta e explícita, incorporando a EIRL[1] como figura autônoma desprovida de estrutura societária. Outros se inclinaram pela introdução de adaptações às normas vigentes em matéria de sociedades, admitindo sua constituição com um único sócio. No último caso, podemos dizer que a concretização do princípio da limitação patrimonial para o empresário unipessoal ocorreu de forma implícita e indireta.

Assim, no que tange à natureza jurídica dos meios adotados podemos dividi-los em dois grandes grupos:

- a adoção de uma instituição autônoma conhecida como EIRL e
- a adoção da sociedade unipessoal.

Destaque-se, ainda, que, caracterizada como instituição autônoma, pode assumir a condição de patrimônio de afetação ou de uma pessoa jurídica do tipo sociedade anônima ou sociedade de responsabilidade limitada.

3. *Natureza jurídica*

A questão relativa à natureza jurídica do instituto é mais um dos difíceis temas que pairam sobre a figura da EIRL. As soluções são variadas e numerosas.

Contudo, antes de analisar quais são as formas que podem servir para dar existência legal ao instituto, é preciso esclarecer que, mais do que a natureza jurídica da EIRL, temos de um modo mais abrangente as formas através das quais a limitação se faz presente: ora como uma EIRL que pode ser uma figura autônoma, ora como uma sociedade, que, no caso, será unipessoal.

Quando a EIRL assume a condição de instituição autônoma, poderá ser considerada como um patrimônio de afetação ou ainda como uma pessoa jurídica. Assumida a condição de sociedade, estaríamos diante das unipessoais.

Nesse sentido, assinala Gonzalo Figueroa: "(...) a doutrina tem discutido extensivamente acerca da natureza jurídica da empresa individual de responsabilidade limitada. As soluções propostas podem agrupar-se em duas classes: as que concebem esta instituição como um patrimônio de afetação distinto do patrimônio original do empresário e que carece de personalidade jurídica, pois ela não é necessária para seu adequado funcionamento e as que exigem que ela conte com dita personalidade jurídica, que estimam indispensável para o mesmo".[2]

1. Empresa Individual de Responsabilidade Limitada.

2. Gonzalo Figueroa Yanez, *El Patrimonio*, 2ª ed., Chile, Editorial Jurídica de Chile, 1997, p. 584. "(...) la doctrina ha discutido extensamente acerca de la naturaleza jurídica de la empresa individual de responsabilidad limitada. Las soluciones propuestas pueden agruparse en dos grandes clases: las que conciben esta institución como un patrimonio de afectación distinto del patrimonio original del empresario y que carece de personalidad jurídica, pues ella no es necesaria para su adecuado funcionamien-

Em sendo a EIRL reconhecida como instituição autônoma, portanto, nova e diferente dos institutos já existentes, o pressuposto é que estamos diante de uma entidade desprovida de estrutura societária.

Em assim sendo, temos duas situações.

Na primeira, a EIRL como estrutura organizativa empresarial, sem personalidade jurídica, assumiria a feição de patrimônio de afetação, definido como o conjunto de bens e direitos destinados ao cumprimento de uma finalidade. Patrimônio este, distinto do patrimônio originário do empresário titular.

Personificada, a EIRL faria surgir uma nova pessoa jurídica de direito privado distinta da pessoa de seu fundador,[3] que também não assume a condição de sociedade empresária.

Na primeira situação, a presunção é da existência de uma pessoa física e de dois patrimônios. No segundo caso, a presunção é da existência de dois sujeitos cada um com seus próprios patrimônios.

Em síntese, a EIRL como patrimônio separado, sem personalidade, assume a condição da universalidade de bens, só podendo ser assim entendida se filiada à teoria finalista do patrimônio.

Sendo reconhecida como ente com individualidade própria dotada de personalidade jurídica, sem a condição de sociedade, seria uma instituição similar a uma fundação de direito civil, com fins lucrativos.

Antes de maiores delongas para compreender a EIRL como patrimônio de afetação é necessário conhecer o patrimônio e suas teorias.

4. Patrimônio de afetação

Convictos da necessidade da adoção do princípio da limitação patrimonial para o exercente individual da atividade econômica, resta-nos analisar qual é a estrutura legal mais adequada para a sua concretização jurídica. Como vimos anteriormente, os meios utilizados para excepcionar a regra geral são variados, e a doutrina tem discutido bastante a natureza que lhe deve ser atribuída.

Nesse sentido vejamos o comentário do professor Gonzalo Figueroa: "As soluções propostas podem agrupar-se em duas grandes classes: as que concebem esta instituição como patrimônio de afetação distinto do patrimônio originário do empresário, e que carece de personalidade jurídica, pois ela não é necessária para seu adequado funcionamento, e as que exigem que ela conte com dita personalidade jurídica, que estimam indispensável para o mesmo".[4]

Juridicamente, no Brasil, é sobre o conceito de patrimônio destinado a um fim, que acreditamos ser possível realizar-se legalmente a empresa individual de responsabilidade limitada.

No século XIX, as idéias individualistas impediram que a afetação patrimonial tivesse alguma possibilidade de aceitação. A unicidade patrimonial, portanto, era a regra, que tinha muitas de suas razões de ser baseadas nas dificuldades creditícias, posto que a precariedade do sistema de crédito da época e a necessidade de encontrar meios capazes de agregar capital fundamentavam a unidade patrimonial, sem possibilitar situações jurídicas distintas, vez

to y las que exigen que ella cuente con dicha personalidad jurídica, que estiman indispensable para el mismo".

3. Lembremos que quando da personificação da EIRL podem ser utilizados diversos tipos societários, dando origem as sociedades unipessoais, mas neste tópico a referência não é direcionada para essa alternativa que, como vimos anteriormente, é um meio capaz de limitar a responsabilidade patrimonial do empresário individual.

4. Gonzalo Figueroa Yanez, *El Patrimonio*, 2ª ed., cit., p. 646. "Las soluciones propuestas pueden agruparse en dos grandes clases: las que conciben esta institución como un patrimonio de afectación distinto del patrimonio originario del empresario, y que carece de personalidad jurídica, pues ella no es necesaria para su adecuado funcionamiento, y las que exigen que ella cuente con dicha personalidad jurídica, que estiman indispensable para el mismo".

que poderiam se apresentar como perigosas.

Contudo, a situação da política creditícia assume outros contornos na metade do século XX, tendo a regra da unidade do patrimônio, perdido seu caráter absoluto, uma vez que economicamente a questão do crédito passou a tomar feições que beiravam um problema de oferta e de demanda.

Embora em muitos países tenha sido permitida a utilização das sociedades unipessoais, adstritas ao direito societário, temos fortes argumentos que nos levam a escolher e a reconhecer como mais adequada a afetação patrimonial para a EIRL.

Hoje, a doutrina renega a unidade patrimonial d'outrora, reconhecendo a possibilidade de formas não-personalizadas de patrimônio especial, adotando, portanto, a teoria objetiva, o que implica a viabilidade da separação de uma massa patrimonial reservada para o desenvolvimento de uma atividade empresarial.

Por conseguinte, superadas as dificuldades técnicas e doutrinárias para a adoção da EIRL, mister é o estudo da estrutura do instituto, considerada essencial para sua configuração.

Juridicamente, inexistem empecilhos que se apresentem como obstáculos para sua criação. Resta claro, porém, que é imprescindível uma lei que lhe dê vida, nada havendo na teoria geral que seja agredido de modo tal, a tornar inviável sua positivação.

É natural que a utilização da afetação enseje críticas e dificuldades, próprias de institutos novos, que, contudo, não têm o condão de afastar a sua adoção ou mesmo de considerá-la inapropriada, diante do que, consideramos que no Brasil, a opção técnica mais adequada para a positivação da empresa individual de responsabilidade limitada, é afetação patrimonial.

Deste modo, o empresário escolheria uma parte dos bens que compõem a totalidade de seu patrimônio para constituir a EIRL, de forma que a responsabilidade pelas obrigações contraídas na atividade econômica desenvolvida ficaria vinculada àquela parte do patrimônio que fora separada.

Inicialmente a opção pode até surpreender, já que longe está de ser a mais utilizada, além de não harmonizar com as características gerais que o instituto do patrimônio possui, mas é bom recordar que no caso das ciências sociais, pela própria natureza, podemos perfeitamente relativizar princípios gerais, admitindo figuras novas como exceções, sem a necessidade da precisão inconteste das ciências exatas.

4.1 Conceito e características

Patrimônio[5] é o conjunto de bens, direitos e obrigações com expressão econômica. Pela doutrina clássica não é possível o seu desmembramento, vez que é considerado indivisível.

Essa indivisibilidade tem como fundamento o princípio segundo o qual a totalidade dos bens do individuo responde pelas dívidas. Os clássicos defendem que se assim não fosse, os indivíduos teriam liberdade para formar vários patrimônios e dessa forma lesar os seus credores que só têm possibilidade executória patrimonial.

Ainda que a teoria clássica inspire a legislação pátria, o princípio não é absoluto, sendo admitidas pelo Direito e por ele tuteladas situações nas quais é possível o desmembramento de parte da totalidade dos bens que integram a universalidade.

Nesse sentido Pontes de Miranda destacou: "Todo patrimônio é unido pelo titular único, ou por titulares em comum, mas únicos. Isso não quer dizer que a cada pessoa só corresponda um patrimônio; há o patrimônio geral e os patrimônios separados ou especiais. Só a lei pode separar patrimônios".[6]

5. O patrimônio é uma universalidade de direito. Como exemplo, temos também a herança e a massa falida.

6. Pontes de Miranda, *Tratado de Direito Privado*, vol. V, Rio de Janeiro, Borsói, 1955, p. 368. No mesmo sentido, o alemão Andréas Von Tuhr, *Dere-*

Além das considerações doutrinárias do civilista, tanto no Anteprojeto de Código Civil quanto no Projeto de 1963 e 1965 respectivamente, tínhamos a previsão legal do patrimônio de afetação, que, contudo, não foi positivado no Código Civil de 2002.

> Art. 348 do Anteprojeto do Código Civil de 1963. Patrimônio Separado – Do Patrimônio de uma pessoa pode ser separado um conjunto de bens ou direitos vinculados a um fim determinado, seja por mandamento legal, seja por destinação do titular.[7]

> Art. 332 do Projeto de Código Civil de 1965. Patrimônio Separado – Do Patrimônio pode ser separado um conjunto de bens ou direitos vinculados a fim determinado, assim por mandamento legal como por destinação do titular.[8]

Como vemos o reconhecimento de patrimônios separados não se restringia à doutrina, alcançando também as propostas legislativas.

Em obra mais recente Caio Mario sintetiza: "Os escritores modernos imaginaram a construção de uma teoria chamada da afetação, através da qual se concebe uma espécie de separação ou divisão do patrimônio pelo encargo imposto a certos bens, que são postos a serviço de um fim determinado. Não importa a afetação na disposição do bem, e, portanto, na sua saída do patrimônio do sujeito, mas na sua imobilização em função de uma finalidade. Tendo sua fonte essencial na lei, pois não é ela possível senão quando imposta ou autorizada pelo direito positivo, aparece toda vez que certa massa de bens é sujeita a uma restrição em benefício de um bem específico. Surgida a doutrina no fim do século passado (Brinz), generalizou-se para compreender o dote, as garantias reais, as rendas vitalícias, as substituições, os bens enfitêuticos etc. Em todos esses casos, existem bens destacados do patrimônio do titular, e vinculados a uma destinação, que pode ser garantia, de transferência ou de utilização".[9]

O patrimônio de afetação, de natureza excepcional,[10] apresenta-se como a materialização da admissibilidade da segregação patrimonial, ou seja, é a exceção ao principio da indivisibilidade do patrimônio. Pode ser considerado como o conjunto de bens, direitos e obrigações economicamente mensuráveis reservados para uma finalidade específica, ficando os bens que o compõem destacados do patrimônio do sujeito para cumprir a destinação para a qual foram individualizados.

Não obstante tratado como exceção, Planiol reconhece a afetação patrimonial para situações específicas, comentando:

a) as pessoas somente podem ter um patrimônio;

b) toda pessoa tem necessariamente um patrimônio;

c) cada pessoa pode ter, unicamente, um patrimônio;

cho Civil – Teoría General del Derecho Alemán, Buenos Aires, Depalma, 1946, p. 406. "El patrimonio resulta de un conjunto de derechos que reciben unidad por corresponder a un mismo sujeto; de esta unidad se deriva que los hechos jurídicos y las relaciones que atañen al titular producen sus efectos sobre todos los derechos que en cada momento integran el patrimonio. El poder de disposición del titular comprende todos los objetos del mismo (...). En cambio la unidad se pierde cuando un conjunto de derechos cuyos elementos posiblemente son mutables, está regido por normas especiales. En el ámbito del patrimonio existe, entonces, una esfera jurídica más restringida, delimitada por criterios determinados y susceptibles de desarrollo económico propio de la misma manera que aquél. Hablase en este caso de patrimonio especial o de bien especial".

7. Brasil, *Anteprojeto do Código Civil*, Rio de Janeiro, 1963, p. 43.

8. Brasil, *Projeto de Código Civil*, Comissão de Estudos Legislativos do Ministério da Justiça e Negócios Interiores, Serviço de Reforma de Códigos, 1965, p. 56.

9. Caio Mário da Silva Pereira, *Instituições de Direito Civil*, v. I, 19ª ed., Rio de Janeiro, Forense, 2001, p. 251.

10. Clóvis Bevilaqua, *Teoria Geral do Direito Civil*, 2ª ed., Rio de Janeiro, Editora Rio, 1980, p. 168, também reconhece que existem exceções à unidade patrimonial.

d) o patrimônio é inseparável da pessoa.

Destas regras se infere que o patrimônio:

a) assenta na própria natureza de pessoa, considerada como capaz de ser sujeito, ativo ou passivo, de direitos e obrigações, tendo, portanto, aptidão para possuir bens ou assumir obrigações;

b) que o patrimônio não significa simplesmente riqueza, pois que pode ser constituído por direitos, que não se mostrem de valor positivo, embora apreciáveis economicamente, ou possam resultar num valor econômico positivo;

c) que o patrimônio, desde que se apresente como uma universalidade, tem que ser único, embora, por uma ficção jurídica, se permita seu fracionamento, como nos casos dos benefícios de inventário e na sucessão dos bens do ausente. Somente, assim, excepcionalmente, poderá o patrimônio ser dividido em massas distintas.[11]

Esse desmembramento não representa uma transferência de titularidade de bens, nem uma cisão patrimonial e muito menos a criação de um novo patrimônio distinto do patrimônio do titular.

Trata-se apenas da outorga de atribuições específicas para aqueles bens que foram atrelados a uma finalidade.

Segundo De Plácido e Silva, "(...) patrimônio autônomo ou patrimônio autonomizado, entende-se a *massa de bens*, que se *constitui por si mesma ou se desmembra de outro patrimônio*, para formar uma *universalidade de bens*, a que se afeta um fim ou um objetivo especial, em regra de interesse coletivo e para cumprir um destino, que lhe é determinado pelo poder público. O patrimônio autonomizado, próprio às *autarquias*, distingue-se do patrimônio das fundações. Nestas, a *fundação* é o próprio titular dos bens e direitos que o formam. Nas autarquias, embora o patrimônio seja administrado por um conselho ou diretoria, a que se confere *autonomia administrativa*, em verdade não pertence à instituição, mas ao próprio Estado, que as criou. Os bens do patrimônio autônomo acumulam-se em benefício da autarquia. Formam, aparentemente, um patrimônio próprio. Mas, juridicamente são bens que pertencem ao domínio do Estado. E, portanto, integram, também, o seu patrimônio".[12]

11. Marcel Planiol, *Traité Élémentaire de Droit Civil*, t. I, Paris, Librairie Générable de Droit & Jurisprudence, 1906, p. 671. "1º. Les personnes seules peuvent avoir un patrimoine – Les personnes sont, par définition, les êtres capables de devenir sujets actifs ou passifs de droits: elles seules ont donc l'aptitude à posséder des biens ou à avoir des créances ou des obligations. 2º. Toute personne a nécessairement un patrimoine – Une personne peut posséder fort peu de choses; n'avoir ni droits ni biens d'aucune sorte, ou même, comme certains aventuriers, n'avoir que des dettes: elle a néanmoins un patrimoine. Patrimoine ne signifie pas richesse; un patrimoine ne renferme pas nécessairement une valeur positive; il peut être comme une bourse vide et ne rien contenir. 3º. Chaque personne n'a jamais qu'un patrimoine. – Le patrimoine est un, comme la personne; tous les biens et toutes les charges forment une masse unique. Ce principe de l'unité du patrimoine subit cependant des restrictions; il y a quelques institutions exceptionnelles qui opèrent dans le patrimoine une sort de division, et qui en font deux masses distinctes. Le droit civil en offre, comme exemples le bénéfice d'inventaire accordé à l'héritier, el le bénéfice de la séparation des patrimoines accordé aux créanciers d'une personne défunte. Ces deux bénefices ont pour résultat de séparer fictivement entre les mains de l'héritier deux masses de biens: ses biens personnels et les biens qui viennent du défunt, de sorte que l'héritier semble avoir deux patrimoines. Mais ce n'est là qu'une fiction, et qui n'a pas une valeur absolue. 4º. Le patrimoine est insèparable de la personne. – Tant de la personne vit, il ne peut se produire aucune transmission de son patrimoine à une autre personne; elle n'en peut aliéner que les éléments, l'un après l'autre; son patrimoine, considéré comme universalité, n'est que la conséquence de sa propre personnalité, et il lui rest nécessairement attaché. C'est pour cela que toutes les transmissions qui se font entre vifs sont à titre pàrticulier. La transmission de l'universalité du patrimoine ne peut se faire qu'après la mort de la décès. A ce moment, le patrimoine du défunt est attribué à des successeurs, qui seuls peuvent être des ayants cause à titre universel".

12. De Plácido e Silva, *Vocabulário Jurídico*, v. III, 9ª ed., Rio de Janeiro, Forense, 1986, p. 594.

Pelo *Dicionário Jurídico* de J. M. Othon Sidou, define-se como Patrimônio Separado: "Abandamento, da universalidade patrimonial de uma pessoa, de um conjunto de bens ou direitos vinculados a um fim determinado, seja por mandamento legal, seja por destinação dada por seu titular. OBS. Hoje, com o desenvolvimento econômico, não prevalece mais a idéia de patrimônio monolítico, ademais porque nunca o foi no direito romano, e o exemplo está na instituição do *peculium*. Cf. Empresa individual de responsabilidade limitada".[13]

Em relação à formação do patrimônio de afetação, Pontes de Miranda expunha: "O patrimônio separado ou especial forma-se pelo que nele entrou simultaneamente ou após a criação dêle, pelo que se adquire em virtude de direito pertencente ao patrimônio, ou pelo que se há de sub-rogar àqueles ou a esses elementos, e pelo que se adquire em virtude de negócio jurídico ou ato jurídico *stricto sensu*, referente ao patrimônio".[14]

Caio Mário observa: "Os bens, objeto da afetação, a nosso ver, acham-se, sem dúvida, vinculados ao fim, encontram-se gravados de encargo, ou são objeto de restrição. Assim entendendo, aprovamos a disposição contida no Projeto do Código Civil, que autoriza separar do patrimônio da pessoa um conjunto de bens ou direitos vinculados a um fim determinado, seja por mandamento legal, seja por destinação do titular. Separados do patrimônio, e afetados a um fim, são tratados como bens independentes do patrimônio geral do individuo. A afetação, porém, implicará composição de um patrimônio se se verificar a criação de uma personalidade, como se dá com as fundações. Caso contrário, eles se prendem ao fim, porém continuam encravados no patrimônio do sujeito. Não há, pois, razão para romper com a concepção tradicional da unidade do patrimônio, com o qual se concilia a idéia de poderem existir, no patrimônio, massas de bens objetivamente considerados: bens dotais, bens de ausentes, bens da herança etc.".[15]

Os patrimônios de afetação são incomunicáveis por natureza, o que não significa que ocorra uma cisão do patrimônio do titular. Isso quer dizer que um conjunto de bens é destacado do todo, entretanto não deixam de pertencer ao mesmo titular. Não há uma separação fática patrimonial.

A afetação tem como finalidade atribuir autonomia funcional aos bens reservados que ficam condicionados a uma função imposta quando da sua constituição – no caso é econômica – que em nada afeta o direito de propriedade de seu titular.

Para a constituição de patrimônios de afetação é necessária uma lei que expressamente determine a hipótese, o que em ocorrendo representaria mais uma exceção ao princípio segundo o qual o patrimônio constitui garantia geral dos credores.

O patrimônio de afetação não tem personalidade jurídica, distinguindo-se da universalidade de fato pela sua formação. Aquele, embora não tenha autonomia subjetiva, tem sua constituição determinada por lei. Esta, depende apenas da vontade do titular.

Resumindo, temos que, nas universalidades de direito há um conjunto total de bens, uma unidade completa, que não é o caso da EIRL que é apenas uma parte, um segmento de uma totalidade. Como patrimônio de afetação, embora encontremos o óbice na teoria geral em decorrência do princípio da indivisibilidade, devemos lembrar que nas ciências sociais existem as exceções que em nada invalidam a regra, mas apenas a relativizam, além do que temos precedentes recentes da utilização desse mecanismo.

13. J. M. Othon Sidou, *Dicionário Jurídico – Academia Brasileira de Letras Jurídicas*, 6ª ed., Rio de Janeiro, Forense Universitária, 2000, p. 622.

14. Pontes de Miranda, *Tratado de Direito Privado*, v. VI, cit., § 596, p. 378.

15. Caio Mário da Silva Pereira, *Instituições de Direito Civil*, vol. I, 19ª ed., cit., pp. 251 e 252.

No que tange à personificação, não verificamos a sua necessidade. Senão vejamos o comentário de Federico Figueroa na sua obra *La Empresa Individual de Responsabilidad Limitada*: "(...) o conceito de personalidade jurídica deve reservar-se àquelas instituições destinadas a reunir numa só, vontades que na realidade são distintas, a conferir características e atributos que não são os mesmos de seus sócios ou membros componentes, nem representam a soma deles, tudo o qual é alheio à empresa individual de responsabilidade limitada. Uma vez efetuada a afetação do patrimônio à dita empresa, seu nome, domicílio e nacionalidade, seu patrimônio será uma parte do patrimônio do constituinte, e sua capacidade será a do próprio empresário".[16]

A afetação patrimonial[17] embora não tenha sido reconhecida na legislação civil de 2002, tem precursores no ordenamento, dentre os quais podemos mencionar o bem de família,[18] que conforme a doutrina[19] é uma forma de afetação que tem por finalidade específica, a residência da família.

Digno de comentários é o art. 978[20] do Código Civil de 2002, que na sua construção faz referência ao *patrimônio da empresa*. De logo, criticável é a redação do dispositivo, pois tecnicamente não há como atribuir à empresa, a titularidade de um patrimônio, se ela é uma atividade econômica organizada qualificada e, por conseguinte considerada apenas como objeto de direito. Assim, desprovida da condição de sujeito de direito, não poderia ser titular do referido conjunto de bens – patrimônio.

Ainda, devemos esclarecer que a expressão *patrimônio da empresa* contida no artigo não apresenta relação alguma com o instituto proposto neste trabalho – EIRL. Na realidade, a finalidade do texto legal é consolidar o entendimento de que o empresário casado – qualquer um dos cônjuges – poderá alienar ou gravar de ônus real os imóveis que porventura integram o capital da firma individual, sem a necessária outorga uxória.

4.2 O patrimônio de afetação na Lei 10.931/1994

Completamente inovadora é afetação patrimonial estabelecida pela Lei n. 10.931/2004 alterando a Lei de Incorporações Imobiliárias, o Decreto-lei n. 911/1969, a Lei n. 4728/1965 e a Lei n. 10.406/2002. Este permissivo legal é sem dúvida um importante precedente na defesa da criação de um patrimônio de afetação para os empresários individuais, pois torna-se difícil se opor ao instituto, se já existe um precedente no direito positivo.

Nos termos do art. 31-A da Lei n. 4.591/1964, que institui o patrimônio de

16. *Apud* Gonzalo Figueroa Yanez, *El Patrimonio*, 2ª ed., cit., p. 648. "(...) el concepto de personalidad jurídica debe reservarse a aquellas instituciones destinadas a reunir *en una*, voluntades que en realidad son distintas, a conferir caracteres y atributos que no son los mismos de sus socios o miembros componentes, ni presentan la suma de ellos, todo lo cual es ajeno a la empresa individual de responsabilidad limitada. Una vez efectuada la afectación del patrimonio a dicha empresa, su nombre, domicilio y nacionalidad no son distintos de los del empresario que le dio nacimiento; su patrimonio será una parte del patrimonio del constituyente, y su capacidad será la del propio empresario".

17. O tema também é tratado por Cássio M. C. Penteado Jr., "A afetação do patrimônio como exceção ao principio de sua universalidade – Conteúdo jurídico e efeitos", *Revista de Direito Bancário do Mercado de Capitais e da Arbitragem* 16/102-111, São Paulo, Ed. RT, ano 5, abr.-jun./2002, e por Cláudia Fonseca Tutikian, "Patrimônio de afetação na incorporação imobiliária", *Revista Síntese de Direito Civil e Processual Civil* 31/46-55, Porto Alegre, Síntese, set.-out./2004.

18. O bem de família é um imóvel – prédio residencial urbano ou rural – que se destina à residência familiar, sendo isento de execução por dívidas.

19. Sílvio de Salvo Venosa, *Direito Civil – Parte Geral*, 3ª ed., São Paulo, Atlas, p. 347.

20. Art. 987 do Código Civil: "O empresário casado pode, sem necessidade de outorga conjugal, qualquer que seja o regime de bens, alienar os imóveis que integrem o patrimônio da empresa ou gravá-los de ônus real".

afetação para as Incorporadoras Imobiliárias, temos:

> Art. 31-A. A critério do incorporador, a incorporação poderá ser submetida ao regime de afetação, pelo qual o terreno e as acessões objeto de incorporação imobiliária, bem como os demais bens e direitos a ela vinculados, manter-se-ão apartados do patrimônio do incorporador e constituirão patrimônio de afetação, destinado à consecução da incorporação correspondente e à entrega das unidades imobiliárias aos respectivos adquirentes.
>
> § 1º. O patrimônio de afetação não se comunica com os demais bens, direitos e obrigações do patrimônio geral do incorporador ou de outros patrimônios de afetação por ele constituídos e só responde por dívidas e obrigações vinculadas à incorporação respectiva.
>
> § 2º. O incorporador responde pelos prejuízos que causar ao patrimônio de afetação.

No caso, o patrimônio de afetação poderá ser constituído do patrimônio de cada empreendimento imobiliário, destacando-se e diferenciando-se do restante do patrimônio da Incorporadora.

É essa sem dúvida a essência do patrimônio de afetação, que visa a dar maior segurança a determinadas relações jurídicas, já que há um lastro patrimonial que serve de garantia aos envolvidos.

No texto de Melhim Namen Chalhub[21] que trata com exclusividade da afetação no âmbito das incorporadoras imobiliárias, encontramos enumeração dos aspectos mais importantes da medida adotada, dentre os quais destacamos as seguintes observações:

> a) o acervo de cada incorporação imobiliária constitui patrimônio de afetação, destinado à conclusão da construção e entrega das unidades aos respectivos adquirentes;
>
> b) o patrimônio de afetação não se comunica com o patrimônio geral do incorporador e só responde por dívidas e obrigações vinculadas à própria incorporação.

5. A EIRL como patrimônio de afetação

Expostas as características gerais do patrimônio e analisados os dispositivos legais que regem a constituição do patrimônio de afetação no caso das incorporadoras, consideramos que, em decorrência da natureza e características do mesmo, ele apresenta condições de tornar possível a criação da EIRL com essa natureza.

Assim, a EIRL seria um conjunto de bens reunidos para a consecução de uma determinada finalidade econômica, ou ainda um núcleo patrimonial com destinação especial, que embora destacado, permanece dentro do patrimônio geral do empresário.[22]

A EIRL assumiria, portanto, a condição de patrimônio de afetação, pressupondo a existência de uma pessoa física – o empresário individual – e de dois patrimônios, sem ter, portanto, a condição de pessoa jurídica.

21. Melhim Namen Chalhub, "A incorporação imobiliária como patrimônio de afetação – A teoria da afetação e sua aplicação às incorporações imobiliárias. Comentários à MP n. 2.221, de 4.9.2001", *Revista de Direito Imobiliário* 26/72 e 73, São Paulo, Ed. RT, ano 26, jul.-dez./2003.

22. Idem, p. 77.

A PROTEÇÃO INTERNACIONAL DAS INDICAÇÕES GEOGRÁFICAS E SUA ATUAÇÃO COMO INSTRUMENTO DE DESENVOLVIMENTO

ANALLUZA BRAVO BOLIVAR

1. Considerações introdutórias: 1.1 Indicações Geográficas "versus" marcas. 2. A proteção internacional das Indicações Geográficas: 2.1 Convenção da União de Paris para Proteção de Propriedade Industrial de 1883 (Convenção de Paris); 2.2 Acordo de Madri sobre a Repressão das Indicações de Proveniência Falsas ou Falaciosas sobre Produtos, de 1891 (Acordo de Madri sobre Indicações de Procedência); 2.3 Acordo de Lisboa relativo à Proteção das Denominações de Origem e seu registro Internacional, de 1958 (Acordo de Lisboa); 2.4 Definição de IG no Acordo sobre os Aspectos dos Direitos de Propriedade Intelectual Relacionados ao Comércio, de 1994 – Acordo TRIPS; 2.5 Terminologia. 3. A proteção nacional das Indicações Geográficas – A Lei n. 9.279, de 14.5.1996, que regula os direitos e obrigações relativas à propriedade industrial no Brasil: 3.1 A competência legal do Instituto Nacional da Propriedade Intelectual (INPI) para o reconhecimento e registro das IGs no Brasil. 4. As Indicações Geográficas no âmbito do Acordo sobre Aspectos dos Direitos de Propriedade Intelectual Relacionados ao Comércio de 1994 – TRIPS: 4.1 Quanto ao "nível padrão" de proteção das IGs (TRIPS); 4.2 Quanto à proteção adicional das Indicações Geográficas para Vinhos e Destilados (TRIPS). 4.2.1 As Indicações Geográficas homônimas (TRIPS); 4.2.2 As exceções. 5. Argumentos contrários e favoráveis à proteção internacional mais eficiente das Indicações Geográficas: 5.1 As discussões atuais no Conselho TRIPS sobre as Indicações Geográficas – O Conselho para TRIPS sob o mandato da Rodada de Doha: 5.1.1 Quanto à extensão da proteção adicional conferida pelo TRIPS para vinhos e destilados a todas as Indicações Geográficas; 5.1.2 Criação de um Sistema Multilateral para Notificação e Registro das Indicações Geográficas. 6. O valor comercial das Indicações Geográficas. Referências bibliográficas.

> "Like trademarks, or commercial names, geographical indications (GI's) are distinctive signs which permit the identification of products on the market. If they are used in the proper way and are well protected, they can become an effective marketing tool of great economic value. GI's indeed convey the cultural identity of a nation, region, or specific area. They make it possible to add value to the natural riches of a country and to the skills of its population, and they give local products a distinguishable identity" (Felix Addor).

1. Considerações introdutórias

Aconteceu em Pequim, de 26 a 28 de junho de 2007, o Simpósio Internacional sobre Indicações Geográficas, organizado pela Organização Mundial da Propriedade Intelectual e pela Administração para Indústria e Comércio da República Popular da China. O encontro fez reforçar que é de crucial importância entender melhor a contribuição positiva das Indicações Geográficas na dinâmica socioeconômica de comunidades locais do mundo.[1]

As Indicações Geográficas formam uma das categorias de propriedade intelectual.[2] São sinais distintivos que permitem a identificação de produtos ou serviços, cujas qualidades, reputação ou outra característica sejam essencialmente atribuídas à sua origem geográfica. Se usadas de forma apropriada e devidamente protegidas, atuam como uma efetiva ferramenta de comércio de grande valor econômico – um importante instrumento de alavancagem da competitividade da produção de bens e serviços, baseada na diferenciação qualitativa, na forma de selos e certificados de qualidade.[3]

As IGs asseguram uma marca de qualidade para posicionamento no mercado de produtos que adquiriram reputação por sua qualidade, singularidade e tipicidade, que dependem do modo de produção ou dos vínculos com o meio geográfico e cultura dos territórios onde são produzidos. É uma categoria de propriedade intelectual que certamente agrega valor aos produtos, tornando-os diferenciados e mais atraentes para consumidores cada vez mais exigentes, podendo incentivar as exportações agroalimentares de pequenos produtores, tanto de países desenvolvidos.[4]

Ademais, o sistema das IGs constitui um instrumento de desenvolvimento econômico e promoção regional, e desenvolve um papel importante principalmente em áreas onde há baixos volumes de produção e escala, em função, na maioria das vezes, da tradicionalidade da produção, como os países em desenvolvimento e de menor desenvolvimento relativo. É também uma ferramenta de preservação da biodiversidade, do conhecimento regional e dos recursos naturais, e podem oferecer contribuições extremamente positivas para as economias locais e o dinamismo de cada região.[5]

Para o consumidor, um produto ou o serviço portador de selo ou certificado de Indicação Geográfica tem identidade própria e inconfundível, com um conjunto de valores e qualidades especiais, já que o nome geográfico utilizado estabelece uma ligação entre suas características, qualidades e reputação, com a sua origem geográfica. E é exatamente por isso, e visando a

1. Durante o Simpósio, Ernesto Rubio, Diretor-Geral Assistente da OMPI, destacou que o evento contribuiu significativamente para um claro consenso, de que as IGs representam a categoria de propriedade intelectual em ascensão, oferecendo uma ferramenta muito efetiva de criação de riqueza e avanço social. Fonte: *Revista da OMPI*, abr./2007, disponível em *http://www.wipo.int/wipo_magazine/en/2007/04/article_0003.html*.

2. Também usaremos aqui a forma abreviada "IGs" para as Indicações Geográficas; "IP" para Indicações de Procedência; e "DO" para Denominações de Origem.

3. As IGs podem ser aplicadas a todos os tipos de produtos. Para entender a importância do valor comercial que uma IG representa para o produto: "Parmiggiano-Reggiano", para queijo (Itália); "Bastami", para arroz (Índia e Paquistão); "Ulmo", para mel (Chile); "Mocha", para café (Yemen); "Ceylom" (Sri Lanka) ou "Long Jin" (China), para chá; "Champagne", para vinho espumante (França); "Bourdeaux", para vinhos (França); "Pisco", para conhaque de uva (Peru); "Havana", para tabaco (Cuba); "Bukhara" (Uzbequistão) ou "Hereke" (Turquia), para tapetes; "Talavera" (México) ou "Arita" (Japão) para cerâmicas; "Limoge" para porcelana (França); "Malásia", para óleo de palmeira (Malásia); "Genebra" para relógios (Suíça); "Bobo", para máscaras (Burquina Faso) (Felix Addor e Alexandra Grazioli, p. 865). E outras: "Basmati", para arroz; "Darjjeling", para chá (Índia); "Longjiin", para chá; "Shaoxing", para vinho amarelo (China); e "Sri Lanka", para chá (Sri Lanka).

4. Léa Lagares e outros, pp. 12-14.

5. Existe a possibilidade de utilização do instituto das IGs por parte das comunidades tradicionais, como forma de agregação de valor aos seus produtos tradicionais, e geração de renda. Além de ser um instrumento de desenvolvimento regional, as IGs também têm a função de proteger o saber fazer local (Andréia Nascimento Müller, "A proteção dos conhecimentos tradicionais por meio das Indicações Geográficas", in Edson Beas Rodrigues Jr. e Fabrício Polido (orgs.), p. 323).

perpetuação dessa identidade, que o produtor ou o prestador de serviço tem que respeitar as regras de produção ou prestação específicas, o que pode vir a elevar o seu preço. E o consumidor exigente está cada vez mais disposto a pagar por isso.

Quanto à titularidade, o reconhecimento de uma Indicação Geográfica origina-se do esforço de um grupo de produtores ou de prestadores de serviço que se organizam para defender seus produtos ou serviços, motivados por um lucro coletivo. Daí por que as peculiaridades das IGs, além da "territorialidade", que deriva do meio geográfico, é a "coletividade".

Por ser de titularidade coletiva e por não haver prazo determinado de duração da proteção (conforme veremos a seguir), as IGs são a categoria de propriedade intelectual mais adequada para proteção dos Conhecimentos Tradicionais Associados a recursos genéticos, sob os auspícios do Acordo TRIPS[6] – ao contrário das patentes, direitos autorais e desenho industrial, cuja função primordial é recompensar o investimento em inovação. Isso se a qualidade, reputação ou outras características do produto baseado em conhecimentos tradicionais associados a recursos genéticos for essencialmente atribuída à área geográfica.[7] Assim, Conhecimentos Tradicionais, por si só, não podem receber proteção de IG, mas o resultado econômico desses, garantindo-se benefícios tangíveis, econômicos e comerciais, para as comunidades indígenas detentoras de conhecimentos tradicionais.

No Brasil, o tema das Indicações Geográficas e sua importância para o desenvolvimento econômico e social ainda é praticamente desconhecido dos consumidores e público em geral. Em função da diversidade cultural, dos ecossistemas tipificados e da tradição gastronômica e produtiva brasileira, há condições de serem reconhecidas inúmeras IGs. Ao longo do tempo, as IGs podem vir a apresentar uma importância socioeconômica similar à que existe nos países da Europa. Para que isso ocorra, é necessário que se estabeleça uma política de estímulo ao desenvolvimento das Indicações Geográficas, bem como avançar no regramento legal.[8]

1.1 Indicações Geográficas "versus" marcas

No campo da propriedade intelectual, ao lado das marcas, as IGs englobam os direitos relativos aos sinais distintivos. Todavia, trata-se de duas categorias de propriedade intelectual que, embora possam confundir, apresentam diferenças marcantes.

Diferentemente da proteção conferida às marcas, que envolve uma "propriedade individual", as IGs envolvem uma proteção "coletiva". Assim, a principal diferença entre marcas e IGs está na titularidade do direito subjetivo: as marcas conferem direitos individuais, e consistem na exclusividade de uso e gozo do registrante, e podem vir sim a certificar a origem do produto ou prestação de serviço. A titularidade da marca é condicionada ao seu uso.

Ao contrário das marcas, uma IG é descritiva porque o nome geográfico denota a origem geográfica que identifica o produto ou serviço. Ademais, a IG não tem como requisito ser considerada suficientemente distintiva, o que é essencial para o registro de uma marca.[9] O propósito das

6. Sobre conhecimentos tradicionais, v.: Carlos M. Correa, *Traditional Knowledge and Intellectual Property: Issues and Options Surrounding the Protection of Traditional Knowledge, a Discussion Paper*, in *http://www.iucn.org/themes/pbia/ themes/trade/training/TK%20and%20Intellectual%20Property.pdf*.

7. Mohan Kumar, p. 20.

8. Susana Kakuta, "Guia de respostas sobre Indicações Geográficas", in Léa Lagares e outros, p. 258.

9. Art. 15.1 do TRIPS: "Qualquer sinal, ou combinação de sinais, capaz de distinguir bens e serviços de um empreendimento daqueles de outro empreendimento, poderá constituir uma marca. Estes sinais, em particular palavras, inclusive nomes próprios, letras, numerais, elementos figurativos e

IGs nem é o de serem distintivas a ponto de distinguir os produtos e serviços um dos outros, mas vinculá-los a sua origem geográfica.[10]

Daí por que, as marcas podem ser produzidas em qualquer lugar, independentemente de uma localidade determinada, e a proteção deve ser renovada depois de expirado o prazo, ainda que indefinidamente,[11] e os custos para manutenção da marca são elevados. Por outro lado, com relação às IGs, a titularidade do direito possui natureza coletiva, ou seja, garante a todos os membros da região delimitada o direito de uso, independentemente de autorização, registro ou filiação,[12] e obrigatoriamente certifica a origem geográfica do produto ou serviço.[13] Pode-se dizer que a produção ou prestação de serviço está enraizada a uma localidade geográfica, e os custos para manutenção da IG geralmente se resume ao registro que reconhece a IG. Os titulares permanecem com o direito ao uso da IG ainda que não a utilizem. Além disso, os produtores individuais dentro do território coberto pela IG não podem comprar, vender ou herdar direitos ao uso da IG, como podem os titulares de marcas. Em outras palavras, o investimento em qualidade no decorrer dos anos não poderá ser levado para outro local, região ou país além daquele que abrange a IG.

A principal vantagem é a relativa "impessoalidade" do direito, eis que o objeto da proteção é tão-somente o produto em si e, portanto, não depende de um específico detentor desse direito, claramente distinguível. As IGs são conferidas a seus usuários legitimados – produtores localizados naquela área identificada pela IG e produção do produto particular – o direito exclusivo para usar essa designação distinta, que garante seu valor agregado.[14] O prazo para proteção perdura desde que se mantenham as condições da IG. Os titulares de IGs tampouco podem licenciar ou ceder seus direitos sobre a IG para terceiros produtores ou prestadores de serviços que não se encontram na região geográfica delimitada para o uso da IG.

Todavia, algumas marcas são registradas contendo ou consistindo uma IG, ainda que não provenha dessa região, ou não contenha a característica que a legitime ser uma IG. E quando isso acontece, a referência que se faz é para o fabricante, e não à origem geográfica do produto.[15] Des-

combinação de cores, bem como qualquer combinação desses sinais, serão registráveis como marcas. Quando os sinais não forem intrinsecamente capazes de distinguir os bens e serviços pertinentes, os membros poderão condicionar a possibilidade do registro ao caráter distintivo que tenham adquirido pelo seu uso. Os membros poderão exigir, como condição para o registro, que os sinais sejam visualmente perceptíveis". Nesse sentido, um Tribunal da Austrália impediu o registro de "Michigan" como marca para um equipamento para mexer com a terra; decisões semelhantes foram tomadas no Reino Unido com relação à "Glastonburry" para pantufas de pele de ovelha; nos EUA com relação à "Ketucky" para whisky. Na Suíça também foi proibido o registro como marca de "Alaska" para água mineral, e de "Cusco" para chocolates.

10. Dwijen Rangnekar, p. 27.

11. Art. 18 do TRIPS: "O registro inicial de uma marca, e cada uma das renovações do registro, terá duração não inferior a sete anos. O registro de uma marca será renovável indefinidamente".

12. Camila Serrano Giunchetti, "Indicações Geográficas: uma abordagem pragmática acerca de sua apropriação por comunidades tradicionais da Amazônia", in Patrícia Luciane de Carvalho (org.), p. 396.

13. Na prática, todavia, o produtor deve estar vinculado à entidade local responsável pela organização e fiscalização da IG e cumprir padrões normativos centralizado na instituição representativa da IG. P. ex., no caso da IP brasileira "Carne do Pampa Gaúcho" é administrada pela Associação dos Produtores do Pampa Gaúcho – APROPAMPA, e os produtores devem respeitar o Regulamento Técnico de Produção da APROPAMPA. V. *http://www.carnedopampagaucho.com.br/pampa.php* (3.11.2007).

14. Felix Addor e Alexandra Grazioli, p. 870.

15. Um exemplo que pode servir tanto como IG, quanto marca ou termo genérico é a designação "Suíço", que pode ser usada como IG para relógios, como marca para companhia aérea e termo genérico para um tipo de queijo em muitos, se não em todos os países (Burkhart Goebel, p. 4).

sa forma, os detentores de marcas erroneamente registradas com uma IG praticam o *free-riding*, em outras palavras, "pegam carona" na qualidade, reputação ou outra característica da IG, e impedem que o produto original entre nesse mercado. Por isso, um sistema de proteção específica e mais adequada das IG seria mais apto para fornecer proteção efetiva para esse direito de propriedade intelectual.[16]

A *International Trademark Association* (INTA) apóia a proteção das IGs como um direito de propriedade intelectual, desde que não prejudique outros direitos, como das marcas. A coexistência harmônica de ambos direitos é possível desde que conflitos envolvendo IGs e marcas sejam resolvidos a partir dos princípios de propriedade intelectual: territorialidade, exclusividade e anterioridade. E pelo princípio da anterioridade, uma marca validamente registrada anteriormente deve prevalecer sobre a IG reconhecida e registrada posteriormente, e vice-versa.[17]

2. A proteção internacional das Indicações Geográficas

A proteção internacional das Indicações Geográficas pode dar-se por meio de Acordos Bilaterais e Plurilaterais ou Regionais,[18] e pela aderência a Acordos Multilaterais.

Em termos multilaterais, o alcance da proteção das Indicações Geográficas é assegurado por uma série de Tratados administrados pela Organização Mundial da Propriedade Intelectual (OMPI), e pela Organização Mundial do Comércio (OMC), o único foro dotado de coercibilidade:

- Convenção de Paris para Proteção de Propriedade Intelectual de 1883;
- Acordo de Madri para Repressão de Indicação de Origem de Produtos Falsa ou Enganosa, de 1891;
- Acordo de Lisboa para Proteção das de Apelações de Origem e seu Registro Internacional, de 1958;
- Acordo sobre Aspectos de Direitos da Propriedade Intelectual Relacionados ao Comércio, de 1994, da Organização Mundial do Comércio – OMC.

Quanto ao procedimento de reconhecimento e registro são estabelecidos e administrados, em regra, nacional ou regionalmente, como no caso da União Européia. No plano doméstico, as IGs são protegidas por meio de legislação específica ou incluídas em legislações esparsas que versam sobre temas diversos, como defesa da concorrência, direito do consumidor, propriedade intelectual.

16. Felix Addor e Alexandra Grazioli, p. 872.

17. V. o site da *International Trademark Association* – INTA: *http://www.inta.org/index.php?option=com_content&task=view&id=131&Itemid=145&getcontent=3*, visitado em dez./2007.

18. Alguns acordos regionais são relevantes para a proteção das IGs. Um exemplo é o Acordo para Organização Africana de Propriedade Intelectual – AOAPI (*African Intellectual Property Organization Agreement*), de 1977, revisado em 1999 e em vigor desde fevereiro de 2002. Benin, Burquina Faso, Camarões, África Central, Chad, Congo, Côte d'Ivoire, Gabão, Guiné, Guiné Bissau, Guiné Equatoriana, Mali, Mauritânia, Nigéria, Senegal e Togo são as partes contratantes desse Acordo Regional, que incorpora as leis nacionais dos Estados-membros da AOAPI e, assim, aplica-se a todos os membros. Todos são membros da Convenção de Paris e TRIPS. Burquina Faso, Congo, Gabão e Togo são também membros do Acordo de Lisboa. V. mais informações in *http://www.oapi.wipo.net/*.

Exemplos de Acordos Bilaterais são os *Free Trade Agreements – FTA's*, Acordos de Livre Comércio, p.ex., o *FTA* norte-americano entre Estados Unidos da América, Canadá e México, de 1992; o *FTA* entre México e Chile, de 1998; o *FTA* entre Estados Unidos da América e Jordânia, de 2001.

A União Européia também assinou Acordos Bilaterais sobre proteção das IGs, p.ex., o *Austrália Wine Agreement*, de 1994; o Acordo Bilateral entre União Européia e Canadá, sobre o comércio de vinhos e bebidas espirituosas, de 2003; o Acordo Bilateral entre União Européia e México sobre denominação de bebidas espirituosas, de 1997, em que ambos países acordam em proteger algumas bebidas espirituosas, como tequila, mescal e conhaque; o Acordo Bilateral entre União Européia e Estados Unidos da América, o EU – *US Wine Agreement*, de 2006.

2.1 Convenção da União de Paris para Proteção de Propriedade Industrial de 1883[19] *(Convenção de Paris)*

A Convenção de Paris foi o primeiro acordo multilateral que incluiu os termos "Indicações de Procedência e Denominações de Origem" como objetos de proteção. O termo "Indicação de Procedência" é usado nos arts. 1(2) e 10 da Convenção da União de Paris para Proteção de Propriedade Industrial de 1883 (Convenção de Paris). O fundamental para Indicação Geográfica nesse Tratado está consignado no art. 6º *quinquies*, b(2); art. 10, 2, art. 10-*bis*, 3, III.

Dispõe o art. 1(2) da Convenção de Paris o que segue:

> A proteção da propriedade industrial tem por objeto as patentes de invenção, os modelos de utilidade, os desenhos ou modelos industriais, as marcas de serviço, o nome comercial e as *indicações de procedência ou denominações de origem*, bem como a repressão da concorrência desleal.

A Convenção da União de Paris identifica a Indicação Geográfica como sendo um direito de propriedade intelectual, mas não define seu conceito de forma clara e definida. Por sua vez, o art. 10 da Convenção fornece remédios contra a falsa DO expressamente, que está coberta pelo termo "Indicação de Procedência", eis que todas as DOs são consideradas aqui como sendo indicadoras da procedência do produto.

O art. 19 da Convenção permite que os países da União façam ente si Acordos especiais para a proteção da propriedade industrial. Nesses termos, dois Acordos foram firmados, o Acordo de Madri sobre Indicações de Procedência, de 1891, e o Acordo de Lisboa de 1958.

19. Revista em Bruxelas, em 14.12.1900; em Washington, em 2.6.1911; na Haia, em 6.11.1925; em Londres, em 2.6.1934; em Lisboa, em 31.10.1958; e, em Estocolmo, em 14.7.1967, quando se instituiu a Organização Mundial da Propriedade Intelectual (OMPI ou WIPO).

2.2 Acordo de Madri sobre a Repressão das Indicações de Proveniência Falsas ou Falaciosas sobre Produtos, de 1891 (Acordo de Madri sobre Indicações de Procedência)

Há que se salientar ainda a importância do Acordo de Madri sobre a Repressão das Indicações de Procedência Falsas ou Falaciosas sobre Produtos, de 1891 (Acordo de Madri sobre Indicações de Procedência), que tampouco define o que seja "Indicação de Procedência". Todavia, o art. 1(1) do Acordo de Madri possui linguagem que esclarece o que o termo significa. Esse art. dispõe o seguinte:

> Todos os produtos que consistirem em uma indicação falsa ou falaciosa por um País, ou lugar lá situado, cujo presente Acordo seja aplicado, seja diretamente ou indiretamente indicado como sendo o País ou local de origem do produto, deve ter as importações desse produto apreendidas em qualquer dos ditos Países.

Esse Tratado disciplina o princípio de interdição falsa ou falaciosa em publicações, e por meio da interposição direta ou indiretamente sobre o produto que induza o erro sobre sua verdadeira origem. Visa apenas a coibir a falsa identificação do local de produção, embalagem ou transformação do produto, e não a garantir que o produto ou serviço possua uma qualidade especial. Não impossibilita a utilização dos termos gênero, tipo, espécie, imitação na referência de IGs errôneas.[20]

2.3 Acordo de Lisboa relativo à Proteção das Denominações de Origem e seu registro Internacional, de 1958 (Acordo de Lisboa)

O termo "Indicação de Procedência" encontra-se no Acordo de Lisboa para Proteção das Denominações de Origem e seu registro Internacional, de 1958 (Acordo de

20. Viviane Amaral Gurgel, "Aspectos jurídicos da Indicação Geográfica", in Léa Lagares e outros, p. 60.

Lisboa). O Acordo de Lisboa especificamente prevê um sistema internacional de proteção às denominações de origem que já forem protegidas sob as leis nacionais por um dos Estados-membros desse Acordo. Justamente por isso, não teve muita adesão dos Estados.

A proteção é submetida ao Registro Internacional de Denominações de Origem. Conforme o art. 2(1) do Acordo de Lisboa:

> Neste Acordo, "Denominação de Origem" significa o nome geográfico de um país, região, ou localidade que serve para designar um produto lá originado, a qualidade e características que são devidas exclusivamente ou essencialmente ao meio geográfico, incluindo fatores naturais e humanos.

Sob essa definição, uma Indicação de Procedência pode ser considerada como sendo um tipo especial, porque o produto ou serviço em qur uma IP é usada deve possuir a qualidade ou característica especial que são devidas essencialmente ao ambiente geográfico, daí incluídos fatores humanos e naturais.

Além de definir apropriadamente as Denominações de Origem, o Acordo de Lisboa estende sua proteção à: "A proteção deve ser assegurada contra qualquer usurpação ou imitação, ainda que a verdadeira origem do produto seja indicada ou a denominação seja usada na forma traduzida ou acompanhada pelas expressões 'espécie', 'tipo', 'fazer', 'imitação', 'como'".

Está em vigor desde 1º de abril de 2002, e hoje[21] possui 26 membros contratantes. Apenas denominações de origem protegidas como tal no seu país de origem poderão ser registradas no Registro Internacional. O país de origem é o país cujo nome, ou o país em que a região está situada, ou localidade cujo nome constitui a Denominação de Origem que concedeu ao produto a reputação.[22]

2.4 Definição de IG no Acordo sobre os Aspectos dos Direitos de Propriedade Intelectual Relacionados ao Comércio, de 1994 – Acordo TRIPS

A Parte II, Seção 3 do TRIPS dedica-se às Indicações Geográficas, e dispõe sobre os padrões mínimos de proteção que devem ser observados por todos os membros da OMC. O art. 22.1 do TRIPS dá a seguinte definição:

> Indicações Geográficas são, para os efeitos deste Acordo, indicações que identifiquem um produto como originário do território de um membro, ou região ou localidade deste território, quando determinada qualidade, reputação ou outra característica do produto seja essencialmente atribuída à sua origem geográfica.

O art. 22.1 do Acordo Trips, que define as Indicações Geográficas de forma ampla, inclui a "Denominação de Origem", em que o requisito de possuir uma ligação entre a reputação e o território é maior, assim como as Indicações Geográficas cuja qualidade, reputação ou outra característica de um produto pode cada qual ser uma base suficiente para serem consideradas Indicações Geográficas, quando apenas atribuem origem ao produto.[23]

O art. 22.1 claramente refere-se apenas a produtos. Os países-membros da OMC ficam livres para estender proteção aos serviços e, assim, ultrapassando os padrões mínimos de proteção conferidos pelo TRIPS. Esse art. é interpretado por alguns membros como cobrindo Indicações Geo-

21. Nov./2007.

22. *http://www.wipo.int/lisbon/en/general/#introduction.* Até hoje existem mais de 700 denominações de origem registradas sob o Acordo de Lisboa, que pertencem a aproximadamente 12 membros. Só a França concentra mais de 60% dos registros. Mais de 60% de todos os produtos registrados correspondem a vinhos, e 10% a destilados. 81% de todos as denominações de origem registradas são de países da União Européia (Sergio Escudero, p. 25).

23. *Geographical Indications: Historical Background, Nature of Rights, Existing Systems for Protection and Obtaining Protection in other Countries*, Document SCT/6/3 Rev. On, Standing Committee on the Law of Trademarks, Industrial Designs and Geographical Indications, p. 4.

gráficas indiretas,[24] ou seja, um termo que evoca um lugar geográfico sem serem nomes geográficos.[25]

Essa definição expande o conceito de Denominação de Origem contido no art. 2º do Acordo de Lisboa, protegendo produtos cuja reputação derive meramente do lugar de origem, sem possuir necessariamente uma qualidade ou características que são exclusivas desse lugar. Para ser protegida, uma IG precisa ser uma "indicação", mas não necessariamente o nome geográfico de um lugar.[26]

Assim, outros sinais ou emblemas que não nomes geográficos não seriam cobertos pela Convenção de Lisboa, ao contrário do que se depreende do TRIPS, o qual refere apenas a "indicações", mas não necessariamente a nome geográfico. Nos termos da Convenção de Lisboa, a qualidade ou característica do produto são devidas *exclusivamente* ou *essencialmente* ao ambiente geográfico, inclusive fatores naturais e humanos. Ainda, entende-se geralmente que um produto que possua *meramente* certa reputação, como menciona o TRIPS, mas não uma qualidade específica devida ao lugar de origem, tampouco são cobertos pelo Acordo de Madri.[27]

Em outras palavras, o Acordo TRIPS fornece aos membros pelo menos três critérios para proteção de um dado produto por meio de IGs: qualidade, reputação ou outra característica do produto atribuível à sua origem geográfica.[28]

2.5 Terminologia

No campo das Indicações Geográficas, verifica-se, então, que a terminologia tradicionalmente utilizada distingue-se entre "Denominação de Origem" e "Indicação de Procedência".

(a) Indicação de Procedência: refere-se ao nome geográfico de um país, cidade, região ou localidade que se tornou conhecido como centro de produção, fabricação ou extração de determinado produto ou prestação de um serviço específico.

(b) Denominação de Origem: pode-se dizer que é o próximo "passo", exige algo a mais, eis que, em termos econômicos e desenvolvimentistas, uma "Denominação de Origem" tem mais valor do que uma "Indicação de Procedência". Trata-se do nome geográfico de um país, cidade, região ou uma localidade que designe produto ou serviço cujas qualidades intrínsecas ou características se devam exclusivamente ao meio geográfico, incluídos fatores naturais e humanos (fatores culturais diferenciados, como saberes, práticas, modos de fazer, criar, processos e técnicas tradicionais de fabricação de produtos). É o nome geográfico de um país, região ou localidade, que serve para designar um produto ou serviço ali originado, cujas qualidades e características são exclusiva e essencialmente devidas ao ambiente geográfico, incluindo fatores humanos e naturais.[29] Uma Denominação de Origem significa que determinado produto é o único no mundo, e só possuirá as mesmas características, qualidade, reputação se lá produzidos.

3. A proteção nacional das Indicações Geográficas – A Lei n. 9.279, de 14.5.1996, que regula os direitos e obrigações relativas à propriedade industrial no Brasil

A Lei n. 9.279, de 14 de maio de 1996, considera como "Indicação Geográfica"

24. Exemplos de Indicações Geográficas indiretas é a "Cava", o vinho espumante espanhol, e o "Vinho Verde", de Portugal (Thu-Lang Tran Wasescha, p. 3). Outro exemplo é o queijo "Feta" da Grécia.

25. Como o "Café da Colômbia" (Thu-Lang Tran Wasescha, p. 3).

26. Standing Committee on the Law of Trademarks, Industrial Designs and Geographical Indications, *Geographical Indications: Historical Background, Nature of Rights, Existing Systems for Protection and Obtaining Protection in other Countries*, cit., p. 4.

27. Marcus Höpperger, p. 3.

28. Sergio Escudero, p. 35.

29. Art. 2(1) do Acordo de Lisboa, de 1958.

tanto a "Indicação de Procedência" (IP) quanto à "Denominação de Origem" (DO). Conceitua a primeira como sendo o nome geográfico de país, cidade, região ou localidade de seu território, que se tenha tornado conhecido como centro de extração, produção ou fabricação de determinado produto ou serviço.[30] Como "Denominação de Origem", refere ser o nome geográfico de país, cidade, região ou localidade de seu território, que designe produto ou serviço cujas qualidades ou características se devam exclusiva ou essencialmente ao meio geográfico, daí incluídos fatores naturais e humanos.[31]

Desta forma, entende-se a IP como um conceito a partir da excelência, peculiaridade, ou especialização de uma *expertise* que não está vinculada a uma reunião de fatores locais com relação a especificidades geológicas, fisiográficas, edafoclimáticas ou humanas, como no caso da DO. O relevante para a IP é a notoriedade qualitativa, atingida no desenvolvimento de determinado produto ou serviço, e não o vínculo direto das características desses com especificidades dos recursos naturais ou humanos, como clima, solo, geografia, qualidade da água, bioma e culturas da população local.[32]

De outra banda, quando se refere à DO é preciso preencher os requisitos de qualidade do tipo que caracterizam o produto, determinados pelo INPI e preconizados no art. 182[33] da atual lei de propriedade industrial. O importante aqui é a relação direta entre a notoriedade qualitativa do produto ou serviço com as peculiaridades físicas e humanas existentes no local

Em ambos os casos, a proteção dar-se-á sobre o "nome geográfico", constituído tanto pelo nome oficial, quanto pelo tradicional ou usual de uma área geográfica determinável, devidamente comprovada nos autos do processo administrativo do pedido de proteção junto ao INPI.[34]

Ambas as modalidades de IGs, Indicação de Procedência e Denominação de Origem, prestigiam o *associativismo* como regra para o exercício do direito ao uso exclusivo do "nome geográfico" na sua atividade econômica, afastando-se a sua exploração individual, salvo inexistam outros produtores ou prestadores de serviço que possam se valer desse nome, podendo este único apresentar o pedido pessoalmente, prescindindo de se fazer representar.[35] Desta forma, trata-se de direito coletivo que se

30. "Art. 177. Considera-se Indicação de Procedência o nome geográfico de país, cidade, região ou localidade de seu território, que se tenha tornado conhecido como centro de extração, produção ou fabricação de determinado produto ou de prestação de determinado serviço."

31. "Art. 178. Considera-se Denominação de Origem o nome geográfico de país, cidade, região ou localidade de seu território, que designe produto ou serviço cujas qualidades ou características se devam exclusiva ou essencialmente ao meio geográfico, incluídos fatores naturais e humanos."

32. Léa Lagares e outros, p. 66.

33. "Art. 182. O uso da indicação geográfica é restrito aos produtores e prestadores de serviço estabelecidos no local, exigindo-se, ainda, em relação às denominações de origem, o atendimento de requisitos de qualidade." A lei não estabelece quais são os requisitos de qualidade, e tampouco a Resolução INPI n. 75/2000. Conforme explicação de Raul Bittencourt, nos dada por telefone em 10.10.2007, trata-se de uma verdadeira perícia no local, para comprovar que as qualidades ou características do produto ou serviço se devem exclusiva ou essencialmente ao meio geográfico, incluídos fatores naturais e humanos.

34. Fonte: *http://www.inpi.gov.br/menu-esquerdo/indicacao/o-que-e-indicacao-geografica.*

35. Conforme o art. 5º da Resolução INPI n. 75, de 28.11.2000: "Podem requerer registro de Indicações Geográficas, na qualidade de substitutos processuais, as associações, os institutos e as pessoas jurídicas representativas da coletividade legitimada ao uso exclusivo do nome geográfico e estabelecidas no respectivo território. § 1º. Na hipótese de um único produtor ou prestador de serviço estar legitimado ao uso exclusivo do nome geográfico, estará o mesmo, pessoa física ou jurídica, autorizado a requerer o registro da indicação geográfica em nome próprio. § 2º. Em se tratando de nome geográfico estrangeiro já reconhecido como indicação geográfica no seu país de origem ou por entidades/organismos internacionais competentes, o registro deverá ser requerido pelo titular do direito sobre a indicação geográfica".

estende a todos os produtores estabelecidos no território correspondente.

Essa categoria de propriedade intelectual ainda é muito pouco explorada no Brasil. Muito embora o potencial das IGs para agregação de valor e o estímulo ao desenvolvimento local, o número de pedidos apresentados ao INPI, desde o ano de 1996 ainda é muito tímido se comparado com os países da Europa,[36] e se resumem a doze pedidos de IGs nacionais.[37] O motivo é o desconhecimento sobre o tema e a falta de organização dos potenciais titulares do direito.[38] A maioria dos pedidos de registro foi arquivada ou indeferida por falta de apresentação de informações indispensáveis pela entidade representativa da coletividade que atua na produção.[39]

Os exemplos atuais[40] de certificados e selos de Indicações Geográficas aprovadas pelo INPI restringem-se às Indicações de Procedência. A primeira é a dos vinhos do *Vale dos Vinhedos*, por meio da Associação dos Produtores de Vinhos Finos do Vale dos Vinhedos – APROVALE, registrada pelo INPI em 22 de novembro de 2002, que abrange as regiões de Bento Gonçalves, Garibaldi e Monte Belo do Sul, no Rio Grande do Sul. A segunda, o café da *Região do Cerrado Mineiro*, concedida ao

36. Na Europa, o instituto das IGs está realmente difundido e muito valorizado. A proteção abrange muitos produtos além de vinhos. Por exemplo: na Espanha: azeites (Aceite del Bajo Aragón, Aceite de La Rioja), méis (Miel de Granada, Miel de La Alcarria), produtos a base de carne (Jamón de Huelva, Jamón de Teruel, Jamón de Trevélez), frutas, vegetais e cereais (Alcachofa de Benicarló o Carxofa de Benicarló, Cerezas de la Montaña de Alicante, Manzana de Girona o Poma de Girona); em Portugal, queijos (Queijo de Azeitão, Queijo de Cabra Transmontano, Queijo de Évora, Queijo de Nisa, Queijo do Pico); frutas e vegetais (Castanha de Marvão - Portalegre, Castanha de Padrela, Castanha dos Soutos da Lapa, Cereja da Cova da Beira, Cereja de São Julião - Portalegre, Citrinos do Algarve, Maçã Bravo de Esmolfe, Maçã da Beira Alta); carnes (Borrego Serra da Estrela, Borrego Terrincho, Cabrito da Beira, Carne Mirandesa, Cordeiro Bragançano, Cordeiro de Barroso, Anho de Barroso ou Cordeiro de leite de Barroso), azeites (Azeite do Alentejo interior, Azeite de Moura), méis (Mel das Terras Altas do Minho, Mel de Barroso, Mel do Alentejo), na França, pães (Bergamote(s) de Nancy, Brioche Vendéenne), queijos (Roquefort, Saint-Nectaire, Sainte-Maure de Touraine, Bleu du Vercors, Brie de Meaux, Brie de Melun, Brocciu Corse ou brocciu, Cantal ou fourme de Cantal ou cantalet, Comté, Emmental de Savoie, Emmental), carnes (Agneau de l'Aveyron, Agneau de Pauillac, Boeuf charolais du Bourbonnais, Boeuf de Chalosse, Boeuf du Maine, Porc du Limousin, Taureau de Camargue, Veau de l' Aveyron et du Ségala, Veau du Limousin), produtos de origem animal (Crème fraîche fluide d'Alsace, Miel d'Alsace, Miel de Corse - Mele de Corsica); na Irlanda, peixe (Clare Island salmon); na Grécia, queijos (Anevato, Batzos, Feta, Formaella Arachovas Parnassou); na Itália, presuntos (Prosciutto di Parma, Prosciutto di San Daniele, Prosciutto di Veneto Berico-Euganeo, Prosciutto Toscano), produtos de origem animal (Ricotta Romana), vinagres (Aceto balsamico tradizionale di Modena); e muitos outros, frutas, pães, cervejas, produtos não alimentícios, mas de origem agrícola. Existem mais 4.900 IGs registradas na Comunidade Européia, e destas, 4.200 são para vinhos e bebidas espirituosas e 690 para outros produtos. V. a lista completa das IGs reconhecidas da União Européia, in *http://ec.europa.eu/agriculture/qual/en/it_en.htm* (3.11.2007).

37. Até out./2007, in *http://www.inpi.gov.br/menu-esquerdo/indicacao/andamento-processual.*

38. O pedido de registro de IG do algodão colorido Região do Seri, do Estado da Paraíba, pela Companhia de Desenvolvimento da Paraíba é um exemplo de modalidade de Denominação de Origem em processo no INPI. O problema maior é que as organizações coletivas não apresentam os documentos necessários para demonstrar os requisitos de qualidade do tipo que caracterizam o produto como uma DO. Conforme conversa por telefone, em 10.10.2007, que tivemos com Raul Bittencourt, tecnologista em Propriedade Intelectual do INPI, para comprovação dos requisitos de qualidade é preciso que se faça uma verdadeira perícia no local. O pedido de registro de DO acaba sendo arquivado ou indeferido no INPI por falta de comprovação de que as qualidades ou características do produto ou serviço se devem exclusiva ou essencialmente ao meio geográfico, incluídos fatores naturais e humanos. O mesmo ocorre com as IPs, por falta de apresentação dos documentos necessários.

39. Conforme informações sobre os procedimentos e a documentação necessária ao registro de uma Indicação Geográfica disponibilizadas pelo INPI, in *http://www.inpi.gov.br/menu-esquerdo/indicacao/o-pedido-de-indicacao-geografica.*

40. Out./2007.

Conselho das Associações dos Cafeicultores do Cerrado – CACCER, em junho de 2005, que abrange 55 Municípios do Estado de Minas Gerais; a terceira é a *Carne do Pampa Gaúcho*, na região do Pampa do Rio Grande do Sul, em dezembro de 2006, à Associação dos Produtores do Pampa Gaúcho – AGROPAMPA; e a última, a *Cachaça de Paraty*, que recebeu do Instituto Nacional da Propriedade Industrial – INPI, o Certificado de Indicação Geográfica, na modalidade Indicação de Procedência em maio de 2007, por meio da Associação dos Produtores e Amigos da Cachaça de Paraty – APACAP.[41]

Com o amadurecimento do conceito de certificações de origem no país, é possível que a tendência venha a ser que as outorgas se efetivem mais rapidamente. O Vale dos Vinhedos levou dez anos na constituição de seu projeto; o café do cerrado mineiro, sete anos; a carne do pampa gaúcho, um ano e oito meses; e a cachaça de Paraty, três meses.[42] Prova de que o profissionalismo, aliado ao empenho dos produtores em se adequar às normas, pode estimular uma verdadeira revolução na busca pela qualidade e diferenciação da agropecuária brasileira.

O titular da IG toma medidas contra aqueles que estejam fabricando, importando, exportando, vendendo, expondo, oferecendo à venda ou mantendo em estoque produto que apresente uma falsa Indicação Geográfica, consistindo em crimes, nos termos dos arts. 192 e 193 da Lei n. 9.279/1996. Essas medidas podem ser também tomadas contra quem usa, em produto, recipiente, invólucro, cinta, rótulo, fatura, circular, cartaz ou em outro meio de divulgação ou propaganda, termos como "tipo", "espécie", "gênero", "sistema", "semelhante", "sucedâneo", "idêntico", ou equivalente, não ressalvando a verdadeira procedência do produto.[43] Aqui se busca evitar o *free-riding*, aqueles produtores ou prestadores de serviços que se aproveitam, que "pegam carona" na excelente reputação de uma verdadeira IG, ao indicarem uma região geográfica em seus produtos ou serviços, como se lá tivesse sido originados, de forma falsa e a enganar ou confundir o consumidor

41. Há ainda o caso da cachaça, que resulta de Decreto presidencial e não de um pedido formal pedido ao INPI. O Decreto n. 4.062, de 21.12.2001, define as expressões "cachaça", "Brasil" e "cachaça do Brasil" como sendo Indicações Geográficas e dá outras providências. Pelo decreto, o nome "cachaça", constitui indicação geográfica para os efeitos, no comércio internacional, do art. 22 de TRIPS. O nome geográfico "Brasil" constitui indicação geográfica para cachaça (sem prejuízo de usá-lo em conexão com outros produtos ou serviços), para os efeitos da Lei n. 9.279/1996 e do TRIPS. O escopo dessa iniciativa era proteger o destilado nacional, procurando desfazer a confusão da cachaça com o rum. Todavia, o ideal era que houvesse vários pedidos de Denominação de Origem para os diversos tipos de cachaças regionais existentes no país com vários institutos credenciadores, conforme a distinção de tipicidade de cada produto (Léa Lagares e outros, p. 69). Decreto n. 4.851, de 2.10.2003, que altera dispositivos do Regulamento aprovado pelo Decreto n. 2.314, de 4.9.1997, que dispõe sobre a padronização, a classificação, o registro, a inspeção, a produção e a fiscalização de bebidas, regulamenta a caipirinha e cachaça como bebida típica do Brasil. Disponível in *http://www.planalto.gov.br/CCIVIL_03/Decreto/2003/D4851.htm*. Outro exemplo é a Lei estadual n. 12.117, de 7.1.2002, do Estado de Santa Catarina, que dispõe sobre a Certificação de Qualidade, Origem e Identificação de Produtos Agrícolas e de Alimentos e estabelece outras providências; e o Decreto n. 41.406, de 30.11.2000, do Governador do Estado de Minas Gerais, que cria o programa mineiro de certificação de origem e qualidade dos produtos agropecuários e agroindustriais – CERTMINAS, e dá outras providências. É preocupante o surgimento de legislações estaduais e municipais que tentam regular o tema das IGs. O INPI não se manifestou oficialmente, mas parece que tais iniciativas geram mais confusão do que benefícios, uma vez que só possuem aplicabilidade interna aos Estados. Há também nestas leis, vício de competência, pois a Lei 9.279/1996 confere ao INPI a competência para reconhecimento e registro de IGs.

42. Observação feita por Léa Lagares, do INPI. in *http://www.peabirus.com.br/redes/form/post?topico_id=5639*.

43. *http://www.inpi.gov.br/menu-esquerdo/indicacao/ o-que-e-indicacao-geografica*.

3.1 A competência legal do Instituto Nacional da Propriedade Intelectual (INPI) para o reconhecimento e registro das IGs no Brasil

Pelo art. 182 da Lei n. 9.279/1996, é o Instituto Nacional da Propriedade Industrial (INPI) que estabelece as condições de registros das Indicações Geográficas. Assim que o INPI possui competência legal em relação às Indicações Geográficas no Brasil.[44]

O registro de reconhecimento de indicação de Procedência e Denominação de Origem ocorre no INPI da forma como dispõe a Resolução 75, de novembro de 2000, e os Atos Normativos 134 e 143, de abril de 1997 e agosto de 1998, que, respectivamente, instituem as normas de procedimento e os formulários próprios que deverão ser utilizados para apresentação de requerimento de registro.[45]

Podem requerer o registro das Indicações Geográficas as associações, institutos e as pessoas jurídicas representativas da coletividade, podendo um único produtor, ou prestador de serviço, pessoa física ou jurídica, requerer a indicação desde que esteja legitimado para isso.[46] Age como substituto processual da coletividade que tiver direito ao uso desse nome geográfico. Isso quer dizer, quando uma associação de produtores requer o registro de uma IG, está, na verdade, pleiteando o reconhecimento de um direito coletivo, que beneficiará a todos os produtores estabelecidos no território.

A Resolução INPI n. 75, de 28 de novembro de 2000, estabelece as condições para o registro das Indicações Geográficas, que devem ser requeridas em formulário próprio[47] constando:

• *dados do requerente* – o requerente será a entidade representativa da coletividade que atua na produção do bem ou na prestação do serviço que buscam proteger. Quando inexistir pluralidade, o único produtor ou prestador de serviço estabelecido na região pode requerer diretamente a indicação;

• *espécie de Indicação Geográfica pretendida* – deverá optar entre a Indicação de Procedência e a Denominação de Origem;

• *nome da área geográfica, apresentação e natureza* – informar qual será o nome geográfico que busca proteger, como é apresentado e qual a natureza do objeto da proteção, se é produto ou serviço;

• *delimitação da área geográfica* – conforme o definido no instrumento oficial de delimitação da área geográfica, definindo os limites físicos da Indicação Geográfica;

• *o produto ou serviço produzido na área delimitada* – qual é o objeto da proteção.

Além do formulário integralmente preenchido, todos os pedidos deverão conter documentos instrutórios, anexados ao pedido de registro:[48]

• instrumento comprobatório da legitimidade requerente;

44. "Art. 182. O uso da indicação geográfica é restrito aos produtores e prestadores de serviço estabelecidos no local, exigindo-se, ainda, em relação às denominações de origem, o atendimento de requisitos de qualidade. Parágrafo único. O INPI estabelecerá as condições de registro das Indicações Geográficas." Essa norma decorre do fato de ser o Brasil signatário da Convenção da União de Paris (CUP), do Acordo de Madrid sobre Indicações de Origem e do Acordo sobre os Aspectos do Direito da Propriedade Intelectual Relacionado ao Comércio (ADPIC ou TRIPS, em inglês), tendo, via de conseqüência, o dever de proteção das Indicações Geográficas.

45. V. o *site* do Instituto Nacional da Propriedade Intelectual – INPI, *http://www.inpi.gov.br/principal?navegador=IE&largura=1024&altura=768.*

46. Art. 5º da Normativa INPI n. 75/2000.

47. Formulário disponível para *download* no *site* do INPI, in *http://www.inpi.gov.br/menu-esquerdo/indicacao/o-pedido-de-indicacao-geografica.*

48. O art. 6º da Resolução INPI n. 75/2000 dispõe sobre os instrumentos que devem acompanhar o formulário de pedido de registro das IGs.

• cópia dos atos constitutivos (ex.: estatuto social) do requerente e da ultima ata de eleição;

• cópias do documento de identidade e de inscrição no CPF do representante legal da entidade requerente;

• regulamento de uso do nome geográfico;

• instrumento oficial que delimita a área geográfica;[49]

• descrição do produto ou serviço;

• características do produto ou serviço;

• comprovante do recolhimento da retribuição devida ao INPI;

• procuração, no caso de existir procurador;

• etiquetas, quando se tratar de representação gráfica ou figurativa da Indicação Geográfica ou representação geográfica de país, cidade, região ou localidade do território;

• comprovação de estarem os produtores ou prestadores de serviços estabelecidos na área geográfica objeto do pedido e exercendo efetivamente a atividade econômica que buscam proteger;

• existência de uma estrutura de controle sobre os produtores ou prestadores que tenham o direito ao uso exclusivo da Indicação Geográfica bem como sobre o produto ou o serviço por ela distinguida.

Além dos documentos e informações supramencionados, o pedido deverá apresentar informações e provas específicas, dependendo da espécie de Indicação Geográfica pleiteada, a saber:

a) Indicação de Procedência:[50]

(i) elementos que comprovem ter o nome geográfico se tornado conhecido como centro de extração, produção ou fabricação do produto ou de prestação do serviço; como por exemplo, reportagens de jornais e revistas, artigos científicos, livros, músicas entre outros;

(ii) elementos que comprovem a existência de uma estrutura de controle sobre os produtores ou prestadores de serviços que tenham o direito ao uso exclusivo da Indicação de Procedência, bem como sobre o produto ou a prestação do serviço distinguido com a Indicação de Procedência;

(iii) elementos que comprovem estar os produtores ou prestadores de serviços estabelecidos na área geográfica demarcada e exercendo, efetivamente, as atividades de produção ou de prestação do serviço;

b) Denominação de Origem:[51]

(i) descrição das qualidades e características do produto ou do serviço que se devam, exclusiva ou essencialmente, ao meio geográfico, incluindo os fatores naturais e humanos;

(ii) descrição do processo ou método de obtenção do produto ou do serviço, que devem ser locais, leais e constantes;

(iii) elementos que comprovem a existência de uma estrutura de controle sobre os produtores ou prestadores de serviços que tenham o direito ao uso exclusivo da Denominação de Origem, bem como sobre o produto ou a prestação do serviço distinguido com a Denominação de Origem; e

(iv) elementos que comprovem estar os produtores ou prestadores de serviços estabelecidos na área geográfica demarca-

49. Pelo art. 7º Resolução INPI n. 75/2000, o instrumento oficial é expedido pelo órgão competente de cada Estado, sendo competentes, no Brasil, no âmbito específico de suas competências, a União Federal, representada pelos Ministérios afins ao produto ou serviço distinguido com o nome geográfico, e os Estados, representados pelas Secretarias afins ao produto ou serviço distinguido com o nome geográfico.

50. Art. 7º, § 1º, da Resolução INPI n. 75/2000.

51. Art. 7º, § 2º, da Resolução INPI n. 75/2000.

da e exercendo, efetivamente, as atividades de produção ou de prestação do serviço.

Preenchido o formulário, e juntada as comprovações adequadas, conforme o caso, o requerente deverá submeter toda a documentação ao INPI, por meio de sua sede, delegacias regionais ou ainda por via postal, com aviso de recebimento. O pedido será protocolizado e submetido a exame formal, durante o qual poderão ser formuladas exigências para sua regularização, que deverão ser cumpridas no prazo de 60 (sessenta) dias, sob pena de arquivamento definitivo do pedido de registro.

Depois de concluído o exame formal do pedido de registro, será publicado, para apresentação de manifestação de terceiros no prazo de 60 (sessenta) dias. Decorrido esse prazo, se não houver sido apresentada manifestação de terceiros ou, se apresentada esta, findo o prazo para contestação do requerente, será proferida decisão *reconhecendo* ou *negando reconhecimento* à Indicação Geográfica. Se negado o reconhecimento, cabe pedido de reconsideração no prazo de 60 (sessenta) dias, em que poderão ser formuladas exigências, que deverão ser cumpridas no prazo de 60 (sessenta) dias. Esse pedido de reconsideração será decidido pelo Presidente do INPI, encerrando-se a instância administrativa.

Portanto, no Brasil, a proteção concedida pela Indicação Geográfica é de natureza *declaratória*, pois implica no reconhecimento pela representação estatal – INPI – de condições preexistentes, seja a reputação ou a influência do meio geográfico, estando incluído no âmbito do Direito Privado. Essa natureza é conclusão lógica do próprio texto da lei, e está expressa no parágrafo único do art. 1º da Resolução INPI n. 75, de 28 de novembro de 2000.[52]

Assim, o direito nasce do conhecimento do local como origem da atividade econômica, e não do registro da IG no INPI. Por isso o registro não é constitutivo.

Não está previsto na Legislação em vigor o prazo de vigência para as Indicações Geográficas. Assim que, deduz-se que o período para o uso do direito coincide com a existência do produto ou serviço reconhecido, dentro das peculiaridades de cada espécie de IG.

Publicações referentes a pedido de registro de Indicação Geográfica deverão ser acompanhadas na *Revista de Propriedade Industrial* (*RPI*), no volume de Patentes. Essas informações não possuem caráter oficial nem servem para a contagem de prazos ou similar, servindo apenas para facilitar o acesso a informação aos interessados no tema.

O Brasil tem condições de implementar dezenas de IGs, que podem vir a apresentar razoável importância socioeconômica. Mas para que isso ocorra, é preciso que se estabeleça uma política de estímulo ao desenvolvimento dessa ferramenta de propriedade intelectual, para divulgar sua importância nos setores público-privados e consumidores.[53]

Recomendamos que associações, os institutos e as pessoas jurídicas representativas da coletividade, que são legitimados ao uso exclusivo do nome geográfico e estabelecidas no respectivo território e, portanto, legitimados ao uso da potencial IG, peçam orientação a um advogado especializado em propriedade intelectual, informem-se no setor de IGs do INPI sobre os documentos necessários a serem juntados com o formulário de pedido de registro da

52. "Art. 1º. Estabelecer as condições para o registro das Indicações Geográficas no INPI. Parágrafo único: O registro referido no *caput* é de natureza declaratória e implica no reconhecimento das Indicações Geográficas."

53. Para Jorge Tonietto, o governo, os produtores e as entidades representativas dos setores produtivos devem estar envolvidos. Há necessidade de se criar competências nessa temática, internalizar conceitos, identificar regiões/produtos potenciais, e trabalhar para que as potenciais IGs sejam estruturadas e reconhecidas (in Léa Lagares e outros, p. 169).

potencial IG, com o intuito de evitar o indeferimento e/ou arquivamento do pedido pelo INPI, por simples falta de informação.

4. As Indicações Geográficas no âmbito do Acordo sobre Aspectos dos Direitos de Propriedade Intelectual Relacionados ao Comércio de 1994 – TRIPS

No âmbito das Indicações Geográficas, o TRIPS reflete um compromisso muito sensível, cuja negociação foi a mais difícil durante a Rodada Uruguai.[54] O alto nível de sensibilidade estava relacionado a um número de fatores, por exemplo, o fato de que esta era uma área de propriedade intelectual relativamente nova para a maioria dos países, enquanto eram bem ancoradas nos sistemas de muitos países da Europa. Daí por que eram divergentes as visões com relação ao sistema mais apropriado de proteção dos nomes geográficos. Além disso, algumas delegações na Rodada Uruguai consideravam que para conceder a proteção às Indicações Geográficas seria preciso fazer concessões em outra área sensível, como a agricultura.[55]

De certa forma, ainda que a Rodada Uruguai tenha alcançado resultados significativos, como uma série de regras sobre as Indicações Geográficas, discute-se, na atual Rodada de Doha da Organização Mundial do Comércio, a revisão da proteção das Indicações Geográficas prevista no TRIPS, para o fim de proteger essa importante ferramenta de propriedade intelectual de forma mais efetiva.

54. Por um lado a União Européia; de outro, os Estados Unidos. O resultado da hierarquia de proteção das IGs está ligado à concessões que a EU teria dado aos EUA em agricultura. Não houve participação efetiva dos países em desenvolvimento na negociação da Rodada Uruguai sobre IGs. Atentaram-se mais à questão sobre patentes. Preferiram não "lutar em muitas frentes", ou não tiveram recursos técnicos e humanos para isso (in Mohan Kumar, pp. 9-10).

55. Thu-Lang Tran Wasescha, p. 2.

4.1 Quanto ao "nível padrão" de proteção das IGs (TRIPS)

O art. 22.2 refere-se aos padrões gerais de proteção que deve ser garantido a todas as IGs, para o fim de impedir a utilização de qualquer meio que, na designação ou apresentação do produto, indique ou sugira que esse provém de uma área geográfica distinta do verdadeiro lugar de origem, conduzindo o público a erro quanto à origem geográfica do produto, e evitar a concorrência desleal (no sentido do disposto no art. 10-*bis* da Convenção de Paris – 1967).

Assim que, por exemplo, se no rótulo do produto contiver a expressão "queijo semelhante ao *roquefort*", não há infração, pois não induz o público a erro.[56] O mesmo acontece com o registro de marcas que consistam em uma Indicação Geográfica com respeito a produtos não originários no território indicado, os membros devem recusar ou invalidar o registro dessas marcas se induzirem o público a erro quanto à verdadeira origem da marca.[57]

Pelo art. 22.3 do TRIPS, o registro de uma marca que contenha ou consista em Indicação Geográfica relativa a bens não originários do território indicado será recusado ou invalidado *ex officio* por um membro se sua legislação assim permitir, se o uso da indicação na marca para esses bens for de natureza a induzir o público a erro quanto ao verdadeiro lugar de origem, ou se assim requerer uma parte interessada.

4.2 Quanto à proteção adicional das Indicações Geográficas para Vinhos e Destilados (TRIPS)

O art. 23 do TRIPS concede proteção adicional às IGs para vinhos e destilados. Tra-

56. Felix Addor salienta que em geral, o Acordo TRIPS foi negociado sob os interesses dos países desenvolvidos, e os países em desenvolvimento e de menor desenvolvimento relativo. No caso das Indicações Geográficas, parece que as negociações envolveram os interesses no Novo e Velho Mundo (Felix Addor e Alexandra Grazioli, p. 883).

57. Sérgio Escudero, p. 36.

ta-se de evidente padrão superior de proteção, ou reforçada, comparando-se com a que é concedida pelo art. 22.2 do TRIPS. Sujeitas a um número de exceções, vinhos e destilados devem ser protegidos ainda que o mau uso não conduza o público a erro, ou seja, esse nível superior de proteção protege contra qualquer uso os produtos não originados no lugar indicado pela IG em questão.

O § 1º do art. 23 dispõe que cada membro proverá os meios legais para que as partes interessadas possam evitar a utilização de uma IG que identifique vinhos como vinhos não-originários do lugar indicado pela Indicação Geográfica em questão, ou que identifique destilados como destilados não originários do lugar indicado pela Indicação Geográfica em questão, mesmo quando a verdadeira origem dos bens esteja indicada ou a Indicação Geográfica utilizada em tradução ou acompanhada por expressões como "espécie", "tipo", "estilo", "imitação" ou outras similares. Isso se aplica ainda que esse uso não induza o público a erro, não pratique concorrência desleal. O registro de uma marca para vinhos que contenham ou consistam em uma Indicação Geográfica que identifique vinhos, da mesma forma os destilados, será recusado ou invalidado, *ex officio*, se a legislação de um membro assim o permitir, ou a pedido de uma parte interessada, para os vinhos ou destilados que não tenham essa origem.

A chave da diferença destes dois níveis de proteção conferidos pelo TRIPS está no fato de ser proibido o uso da designação, por exemplo, "vinho espumante ao estilo do Champagne, produzido no Chile". Em contraste, conforme aos padrões gerais de proteção estabelecidos pelo art. 22 do TRIPS, designações como "queijo *roquefort* produzido na Noruega" ou "tapetes Bukhara" produzidos nos ..., não são proibidas, desde que não induzissem o público a erro, estando a verdadeira origem do produto indicada.[58]

A proteção do art. 23 do TRIPS é uma ferramenta de proteção adicional para produtores de vinhos e destilados, complementando a proteção que gozam sob o art. 22. A proteção é mais efetiva do que a conferida pelo art. 22. Em outras palavras, para prevenir o uso ilegítimo de uma IG sob o art. 23 do TRIPS, os usuários legitimados devem apenas provar que o produto em que a IG é usada não é originário na área geográfica identificada por sua indicação. Não é necessário provar que o público está sendo induzido a erro, ou que isso constitui concorrência desleal; o sinal distintivo constituindo a IG é protegido por si só. Os produtores localizados fora da área em questão são proibidos de usar a IG em produtos que essa IG identifica, considerando as exceções do art. 24 do TRIPS.[59]

Sem a necessidade da prova, a proteção adicional do art. 23 é certamente, mais efetiva, mais fácil e mais econômica para impor-se.[60] E é por isso que a proteção adicional aumenta o valor da IG como ferramenta de comércio. Isso é de particular interesse para países em que o custo de produção é alto. Fornece melhor proteção para produtores e fabricantes legitimados contra as manobras comerciais de concorrentes localizados fora da área geográfica designada, e praticam o *free-riding* para se valerem da reputação e fama de uma verdadeira Indicação Geográfica. Por meio da proteção adicional, consumidores ficam certos que estão adquirindo um produto que sem dúvidas é originário da região referida pela IG, e que representa qualidades e características específicas, ou reputação, efetivamente atribuíveis a sua origem.[61]

4.2.1 As Indicações Geográficas homônimas (TRIPS)

O § 3º do art. 23 do TRIPS possui regra específica relacionada às Indicações

58. Felix Addor e Alexandra Grazioli, p. 879.

59. Idem, p. 882.

60. Idem, p. 882.

61. Idem, p. 883.

Geográficas homônimas (que são nomes que consistem ou contém o mesmo identificador para diferentes lugares geográficos).[62] A esse respeito, produtores de vinhos argumentam que, em cada membro onde exista uma Indicação Geográfica homônima, devem ter determinadas condições práticas para diferenciar as Indicações Geográficas homônimas, considerando-se a necessidade de assegurar tratamento eqüitativo aos produtores relevantes, e que os consumidores não sejam induzidos a erro. Com relação a outros produtos, o "teste do induzimento a erro" é de ser aplicado se o uso de uma IG homônima, por um produtor em determinado membro, representar de forma falsa que o produto é originário em território outro que não o da IG homônima. Daí, as partes interessadas deverão evitar isso por meios legais.[63]

Finalmente, para facilitar a proteção das Indicações Geográficas para vinhos e destilados, o art. 23.4 do TRIPS prevê as negociações para o estabelecimento de um Sistema Multilateral para Notificação e Registro das Indicações Geográficas, atualmente em discussão sob o Mandado de Doha, conforme veremos a seguir.

4.2.2 As exceções

O TRIPS contem outra provisão sobre as IGs que reflete a ausência de acordo sobre a forma e o nível de proteção das IGs existentes ao tempo da negociação da sua Parte II, Seção 3. O art. 24, e seus §§ 4º ao 9º, contêm exceções e concessões que levam em consideração as preocupações de alguns membros da Organização Mundial do Comércio, de que a proteção das IGs desafiaria o que eles consideram "direitos adquiridos".[64]

As exceções são as limitações impostas pelo TRIPS quanto ao escopo da proteção das IGs. Isso significa que, em alguns casos, as IGs não merecem proteção, ou deve ser limitada.

As limitações são: (1) um membro pode permitir o uso continuado e similar de uma determinada IG de outro membro, que identifique vinhos e destilados em relação a bens e serviços, por, no mínimo, 10 anos antes da conclusão da Rodada Uruguai, em 15 de abril de 1994, ou em boa-fé, antes dessa data (art. 24.4); (2) a habilitação ao registro, a validade do registro, nem o direito ao uso de uma marca, será prejudicada com base no fato de essa marca ser idêntica ou similar a uma IG, quando essa marca tiver sido solicitada ou registrada de boa-fé, ou quando os direitos a essa marca tenham sido adquiridos de boa-fé mediante uso anterior à data da entrada em vigor do TRIPS, ou antes que a IG estivesse protegida no seu país de origem[65] (art. 24.5); (3) quando os termos forem considerados genéricos em um determinado território, a proteção de IG não será conferida naquele território (art. 24.6); (4) os membros não são obrigados a reconhecer e proteger IGs que não sejam, ou que não sejam mais, protegidas em seu país de origem, ou que lá tenham caído em desuso (art. 24.9).

62. P.ex., "Rioja" é um nome de uma região tanto da Espanha quanto da Argentina, e a designação é usada para vinhos em ambas os países. Os consumidores não podem é ser induzidos a erro, e o tratamento aos produtores deve ser eqüitativo. O problema surge quando ambos os produtos são comercializados no mesmo mercado, e os produtos de um país possui qualidades e características que o outro produto não possua. Nesse caso, o uso da IG homônima será proibido, por considerar-se que induz o público a erro (Felix Addor e Alexandra Grazioli, p. 879).

63. Thu-Lang Tran Wasescha, p. 4.

64. Felix Addor e Alexandra Grazioli, p. 880.

65. O art. 16.1 do TRIPS dispõe que o titular de marca registrada gozará de direito exclusivo de impedir que terceiros, sem seu consentimento, utilizem em operações comerciais sinais idênticos ou similares para bens ou serviços que sejam idênticos ou similares àqueles para os quais a marca está registrada, quando esse uso possa resultar em confusão. Esse artigo claramente concede ao titular da marca o direito precedente à marca sobre a IG posterior. Isso foi reconhecido em outros acordos bilaterais pós TRIPS, como no art. 17(2)7 do FTA-Chile.

5. *Argumentos contrários e favoráveis à proteção internacional mais eficiente das Indicações Geográficas*

Duas questões estão atualmente em debate sob o mandato de Doha. Ambas estão relacionadas com o padrão superior de proteção fornecida pelo TRIPS para vinhos e destilados. Essas questões dizem respeito à criação de um sistema multilateral de notificação e registro para vinhos e destilados, e a extensão da proteção adicional para produtos além de vinhos e destilados. Ambas são tão contenciosas como qualquer material da agenda de Doha.

5.1 As discussões atuais no Conselho TRIPS sobre as Indicações Geográficas – O Conselho para TRIPS sob o mandato da Rodada de Doha

Na quarta Conferência Ministerial ocorrida em Doha, em novembro de 2001, adotou-se a Declaração Ministerial de Doha que, no § 18, concorda em negociar o estabelecimento de um sistema multilateral de notificação e registro de Indicações Geográficas para vinhos e destilados pela Quinta Sessão da Conferência Ministerial.[66] Ainda, discute-se a extensão da proteção de padrão adicional das Indicações Geográficas para vinhos e destilados, do art. 23 do TRIPS, para produtos além de vinhos e destilados, conforme o § 12 dessa Declaração, que dispõe sobre questões de implementação.[67]

Essa negociação ocorre em "Sessões Especiais" do Conselho para TRIPS para criar um sistema multilateral de notificação e registro das IGs para vinhos e destilados. O Registro Multilateral é discutido separado da questão da "extensão", ainda que alguns países considerem as duas relacionadas. O trabalho iniciou em 1997, sob o art. 23.4 do TRIPS, e agora vem sob a Agenda de Doha, o art. 18 da Declaração Ministerial de Doha.

O prazo para completar as negociações da Declaração de Doha era a 5ª Conferência Ministerial realizada em Cancun, em 2003. Mas surgiu um impasse devido aos desacordos sobre questões no setor agrícola: de um lado, países ricos, que querem maior acesso aos mercados de bens e serviços dos países em desenvolvimento; de outro, estes últimos, que em troca querem mais espaço para seus produtos agrícolas nos mercados dos países ricos.

Parece que a maior preocupação dos países-membros diz respeito à eliminação de subsídios, reforma dos mecanismos de crédito oferecidos pelos países ricos à produção agrícola para exportação e para a produção doméstica e o corte de tarifas de importação. Como não se chega a um acordo, as negociações do então art. 18 da Declaração tomam lugar a cada encontro da Rodada.

Em 24 de julho de 2006 (após o insucesso das negociações da Conferência Ministerial de Hong Kong, ocorrida de 13 a 18 de dezembro de 2005[68]), o diretor-geral da OMC, Pascal Lamy, suspendeu as negociações, devido ao impasse em que encerrou um encontro entre os representantes dos principais países envolvidos na rodada – Brasil, Austrália, União Européia (UE), Índia, Japão e EUA.[69]

Com o fim de retomar as discussões e destravar a Rodada Doha, Brasil, UE (União Européia), EUA e Índia se reuni-

66. V. *site* da OMC. Disponível in *http://www.wto.org/english/tratop_e/trips_e/gi_background_e.htm*.

67. Thu-Lang Tran Wasescha, ob. cit., p. 6.

68. Na declaração final da Conferência Ministerial de Hong Kong, os ministros haviam se comprometido a "disciplinar" os créditos e subsídios aos exportadores e os programas de garantias de preços aos produtores, entre outras questões ligadas à área agrícola, até 30.4.2006. Sem sucesso.

69. Vinicius Albuquerque bem descreve em brevíssimas linhas a situação atual da Rodada Doha em notícia publicada em 4.7.2007. Disponível in *http://www1.folha.uol.com.br/folha/dinheiro/ult91u309441.shtml*.

ram na cidade de Potsdam (Alemanha), em junho de 2007. A reunião foi encerrada dois dias antes do previsto, quando Brasil e Índia decidiram se retirar das negociações com o chamado G4, que inclui ainda Estados Unidos e UE. Ocorre que mais uma vez, o impasse na questão dos cortes de subsídios e na redução de tarifas levou ao colapso das negociações.

A Rodada Doha segue sem conclusão e, junto com isso, as questões referentes às IGs: (1) a criação de um sistema multilateral de notificação e registro para vinhos e destilados, e; (2) a extensão da proteção adicional para produtos além de vinhos e destilados.

5.1.1 Quanto à extensão da proteção adicional conferida pelo TRIPS para vinhos e destilados a todas as Indicações Geográficas

A nível internacional argumenta-se que a proteção das Indicações Geográficas está longe de ser adequada e efetiva. Isso por que, exceto com relação a vinhos e destilados, é muito mais fácil para os produtores usarem as Indicações Geográficas de forma errada, e aproveitarem-se da reputação, características e qualidades específicas das verdadeiras Indicações Geográficas, enganado ou induzindo consumidores a erro. Ainda que alguns países possam ter desenvolvido uma legislação efetiva de proteção das Indicações Geográficas para todos os produtos, a legislação nacional, que só é aplicada internamente não é suficiente numa economia global, em que produtos e serviços atravessam fronteiras.[70]

Alguns países como Índia e Sri Lanka perceberam que seus produtos estavam sendo "usurpados" por outros países, onde marcas ou patentes estavam abertamente praticando o *free-riding* sobre a reputação de seus produtos. Exemplos como "Arroz Bastami",[71] da Índia, ou chá Ceylon, do Sri Lanka, provêm de áreas geográficas particulares cuja qualidade, reputação ou outra característica são atribuídas essencialmente (se não com exclusividade) a sua origem geográfica. Em outras palavras, não podem ser produzidos com as mesmas qualidades ou características em qualquer outro local do planeta. O fato de que outros países produzirem "arroz tipo Bastami" ou "chá tipo Ceylon" (permitido pelo desequilíbrio de proteção do TRIPS) resultou em considerável perda de mercado para esses dois países. Isso os levou a defenderem a extensão da proteção adicional para produtos além de vinhos e destilados no âmbito internacional.[72]

Foi em setembro de 2000 que um grupo de países liderados pela Bulgária, República Tcheca, Índia e Suíça apresentaram formalmente ao Conselho para TRIPS uma proposta para estender a proteção adicional para produtos além de vinhos e destilados.[73] Mas foi na Conferência Ministerial

70. Felix Addor e Alexandra Grazioli, p. 866.

71. O Bastami é um arroz único, de grão longo e aromático, tradicionalmente cultivado há séculos na Índia e Paquistão. E por ser especial e muito conhecido entre consumidores do mundo, alguns países que produzem arroz o chamam erroneamente de Bastami. Os EUA acreditam que o Bastami é um termo genérico, e pode ser cultivado em qualquer lugar do mundo. Por causa disso, em 1997, foi concedida à Rice Tec, empresa do Texas produtora de arroz, patente de arroz Bastami produzido por essa. É óbvio que a única razão para países como os EUA chamarem o arroz que produzem de Bastami é para praticarem o *free-riding* na excelente reputação do verdadeiro arroz Bastami, senão, empresas como a Rice Tec comercializariam o arroz apenas como "arroz aromático produzido nos EUA". Algumas ONGs na Índia, contrárias ao fato de os EUA terem cruzado os genes do arroz Bastami com outro comum, e patenteado o resultado dessa modificação genética como "Basmati", alegam que essa variação genética realizada pelos americanos não é diferente da engenharia reversa que era realizada na Índia, dos medicamentos americanos patenteados, prática banida por ser considerada pirataria nos termos do TRIPS (in Mohan Kumar, p. 16).

72. Mohan Kumar, p. 11.

73. Documento da OMC: IP/C/W/204/Rev. 1, de 2.10.2000, Bulgária, República Tcheca, Egito, Islândia, Índia, Quênia, Liechtenstein, Paquistão,

de Doha, em 2001, que os "amigos das IG" tornaram-se ativos.[74]

Não existem razões econômicas e objetivas para outros produtos diferentemente das Indicações Geográficas para vinhos e destilados, os quais o TRIPS confere padrão superior de proteção.[75] Os países-membros que defendem a extensão da proteção adicional conferida pelo Acordo TRIPS para produtos além de vinhos e destilados, conhecidos como "os amigos das IGs" incluem: União Européia, Bulgária, Guiné, Índia, Jamaica, Quênia, Madagascar, Ilhas Maurício, Marrocos, Paquistão, Romênia, Sri Lanka, Suíça, Tailândia, Tunísia e Turquia.[76] Esses países argumentam basicamente que o desequilíbrio de proteção conferida pelo TRIPS, representa uma discriminação inaceitável contra todos os outros produtos. Afirmam que a hierarquia de proteção permite que produtores de outras regiões usurpem a Indicação Geográfica, praticando o *free-riding*, aproveitam-se da reputação da Indicação Geográfica, induzindo os consumidores a erro.[77]

A extensão da proteção adicional para produtos além de vinhos e destilados, não criaria uma barreira para o comércio. Pelo contrário, traria vantagens principalmente para os países em desenvolvimentos e de menor desenvolvimento relativo que dependem exclusivamente da agricultura, artesanato e exportação de bens primários.[78]

Os países que defendem a extensão do padrão superior de proteção para todos os produtos – os amigos das IGs – vêem nisso uma forma de aumentar a comercialização de seus produtos por meio da diferenciação mais efetiva de seus concorrentes, que "usurpam" seus nomes geográficos, enganado consumidores quanto à verdadeira origem de seus produtos.[79]

Convencidos dos benefícios econômicos e potencial comercial das IGs, muitos países, não só entre os desenvolvidos, em desenvolvimento e de menor desenvolvimento relativo, trabalham ativamente junto a Organização Mundial do Comércio para terem as atuais proteções conferidas pelo TRIPS a vinhos e destilados, estendidas para todos os produtos. Não querem mais tolerar o uso ilegítimo das suas IGs por produtores e fabricantes que não estão localizados na região designada, o que significa considerável perda de reputação e renda a longo prazo para produtores e fabricantes dentro de seu território e no mercado mundial.[80]

A extensão da proteção conferida pelo TRIPS a vinhos e destilados para todos os produtos é uma questão de importância particular em discussão na atual Rodada de Doha, da OMC. Essa questão é de grande importância também para os países em desenvolvimento e de menor desenvolvimento relativo, tendo em vista o comércio remunerável de seus produtos agrícolas e artesanais e primários. Sem falar da importância que as IGs representam para as necessidades das comunidades indígenas e locais, e fazendeiros.[81]

Eslovênia, Sri Lanka, Suíça e Turquia (in Mohan Kumar, p. 12). O documento alega que o desequilíbrio de proteção foi resultado das discussões dos EUA e EU na Conferência Ministerial de Bruxelas, de 1990, com relação à agricultura. A União Européia não participou desse primeiro documento, pois na época países como a Alemanha e Dinamarca não eram favoráveis à extensão.

74. Mohan Kumar, p. 13.

75. Felix Addor e Alexandra Grazioli, p. 874.

76. Informação disponível no *site* da OMC, *http://www.wto.org/english/tratop_e/trips_e/gi_background_e. htm*. V. o Docs. IP/C/W/247/Rev. 1, de 17.5.2001, IP/C/W/204/Rev. 1, de out./2002; IP/C/W/247/Rev. 1.

77. Felix Addor e Alexandra Grazioli, p. 885.

78. V. Docs. TN/C/W/26 e TN/IP/W/11, de 14.6.2005.

79. O Documento TN/IP/W/11, circulado pela União Européia, é o mais recente a esse respeito. Pede pela emenda do TRIPS para estender a proteção de padrão elevado para todos os produtos, e inclusive às exceções do art. 24, junto com a criação de um sistema multilateral de registro para vinhos e destilados. Disponível em *http://www.wto.org/english/tratop_e/trips_e/gi_background_e.htm*. (3.11.2007).

80. Felix Addor e Alexandra Grazioli, p. 866.

81. As IGs são baseadas em tradições coletivas e um processo de decisão coletiva; recompensam as tradições; enfatizam a relação entre esforços

Estender a proteção adicional conferida pelo TRIPS a vinhos e destilados para todos os produtos resultaria em proteção internacional mínima e balanceada e satisfatória garantida pelo TRIPS. Esse passo aumentaria o valor das Indicações Geográficas em geral, e encorajaria que produtos de maior qualidade fossem colocados no mercado internacional, beneficiando, além dos produtores e prestadores de serviços, logicamente, os consumidores, que teriam a certeza da real procedência dos produtos que consomem, da reputação e alto padrão de qualidade.

Um dos argumentos dos membros favoráveis à extensão é que ao garantir a proteção de padrão superior para produtos além de vinhos e destilados agregaria valor para exportações, pois aumentaria as chances de acesso a mercado para esses produtos. Outro argumento defende que a permanência no TRIPS dessa hierarquia de proteção, além de parecer um preconceito, uma discriminação, contra as outras Indicações Geográficas, aumenta o risco de produtos que não vinhos e destilados tornem-se genéricos.

Se a extensão é puramente um tema de propriedade intelectual, faria sentido tratar todas as Indicações Geográficas legalmente da mesma maneira. Mas um ponto é comum, ainda entre os membros que discordam da extensão da proteção adicional do art. 23 do TRIPS para outros produtos, isto é, a hierarquia da proteção das IGs, o preconceito existente no TRIPS contra as outras Indicações Geográficas não possui base jurídica ou racional.[82]

Tecnicamente, Felix Addor afirma que o alcance da proteção adicional do art. 23 do TRIPS pode ser estendido para todos os produtos, simplesmente eliminando dessa provisão a referência a "vinhos e destilados", e substituindo-a por uma referência mais geral, isto é, "produtos da mesma categoria". Essa emenda teria a vantagem de, no futuro, além da proteção geral conferida pelo art. 22, serem beneficiadas pela proteção adicional do art. 23.[83] Desta forma, as Indicações Geográficas seriam protegidas independentemente do produto em questão.[84]

Os países-membros da OMC não favoráveis à extensão da proteção adicional conferida pelo Acordo TRIPS para produtos além de vinhos e destilados incluem: Argentina, Canadá, Chile, Colômbia, República Dominicana, Equador, El Salvador, Guatemala, Honduras, Nova Zelândia, Panamá, Paraguai, Filipinas, Taipei e Estados Unidos.[85] Basicamente, sustentam que a primeira frase do art. 24 do TRIPS, de que "Os membros acordam entabular negociações com o objetivo de aumentar a proteção às Indicações Geográficas específicas mencionadas no art. 23", diz respeito a vinhos e destilados apenas, simplesmente porque o art. 23 refere-se apenas a esses dois produtos.[86]

Alguns argumentos desses países são que essa hierarquia é o resultado do balanço total alcançado na Rodada Uruguai. Alegam que a hierarquia de níveis de proteção é adequada, e que a proteção reforçada para todos os produtos seria um "fardo" que perturbaria as práticas legitimadas existentes de mercado, além de envolver

humanos, cultura, terra, recursos naturais e ambiente, e não são livremente transferidas (Felix Addor e Alexandra Grazioli, p. 866).

82. Dwijen Rangnekar,, p. 8.

83. Refere-se a comunicação feita para o Conselho para TRIPS da sessão de junho de 2002, quanto à questão da proteção adicional das IGs para todos os produtos (Felix Addor e Alexandra Grazioli, ob. cit., p. 891).

84. P.ex., a IG "Antigua", que é uma IG para café na Guatemala, era usada para café no Brasil, e para esse caso, a proteção adicional do art. 23 não se aplica, por não se tratar nem de vinho, nem de bebida destilada. Se a mesma IG "Antigua" fosse usada para roupas na China ou chás na Índia, aplicar-se-ia a proteção geral do art. 22, desde que presentes o induzimento a erro dos consumidores ou concorrência desleal (Felix Addor e Alexandra Grazioli, p. 891).

85. Informação disponível no *site* da OMC, *http://www.wto.org/english/tratop_e/trips_e/gi_background_e.htm*. V. Doc. IP/C/W/211.

86. Mohan Kumar, p. 12.

gastos extras para os governos, produtores e consumidores. Consideram a proteção mais efetiva das Indicações Geográficas como uma barreira ao comércio, pois isso causaria o fechamento de mercados ou afetaria as atividades dos produtores, visto que alguns produtos teriam de ser rotulados novamente. Acreditam que os países em desenvolvimento e de menor desenvolvimento relativo não teriam como arcar com os custos da extensão.[87]

Além do mais, os oponentes argumentam que a extensão criaria obrigações adicionais ao TRIPS, e os custos administrativos e jurídicos para isso seriam altíssimos.[88] Sem falar que causaria confusão para os consumidores, e haveria um desequilíbrio no comércio.[89]

Em resumo, as três categorias de questões em discussão entre os membros da OMC favoráveis à extensão, e os oponentes são: (1) jurídica – relacionadas às diferenças entre a proteção geral concedida pelo art. 22 do TRIPS, e a adicional, pelo art. 23 do TRIPS; (2) políticas – tais como, impacto da extensão aos produtores e consumidores; (3) custos administrativos e "fardos" para os produtores, associados à extensão. Também existem os custos e riscos ao adiar-se a extensão da proteção adicional a produtos além de vinhos e destilados indefinidamente. Isso é particularmente verdade para países em desenvolvimento, eis que não apenas sofrem perdas de mercado devido à "usurpação", imitação e *free-riding* das suas IGs, mas também sofrem o risco crescente de essas tornarem-se genéricas a cada dia.[90]

Sobre as atuais discussões em debate sob a Rodada Doha, envolvendo Indicações Geográficas, seja sobre extensão da proteção adicional para produtos além de vinhos e destilados, ou sobre a criação de um Registro Multilateral, verificam-se aspectos únicos na OMC. Não está em jogo interesses de países desenvolvidos contra os dos países em desenvolvimento e de menor desenvolvimento relativo. Assim que, não se trata de uma questão "Norte *vs.* Sul". Países em desenvolvimento como Sri Lanka, Quênia e Paquistão são favoráveis à extensão. Enquanto outros, como Argentina, Chile e México não são. Isso contradiz o fato de o TRIPS ser considerado por alguns países como "inimigo do desenvolvimento".[91]

5.1.2 Criação de um Sistema Multilateral para Notificação e Registro das Indicações Geográficas

Nos termos do art. 18 da Declaração Ministerial de Doha, os membros concordam em negociar o estabelecimento de um Sistema Multilateral de Notificação e Registro de Indicações Geográficas para vinhos e destilados. Ainda que as negociações digam respeito apenas ao estabelecimento de um Sistema Multilateral de Registro para IGs para vinhos e destilados, espera-se que o Sistema também inclua outras IGs, devido a extensão da proteção adicional do art. 23 do TRIPS para essas.[92]

Com o Registro Multilateral, seria mais fácil para os produtores ou prestadores de serviços defenderem seus produtos ou serviços com IGs fora do território de seus países.[93] Assim, produtores e prestadores de serviços poderiam defender-se in-

87. Custos referentes à implementação nacional de lei; para os consumidores, comércio e fabricação (Mohan Kumar, p. 4).

88. Tehemtan N. Daruwalla, p. 7.

89. Mohan Kumar, p. 12.

90. Idem, p. 15.

91. Idem, p. 13.

92. Nesse sentido é a Comunicação da UE e outros países-membros à OMC, em 19.6.2002, IP/C/W/353.

93. É o que defende a Organização para uma Rede de Indicações Geográficas – ORIGIN, que representa mais de 1 milhão de produtores de mais de 30 países da África do Sul, América do Norte, Ásia e Europa (in *http://origin.technomind.be/11.0.html?&no_cache=1*, 4.11.2007).

ternacionalmente de forma mais efetiva contra os *free riders*, aqueles que se beneficiam das IGs, levando o consumidor a erro quanto sua verdadeira origem, de outros países.[94] Um sistema de registro simples e *sui generis* seria a melhor opção para pequenos produtores que não podem registrar sua IG em todos os países, o que implica custos elevadíssimos, em especial para produtores dos países em desenvolvimento e de menor desenvolvimento relativo.[95]

(a) A proposta da União Européia e países-membros, quanto à criação do Sistema Multilateral para Notificação e Registro de Indicações Geográficas

A União Européia propôs ao Conselho para TRIPS que o texto do Acordo TRIPS seja emendado no sentido de estender a proteção adicional para todas as IGs. Inclusive, sugere seja adicionado ao art. 23.4 do Acordo TRIPS um Anexo sobre Sistema Multilateral de Notificação e Registro de IGs.[96]

O estabelecimento de um Sistema Multilateral para Reconhecimento e Registro de Indicações Geográficas seria uma válida ferramenta para facilitar a proteção das Indicações Geográficas no âmbito do comércio internacional.[97] Nessa linha, esses países afirmam que os Estados-membros da OMC deveriam notificar suas IGs domésticas juntamente com cópias de acordos bilateral, regional ou multilateral que protegem essa IG, e a observância com o art. 22(1) do TRIPS, para a Secretaria da OMC, que logo notificaria todos os membros da OMC sobre a submissão. Os membros teriam 18 meses para examinar a submissão e analisar: (1) que confere com o art. 22(1) do TRIPS; (2) que existe a proteção no país de origem; (3) que o uso da IG não induz a erro, conforme o art. 22(4) do TRIPS.

Isso permitiria que os países mais pobres pudessem ter suas Indicações Geográficas protegidas em todos os países-membros da OMC por meio de um único registro, não havendo mais a necessidade de registro em cada país para garantir a proteção fora do território nacional, como ocorre hoje.[98]

(b) A proposta dos Estados Unidos, Canadá, Chile, Japão e outros, quanto à criação do Sistema Multilateral para Notificação e Registro de Indicações Geográficas

Em comunicado enviado para a OMPI, Estados Unidos, Canadá, Chile, Ja-

94. É importante mencionar o Manual sobre Indicações Geográficas lançado pela Comissão da União Européia em jun./2007, que defende a melhor proteção das IGs a nível mundial, e expõe a posição da UE nas discussões da Rodada de Doha. Em suma, dispõe que, considerando que os consumidores estão geralmente prontos para pagar mais pelos produtos com selo de IG, produtores e prestadores de serviços que não pertencem à região sentem-se tentados a apropriarem-se indevidamente da IG para seus próprios produtos ou serviços. *Isso não apenas induz os consumidores a erro, como também "dilui" o valor da IG, assim como desencoraja os produtores de investirem em decisões como a de lançar campanhas de "marketing" caras.* Conseqüentemente, os ganhos resultante do comércio de IGs precisa ser acompanhado pela prevenção de sua perda de valor causado pela cópia ou *free-riding* (que significa apropriar-se de algo que não se tem direito; *in casu* significa "pegar carona" na reputação da IG, sem ser da região delimitada). Isso exige esforços jurídicos intensos de alto custo, que pequenas comunidades rurais raramente podem pagar. É por causa disso que as IGs precisam de proteção mais reforçada. V. maiores informações no *site* da UE, in *http://ec.europa.eu/trade/issues/sectoral/intell_property/pr270607_en.htm* (5.11.2007).

95. Defende-se ainda a abertura de um sistema de arbitragem na Organização Mundial da Propriedade Intelectual (OMPI) para IGs IP/C/W/234, de 11.12.2000. V. "proposta conjunta", Doc. TN/IP/W/10.

96. No Doc. TN/IP/W/11, de 14.6.2005, esse grupo propõe como seria o novo texto do Acordo TRIPS, inclusive um Anexo sobre o Sistema Multilateral de Notificação e Registro de IGs.

97. Conforme Burkhart Goebel, o sistema multilateral de registro teria uma combinação de elementos do Acordo de Lisboa de 1958, e da Reg. 2.081/1995 da União Européia (cit., p. 11).

98. TN/IP/W/7, de 18.2.2003.

pão e outros, afirmam que pelo texto do art. 23.4 do TRIPS, a participação dos países-membros da OMC no Registro Multilateral deve ser voluntária. Esse grupo não concorda que o texto do Acordo TRIPS deva ser emendado, e também não são contra a criação do Registro, mas que o Conselho para TRIPS crie um sistema voluntário em que as IGs notificadas seriam registradas em um banco de dados. Aqueles membros que desejassem participar do Sistema consultariam o banco de dados antes de protegerem uma IG em seu próprio território. Os membros não-participantes seriam "encorajados", mas não "obrigados" a consultar o banco de dados.[99]

Além disso, esse grupo sustenta que o Registro Multilateral não poderá aumentar ou diminuir os direitos e obrigações dos membros existentes sob os auspícios do TRIPS, independentemente se o membro escolha participar do Sistema. Afirmam que a finalidade do Sistema Multilateral não deve aumentar o nível de proteção fornecido pelo TRIPS – um "TRIPS-*plus*", mas facilitar a obtenção daquele nível de proteção.[100]

Isso por que, conforme o art. 1.1 do TRIPS, os membros são livres para determinar o método de implementação das obrigações sobre IGs do TRIPS. Os membros são também livres para determinar para si se um termo determinado qualifica-se para proteção de IG em seu território, concernente à Seção 3 do TRIPS. Assim que, a criação de um Sistema Multilateral para Notificação e Registro de IGs além de vinhos e destilados não seria consistente com o princípio da territorialidade dos direitos de propriedade intelectual e da liberdade nacional para determinar a maneira de implementar o Acordo TRIPS.[101]

6. O valor comercial das Indicações Geográficas

Em meio de uma economia global cada vez mais interligada, devido a globalização, a abertura das alfândegas e de áreas de livre comércio, as IGs têm se tornado mais do que mera categoria de propriedade intelectual. O papel representado por elas na economia é sem dúvida muito importante, notadamente para pequenos produtores – de países desenvolvidos, em desenvolvimento e de menor desenvolvimento relativo – que, na maior parte das vezes, estão desfavorecidos nesse cenário que se apresenta.

A globalização do mercado significa que hoje existe uma economia desprovida de "lugar definido". O tempo e o espaço não impedem a circulação livre de bens, trabalho e capital. Diante disso, o desafio maior das IGs é justamente este: chamar atenção para o significado de "lugar" ou "origem geográfica". É uma forma de manter o atual mercado internacional globalizado e padronizado, ligado a lugares específicos.

O mercado mundial de alimentos encontra-se em profundas transformações, sobretudo após as crises alimentares na Europa, como a doença da "vaca-louca", que contaminou pessoas e acarretou no ex-

99. "Participation in the system is *voluntary*. Also, the system should *not add to or diminish Members' existing rights and obligations* under the TRIPS Agreement, regardless of whether or not a Member chooses to participate in the system" (TN/IP/W/9, de 13.4.2004).

100. Segundo a Resolução da Associação pela Proteção da Propriedade Intelectual (AIPPI), "a voluntary multilateral system of notification of geographical indications should be establishedfor information purposes. This should be recorded on a database which is searchable on line, free of charge and accessible to all members of the public. No inference should be drawn by participation or non-participation in the system". The purpose of the negotiations is stated in TRIPS Article 23.4: "In order to *facilitate* the protection of geographical indications for wines, negotiations shall be undertaken in the Council for TRIPS concerning the establishment of a multilateral system of notification and registration of geographical indications for wines eligible for protection *in those Members participating in the system*" (TN/IP/W/9, de 13.4.2004).

101. TN/IP/W/7, de 18.2.2003.

termínio de milhares de bovinos. Essa crise teve enorme repercussão do mundo e certamente contribuiu para alterar os hábitos alimentares dos consumidores e procedimentos no comércio internacional.[102] Outra crise é a da "febre aftosa" do gado bovino no Brasil. Sem falar dos embargos pela União Européia à importação de carne bovina brasileira por falta de cumprimento, por parte dos produtores brasileiros, das exigências sanitárias do mercado europeu, que envolvem a certificação e o rastreamento de origem do gado brasileiro, que não assegura que a carne enviada à Europa não provém de áreas onde a venda para o bloco é proibida. E se comparado com as exportações de carne bovina brasileira para a União Européia em 2007, o prejuízo chega a US$ 1,5 bilhão.

Os consumidores estão cada vez mais exigentes. Querem saber o que estão comendo, quem produziu, se o meio ambiente foi respeitado, se há ética no negócio, se é benéfico à saúde, a origem geográfica do produto. É muito importante saber a qualidade, reputação e identidade própria dos alimentos que consomem, ainda que se tenha que pagar mais caro por isso, devido à confiança adquirida com a manutenção e controle das características inerentes ao produto durante décadas de comercialização e respeito ao consumidor.

Este é o atual perfil de consumo de alimentos no mundo; os consumidores encontraram novos critérios de aquisição de produtos no mercado, buscam produtos de qualidade, autênticos, com sólida tradição por detrás deles – e eles são influenciados pela própria consciência social ao escolher esses produtos.[103]

A função primordial da IG é de permitir a identificação da origem do produto, que pode ser associado com um local geográfico específico, responsável por conferir características e qualidades sobre o produto ou serviço. Designa e realça a qualidade e identidade do produto, além de preservar tradições culturais e a maneira tradicional de produção ou prestação do serviço. Ainda, geralmente a produção de produtos com IG respeita arduamente, sob pena de sofrer penalidades, um Regulamento Técnico de Qualidade.[104]

As IGs servem para proteger bens intangíveis assim como a diferenciação comercial, reputação e padrões de qualidade. Em sua essência, são instrumentos econômicos, de agregação de valor a produtos e serviços.[105] Não são designadas para serem vendidas como *commodities*, ou para terem preponderância hegemônica no mercado, mas geralmente, representam produtos de alta qualidade e sofisticação. Ainda, representam especialidades locais, transmitem a identidade cultural de uma nação, região ou localidade, ou ainda, acrescen-

102. Rubens Altmann, "Certificação de qualidade e origem e desenvolvimento rural – Novo paradigma no mercado de alimentos", in Léa Lagares e outros, pp. 147-148.

103. Felix Addor e Alexandra Grazioli, p. 874.

104. A IP Carne do Pampa Gaúcho possui Regulamento Técnico de Produção, que dispõe sobre delimitação da área de produção, raças autorizadas (Angus e Hereford ou cruzas entre elas), a alimentação autorizada (pastagens nativas e pastagens nativas melhoradas, podendo também ser terminados em pastagens cultivadas de inverno, nativas ou exóticas, em regime extensivo), a rastreabilidade (indispensável para a segurança alimentar), características dos animais, elaboração, rotulagem. Os arts. 26 e 27 do Regulamento dispõe sobre infrações e respectivas penalidades: "Art. 26. São consideradas infrações à IP Pampa Gaúcho da Campanha Meridional: a) O não cumprimento das normas de produção, elaboração e rotulagem dos produtos da IP Pampa Gaúcho da Campanha Meridional; b) O descumprimento dos princípios da IP Pampa Gaúcho da Campanha Meridional. Art. 27. Penalidades para infrações à IP Pampa Gaúcho da Campanha Meridional: a) Advertência por escrito; b) Multa; c) Suspensão temporária da IP Pampa Gaúcho da Campanha Meridional; d) Suspensão definitiva da IP Pampa Gaúcho da Campanha Meridional" (disponível em *http://www.carnedopampagaucho.com.br/campanhameridional.php*).

105. Juliana Santilli, "As Indicações Geográficas e territorialidades específicas das populações tradicionais, povos indígenas e quilombolas", in Léa Lagares e outros, p. 206.

tam dimensão humana a produtos que cada vez mais estão sujeitos a produção padronizada para o consumo em massa.[106] Desta forma, as IGs são uma importante ferramenta de Propriedade Intelectual para pequenos produtores de produtos típicos que estão enraizados em um território específico.

A presente transformação da indústria agroalimentícia, que permite a industrialização do processo de produção na agricultura (produção em larga escala, concentração da produção e divisão do trabalho), juntamente com a logística de transporte e agilidade nas comunicações que facilita o acesso a mercados antes inacessíveis, aumenta a competição no mercado mundial de alimentos. Isso enfraquece as associações de pequenos produtores.[107]

Esses produtores, não apenas dos países em desenvolvimento e de menor desenvolvimento relativo, mas também dos países ricos da Europa e Estados Unidos, têm dificuldades para compreender essa transformação estrutural nos mercados. Muitas vezes não conseguem programar estratégias que o atual mercado internacional de alimentos exige e acabam perdendo oportunidades, pois não conseguem competir com as grandes indústrias com processo industrializado de produção. Aqui, a diferença entre os pequenos produtores dos países pobres e ricos é que nestes há recursos e apoio a programas de desenvolvimento e maior capacidade de organização, influenciando na formulação de políticas públicas que favorecem a competitividade.

Os selos identificam e valorizam o produto com Indicação Geográfica. Permitem que os consumidores distingam os alimentos com garantia de qualidade; segmentam os mercados e criam valor agregado de 10-30% a mais; evitam a concorrência desleal; protegem alguns micro setores alimentar das regiões agrícolas desfavorecidas ou em recessão; valorizam a agricultura nacional e de qualidade.[108]

Isso claramente ilustra o importante papel que a IG pode ter no cenário atual de comércio nacional e internacional de alimentos, atuando em todos os setores da economia. A mensagem transmitida pela Indicação Geográfica faz jus às exigências do consumidor. O produto associado a um nome geográfico possui qualidade que resulta dessa região geográfica e processo de produção específico. Assim, a proteção do nome ajuda a evitar o desenvolvimento de uma associação genérica, que induza o consumidor a erro, que compra produtos pensando ser proveniente de determinada origem geográfica e que, na verdade, não são.

Por meio do selo de IG, o consumidor identifica o produto de alto valor agregado e qualidades específicas. A IG garante ao consumidor confiança com relação à origem do produto, que muitas vezes respeitam altos padrões de qualidade e estão prontos a pagar mais caro por esses produtos.[109]

106. Felix Addor e Alexandra Grazioli, p. 874. Marcas e Indicações Geográficas recompensam os produtores que investem em construir a reputação de um produto. Recompensam produtores que mantêm um tradicional alto padrão de qualidade, enquanto, ao mesmo tempo, permitem flexibilização para inovação e melhoramento daquela tradição. Representam mecanismo jurídico que os produtores podem utilizar para diferenciar seus produtos, de acordo com o critério assim como a sustentabilidade ou tradição natural de produção, e assim apelam aos consumidores. Sendo assim, possuem grande relevância para os países em desenvolvimento que dependem da exportação de produtos primários (in David R. Downes e Sarah A. Laird, p. 7).

107. Rubens Altmann, in Léa Lagares e outros, p. 149.

108. Léa Lagares e outros, pp. 31 e 32.

109. 40% dos consumidores europeus estão prontos para pagar por, no mínimo, 10% a mais sobre os produtos com selo de IG. Somente na Itália, 75% dos consumidores pagam por, pelo menos, 20% a mais sobre os produtos com selo de IG. Fonte: Organização para uma Rede Internacional de Indicações Geográficas – ORIGIN, in *http://origin.technomind.be/fileadmin/origin/PDFs/English/OriGIn_publications/Presentations__Speeches/Archive_2005/ORIGIN_-_*

Uma produção de alimentos com garantia de qualidade e origem pode assegurar melhores preços aos seus produtores, abrir mercado para diversos produtos tipicamente regionais, assim como criar condições de competitividade para os pequenos produtores familiares. Representa uma alternativa para valorizar o seu trabalho, eis que diferencia os produtos típicos regionais, que fogem da atual produção em larga escala, além de assegurar sua permanência no campo.[110]

Um exemplo brasileiro dos impactos socioeconômicos que as IGs podem gerar diz respeito à IP Vale dos Vinhedos.[111] O negócio vitivinícola na região valorizou-se desde o início do projeto. Por exemplo, houve valorização das terras das propriedades agrícolas entre 200 a 500%. Esse resultado já confere aos proprietários de terras localizadas na zona delimitada para uso dessa IG, patrimônio de real valor, estimulando a continuidade do negócio de produção de vinhos pelas próximas gerações. Mas não só as terras foram valorizadas, outros setores receberam investimento, como as vinícolas, que tiveram melhoria no padrão tecnológico, sem falar do aumento da oferta de empregos em todos os seguimentos, outros investimentos em agroindústria e turismo, em especial a atividade de enoturismo[112] e gastronomia.[113]

Nesse mesmo sentido, a despeito de a IG agregar valor não só ao produto final, mas em toda cadeia de produção, na Itália, a título de ilustração, o valor do leite para fabricação do queijo "*Parmigiano Reggiano*" é de 7 a 10% superior ao do leite para fabricação de queijos sem o selo de IG, favorecendo os produtores daquele leite. Com relação à Tequila, no México, o valor do quilo do "Agave Azul" aumentou 5.000% entre 1995 e 2002. A verdadeira Tequila, conforme as leis do México, só

WIPO_GI_Symposium_Parma_29_June_2005.ppt#433,13,An increasing market for GI (4.11.2007).

110. Rubens Altmann, in Léa Lagares e outros, ob. cit., p. 153. Vitivinicultores da Alemanha, França, Itália, Espanha, adotaram essa estratégia ao perceber suas perdas no mercado internacional de vinhos e a mudança do perfil da demanda.

111. Existe uma normativa da IP Vale dos Vinhedos. Não basta simplesmente ser titular da IG, mas respeitar os padrões de produção em harmonia com os Estatutos da Associação dos Produtores de Vinhos Finos do Vale dos Vinhedos – APROVALE, cujo Conselho Regulador é o órgão social da associação, que implementa esse regulamento, por meio de normas internas que visam sua operacionalização. A normativa delimita a área de produção; regula a elaboração dos produtos, a rotulagem; responsabiliza pelo não implemento das normas de produção, elaboração e rotulagem, cuja pena máxima é a suspensão definitiva da IP. Enfim, inspeciona o alto padrão de qualidade do produto.

112. Conforme consta no próprio *site* do Vale dos Vinhedos: "O Vale dos Vinhedos é uma forte região vitivinícola pelo que o enoturismo representa, sendo um veículo às pessoas que visitam o roteiro podendo descobrir, através do vinho, todos os aspectos culturais do Vale. O roteiro permite que os visitantes tenham contato com o mundo rural, contribuindo para a preservação da autenticidade da região através da divulgação do seu artesanato, do patrimônio paisagístico, arquitetônico e museológico e da gastronomia. O enoturismo no Vale dos Vinhedos é, também, uma solução para a dinamização das regiões demarcadas". O Vale dos Vinhedos é uma forte região vitivinícola pelo que o enoturismo representa, sendo um veículo às pessoas que visitam o roteiro podendo descobrir, através do vinho, todos os aspectos culturais do Vale. O roteiro permite que os visitantes tenham contato com o mundo rural, contribuindo para a preservação da autenticidade da região através da divulgação do seu artesanato, do patrimônio paisagístico, arquitetônico e museológico e da gastronomia. O enoturismo no Vale dos Vinhedos é, também, uma solução para a dinamização das regiões demarcadas.

113. Jorge Tonietto, "Experiências de desenvolvimento de certificações: vinhos da Indicação de Procedência Valo dos Vinhedos", in Léa Lagares e outros, p. 166. Verifica-se um incremento de área plantada com uvas viníferas autorizadas, uso de sistemas de produção visando o aprimoramento da qualidade da uva, valorização das uvas de qualidade, aumento do número de vinícolas, novos investimentos nas vinícolas existentes, com melhoria no padrão tecnológico, maior oferta de empregos em todos os seguimentos, outros investimentos em agroindústria (queijaria, sucos) e turismo (hotéis e restaurantes), com incremento na atividade de enoturismo e gastronomia. Há ainda a preocupação crescente com a preservação ambiental, estando em elaboração um plano diretor para a área rural, buscando a valorização da vocação local.

pode ser produzida por meio desse tipo particular de Agave, a azul, que apenas pode ser produzida em áreas geográficas especificamente designadas, primordialmente o estado de Jalisco, no centro-oeste do México.[114]

Com relação à IP Carne do Pampa Gaúcho,[115] o reflexo desenvolvimentista ainda não é significativo, tendo em vista que o reconhecimento pelo INPI ainda é muito recente. Quanto às exportações, ainda não foi possível chegar a um número de abate suficiente para encher um container. Para isso, seria necessário contar com mais produtores, sem desobedecer ao regulamento. Mesmo assim, as expectativas são grandes e muitos resultados já foram alcançados. O preço já é diferenciado e a carne já é vendida separadamente em balcão.[116] Tudo indica que o futuro será próspero para esses produtores.

O objetivo principal que motivou o registro e reconhecimento de IP "Carne do Pampa Gaúcho" foi pela busca pela agregação de valor ao produto, podendo ser mantido o mesmo sistema de produção tradicional. Muitos produtores da região, que não estão na zona delimitada para o uso da IP, não seguem um padrão de alimentação dos animais, ou já utilizam métodos de produção em escala, como confinamento. E esse não é o objetivo dos produtores da Carne do Pampa Gaúcho, em que o gado é rastreado e vive livremente no campo. Daí por que os objetivos da instituição da IP Carne do Pampa Gaúcho fundamentam-se em:[117]

• dispor ao consumidor produtos da pecuária bovina de corte com garantia de origem e qualidade – Certificação de Origem;

• agregar valor aos agentes envolvidos na cadeia produtiva da pecuária bovina de corte através da implementação de processos de qualidade;

• incentivar a pesquisa em pecuária bovina de corte, assim como a qualificação dos produtos carne, couro e seus derivados;

• desenvolver ações que promovam a organização e preservação do Pampa Gaúcho da Campanha Meridional, promovendo estudos e agindo junto às autoridades competentes para o atendimento deste objetivo;

• estimular e promover o potencial turístico da região, bem como o aprimoramento sociocultural dos associados, seus familiares e comunidade.

Com relação à IP "Cachaça de Paraty", o processo de reconhecimento durou cerca de 10 anos, após o início de um trabalho árduo desenvolvido pelo Sebrae-RJ, Ministério da Agricultura, juntamente com os alambiqueiros da cidade. É importante ressaltar que esse certificado de IG para a cachaça de Paraty tende a aumentar o valor agregado do produto, diferenciando-o dos demais, preservando as particularidades da

114. Fonte: Organização para uma Rede Internacional de Indicações Geográficas – ORIGIN, in *http://origin.technomind.be/fileadmin/origin/PDFs/English/OriGIn_in_Action/Promotion_activities/Seminars_and_Conferences/ORIGIN_-_General_Presentation.07.05.2007.EN.pdf; e http://www.tastings.com/spirits/tequila.html.*

115. V. a página na internet, *http://www.carnedopampagaucho.com.br.*

116. Conforme Felipe Dias, secretário executivo da APROPAMPA – Associação dos Produtores do Pampa – são abatidas aproximadamente 50 cabeças por semana. Para preencher um container, seriam necessárias 150 toneladas, equivalente a 600 cabeças, aproximadamente. Todavia, a meta para 2008 é alcançar o abate de 150 cabeças por semana, suficiente para abastecer churrascarias do Estado do Rio Grande do Sul e São Paulo, p.ex., com carne que respeita altíssimos padrões de qualidade (14.12.2007).

117. Fonte: *http://www.carnedopampagaucho.com.br/quemsomos.php*, 14.12.2007. Felipe Dias destacou também a valorização da região, por meio do turismo; o intuito de preservar os produtores no campo; preservação do bioma e meio ambiente. A APROPAMPA já tem parceria com a ONG americana "Birdlife", que realiza pesquisa na região sobre pássaros que lá existem e que não existem mais em ambientes semelhantes, mas sem a preocupação de preservação do bioma, como na Argentina (14.12.2007).

aguardente, bem como estimulando os investimentos na própria área de produção, com valorização das propriedades, aumento do turismo, do padrão tecnológico e da oferta de emprego.[118]

Além dessas vantagens, outras também garantem repercussões positivas, tais como: fideliza o consumidor que, sob a etiqueta da Indicação Geográfica, sabe que vai encontrar um produto de qualidade e com características regionais; melhora a comercialização dos produtos, facilitando o acesso aos mercados através da propriedade coletiva; confere maior competitividade no mercado internacional, uma vez que as Indicações Geográficas projetam imagem associada à qualidade e tipificação do produto, promovendo garantia institucional da qualidade, reputação e identidade do produto.[119]

As Indicações Geográficas em geral também representam um excelente meio de promoção do desenvolvimento rural. Estudos comprovam que quando um produto obtém essa proteção, há um impacto socioeconômico positivo nas comunidades locais. Podemos dizer que alguns dos benefícios trazidos com o reconhecimento de uma IG os seguintes:[120]

• em meio à crescente internacionalização do mercado de alimentos, a IG tornou-se chave fundamental de criação de nichos de mercado, pois atua como ferramenta de acesso de pequenos produtores nos mercados-chave, com seus produtos de qualidade única intimamente ligada à sua origem geográfica;

• promove o aumento da produção;

• provoca o aumento da eficiência da operação rural;

• possui impactos positivos indiretos no desenvolvimento rural (turismo, infraestrutura) e na manutenção da cultura e tradição local;

• incentiva a coesão social das áreas rurais;

• reduz custos na cadeia de suprimentos, por meio da integração vertical;

• agrega valor único aos produtos e também consumidores;

• agrega valor em toda cadeia de produção;[121]

• possibilita a melhor redistribuição do valor agregado em toda cadeia de produção;

• aumenta o valor das terras em que o uso da IG está delimitado;

• estimula a economia, crescimento e inovação;

• encoraja a diversificação da produção, preservando assim a biodiversidade e conhecimentos locais e tradicionais, e recursos naturais;

• previne a padronização dos alimentos e promove as dietas diversificadas e balanceadas;

• estimula a geração de empregos na zona rural;

• estimula os jovens a permanecer na zona rural, evitando assim o êxodo rural;

118. Fonte: *http://www.gazetadascidades.com.br/cidades/paraty/materias/paraty017.htm* (14.12.2007).

119. Idem.

120. Fonte: Organização para uma Rede Internacional de Indicações Geográficas – ORIGIN, in *http://origin.technomind.be/11.0.html?&no_cache=1* (4.11.2007).

121. P.ex., na Itália, o valor do leite para fabricação do queijo *Parmigiano Reggiano* é de 7 a 10% superior ao do leite para fabricação de queijos sem o selo de IG, favorecendo os produtores daquele leite. Com relação à Tequila, o valor do quilo da Agave Azul (a verdadeira Tequila, conforme as leis do México, só pode ser produzida por meio de um tipo particular de Agave, a azul, que apenas pode ser produzida em áreas geográficas especificamente designadas, primordialmente o estado de Jalisco, no centro-oeste do México) aumentou 5.000% entre 1995 e 2002. Fonte: Organização para uma Rede Internacional de Indicações Geográficas – ORIGIN, in *http://origin.technomind.be/fileadmin/origin/PDFs/English/OriGIn_in_Action/Promotion_activities/Seminars_and_Conferences/ORIGIN_-_General_Presentation.07.05.2007.EN.pdf.*

• os produtores encorajam-se a valorizar e proteger o meio ambiente, eis que a reputação do nome do produto está diretamente ligada à reputação do meio ambiente local;

• atrai investidores externos, que buscam parcerias com os produtores;

• estimula o incremento do valor dos imóveis da região.

Certo é que, por si só, a aplicação de um selo ou certificação de origem não assegura a colocação de produtos de pequenos agricultores familiares no mercado. É preciso que o sistema seja conhecido, divulgado e respeitado não só entre industriais e distribuidores, mas, sobretudo, entre consumidores. Por isso que é também preciso investimentos em *marketing* para ajudar na identificação da imagem dos selos com a qualidade dos produtos.

Outra dificuldade tem a ver com o fato de que a cultura das IGs não está suficientemente internalizada no setor público-privado. Isso reporta à necessidade de uma mudança de cultura, para a assimilação dos conceitos das Indicações Geográficas, e perceber que, quando devidamente usadas e respeitadas o resultado é o desenvolvimento econômico, social e cultural da região.

Referências bibliográficas

CARVALHO, Patrícia Luciane de (org.). *Propriedade Intelectual. Estudos em Homenagem à Professora Maristela Basso*. Curitiba, Juruá, 2005.

LAGARES, Léa, e outros. (orgs.). *Valorização de Produtos com Diferencial de Qualidade e Identidade: Indicações Geográficas e Certificações para Competitividade nos Negócios*. Brasília, SEBRAE, 2006.

RODRIGUES JR., Edson Beas, e POLIDO, Fabrício (orgs.). *Propriedade Intelectual: Novos Paradigmas Internacionais, Conflitos, Desafios*. Rio de Janeiro, Elsevier. 2007.

Artigos da Internet

ADDOR, Felix, e GRAZIOLI, Alexandra. *Geographical Indications beyond Wines and Spirits: a Roadmap for a Better Protection for Geographical Indications in the WTO TRIPS Agreement*. 2002. Disponível em *http://www.ige.ch/E/jurinfo/pdf/PDF-doku3.pdf*.

DARUWALLA, Tehemtan N. *Perspectives for Geographical Indications*. Pequim, jun./2007. Disponível em *http://www.wipo.int/edocs/mdocs/geoind/en/wipo_geo_bei_07/wipo_geo_bei_07_www_81786.doc*.

DOWNES, David R., e LAIRD, Sarah A. *Innovative Mechanisms for Sharing Benefits of Biodiversity and Related Knowledge Case Studies on Geographical Indications and Trademarks*. Prepared for UNCTAD Biotrade Initiative, 1999. Disponível em *www.ciel.org/Publications/InnovativeMechanisms.pdf*.

ESCUDERO, Sergio. *International Protection of Geographical Indications and Developing Countries*. Working Paper, South Centre, jul./2001. Disponível em *http://www.southcentre.org/publications/publist_issue_area_GovernanceAndIP_index.htm*.

GOEBEL, Burkhart. *Geographical Indications and Trademarks: the Road from Doha*. Simpósio Mundial sobre Indicações Geográficas. São Francisco, Califórnia, jul./2003. Disponível em *http://www.arbiter.wipo.int/edocs/mdocs/geoind/en/wipo_geo_sfo_03/wipo_geo_sfo_03_11.pdf*.

HÖPPERGER, Marcus. *Geographical Indications in the International Arena: the Current Situation*. Pequim, jun./2007. Disponível em *http://www.wipo.int/edocs/mdocs/geoind/en/wipo_geo_bei_07/wipo_geo_bei_07_www_81753.doc*.

KUMAR, Mohan. *Protection of Geographical Indications. Asia Pacific Regional Initiative on Trade, Economic Governance, and Human Development*. Jun./2003. Disponível em *http://origin.technomind.be/fileadmin/origin/PDFs/English/GI_Info/GI_as_a_development_tool/M.Kumar_2003_Issue_Paper_on_GIs_for_UNDP.pdf*.

RANGNEKAR, Dwijen. *Geographical Indications a Review of Proposals at the TRIPS Council: Extending Article 23 to Products other than Wines and Spirits.* 2003. Disponível em *http://www.ictsd.org/pubs/ictsd_series/iprs/CS_rangnekar.pdf.*

SCHAELI, Mathias. *Perspectives for Geographical Indications: Extension of the Protection of Article 23 of the Trips Agreement to all Products: a Promising Solution for Developing an Appropriate International Legal Framework for the Protection of Geographical Indications.* Pequim, jun./2007. Disponível em *http://www.wipo.int/edocs/mdocs/geoind/en/wipo_geo_bei_07/wipo_geo_bei_07_www_81777.doc.*

STANDING COMMITTEE ON THE LAW OF TRADEMARKS, INDUSTRIAL DESIGNS AND GEOGRAPHICAL INDICATIONS. *Geographical Indications: Historical Background, Nature of Rights, Existing Systems for Protection and Obtaining Protection in other Countries.* Document SCT/6/3 Rev. On, Eighth Session, Geneva, may 27-31.2002. Disponível em *http://www.wipo.int/edocs/mdocs/sct/en/sct_8/sct_8_4.pdf.*

______. *Possible Solutions for Conflicts between Trademarks and Geographical Indications and for Conflicts between Homonymous Geographical Indications.* Fifth Session, Geneva, september 11-15.2000. Disponível em *http://www.wipo.int/edocs/mdocs/sct/en/sct_5/sct_5_3.pdf.*

WASESCHA, Thu-Lang Tran. *Geographical Indications in the International Arena: the Current Situation: Ongoing Negotiations/Discussions in the WTO.* Pequim, jun./2007. Disponível em *http://www.wipo.int/edocs/mdocs/sct/en/wipo_geo_bei_07/wipo_geo_bei_07_www_81754.doc.*

Sites de consulta na internet

ASSOCIAÇÃO DOS PRODUTORES DE VINHOS FINOS DO VALE DOS VINHEDOS – APROVALE. Disponível em *http://www.valedosvinhedos.com.br/principal.asp.*

CARNE DO PAMPA GAÚCHO. Disponível em *http://www.carnedopampagaucho.com.br/pampa.php.*

GEOGRAPHICAL INDICATIONS – INFORMATION ABOUT THE PROTECTION OF REGIONAL PRODUCT NAMES. Disponível em *http://www.geographicindications.com/http://www.wipo.int/portal/index.html.en.*

INSTITUTO NACIONAL DA PROPRIEDADE INTELECTUAL – INPI. Disponível em *http://www.inpi.gov.br/principal?navegador=IE&largura=1024&altura=768.*

ORGANIZATION FOR AN INTERNATIONAL GEOGRAPHICAL INDICATIONS NETWORK – ORIGIN. Disponível em *http://www.origin-gi.com/index.php.*

WORLD INTELLECTUAL PROPERTY ORGANIZATION. Disponível em *http://www.wipo.int/portal/index.html.en.*

WORLD TRADE ORGANIZATION. Disponível em *http://www.wto.org/.*

O ENSINO DA DEFESA E DA PROMOÇÃO DA CONCORRÊNCIA NOS CURSOS DE GRADUAÇÃO EM DIREITO NO BRASIL: O ESTADO DA ARTE

LEONARDO ARQUIMIMO DE CARVALHO

1. Introdução. 2. Considerações sobre o direito da concorrência no Brasil. 3. Direito da concorrência e ensino jurídico. 4. O ensino da defesa e da promoção da concorrência nos cursos de graduação em Direito no Brasil. 5. Limites ao ensino da defesa e da promoção da concorrência nos cursos de graduação em Direito no Brasil. 6. Conclusões.

1. Introdução

O direito da concorrência tem conquistado espaço importante no cenário jurídico brasileiro. Desde os anos 1990 este ramo do Direito trouxe contribuições consideradas fundamentais para o aperfeiçoamento dos mecanismos de garantia da defesa e da promoção do equilíbrio no mercado.

O surgimento de demandas envolvendo grupos econômicos nacionais e internacionais com grande poder deu visibilidade ao Sistema Brasileiro de Defesa da Concorrência/SBDC. Ao mesmo tempo, o surgimento de um modelo de verificação preventiva de atos de concentração exigiu o fortalecimento das estruturas existentes.

A reestruturação das cadeias produtivas em todo o mundo afetou de forma abrupta o mercado brasileiro. As mesmas têm testado a habilidade das instituições nacionais para adotar as melhores opções, promovendo a competição e ao mesmo tempo assegurando eficiência.

Somente para ilustrar o afirmado, no ano de 2006 o Conselho Administrativo de Defesa Econômica/CADE apreciou 507 casos envolvendo atos de concentração, processos administrativos e averiguações preliminares, além de outros procedimentos. Em 2005, 2004 e 2003 o número de casos apreciados foi, respectivamente, de 666, 782 e 581. A Secretária de Acompanhamento Econômico/SEAE no ano de 2006 analisou 425 atos de concentração e processos administrativos. Em 2005, 2004 e 2003 foram, respectivamente, 486, 561 e 532.

No período que vai de 2002 a 1994 as instituições ligadas à política de defesa da concorrência tiveram também uma oceânica demanda de trabalho envolvendo a maioria dos mercados relevantes nacionais – o que exigiu uma adaptação do sistema à legislação vigente e ao cenário econômico nacional e internacional.

A repressão aos acordos horizontais, o apoio e a divulgação de informações técnicas, o controle de atos de concentração, o combate aos acordos verticais danosos, são medidas que encontraram grande destaque nas ações dos órgãos integrados ao sistema de controle da concorrência.

De qualquer maneira, o extenso inverno para o livre mercado e a presença de um Estado fortemente interveniente na economia tornaram os fenômenos afeitos à concorrência desconhecidos da organização social. Desde meados dos anos 1990 os organismos que aparelham o SBDC têm buscado estabelecer instrumentos que invertam a realidade indicada e assegurem a divulgação e o compartilhamento de informação sobre o que representam suas funções.

A difusão de informações e a criação de uma cultura voltada para o livre mercado e para o equilíbrio de meios avançaram com intensidade. Contudo, a função andragógica, descrita como um ambiente de atuação institucional, não produziu grande impacto no cenário vinculado ao ensino e à investigação jurídica.

No cenário da pós-graduação *stricto sensu* em Direito a discussão de temas vinculados à concorrência não pode ser considerada irrelevante. Como muitos programas têm cursos, disciplinas ou linhas de pesquisa na área do direito econômico, não é raro encontrar dissertações ou teses que sistematizam ou produzem novas reflexões sobre a política antitruste.

Porém, o restrito espaço destinado ao ensino e à investigação dos temas envolvendo a defesa e a promoção da concorrência nos cursos de graduação em Direito é digno de destaque. Neste particular, a ausência de um cenário mais estimulante para o ensino dos temas no espaço indicado parece dificultar a ampliação da difusão de informações na área. Os conteúdos de direito da concorrência são pouco estudados no Brasil, e esta limitação se constitui em elemento amplificador da limitação da difusão cultural.

Em síntese, o surgimento de um sistema de controle de concorrência teve grande impacto na repressão ao abuso do poder econômico e principalmente na garantia de um mercado equacionado pelos princípios da liberdade de iniciativa, livre concorrência, função social da propriedade e defesa dos consumidores. Porém, conforme descrito, apesar de o direito da concorrência ter alcançado espaço de destaque no cenário jurídico brasileiro a partir dos anos 1990, seu estudo e principalmente seu ensino não tiveram igual proeminência.

De qualquer maneira, o presente ensaio objetiva comprovar a hipótese de que a temática do direito da concorrência não é adequadamente estudada nos cursos de graduação em Direito no Brasil. A idéia de inadequação decorre de uma percepção sobre a importância dos conteúdos e sobre a necessidade de estabelecer a promoção deste ramo jurídico específico, difundindo a cultura da prevenção e da repressão às infrações contra a ordem econômica.

A verificação da afirmação anterior depende de uma investigação sobre uma parte da documentação das Instituições de Ensino Superior/IES que ofertam o curso de graduação em Direito, buscando identificar os espaços de ensino destinados ao direito da concorrência.

Como conseqüência, a investigação pretende apontar os principais elementos considerados como responsáveis pela limitação da expansão do estudo da temática e apresentar informações sobre mecanismos suficientes à modificação da realidade.

Para tanto, a investigação pretende preambularmente estabelecer duas breves descrições: a primeira sobre o processo evolutivo da atividade da promoção da concorrência por mecanismos legais no ordenamento jurídico brasileiro e a segunda sobre uma perspectiva evolutiva do ensino do direito da concorrência. A opção pelas descrições decorre de uma necessidade de situar dois ambientes evolutivos distintos, atentando para que o primeiro, no modelo de organização do ensino superior nacional, é geralmente um indutor do segundo. Ambos buscam elucidar o panorama crescente de maturação do tema da concorrência no Brasil, mas se adverte que nesse momento a investigação não faz uso de fontes primárias.

Era lento o reverberar das inovações teóricas e mesmo legislativas na educação superior em Direito. Atualmente a realidade não é distinta, apesar da ampliação do espaço da pós-graduação *stricto sensu*, da melhora na produção acadêmica nacional, do alargamento do espaço de formação em instituições estrangeiras, da tradução para a Língua Portuguesa de obras importantes, da incorporação de qualidade a algumas obras-formulário e aos trabalhos manualísticos, além de uma melhor reflexão sobre a andragogia na educação superior.

No seu terceiro momento a investigação pretende fazer uma observação sobre como ensinar defesa e promoção da concorrência nos cursos de graduação em Direito. Assim, será possível identificar os principais ambientes de difusão da temática, o momento de oferta, o tipo de vínculo que a disciplina tem com a estrutura curricular e os conteúdos ensinados. Aqui, a investigação utiliza as fontes primárias disponíveis e acessíveis, além da solicitação de confirmação de informações endereçadas diretamente às instituições que ofertam o ensino dos conteúdos de forma central.

Na última parte o trabalho pretende apresentar um conjunto de variáveis apontadas como limitadoras da expansão da difusão do ensino e da promoção da concorrência no Brasil. Ainda, pretende apontar indiretamente eventuais medidas suficientes à ampliação do espaço da difusão da cultura da concorrência, além da melhora na qualidade do ambiente de estudo da mesma.

2. *Considerações sobre o direito da concorrência no Brasil*

A separação entre as atividades econômicas e as políticas do Liberalismo do século XIX teve efeitos distintos para cada Estado. O tecido social e o desenvolvimento econômico modificaram o modelo de organização e gestão do mercado. Já os efeitos da economia de guerra e suas conseqüências tiveram impactos generalizados e reforçaram a idéia de um alargamento da intervenção pública no domínio econômico, com base no retorno da idéia da indissociabilidade entre Política e Economia.

De maneira sintética, é possível imaginar que no Brasil, durante um período relativamente longo, a idéia de um ramo jurídico especializado na prevenção e na repressão às infrações contra a ordem econômica representou algo considerado desnecessário – economia baseada na monocultura exportadora.

O desenvolvimento e a promoção da concorrência estão associados à maturidade econômico-industrial e à forma como a estrutura social se relaciona como o mercado onde a mesma está inserida. Toda a lógica da organização econômica do mercado nacional esteve voltada para o desestímulo às aventuras capitalistas. Igualmente, o padrão protecionista como base na construção de um ambiente industrial calcado na substituição de importações[1] limitou a existência de um livre mercado. O Estado, atuando de forma concentrada, contribuiu para que o ambiente de inação em termos competitivos se tornasse o próprio modelo de organização econômica.

No Brasil o regime político adotado na Constituição de 1891 mantinha o Estado ausente das atividades econômicas e se

1. "Embora o sistema de controle de importações tenha sido instituído em meados de 1947 com o intuito exclusivo de fazer frente ao desequilíbrio externo, procurando racionar e dar melhor uso à moeda estrangeira disponível, terminou por ter grande importância para o crescimento da indústria no pós-guerra. (...). É preciso relativizar, portanto, a idéia de que o Governo Dutra abandonou as políticas de governo e ações diretas voltadas para a promoção do desenvolvimento industrial. Na verdade, o Governo Dutra revela, de certo modo, sua preocupação em dar seguimento à acumulação industrial e à manutenção dos investimentos iniciados no Estado Novo (particularmente a Cia. Siderúrgica Nacional). (...). Quando o controle foi criado, não se visava nem se percebia sua importância para o processo de industrialização" (Vianna 1990:114-116).

limitava a fazer referência à promoção do bem geral da Nação e ao respeito à propriedade privada. A competência da União estava limitada à criação de bancos emissores e à formação e à manutenção de alfândegas. O texto constitucional garantia navegação de cabotagem feita por navios nacionais e estabelecia a possibilidade de que União e Estados legislassem em matéria relacionada a viação férrea e navegação interior – influência do dirigismo racional. No período, a intervenção do Estado na ordem econômica estava associada à proteção do comércio e da exportação do café (Venâncio Filho 1998:30-31; Carvalhosa 1971:131-133).

O desenvolvimento da economia nacional, o cenário externo belicoso e a crise de 1929, a situação da cafeicultura,[2] além de outros elementos, determinaram a criação de novos mecanismos de controle e intervenção na ordem econômica. A necessidade foi parcialmente incorporada na reforma constitucional de 1926, que ampliava o poder da União, bem como na regulação do ambiente na área de águas, energia elétrica e minas. Contudo, a Revolução de 1930 é que parece ter determinado uma modificação mais profunda nas questões sociais e econômicas (Venâncio Filho 1998: 30-33).

O forte dirigismo estatal construiu durante um longo período um modelo de defesa da concorrência associado à proteção da economia popular. A liberdade econômica aparece de forma explícita na Constituição Federal de 1934, com a inclusão da idéia da ordem econômica organizada em conformidade como os princípios da justiça, da necessidade da vida nacional e da existência digna.[3]

Já a Constituição de 1937 reconhecia a liberdade de iniciativa econômica individual nos limites estabelecidos pelo Estado, além de indicar a necessidade de punir os crimes contra economia popular, equiparando os mesmos a crimes contra o Estado. Da regulamentação constitucional vai surgir o Decreto-lei 869/1938, que passou a incriminar as lesões mais graves à economia popular.[4]

O Estado Novo deveria, segundo Francisco Campos, garantir o equilíbrio entre as classes, colocando-se acima dos interesses particulares. E o Decreto-lei 869/1938 assegurava a proteção e o uso da economia popular, além de evitar a formação de arranjos e combinações monopolistas. A especulação econômica da época costumava definir preços e estabelecer ajustes prejudiciais. Contudo, a prática danosa corrente durante a vigência do decreto-lei era a venda com reserva de domínio (Campos 1938:175-177).

Não há grande inovação no Decreto-lei 869/1938 do ponto de vista material, já que muitas regras de proteção à economia popular já estavam dispersas no ordenamento jurídico. Porém, num sentido procedimental, a competência do Tribunal de Segurança Nacional para a apreciação dos casos modificava o tempo de julgamento e limitava os mecanismos recursais.[5]

2. "Contudo, o fator dinâmico principal, nos anos que se seguem à crise, passa a ser, sem nenhuma dúvida, o mercado interno. A produção industrial, que se destinava em sua totalidade ao mercado interno, sofre durante a depressão uma queda de menos de 10%, e já em 1933 recupera o nível de 1929." Afirma Furtado que a produção industrial do período dependia da importação de equipamentos, porém já havia uma capacidade instalada e o maquinário usado poderia ser adquirido em países afetados pela crise industrial (Furtado 1995:198-200).

3. "A produção industrial cresceu em cerca de 50% entre 1929 e 1937 e a produção primária para o mercado interno cresceu em mais de 40% no mesmo período. Dessa forma, não obstante a depressão imposta de fora, a renda nacional aumentou em 20% entre aqueles dois anos, o que representa um incremento *per capita* de 7%" (Furtado 1995:200-201).

4. Para uma compreensão do período nos "crimes contra a economia popular", v. (Hungria: 1939).

5. "De acordo com o Decreto-lei 474, o presidente do Tribunal, recebido o inquérito relativo ao crime, dá imediata vista ao procurador ou a um dos

Segundo Shieber, apesar da amplitude das regras do Decreto-lei 869/1938, o mesmo não teve êxito, em função da ausência de um órgão especializado e com competência para executar os dispositivos legais. A investigação feita pelo autor indica a utilização da norma em uma única ocasião, num parecer do Consultor-Geral da República respondendo a uma consulta feita pela *Standard Oil Co. of Brazil*. Neste, o Consultor-Geral opinou pela modificação de algumas cláusulas contratuais firmadas pelo empreendimento e os postos de distribuição de combustível (Shieber 1966:6).

Até aquele momento o direito antitruste não havia alcançado grandes resultados no Brasil. O Decreto-lei 7.666/1945 foi considerado um avanço, já que abandonava a idéia dos crimes contra a economia popular num período em que a liberdade de empresa era considerada inerente à economia liberal.[6] O mesmo objetivava reprimir atos contrários à moral e ao ordenamento econômico e criava a Comissão Administrativa de Defesa Econômica. O decreto-lei citado tinha caráter administrativo e reconhecia a existência de atos atentatórios à economia nacional, e não crimes contra a economia popular. O documento legal teve vida breve e foi revogado com a destituição de Vargas (Forgioni 1998:111-113; Carvalho 2001:118-123; Franceschini/Franceschini 1985:7-15).

A Constituição Federal de 1946 previa a repressão ao abuso do poder econômico. Para Venâncio Filho a introdução da fórmula "abuso do poder econômico" buscava abranger todas as manifestações – de qualquer natureza – monopolísticas que objetivavam dominar mercados, eliminar a concorrência ou aumentar de modo arbitrário os lucros (Venâncio Filho 1998:64).[7] Porém, a regulamentação do dispositivo constitucional só ocorreu em 1962, com o surgimento da Lei 4.137, fruto de um longo trâmite e que resultou na Lei Antitruste. A mesma visava À proteção da economia coletiva ou do bem jurídico da economia popular. Para Pimentel a lei era escassa na indicação de formas delituosas, apesar do dispositivo geral do art. 7º (Pimentel 1973: 239-243). Venâncio Filho, de modo contrário, entendia que a singeleza da tipificação do art. 2º – sem definição do conceito de "abuso do poder econômico" – possibilitava uma quantidade ampla de formas punidas pela legislação, o que daria margem

adjuntos do procurador, que tem o prazo de 48 horas para proceder à classificação do crime, indicando autores, cúmplices e penas aplicáveis. A audiência para instrução e julgamento do feito é marcada dentro de 3 dias. A acusação e a defesa falarão pelo prazo máximo de 30 minutos, sendo a sentença proferida imediatamente pelo juiz. Havendo apelação, será julgada pelo Tribunal Pleno dentro de 5 dias" (Campos 1938:177).

6. "A tendência geral, que se acelera na segunda metade dos anos 50, foi a de delegar ao setor público o provimento de insumos básicos (aço e energia, por exemplo) bem como a criação da infra-estrutura básica (transporte, comunicações), vital para o processo de industrialização. Dessa forma, o Estado passou a ter sob seu controle: a produção de aço, através das três maiores usinas do país, a CSN, COSIPA, USIMINAS; a produção e refino de petróleo, através da PETROBRÁS; a Vale do Rio Doce; a produção de soda cáustica através da Cia. Nacional de Álcalis; crescente envolvimento na produção de energia elétrica através da CHESF e de FURNAS; transporte ferroviário através da Rede Ferroviária Federal; navegação de cabotagem através do Lloyd Brasileiro e Cia. de Navegação Costeira; controle e construção de novas rodovias através do DNER e dos DERs, que gerenciavam o Fundo Rodoviário Nacional. Além de suas atividades tradicionais, o setor público aumentou substancialmente seu controle sobre o crédito, através do Banco do Brasil e a comercialização de diversos produtos de exportação tais como café, cacau, pinho, mate, açúcar, borracha e sal, entre outros, através de autarquias específicas" (Orenstein/Sochaczewski: 1990182).

7. "Essa fundamentação filosófica constitui, por assim dizer, o divisor de águas entre as legislações que acolhem o combate a toda e qualquer forma de agrupamento de empresas e aquelas outras, às quais se filia a legislação brasileira, que só reprimem as formas abusivas, resumidas na expressão 'abuso do poder econômico'" (Venâncio Filho 1998:335).

a digressões bastante extensas (Venâncio Filho 1998:338; Shieber 1966: 1-19).

A atividade do CADE durante o período indicado não pode ser considerada proeminente. Um dos primeiros casos apreciados foi a denúncia feita pelo Sindicado dos Trabalhadores na Indústria dos Produtos Químicos para fins Industriais de Cabo Frio contra o comportamento da Associação Técnica Brasileira das Indústrias Automáticas de Vidro. A segunda era acusada de se organizar na forma de um cartel destinado a importações irregulares, com prática de *dumping*, prejudicando a Cia. Nacional de Álcalis (Carvalho 2001:129-131). Outros dois casos de destaque são o pronunciamento ocorrido na averiguação preliminar referente à representação do Ministério da Marinha contra distribuidoras de combustível pela negativa de venda e pela prática de venda de querosene com preços abusivos e a representação da J. Strauss & Cia. contra Suerdieck S/A Charutos e Cigarrilhas pela prática oligopolista na distribuição de charutos (Venâncio Filho 1998:343-346).

O dinamismo no setor industrial no período de meados dos anos 1960 a meados dos anos 1970 estava associado ao crescimento da demanda interna, decorrente de estímulos das políticas setoriais do Governo. As grandes obras de infra-estrutura, o crescimento da indústria de bens de capital, a produção de bens de consumo durável, a evolução global do setor terciário, dentre outras alterações conjunturais, elevaram a capacidade de produção industrial (Lago 1990:239-242).[8]

No período 1950-1980, com exceção de quatro momentos, o Brasil cresceu a taxas médias de 7,4% ao ano. O modelo de industrialização do pós-guerra, centrado na substituição de importações, na participação direta do Estado no suprimento da infra-estrutura econômica e em setores classificados como prioritários, na elevada proteção à industria nacional mediante tarifas e diversos tipos de barreiras alfandegárias e no crédito para novos projetos, fortaleceu e terminou por formar a estrutura industrial nacional (Castro 2005:141-144).

Nos anos 1980 o Brasil foi afetado por um conjunto de medidas adversas, tais como a crise do petróleo de 1979, a crise da dívida externa latino-americana e o contexto internacional que solicitava a redução de subsídios às exportações. As conseqüências das medidas foram as políticas restritivas fiscais e monetárias domésticas e maior restrição às importações, com o intuito de obter superávits comerciais para pagamento da dívida externa (Gonçalves 1998:103-105).

Em 1988 um amplo processo de liberalização comercial chamado de "nova política industrial" teve início. O objetivo central era modernizar e ampliar o parque industrial brasileiro, por intermédio de incentivos fiscais e tributários. A partir de 1990, com o Governo Collor, foram adotadas ações mais drásticas no que tange à liberalização da política comercial e um cronograma acelerado de reduções tarifárias. No período Itamar Franco deu-se seguimento às medidas de abertura progressiva

8. "O crescimento industrial foi particularmente significativo: no mesmo período 1968-1973 a indústria de transformação cresceu à taxa média de 13,3% ao ano (com um máximo de 16,6% em 1973) e a indústria de construção (forte absorvedora de mão-de-obra) à taxa média, ainda mais elevada, de 15% ao ano. Os serviços industriais de utilidade pública, incluindo principalmente a geração de energia elétrica, e que em boa parte estavam sob o controle do Governo, apresentam também crescimento anual da ordem de 12,1%. (...). A evolução favorável de diversos setores foi influenciada por políticas governamentais específicas. (...). A indústria cresceu, inicialmente, com base em significativa capacidade ociosa. (...). Porém, no início dos anos 1970, quando diversos setores se aproximaram da plena capacidade, ocorreu um importante aumento de investimento tanto no setor público como no setor privado, que beneficiou diversos ramos industriais e impulsionou a indústria de bens de capital, mas que exigiu também significativas importações de máquinas e equipamentos" (Lago 1990:239-242).

do comércio exterior, e entre 1991 e 1994 as alíquotas de importação foram sensivelmente reduzidas (Gonçalves 1998: 105-106).

De qualquer maneira, até o início dos anos 1990 a política antitruste tinha alcançado pouca efetividade. A Lei 4.137/1962 vigorava há um longo período e haviam ocorrido 16 condenações por infrações contra a ordem econômica, tendo sido instaurados cerca de 17 processos dos 337 procedimentos iniciados. As 16 condenações foram suspensas após os recursos terem sido direcionados ao Judiciário. Para Salgado a legislação antitruste brasileira enfrentou três problemas de difícil conciliação, quais sejam: (i) a tradição jurídica brasileira de antecipar a norma ao fato; (ii) a política intervencionista de um Estado anterior à sociedade e estruturador do mercado; (iii) a inspiração da legislação antitruste estadunidense. Como conseqüência, a lei não alcançou eficácia (Salgado 1997: 176-177).

Sob a égide da Constituição Federal de 1988 a livre concorrência tornou-se princípio de ordem econômica. A Lei 8.158/1991, fortalecida por um momento histórico universal de expansão do capitalismo, introduziu as necessárias medidas de controle estatal dos abusos no mercado.[9] Numa economia caracterizada pelo livre mercado, a concentração de poder econômico deveria ser evitada pela existência de políticas de concorrência (Carvalho 2001:124-125).

A Lei 8.884/1994, que surgiu com objetivos declarados de abrir o mercado aos grupos internacionais, eliminando a reserva de mercado e o poder dos monopólios estatais, produziu alterações importantes na organização da política concorrencial no Brasil. A tutela da defesa da concorrência e da defesa do consumidor, em atenção ao disposto no art. 170 da CF de 1988, que estabelece os princípios constitucionais gerais da ordem econômica, deu ao sistema uniformidade e coerência fundamentais, criando um momento completamente renovado para a prevenção e a repressão às infrações contra a ordem econômica.

Em síntese, é possível imaginar a organização temporal tutelar do direito da concorrência no Brasil com base na regulação dos mercados, que pode ser cindida na vertente da "defesa da economia popular" e da "defesa da concorrência". A primeira compreende o período anterior a 1988, e a segunda tem início no ano de 1994 com a Lei 8.884 (Oliveira 1988:14).

3. Direito da concorrência e ensino jurídico

Conforme descrito, a evolução do direito da concorrência no Brasil é marcada pela alteração na configuração da organização industrial e econômica da sociedade. Nos períodos em que o ambiente de liberdade de iniciativa favoreceu o desenvolvimento do livre mercado, os agentes, as autoridades governamentais e a coletividade

9. "The change in the Brazilian antitrust model from a Statist model to a hybrid one, with a strong weight on Structuralist tradition, is very clear when we observe the legal evolution of merger control in the country. Law 4.137 from 1962, that created CADE, stated that 'control was not applicable to mergers and other transactions between enterprises which caused change on shareholder's control'. But the main feature is that the Brazilian government would never allow CADE to block mergers. This was perfectly consistent with the Brazilian Statist model of that time. The evolution began only in the nineties, when the Brazilian government made strong changes to Law 4.137/1962 though Law 8.158 from 1991 (today it has already been changed by Law 8.884 from 1994). Differently from the earlier legal framework, Law 8.158/1991 is explicit on the need of merger control. The law stated that 'any agreements that can limit or reduce competition, including mergers, whose consequence be a market share higher than 20% in the relevant market' must be approved. However, the evaluation of mergers would be done by the 'Secretaria Nacional de Direito Econômico' – Economic Law Department of the Justice Ministry (today it is called 'Secretaria de Direito Econômico/SDE') which is no independent like CADE" (Mattos 1997:180).

passaram a entender como fundamental o surgimento de mecanismos legais que garantissem seu equilíbrio.

Como conseqüência, o período de maior desenvolvimento do direito da concorrência ocorreu no Brasil a partir dos anos 1990, quanto a conjuntura favorecia a renovação dos mecanismos de controle do mercado ao mesmo tempo em que garantia aos agentes econômicos iguais condições para a competição. A consolidação de um sistema de defesa da concorrência deu novo alento institucional às atividades de proteção à ordem econômica, e a exposição à dinâmica do ambiente internacional ampliou a responsabilidade institucional com base em grandes casos envolvendo diversos mercados relevantes.

Há também um vínculo entre o processo descrito e a renovação na legislação relacionada ao controle e fiscalização do mercado. É importante lembrar que não há uma solução de continuidade entre os períodos anteriores aos anos 1990 no que tange ao direito da concorrência. O rompimento com o modelo baseado na repressão aos crimes contra a economia popular possibilitou uma inovação no cenário competitivo nacional e renovou a forma de compreender as ações e os contratos considerados restritivos ao livre mercado. As alterações estruturais e legislativas, como conseqüência, exigiram novos mecanismos legais de controle e de prevenção de ações consideradas danosas.

Não é sem razão que no período assinalado o SBDC ampliou significativamente sua atuação preventiva e repressiva. Os elementos necessários à transmudação do ambiente da concorrência estavam postos; e a reação, como conseqüência, ocorreu.

O gráfico abaixo apresenta uma indicação sobre o número de julgados apreciados pelo CADE. Apesar de o gráfico não abranger todos os atores do SBDC, é possível verificar uma ampliação das funções judicantes do órgão indicado com base no aumento das atividades e a ampliação do número de julgados. Igualmente é possível identificar a tendência crescente de ampliação das atividades do SBDC representado no gráfico pelo CADE.

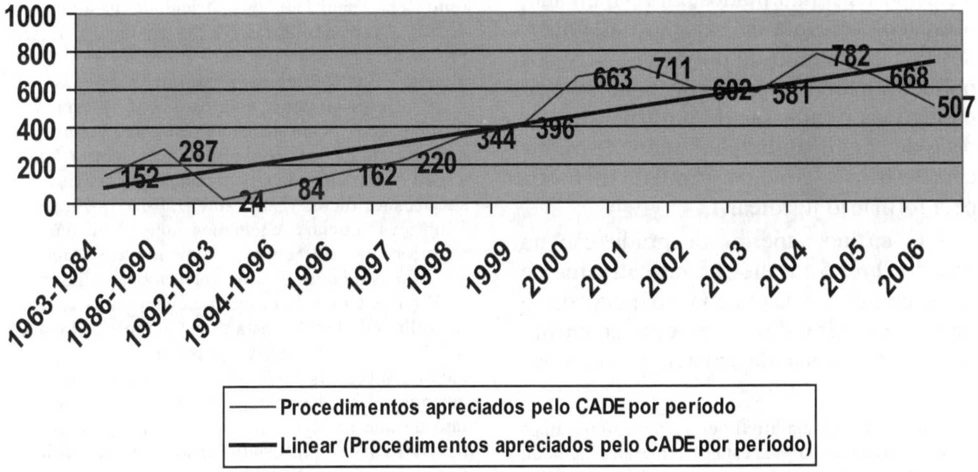

O mesmo período indicado acima coincide com um momento de expansão na oferta de vagas no ensino superior. O crescimento vertiginoso é decorrente de um conjunto de fenômenos que têm compreensão contextualizada. Os que mais se destacam são: (i) a universalização do acesso ao ensino fundamental e médio; (ii) a aposta na mobilidade social com base na educação de terceiro grau; (iii) a qualificação da mão-de-obra centrada na formação universitária; (iv) as demandas reprimidas por formação superior acumuladas durante mais de 40 anos; (v) a limitação dos investimentos públicos na área educacional e a opção pela ampliação da oferta de vagas nas IES privadas; (vi) as decisões governamentais de flexibilizar o acesso ao mercado educacional; (vii) a idéia da educação como um serviço/produto passível de exploração econômica e lucro; (viii) as alterações na configuração da prestação de serviços educacionais; (ix) as mudanças na configuração do modelo de organização das IES; (x) a estabilidade econômica; (xi) a aposta internacional na qualificação profissional como mecanismo de superação do subdesenvolvimento.

Apesar de uma precisa restrição no mercado profissional nas áreas tradicionais de formação superior, a demanda por cursos clássicos, como o Direito, ainda é considerada relevante. O baixo crescimento econômico, a "desova" semestral de muitos novos profissionais formados em vetustos perfis e inabilitados para o mercado, o espaço crescente de atuação dos governos por intermédio de políticas e serviços públicos, a ampliação de vagas no serviço público, as promessas de um irrestrito espaço de empregabilidade,[10] além de outras características, ainda estimulam a busca pela formação jurídica.

O ensino superior de graduação na área do Direito ampliou significativamente sua oferta de vagas em consonância com o movimento geral de crescimento do ensino superior.[11] Apesar da existência de ações questionadoras do aumento sem o cuidado necessário em relação à qualidade e necessidade social, o mesmo acabou ocorrendo.

10. A tendência atual de ofertar cursos superiores na área tecnológica está fortemente vinculada às demandas pontuais de uma formação rápida, técnica, voltada para a empregabilidade, e é representativa de uma acomodação parcial das expectativas frustradas na formação superior clássica.

11. O Instituto dos Advogados Brasileiros/IAB, a Ordem dos Advogados do Brasil/OAB, a Associação Brasileira do Ensino do Direito/ABEDi, algumas reflexões feitas no ambiente dos encontros do Conselho Nacional de Pesquisa e Pós-Graduação em Direito/CONPEDI, os estudos da Comissão de Especialistas de Ensino Jurídico do MEC entre o começo dos anos 1970 e começo dos anos 1980, a Comissão de Especialistas de Ensino de Direito da SESu/MEC nos anos 1990, além de docentes e pesquisadores, têm produzido uma vasta literatura que reflete sobre o tema. Os números envolvendo a expansão do ensino jurídico geralmente são pouco precisos, já que há divergência e os dados estatísticos acumulados são contraditórios. Os diferentes modelos e instrumentos de verificação e recenseamentos produzem diferentes informações. Contudo, não há grande prejuízo se o objetivo é informar a vertiginosa expansão da oferta de vagas no ensino superior na área do Direito. A realidade de meados dos anos 1990 até o ano 2000 já era considerada assustadora. "Segundo dados colhidos no Relatório Síntese de 1998, já referido, e do Censo Escolar de 1996, ambos do MEC, havia em 1996: (a) 262 cursos de graduação em Direito; (b) 9.386 docentes jurídicos; (c) 239.201 alunos de Direito matriculados (relação média: 1 professor para cada 25,4 alunos). (...). Essas quantidades impressionam quando comparadas com as do ano letivo de 1998-1999 nos Estados Unidos, segundo divulgação na Internet da *American Bar Association*: são 181 escolas de Direito, com 125.627 alunos matriculados (graduação), 42.804 alunos admitidos, 39.455 graduados, 10.838 professores (relação média: 1 professor para 11,59 alunos) e 3.080 diretores e administradores acadêmicos. Esses números mantiveram-se estáveis nos últimos anos, com leves acréscimos. Lembre-se que se trata de país com população superior à brasileira e com elevada classe média que demanda os serviços jurídicos" (Lôbo 2000:158-159). "Daqueles 'embriões' iniciais, chegamos hoje a um número superior aos 400 cursos, com aproximadamente 300.000 estudantes. (...). Se volvermos os olhos para os Estados Unidos, com praticamente uma centena de milhão de habitantes a mais que o Brasil e apenas 190 cursos de Direito, passamos (no mínimo) a meditar sobre a necessidade ou não de novos cursos por aqui. (...). Chama significativamente atenção o fato de que se levou quase 170 anos para chegar aos 190 cursos (...). Contudo, somente nos últimos 5 anos, quase 200 novos cursos foram abertos" (Castro 2000:12). "Cada vez mais discrepam os números que assinalam os pronunciamentos da OAB favoráveis (enquanto se confirma nas avaliações o desempenho medíocre de projetos que não tiveram o seu aval) e as autorizações, numa proporção tal que, computados os dados recentes, tem-se já o registro

A busca de parâmetros racionais de qualidade e necessidade para oferta de novos cursos de Direito aparentemente não teve êxito. Os mecanismos regulamentares foram freqüentemente burlados pela prática do aluguel de bibliotecas e estruturas, pelo empréstimo de docentes titulados, pela aquisição de projetos pedagógicos de curso marcados por propostas fictícias, além de outros comportamentos irregulares.

O gráfico abaixo indica o aumento do número de curso de graduação em Direito no Brasil desde o seu surgimento. Conforme se deprede da leitura do mesmo, o período dos anos 1990 corresponde ao momento em que há uma ampliação na tendência de criação de novos cursos.

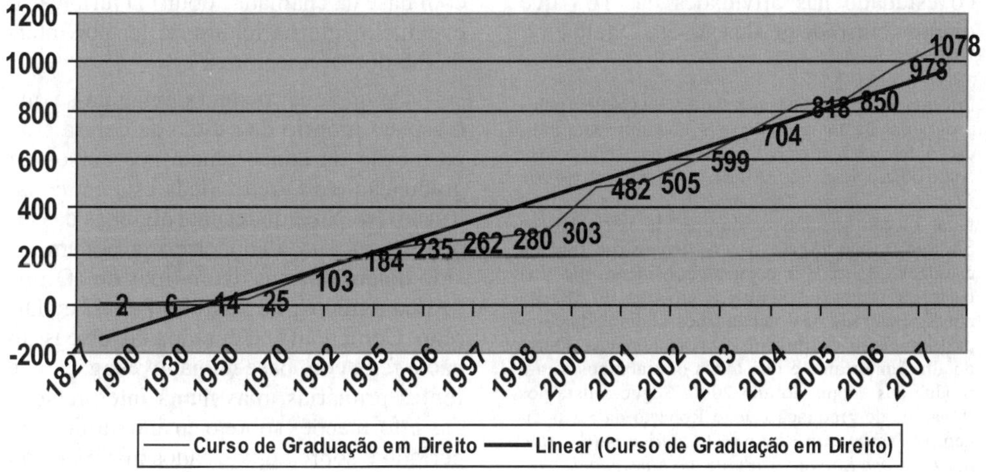

Quando analisados em conjunto, os gráficos demonstram fenômenos de expansão em momentos históricos aproximados. Como conseqüência, uma indagação surge: o conjunto de elementos descritos como representativos da alteração no mercado, na economia, na legislação, e a ampliação do entendimento sobre a relevância das temáticas afeitas ao direito de concorrência deveriam produzir, necessariamente, algum tipo de impacto nas escolas de graduação em Direito, com a oferta de atividades pedagógicas que refletissem as alterações e a importância do tema?

A idéia inicial é de que o impacto foi tímido. No mesmo período em que a discussão das temáticas afeitas à concorrência passou a receber atenção superior de economistas e juristas e o SBDC acabou apreciando casos que, se imagina, poderiam ser discutidos pela comunidade acadêmica, não se vislumbraram grandes alterações nas IES dedicadas ao ensino de graduação em Direito. Somente para ilustrar, é possível verificar o impacto que o "caso Kolynos"[12] trouxe ao ensino da defesa e da promoção da concorrência a partir do ano de 1995?[13] E no

de criação nos últimos 7 anos de mais cursos jurídicos que os autorizados a funcionar em 160 anos, considerando-se que em 1993 existiam 184 cursos instalados no país e hoje eles chegam a 400" (Souza Jr..2000:137).

12. Ato de Concentração 27/1995, reqtes.: Colgate-Palmolive Co. e Kolynos do Brasil S/A, Conselho Administrativo de Defesa Econômica, *Relatório Anual 1996*, Brasília, 1997.

13. Uma investigação realiza na Plataforma Lattes do CNPq encontrou quatro trabalhos que investigaram o "caso Kolynos". Três trabalhos na área jurídica e um na econômica. Somente para reforçar – já que não é objeto de interesse deste trabalho –, o Banco de Teses CAPES, que registra as dissertações e teses defendidas a partir de 1987 –

"caso AMBEV",[14] qual a influência do mesmo nas disciplinas afeitas às temáticas concorrenciais nos curso de graduação em Direito?[15] Aparentemente, os grandes casos produziram limitadas conseqüências para o ensino das temáticas envolvendo as grandes discussões advindas do SBDC, o que induz a idéia de que a realidade é freqüentemente ignorada na formação do graduando em Direito ou, mesmo, indica que o tópico é pouco estudado nas atividades das IES que ofertam curso de graduação em Direito.

Uma consideração sobre a discussão anterior é fundamental. O ensino jurídico tradicional dá pouca importância às tendências decisórias dos tribunais, e freqüentemente as mesmas são utilizadas para ilustrar ou fortalecer determinados argumentos. Se a opção é a de utilizar as decisões de órgãos administrativos, é possível que as mesmas sejam intensamente ignoradas.[16] Geralmente o ensino é organizado com base da chamada "doutrina jurídica" e eventualmente na leitura da lei por intermédio dos "comentários".

De qualquer maneira, imagina-se que o espaço próprio de estudo da defesa e da promoção da concorrência nos cursos de graduação em Direito ainda está em construção. No passado recente algumas das temáticas afeitas à concorrência podem ter sido discutidas nas disciplinas de "Direito Econômico", de "Direito Penal" e "Direito Comercial". Contudo, tal discussão não é feita com base numa investigação de fontes primárias, mas numa interpretação das informações sobre o ensino jurídico do período e sobre alguns dados históricos do ensino do "Direito Econômico" em algumas escolas.

Vale recordar que a lei que estabeleceu os cursos jurídicos no Brasil no ano de 1827 apresentava um conjunto de disciplinas fixas. No período havia a previsão do estudo da cadeira de "Direito Mercantil e Marítimo" como a segunda cadeira no 4º ano e a de "Economia Política" como primeira cadeira no 5º ano. Os cursos eram

informações fornecidas diretamente à CAPES pelos programas de pós-graduação –, não apresenta indicação de qualquer trabalho que tenha usado o caso como objeto de estudo. Ainda, no caso da *Scientific Electronic Library Online*/SCIELO, que abrange uma coleção selecionada de periódicos científicos brasileiros, não há registros de artigos que tenham estudado o caso. É importante considerar que uma parte da produção científica na área do Direito não é registrada nos mecanismos comuns de compartilhamento de informações acadêmicas. Outro detalhe importante é que todos os trabalhos foram produzidos depois do ano 2000. Segue a lista dos trabalhos de graduação: João Roberto da Silva Tinen, *O Tratamento da Livre Iniciativa pelo CADE para o 'Caso Kolynos-Colgate' no Mercado de Creme Dental*, 2005, Trabalho de Conclusão de Curso (Graduação em Direito), Centro Universitário Ritter dos Reis, Orientador: Cássio Machado Cavalli; Lúcia Carvalhal Sica, *Análise Crítica do "Caso Colgate/Kolynos"*, 2001, Iniciação Científica (Graduação em Direito), PUC/RS, Orientador: Cláudia Lima Marques; Maurício Mitio Yuhara, *Processo de Fusão de Empresas: o "Caso Kolynos-Colgate"*, 2006, Trabalho de Conclusão de Curso (Graduação em Ciências Econômicas), Universidade Estadual Paulista Júlio de Mesquita Filho, Orientador: Jaylson Jair da Silveira; Ângela Bittencourt da Fonseca, *A Limitação do Direito de Propriedade Industrial pelo Direito da Concorrência – O "Caso Kolynos"*, 2004, Trabalho de Conclusão de Curso (Graduação em Direito), Universidade do Estado do Rio de Janeiro, Orientador: José Carlos Vaz e Dias.

14. Ato de Concentração 08012.005846/99-12, reqtes.: Fundação Antônio e Helena Zerrenner – Instituição Nacional de Beneficência, Empresa de Consultoria, Administração e Participações S/A/ECAP e Braco S/A, rela. Conselheira Hebe Teixeira Romano Pereira da Silva, CADE.

15. Em relação ao "caso AMBEV" a mesma busca registrou um número relativamente maior de trabalhos de graduação na área contábil, econômica, jurídica e administrativa. Contudo, insuficiente para afirmar que houve um grande impacto.

16. "Outra circunstância importante é a inserção do Direito Brasileiro no grande sistema jurídico romano-germânico, caracterizado pela primazia da lei, da doutrina e da classificação dos ramos do Direito. Contrariamente, o sistema anglo-americano de *Commom Law* privilegia os precedentes jurisprudenciais que têm força de lei, secundados pela lei e pela doutrina. O ensino jurídico predominantemente doutrinal (...) não é um mal em si. (...). Tanto o estudo centrado na doutrina quanto o estudo de casos podem gerar uma metodologia de ensino mais informativa ou mais criativa, mais conservadora ou mais progressista" (Lôbo 2003:131).

comandados diretamente pelo Governo Central, que definia os currículos, as metodologias e os programas (Rodrigues 1993: 46).

Com o advento da República, os cursos de Direito passaram por um processo importante de reformulação; e, conseqüentemente, os conteúdos baseados no Direito Natural e no Eclesiástico foram abandonados. Em 1895 surgiu o novo currículo, de orientação positivista, que manteve a disciplina de "Economia Política" no 3º ano e o "Direito Comercial" nos 3º e 4º anos (Rodrigues 1993:47). Assim, foram introduzidas alterações curriculares decorrentes de modificações políticas e alterações no campo das Ciências[17] (Parecer CNE/CES 55/2004:4).

As reformas educacionais feitas no ano de 1931 buscavam ampliar o espaço de instrumentalização profissional. Contudo, até 1962 os currículos eram marcados pela cogência, rigidez e uniformidade nacional.[18] Até o período indicado é possível afirmar que o "Direito da Concorrência" era disciplina irrelevante para o ensino jurídico. Efetivamente, as disciplinas da área penal, comercial e econômica poderiam apresentar determinadas reflexões sobre os conteúdos.

No ano de 1963 o Parecer 215 do Conselho Federal de Educação implantou a idéia de um currículo formado por disciplinas mínimas obrigatórias para o ensino do Direito. Neste período o "Direito Penal", o "Comercial" e a "Economia Política" figuravam como obrigatórios, mas disciplinas com conteúdos que tivessem apelo mais regionalizado poderiam ser ensinadas.

O ensino do "Direito Econômico" em alguns cursos de graduação já era uma realidade nos anos 1970.[19] Conforme se depreende da análise de Carvalhosa, o objetivo da disciplina era suprir a deficiência lógico-formal dos novos institutos e da análise legislativa no estudo de temas não-tradicionais.[20] A abordagem disciplinar ob-

17. "Com efeito, não prevalecendo a orientação decorrente do Direito Natural (o Jusnaturalismo) e desvinculando-se a Igreja do Estado, especialmente sob a influência do período pombaliano, extinguindo-se o Direito Público Eclesiástico de 1890, logo após a Proclamação da República, criando-se também as cadeiras de Filosofia e História do Direito e de Legislação Comparada sobre o Direito Privado (...)" (Parecer CNE/CES 55/2004:4).

18. "O estudo comparado desses marcos legais, incluindo o advento da LDB 4.024/1961, revela que, embora 'currículo mínimo nacional' e 'duração do curso' ainda significassem dificuldades para alterações curriculares, as normas decorrentes na nova LDB, ao tempo em que instituíam 'currículo mínimo', ensejavam, por seu turno, que as instituições de ensino elaborassem seu respectivos 'currículos plenos', como forma de se adaptarem aos reclamos regionais" (Parecer CNE/CES 55/2004:5).

19. "A inclusão do tema nos currículos de inúmeras universidades européias é hoje bastante acentuada. Sendo de se louvar vivamente que na reforma do ensino jurídico da USP se tenham criado, na Faculdade de Direito do Largo de S. Francisco, as disciplinas 'Direito Econômico', no curso de bacharelado, e 'Técnicas Jurídicas do Desenvolvimento', no curso de pós-graduação" (Carvalhosa 1971:28). "Nota ao item 2 da primeira parte (...) (44) O desdobramento didático do 'Direito Econômico' nos curso de pós-graduação, sob o nome 'Técnicas Jurídicas do Desenvolvimento', o qual é ministrado, com inexcedível proficiência e dedicação, pelo ilustre professor Philomeno J. da Costa, faz-nos invocar o pensamento de Granger (...). Declara Granger que nestes países o Direito Econômico deve ser encarado como Direito do Desenvolvimento. (...). Por outro lado, o ilustre Mestre professor Pinto Antunes foi, entre nós, com a sua autoridade de grande jurista, o que primeiro propugnou pela construção do Direito Econômico, situando a disciplina a partir do Direito Industrial (...)" (Carvalhosa 1971:37-38).

20. "Ultrapassa-se no enfoque da propriedade o aspecto de sujeito, objeto, limites e obrigações, para nela se visualizar a sua utilidade produtiva e, portanto, social, enquanto valor instrumental de criação de riquezas, ligado ao sistema global de produção, onde se mesclam os interesses privados e os coletivos. (...). É indubitável, portanto, a importância do tratamento didático da recente legislação surgida, que identificamos, maiormente, como de 'Direito Econômico', por isso que reflete a mobilização global de todas as estruturas do país no esforço de dar cumprimento aos fins constitucionalmente propostos à ordem econômica" (Carvalhosa 1971:29 e 34). Pimentel, noutro sentido, lembra da limitação das disciplinas afeitas às temáticas econômicos nos curso de Direito: "A tradição dos currículos das faculdades de Direito, no Brasil, conservou durante

jetivava superar o enfoque da propriedade privada com base numa visão da sua utilidade produtiva e a análise finalistíca das leis, atentando às questões políticas, econômicas e sociais (Carvalhosa 1971: 28-36).

As novidades legislativas do final dos anos 1960 e começo dos anos 1970 na área econômica, financeira e tributária deram nascimento ao direito penal econômico.[21] Pimentel, na "Apresentação" de sua obra, explica que a necessidade de atualizar os conhecimentos dos estudantes no campo da legislação penal sobre economia conduziu o Departamento de Direito Penal da Faculdade de Direito da USP a incluir nos curso de graduação e pós-graduação a disciplina 'Direito Penal', que buscava punir os crimes contra a ordem econômica (Pimentel 1973:1-2).

Referindo-se À história do ensino do "Direito Econômico" na Universidade Federal de Minas Gerais/UFMG, Sousa explicava, em outubro/1973, que a resolução da Congregação da Faculdade de Direito da UFMG que havia incluído o "Direito Econômico" entre as disciplinas curriculares era uma ação pioneira. Ainda, que a medida era explicada pela necessidade de bacharéis habilitados na área, diante da falta de profissionais para a realidade cotidiana do mundo dos negócios e da administração, numa sociedade que estava voltada para as atividades econômicas[22] (Sousa 1976).

Em 1972 a Resolução 3 do Conselho Federal de Educação criou novas diretrizes curriculares para o curso de graduação em Direito. O estudo da "Economia" seguiu sendo considerado disciplina curricular obrigatória básica, enquanto o "Direito Comercial" e o "Penal" figuravam como disciplinas curriculares obrigatórias profissionais. Conforme se depreende das informações anteriores, algumas instituições buscavam enriquecer seus currículos com base em disciplinas que atendessem a um perfil profissional mais próximo das realidades regionais.

A Portaria 1.886/1994 trouxe inovações no que tange ao ensino jurídico, mas construiu novos parâmetros em relação a inclusão da obrigatoriedade de estudos na área de interconexão entre Direito e Economia, mantendo o padrão anterior de considerar o estudo da Economia um tema fundamental e obrigatório. A existência de um conjunto tão vasto de conteúdos de viés profissionalizante-jurídico afastava e

muitos anos a cadeira de 'Economia Política' entre as que compõem o curso jurídico, praticamente isolada" (Pimentel 1973:6).

21. "O direito penal econômico tem objeto jurídico próprio que, a nosso ver, difere dos demais mencionados, não se confundindo também com os bens e interesses juridicamente tutelados pela legislação penal especial que trata dos crimes contra a economia popular. (...). O objeto jurídico protegido pelo direito penal econômico não se confunde, portanto, com a *economia popular*. Esta, como vimos, é conceituada como 'o patrimônio de um indefinido número de pessoas'. O direito penal econômico trata de algo mais específico, abrangendo bens e interesses relacionados com a política econômica do Estado" (Carvalhosa 1971:18-19).

22. "Ora, neste último quartel do século XX, quando as exacerbações emocionais dos choques doutrinários, inspirados na própria 'filosofia de afirmação pela luta individual', predominante no século XIX, cedem lugar ao 'realismo' elaborado na experiência de duas guerras mundiais, 'realismo' que leva a preocupações para com a construção de uma sociedade em busca de paz, com os avanços tecnológicos e as novas concepções de vida elaboradas à base de uma filosofia de 'bem-estar' de indivíduos e de coletividades, os currículos tradicionais coimbrões e napoleônicos, das missas nas faculdades de Direito, passam a distanciar-se aceleradamente das necessidades do preparo das gerações atuais de advogados destinados a atuar na sociedade de nossos dias. Por outro lado, ocupando o período mais nobre da vida do jovem e traduzindo a realização de suas opções profissionais, esse desajustamento curricular faz do Curso uma perigosa causa de consolidação de frustrações e de fracassos, limitando-se a oferecer títulos e honrarias aos que deles não necessitam, ou revelando a necessidade de revisões substanciais e reestudo das matérias no embate difícil da prática profissional, para os que insistem em militar na carreira escolhida" (Sousa 1976).

continua afastando a grande maioria dos cursos de Direito de uma tendência mais articulada com as necessidades do mercado profissional. Neste particular, a tentativa de esgotar todos os conteúdos considerados tradicionais na formação jurídica sempre limitou a criatividade na formação de profissionais mais coadunados com uma criatividade interdisciplinar e voltados para a sociedade em permanente evolução.[23]

Atualmente a norma vigente em termos de diretrizes curriculares é a Resolução 9, de 29.9.2004. A mesma introduziu um modelo considerado aberto, já que adota a idéia de conteúdos que atendam aos eixos de formação fundamental, profissional e prática. No eixo de formação fundamental é a Economia considerada um conteúdo essencial. Assim, com freqüência, a organização dos conteúdos de Economia aparece associada com conteúdos de Direito.

Durante a vigência da Portaria 1.886/1994 e da Resolução 9/2004 é que a grande maioria dos cursos de graduação em Direito surgiu no Brasil. O número de quase 200 cursos de 1994 chegou a quase 1.000 em 2006. Neste cenário de flexibilidade curricular, consolidação e fortalecimento de um sistema de controle da concorrência, expansão da formação superior jurídica e surgimento de grandes casos envolvendo atores econômicos com grande capacidade econômica, seria possível considerar que, para além da insignificância do estudo da temática até meados dos anos 1990, a defesa e a promoção da concorrência tivessem uma capilaridade maior nos cursos de graduação em Direito.

4. O ensino da defesa e da promoção da concorrência nos cursos de graduação em Direito no Brasil

Uma explicação inicial é importante para este momento da pesquisa. As informações obtidas e utilizadas na investigação e no tratamento dos dados são geralmente públicas e disponibilizadas pelo Ministério da Educação ou por suas estruturas auxiliares por intermédio de sítios eletrônicos na Internet.[24] Outra fonte considerada fundamental para o objetivo desta parte do ensaio é o conjunto de sítios eletrônicos de cada uma das IES que ofertam o curso de graduação em Direito.

Conforme amplamente reconhecido, a flexibilização do mercado do ensino superior alcançou grande destaque nos últimos anos. A oferta de vagas no ensino superior na área jurídica igualmente foi ampliada de forma importante, e desde o início do processo a mesma vem sendo considerada grande risco para a qualidade profissional. O crescimento foi generalizado, mas nas Regiões Sudeste e Sul a expansão foi considerada mais intensa. Recentemente, a Comissão de Ensino Jurídico da OAB, com base em dados do MEC, afirmou existir um total de 1.078 cursos em funcionamento – o que corresponderia aproximada-

23. Não é raro encontrar a afirmação entre os pesquisadores de ensino jurídico de que se percebe que o currículo mínimo passa a ser o pleno em grande parte dos cursos de graduação em Direito. Apenas fazendo uma descrição da possibilidade de ocorrerem propostas mais específicas e flexíveis, o documento da CNE/CES 55/2004: "Cotejando-se, portanto, o currículo constante da Resolução CFE-3/1972 com o fixado pela Portaria 1.886/1994, verifica-se que em ambos os atos normativos ficou prevista a oferta de habilitações específicas (registradas no anverso do diploma do bacharel em Direito), significando 'intensificação de estudos em áreas correspondentes às matérias fixadas nesta Resolução (n. 3/1972) e em outras que sejam indicadas nos currículos plenos' (sic, art. 3º)" (p. 14).

24. A presente pesquisa fez uso dos bancos de dados nos sítios eletrônicos das seguintes instituições: Instituto Nacional de Estudos e Pesquisas Educacionais Anísio Teixeira/INEP; Conselho Nacional de Desenvolvimento Científico e Tecnológico/CNPq; Ministério da Educação/MEC; Ordem dos Advogados do Brasil/OAB; Coordenação de Aperfeiçoamento de Pessoal de Nível Superior/CAPES; Conselho Administrativo de Defesa Econômica/CADE; Secretaria de Acompanhamento Econômico/SEAE. As referências eletrônicas são apresentadas ao final do texto.

mente a 223.000 vagas concentradas em alguns Estados,[25] distribuídas entre grandes grupos educacionais privados[26] e instituições isoladas.

No período de levantamento dos dados, entre o começo de junho e o final de agosto, a presente investigação encontrou 1.068 cursos de Direito no Brasil. Durante a realização da pesquisa foi possível observar que tal número não corresponde à realidade exata. A investigação encontrou, em certas oportunidades, a indicação da autorização para o funcionamento do curso, mas nenhuma informação no sítio eletrônico sobre a oferta do mesmo ou sobre processo seletivo para ingresso. Mesmo tratando-se de um número exagerado, ele não é exato. A informação pode indicar a retração em alguns mercados ou problemas de atualização de informações nos sítios eletrônicos institucionais.

Segundo Cerqueira, no final do mês de agosto/2006, conforme dados do INEP, existiam 1.005 cursos de graduação em Direito no Brasil; contudo, a apreciação cuidadosa dos dados feita pelo autor apontava para erros no preenchimento do *Censo Anual do Ensino Superior*. Cerqueira encontrou no período indicado 978 cursos oficialmente autorizados (Cerqueira 2006: 2-3).

Atualmente, por uma exigência legal da Portaria 2.864/2005 do MEC, as instituições têm a obrigação de disponibilizar seu catálogo institucional, municiando o público de todas as informações consideradas fundamentais para a realização de escolhas em função do entendimento do perfil do curso, dos seus objetivos e peculiaridades.[27] A maioria das instituições utiliza seus sítios eletrônicos na Internet para disponibilizar as informações. Assim, como conseqüência, esse espaço passou a ser uma fonte de investigação das características dos cursos ofertados ou de outras infor-

25. Segundo a Comissão de Ensino Jurídico da OAB, o número de cursos está distribuído da seguinte forma entre os Estados da Federação: Acre – 3; Alagoas – 13; Amazonas – 11; Amapá – 6; Bahia – 54; Ceará – 17; Distrito Federal – 22; Espírito Santo – 35; Goiás – 36; Maranhão – 16; Minas Gerais – 131; Mato Grosso do Sul – 21; Mato Grosso – 29; Pará – 15; Paraíba –16; Pernambuco – 27; Piauí – 25; Paraná – 84; Rio de Janeiro – 101; Rio Grande do Norte – 14; Rondônia – 10; Roraima – 3; Rio Grande do Sul – 76; Santa Catarina – 62; São Paulo – 229; Sergipe – 11; Tocantins – 11.

26. Cerqueira encontrou no final de agosto/2006 a seguinte situação: "Por outro lado, como temos casos em que efetivamente uma mesma IES oferta mais de um curso de Direito, caso das IES *multicampi*, existe um total de 739 IES que possuem curso de Direito, aí inclusos universidades, centros universitários, faculdades integradas, institutos superiores e faculdades, tanto públicas como privadas. Tal diferença, 978 cursos e 739 IES, demonstra que existe no país um ainda tímido processo de concentração de cursos em IES de porte, estando este processo mais concentrado no eixo Sul-Sudeste, como dados apresentados a seguir demonstrarão" (Cerqueira 2006:2).

27. "Art. 1º. As instituições de educação superior deverão tornar públicas e manter atualizadas, em página eletrônica própria, as condições de oferta dos cursos por elas ministrados.

"Parágrafo único. Das condições de ofertas dos cursos superiores deverão constar, no mínimo, as seguintes informações: I – edital de convocação do vestibular, com a data de publicação em *DOU*; II – relação dos dirigentes da instituição, inclusive coordenadores de cursos efetivamente em exercício; III – programa de cada curso oferecido e demais componentes curriculares, sua duração, requisitos e critérios de avaliação; IV – relação nominal do corpo docente de cada curso, indicando a área de conhecimento, titulação e qualificação profissional e regime de trabalho; V – descrição da biblioteca quanto ao seu acervo de livros e periódicos, por área de conhecimento, política de atualização e informatização, área física disponível e formas de acesso e utilização; VI – descrição dos laboratórios instalados, por área de conhecimento a que se destinam, área física disponível e equipamentos instalados; VII – descrição da infra-estrutura de Informática à disposição dos cursos e das formas de acesso às redes de informação; VIII – relação de cursos reconhecidos, citando o ato legal de reconhecimento, e dos cursos em processo de reconhecimento, citando o ato legal de autorização; IX – resultados obtidos nas últimas avaliações realizadas pelo Ministério da Educação, quando houver; X – valor corrente das mensalidades por curso e/ou habilitação; XI – valor corrente das taxas de matrícula e outros encargos financeiros a serem assumidos pelos alunos; XII – formas de reajuste vigentes dos encargos financeiros citados nos incisos X e XI."

mações para os consumidores do serviço de educação.

Porém, foi possível identificar que, das 1.068 IES pesquisadas, 220, ou 20,59% do total, não apresentam informações sobre o curso ou não têm cuidado algum na divulgação do mesmo. Neste particular há geralmente uma coincidência entre a ausência de informações e a não-divulgação da estrutura curricular, um dos objetos de análise durante a investigação. Dentro do percentual de 20,59% de IES há um grupo de instituições que não tem sítios ou a precariedade aponta para a quase-inexistência do mesmo. No ambiente dos *protosites* geralmente há indicação de novos domínios em construção ou *links* endereçados para outros grupos educacionais – o que demonstra confusão ou alteração na mantenedora de alguns dos cursos observados. A identidade gráfica dos sítios eletrônicos de muitas instituições em diversos Estados aponta para mantenedores comuns.

Foi possível perceber que, das 848 IES, ou 79,41% do total restante, metade apresenta um conjunto de informações completas mas limitadas ao catálogo institucional, enquanto a outra metade apresenta informações complementares e superiores ao catálogo institucional. Porém, a apresentação de informações consideradas mais ou menos adequadas é meramente subjetiva. Não há critério para dizer o que é adequado e o que é inadequado neste campo, transposto o rol cogente do catálogo institucional.

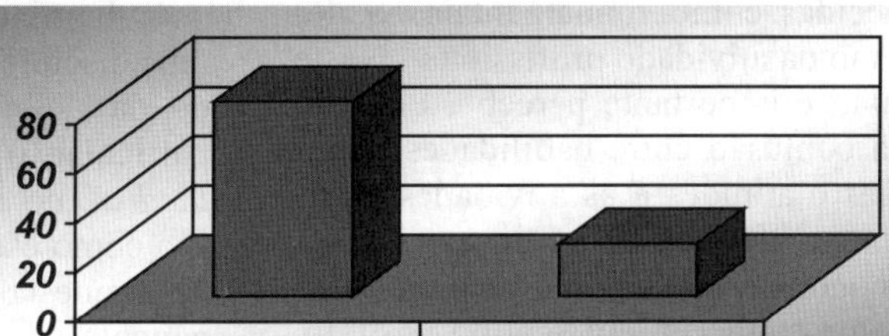

	Divulga	Não Divulga
■ Catálogo Institucional Eletrônico	79,41	20,59

A informação pretende ilustrar uma observação inicial sobre o objeto investigado. Contudo, tal afirmação é pouco durável, já que neste particular a mudança e a atualização de informações ocorrem com muita freqüência, e mesmo durante a pesquisa foi possível verificar mudança, atualização ou, mesmo, o aparecimento de sítios eletrônicos em manutenção. De qualquer maneira, foi possível perceber que uma minoria de instituições não utiliza os recursos eletrônicos para divulgação dos seus cursos.

No contexto acima descrito, acrescido das considerações histórico-evolutivas anteriores, é possível fazer algumas observações sobre o ensino da defesa e da promoção da concorrência nos cursos de graduação em Direito. Para tanto, a investigação observou cada uma das grades curriculares dos cursos de Direito autorizadas no Brasil, e acabou comprovando desde logo que a disciplina tem uma incipiente presença nos curso de graduação em Direito.

As informações apresentadas são conduzidas com base numa análise de conteúdos e disciplinas. Contudo, objetivamente, não há um entendimento de que o problema esteja relacionado somente à ausência de uma disciplina que tenha um título que remeta ao estudo do direito da concorrência. Tal consideração equivaleria a repetir o erro dos que limitam os problemas do ensino jurídico ao conjunto disciplinar das estruturas curriculares no evolver dos anos (Rodrigues 1993:45) e, com base nas mesmas, tentam pensar o curso ou organização curricular ideal. Nesta perspectiva, o presente trabalho entende que, na sua grande maioria, os cursos de Direito têm a condição de ensinar os conteúdos de direito da concorrência, desde que afeito aos interesses dos Projetos Pedagógicos de Curso/PPC, em disciplinas destinadas ao estudo de fenômenos juseconômicos.

Majoritariamente, os cursos de graduação em Direito no Brasil são organizados em torno de conteúdos, e não de habilidades, competências e atitudes. Ou seja, o ensino é baseado no esgotamento de determinadas informações pertencentes a um ramo jurídico, e não na instrumentalização dos discentes em função das necessidades reconhecidas como fundamentais ao desempenho da atividade profissional. Neste particular, é importante perceber que não há uma confusão entre habilidades, competências e atitudes e as atividades práticas, quando efetivamente o discente deveria ter condições de dialogar com uma realidade que conheceu em sentido abstrato. Imagina-se, como distinto do modelo tradicional, que um ensino realmente esteja baseando em habilidades, competências e atitudes independentemente de conteúdos quando ele evita as estanques caixas compartimentadas das disciplinas semestrais pela compreensão dos mecanismos de operação do fenômeno jurídico em termos da aptidão para o exercício das atividades que as profissões jurídicas estabelecem. O objetivo do presente trabalho não é discutir tal particularidade, mas é importante salientar que o modelo tradicional, estimulado pela formação destinada às carreiras públicas ou aos exames e provas diversos, atua com base em conteúdos.

Partindo da idéia de que o ensino é centrado em conteúdos, a estrutura curricular – "grade" – é muitas vezes o limite do ensino jurídico de graduação. Assim, a pesquisa estabeleceu desde logo uma afirmação pautada pelo senso comum e pela prática freqüente que impera no ensino do Direito, que é a de que a possibilidade de contemplar andragogicamente determinado conteúdo jurídico depende da existência de uma disciplina – "cadeira", "matéria". Assim, é importante perceber que o modelo de organização do ensino segue ditames conteudistas e disciplinares. Ou seja, as disciplinas são os títulos que definem o conteúdo, e não o contrário. Neste caso, com muita freqüência o rótulo disciplinar diz muito sobre o que determinada IES pretende ensinar num determinado espaço e tempo.

Três variáveis importantes, ainda que "fora da curva" e não estudadas na presente investigação, devem ser referidas como elemento questionador do vínculo entre disciplinas e conteúdos.

A primeira é a de que o conteúdo de uma disciplina pode ser qualquer um quando da "subjetivação" do ensino.[28] Neste particular, o chavão da "liberdade de *cathedra*" no ensino jurídico de graduação soa como esdrúxulo diante do modelo que se define como pautado por documentos cogentes como o Projeto Pedagógico de Curso/PPC, o Programa de Desenvolvimento Institucional e o Projeto Pedagógico Institucional. Mesmo assim, não se pode negligenciar o poder do lente que carrega a "borla escarlate" nas atividades acadêmicas e que faz propriedade sua a disciplina que está incumbido de ensinar.

28. "Não raro, também, matérias e disciplinas se justificam tão-somente pela satisfação tecnicista, dogmática e personalista de grande contingente dos que atuam nos cursos jurídicos, sem o indispensável comprometimento com a nova ordem política, econômica, social, e com seus pluralismos políticos, jurídicos, regionais e axiológicos, que caracterizam a contemporaneidade brasileira e a comunidade das Nações. (...). O currículo do ensino jurídico não se constitui, pois, instrumento para que algumas pessoas ou um conjunto de pessoas, ainda que de 'notoriedade jurídica', se comprazam com as matérias e disciplinas fixadas na norma, até sob a invocação da sólida experiência do magistério ou de cargos das carreiras jurídicas, ao longo dos anos (...)" (Parecer CNE/CES 55/2004:15).

A segunda igualmente elimina o vínculo entre disciplina e conteúdo com base na adoção dos manuais e das obras didáticas que instrumentalizam a opção por certos conteúdos de uma disciplina com base no sumário das obras. O resultado é um conjunto de conteúdos não-integrados ou permeados pela visão única de um conjunto de informações parciais apoiadas na síntese feita por um pesquisador ou compilador. A crítica neste caso é estabelecida em parâmetros dogmáticos inferiores e com poucas contribuições intelectuais à formação do discente. E, por fim, não é adequado desconsiderar o papel dos "títulos" e "capítulos" das normas codificadas e das leis esparsas que igualmente definem o que deve ser ensinado, nos moldes do tradicionalmente conhecido "método" de ensino do "código comentado".

Assim, é importante perceber que, por uma limitação de propósitos iniciais e decorrente da afirmação anterior, ligada às tradições jurídicas, a investigação não pretendeu verificar se os conteúdos estariam presentes em disciplinas não rotuladas proximamente como "direito da concorrência". Mesmo assim, sempre que possível, determinados títulos de disciplinas consideradas passíveis de possuírem conteúdos próximos aos do objeto de investigação foram buscados.

Ainda, o perfil institucional apresentado pelo PPC, quando indicado publicamente, motivou uma investigação particular dos conteúdos de certas disciplinas que poderiam mostrar que o ensino da defesa e da promoção da concorrência poderia estar presente. Eventuais ausências, aqui, se devem basicamente à não-publicização por parte das instituições de conteúdos, disciplinas e estruturas pedagógicas ou, mesmo, à falta de colaboração por parte das instituições, quando solicitadas.[29]

Uma opção inicial da investigação foi separar a análise por regiões. A Região Sul foi a primeira. Nesta foram analisadas as 214 IES que ofertam o curso de graduação em Direito. Deste total foram encontradas 192 IES que apresentam informações sobre suas estruturas curriculares, enquanto 22, ou 10,28%, não apresentam informações sobre a estrutura curricular, disciplinas e conteúdos, catálogo institucional ou PPC nos seus sítios eletrônicos.

Região Sul (1)	**IES consultadas**	**IES que não disponibilizam informações**
Paraná	84	13
Rio Grande do Sul	70	4
Santa Catarina	60	5
Total 1.1	**214**	**22**

Das 192 IES analisadas, somente 6 ofertam ao menos uma disciplina cujo objeto central é o ensino da defesa e da promoção da concorrência. Assim, considerando o número 192 a totalidade, um percentual de 3,12% dos cursos de Direito da Região Sul ofertam conteúdos essenciais que ensinam direito da concorrência. Caso seja considerada a totalidade de cursos de Direito o percentual cai para 2,80%.

29. Apesar de a consulta ter sido exaustiva, é plausível que a difusão da presente pesquisa possa produzir um ambiente de colaboração de outras ins-

Região Sul (1)	Cursos de Direito	Apresenta na estrutura curricular a disciplina "Direito da Concorrência"	Apresenta na estrutura curricular disciplina que pode ensinar "Direito da Concorrência"
Paraná	84	5	79
Rio Grande do Sul	70	1	69
Santa Catarina	60	0	60
Total 1.2	**214**	**6**	**208**

Aqui é reiterado um esclarecimento importante, e que deverá servir para todas as outras Regiões analisadas. Inicialmente, a não-publicização, por parte de uma IES, da sua estrutura curricular no seu sítio eletrônico não esgotou o interesse investigativo pela mesma, desde que o curso apresentasse um interesse ou perfil indicado como vinculado às temáticas econômicas, negociais, empresariais ou mercadológicas. Assim, nestes casos a pesquisa buscou, por intermédio de contato direito com coordenadores de curso, coordenadores pedagógicos, ouvidores ou professores informações sobre as disciplinas ofertadas pela instituição.

Contudo, a falta de um sítio eletrônico ou mesmo a completa ausência de informações sobre o perfil do curso determinou a afirmação, por parte do trabalho, de que a mesma não apresenta qualquer disciplina que ensine conteúdos vinculados à defesa e à promoção da concorrência. Para efeitos de qualidade do dado inferido, dois cálculos foram efetivados: o primeiro incluía e o outro excluía as IES que não tiveram suas grades curriculares consideradas. Para o gráfico abaixo a investigação considerou somente as instituições que disponibilizavam informações sobre seu curso de graduação em Direito, em função das explicações anteriores.

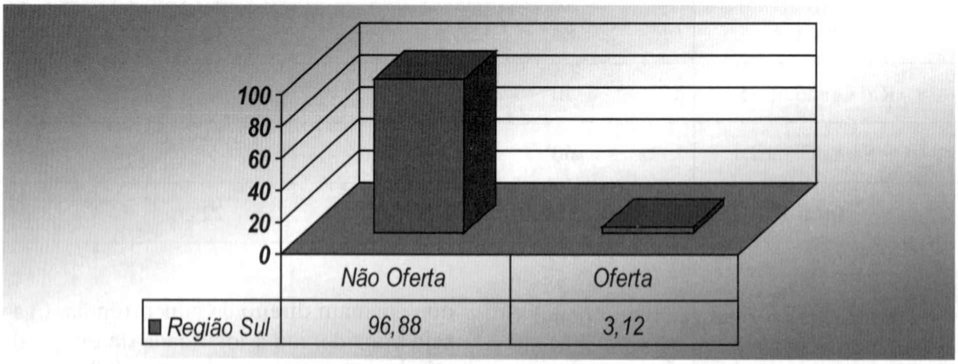

tituições, pesquisadores, docentes ou discentes. Assim, novas informações históricas ou atuais podem contribuir para um aprimoramento na qualidade das informações coletadas.

Uma particularidade, porém, não deve ser desconsiderada. A obrigatoriedade do ensino de conteúdos fundamentais de Economia nos cursos de graduação em Direito torna possível que em todos eles se ensinem temas que promovam a cultura da concorrência. Mas também não é possível negligenciar que, diante de um conjunto de temas tão vastos de ensinamentos econômicos essenciais ao estudante de Direito, um espaço pouco privilegiado restaria para o tema objeto desta investigação.

Durante a pesquisa, em todas as Regiões analisadas foram encontradas disciplinas obrigatórias ou optativas nas quais foram observadas referências breves à temática da concorrência. São elas: "Introdução à Economia", "Fundamentos de Economia", "Economia Política", "Economia Aplicada ao Direito", "Direito Penal Econômico", "Direito do Consumidor", "Direito Econômico", "Direito e Economia", "Direito Econômico e Financeiro", "Direito de Empresa", "Direito Empresarial", "Direito Comercial", "Direito dos Negócios", "Temas de Direito Empresarial", "Direito Constitucional Econômico", "Direito da Regulação", "Direito Administrativo" – além de outras. Neste particular, também não é possível afirmar, para além das disciplinas, com certeza, como os conteúdos das mesmas estão conformados, já que raramente as IES disponibilizam informações superiores ao nome da disciplina no catálogo institucional e nos sítios eletrônicos.

Na seqüência são indicadas algumas informações que a investigação considerou relevantes à análise de cada um das IES que nos seus cursos de graduação em Direito disponibilizam disciplinas cujo objeto central é o direito da concorrência. São elas:

(i) o nome da IES, a cidade onde a mesma está localizada e o número que a identifica junto ao MEC;

(ii) o nome do curso e da disciplina e a obrigatoriedade ou a facultatividade da mesma;

(iii) o ementário ou o conteúdo programático, quando obtido, além de informações sobre a estrutura curricular ou particularidades sobre a oferta;

(iv) a carga horária disponibilizada para o ensino da disciplina e o período em que a mesma está localizada;

(v) o endereço da instituição e o sítio eletrônico.

Instituição/Cidade	**Curso/ Disciplina**	**Conteúdo/Observações**	**Carga horária**	**Endereço**
		REGIÃO SUL – PARANÁ		
Faculdade Educacional de Araucária – Araucária Instituição – 1879	Curso de Direito da Faculdade Educacional de Araucária (FACEAR) Direito da Concorrência (Disciplina Obrigatória)	"Os Princípios Constitucionais da Ordem Econômica. Fenômeno Concentracionista. O Fenômeno Concentracionista como Efeito do Desenvolvimento Capitalista. A Concorrência na Constituição Federal de 1988. Abuso de Poder Econômico. Leis Antitruste e Titularidade dos Bens Jurídicos por Elas Protegidas. O CADE – Conselho Administrativo de Defesa	36 h/a 10º sem.	Av. das Araucárias, 3.803 CEP: 83707-000 Araucária (PR) *http://www.facear.edu.br*

Instituição/Cidade	Curso/ Disciplina	Conteúdo/Observações	Carga horária	Endereço
		REGIÃO SUL – PARANÁ		
		Econômica. Regulamentação *Antidumping* Brasileira. Regulação do Direito da Concorrência no MERCOSUL" * O curso iniciou suas atividades no 2º semestre de 2004. Assim, a disciplina não foi ofertada até o presente momento.		
Faculdades Integradas Santa Cruz de Curitiba – Curitiba Instituição – 1872	Curso de Direito das Faculdades Integradas Santa Cruz (FARESC) Direito Concorrencial (Disciplina Obrigatória)	* No Projeto Pedagógico de Curso não há a indicação da disciplina. O sitio eletrônico informa que a disciplina é ofertada. Neste caso, possivelmente a grade foi alterada e a disciplina foi incluída. ** A Instituição não respondeu às mensagens enviadas para os endereços eletrônicos disponíveis no sítio institucional. *** O curso iniciou suas atividades no 2º semestre de 2004. Assim, a disciplina não foi ofertada até o presente momento.	36 h/a 10º sem.	R. Pedro Bonat, 103 CEP: 81040-110 Curitiba (PR) *http://www.santacruz.br*
Faculdade de Telêmaco Borba – Telêmaco Borba Instituição – 1536	Curso de Direito da Faculdade de Telêmaco Borba (FATEB) Concorrência e Direito (Disciplina Obrigatória para ênfase em Direito Econômico e Empresarial) Curso com duas ênfases: Carreiras Públicas e Direito Econômico e Empresarial	* O Projeto Pedagógico de Curso não apresenta uma ementa e uma bibliografia para a disciplina. ** A instituição respondeu às mensagens enviadas para os endereços eletrônicos disponíveis no sítio institucional, afirmando que ainda não há um conteúdo definido. *** O curso iniciou suas atividades no 1º semestre de 2005. Assim, a disciplina não foi ofertada até o presente momento.	36 h/a 10º sem.	Av. Mar. Floriano Peixoto, 1.181 CEP: 84266-010 Telêmaco Borba (PR) *http://www.fatebtb.com.br*

Instituição/Cidade	Curso/ Disciplina	Conteúdo/Observações	Carga horária	Endereço
		REGIÃO SUL – PARANÁ		
Centro Universitário Diocesano do Sudoeste do Paraná – Palmas Instituição – 1855	Curso de Direito do Centro Universitário Diocesano do Sudoeste do Paraná (UNICS) Direito da Concorrência e o Papel do CADE (Disciplina Optativa para Área de Advocacia Empresarial)	* Apesar de o sítio institucional indicar a oferta da disciplina, o PPC não apresenta a mesma. No PPCa disciplina de "Direito Econômico" incorporou os conteúdos de direito da concorrência. ** Tanto o PPC de 2002 como sua atualização de 2006 não apresentam a disciplina integrada à estrutura curricular. Igualmente, não há ementa e bibliografia. Possivelmente a estrutura curricular esteja aberta, já que a disciplina é optativa. *** O curso iniciou suas atividades no 2º semestre de 2004. Assim, a disciplina não foi ofertada até o presente momento.	2 créditos 9º ou 10º per.	R. Dr. Bernardo Ribeiro Viana, 903 CEP: 85555-000 Palmas (PR) *http://www.unics.edu.br*
Faculdade Assis Gurgacz – Cascavel Instituição – 1336	Curso de Direito da Faculdade Assis Gurgacz (FAG) Direito da Concorrência (Disciplina Obrigatória)	"Direito da Concorrência: Elementos Essenciais. Da Política da Concorrência. Das Infrações da Ordem Econômica. Do Processo Administrativo. Das Formas de Controle. Execução das Decisões Administrativas. Competência Internacional do Direito antitruste Brasileiro" * A disciplina é antecedida pelo "Direito Econômico" no 3º Período e pela "Economia Política" no 2º Período. A disciplina é regularmente ofertada.	36 h/a 4º sem.	Av. das Torres, 500 CEP: 85806-095 Cascavel (PR) *http://www.fag.edu.br*
		REGIÃO SUL – RIO GRANDE DO SUL		
Faculdade de Direito de Santa Maria – Santa Maria Instituição – 2297	Faculdade de Direito de Santa Maria (FADISMA) Direito Econômico e da Concorrência (Disciplina Obrigatória)	"Concorrência, Cooperação e Desenvolvimento Econômico. Objeto e Conceitos Fundamentais, Concorrência Perfeita, Monopólio, Oligopólio e Concorrência Imperfeita. Elementos Constitutivos da Concorrência, Direito de Defesa da Concorrência: sua Evolução e Finalidades. A Defesa da Concorrência nos Países do MERCOSUL,	36 h/a 8º sem.	R. Duque de Caxias, 2.319 CEP: 97060-210 Santa Maria (RS) *http://www.fadisma.com.br*

Instituição/Cidade	Curso/ Disciplina	Conteúdo/Observações	Carga horária	Endereço
REGIÃO SUL – RIO GRANDE DO SUL				
		Brasil, Aspectos Históricos da Defesa da Concorrência no Brasil, Aspectos Constitucionais, A Lei de Defesa da Concorrência: Normas, Órgãos de Aplicação e Procedimento, Estrutura Legal e Administrativa Funcional, Sistema de Defesa da Concorrência, Concentrações, Fundamentos dos Controles, Conceito dos Atos de Concentração e Mercado Relevante, Atos Infrativos – Condutas, Cartéis, Dominação Abusiva de mercado, Processo Administrativo e Judicial no Âmbito da Concorrência, Argentina, Aspectos Históricos da Defesa da Concorrência na Argentina, As Leis de Defesa da Concorrência: suas Normas, Órgãos de Aplicação e Procedimento, Paraguai, Uruguai. A Defesa da Concorrência no MERCOSUL, Histórico da Formação do Sistema de Defesa da Concorrência no MERCOSUL, O Protocolo de Defesa da Concorrência do MERCOSUL, Objeto e Campo de Aplicação, Órgãos de Aplicação, Procedimento, O Sistema da Concorrência na Comunidade Européia. O Sistema da Concorrência nos EUA. Novas Questões de Concorrência no Direito Internacional: OMC *X Global Competition Network* (USA). Noções e Princípios da Regulação Governamental: Estrutura e Papel das Agências no Âmbito do Sistema Concorrencial" * O curso iniciou suas atividades no 1º semestre de 2004. Assim, a disciplina passou a ser ofertada no 2º semestre de 2007.		

A Região Sudeste foi a segunda a ser investigada.

Nesta foram analisadas as 493 IES que ofertam o curso de graduação em Direito. Deste total foram encontradas 397 IES que apresentam informações sobre suas estruturas curriculares, enquanto 96, ou 19,47%, não apresentam informações sobre seu perfil profissiográfico nos seus sítios eletrônicos.

Região Sudeste (2)	IES consultadas	IES que não disponibilizam informações
Espírito Santo	35	8
Minas Gerais	131	28
Rio de Janeiro	101	7
São Paulo	226	53
Total 2.1	**493**	**96**

Das 397 IES analisadas, 14 ofertam ao menos uma disciplina cujo objeto central é o ensino da defesa e da promoção da concorrência.

Assim, considerando o número 397 a totalidade, um percentual de 3,52% dos cursos de Direito da Região Sudeste ofertam conteúdos essenciais que ensinam direito da concorrência. Caso seja considerada a totalidade de cursos o percentual cai para 2,83%.

Na Região Sudeste uma particularidade foi encontrada.

Três instituições apresentaram ao menos duas disciplinas cujo objeto principal pode ser considerado o ensino da defesa e da promoção da concorrência ou temáticas conexas.

São elas:

- Escola de Direito do Rio de Janeiro da Fundação Getúlio Vargas (DIREITO RIO),
- Curso de Direito da Faculdade de Ciências Econômicas (FACAMP) e
- Escola de Direito de São Paulo da Fundação Getúlio Vargas (DIREITO GV).

Região Sudeste (2)	Cursos de Direito	Apresenta na estrutura curricular a disciplina "Direito da Concorrência"	Apresenta na estrutura curricular disciplina que pode ensinar "Direito da Concorrência"
Espírito Santo	35	0	35
Minas Gerais	131	4	127
Rio de Janeiro	101	3	98
São Paulo	226	7	219
Total 2.2	**493**	**14**	**479**

As mesmas considerações apontadas para a Região Sul em relação à publicização de informações e ausência de dados mais claros são indicadas para a Região Sudeste quando do tratamento das informações.

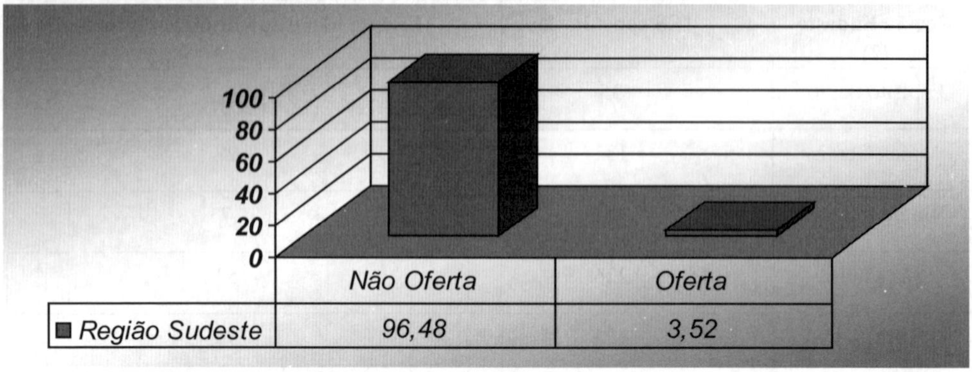

O detalhamento das informações encontradas segue no gráfico abaixo:

Instituição/Cidade	Curso/ Disciplina	Conteúdo/Observações	Carga horária	Endereço
		REGIÃO SUDESTE – MINAS GERAIS		
Faculdade Milton Campos – Nova Lima Instituição – 638	Faculdade de Direito Milton Campos (FDMC) Direito da Concorrência (Disciplina Obrigatória)	"Direito da Concorrência. Ordem Econômica. Teoria do Direito da Concorrência. Lei Antitruste. Sistema Brasileiro de Defesa da Concorrência. Infrações à Ordem Econômica. Atos de Concentração" * A IES oferta o curso de Direito desde 1975. A estrutura curricular atual vige desde o 2º semestre de 2003.	64 h/a 10º sem.	R. Milton Campos, 202 CEP: 34000-000 Nova Lima (MG) *http://www.mcampos.br*
Faculdade de Estudos Administrativos de Minas Gerais – Belo Horizonte Instituição – 1139	Curso de Direito da Faculdade de Estudos Administrativos de Minas Gerais (FEAD) Direito da Concorrência (Disciplina Obrigatória)	"I – Os Fundamentos do Direito da Concorrência: 1. Fundamentos Políticos: 1.1 O Controle do Poder Econômico – 1.2 A Salvaguarda da Liberdade de Empresa – 1.3 A Redistribuição de Riqueza – 1.4 A Proteção dos Consumidores. 2. Fundamentos Econômicos: 2.1 Promoção da Eficiência Econômica – 2.2 Promoção da Integração Econômica. II – Controle dos Acordos e Práticas Concertadas. Aspectos Gerais: 3. Introdução – 4. Conceito de 'Empresa': 4.1 Definição e Exemplos – 4.2 Grupos e Sociedades Coligadas – 4.3 Agentes – 4.4 Aplicação do Conceito de 'Empresa' a	60 h/a 8º sem.	R. Cláudio Manoel, 1.162 CEP: 30140-100 Belo Horizonte (MG) *http://www.fead.br*

Instituição/Cidade	Curso/ Disciplina	Conteúdo/Observações	Carga horária	Endereço
REGIÃO SUDESTE – MINAS GERAIS				
		Entidades Públicas. 5. Acordos: 5.1 Conceito de 'Acordo' – 5.2 A Distinção entre Acordos Horizontais e Acordos Verticais – 5.3 Aplicação a Comportamentos Complexos – 5.4 O Conceito de 'Acordo' no Contexto da Distribuição. 6. Decisões de Associações de Empresas. III – Acordos Entre Concorrentes. Cartéis e Práticas Instrumentais: 7. Comportamentos Colusivos. Princípios Econômicos. 8. Idem. Princípios Jurídicos. 9. Acordos Relativos aos Preços: 9.1 Acordos que Afetam Diretamente a Formação dos Preços – 9.2 Acordos que Afetam Indiretamente a Formação dos Preços. 10. Acordos de Repartição de Mercado: 10.1 Fixação de Quotas – 10.2 Repartição Geográfica de Mercados – 10.3 Repartição de Clientela. 11. Acordos de Coordenação do Comportamento Perante Terceiros: 11.1 Boicotes Coletivos – 11.2 Discriminação de Preços Coletiva – 11.3 Outras Práticas de Exclusão de Terceiros. 12. Acordos sobre Troca de Informações. IV – Acordos Entre Concorrentes. Empresas Comuns e Outras Formas de Colaboração: 13. Introdução: o Dilema da Distinção entre Bons e Maus Cartéis. 14. Empresas Comuns: 14.1 Aspectos Restritivos da Concorrência – 14.2 Benefícios Econômicos – 14.3 Restrições Acessórias. 15. A Isenção por Categoria de Acordos de Colaboração Entre Concorrentes. 16. A Isenção por Categoria de Acordos de Especialização. V – Acordos Verticais: 17. Análise Econômica das Práticas Verticais. 18. A Isenção por Categoria de Acordos Verticais. 19. As Novas Orientações da Comissão. 20. Aplicação das Regras de Concorrência a Algumas Categorias de Acordos Verticais: 20.1 Acordos de Distribuição Exclusiva – 20.2 Acordos de Compra Exclusiva –		

Instituição/Cidade	Curso/ Disciplina	Conteúdo/Observações	Carga horária	Endereço
REGIÃO SUDESTE – MINAS GERAIS				
		20.3 Acordos de Distribuição Seletiva – 20.4 Acordos de Franquia. VI – Acordos de Licença de Direitos de Propriedade Intelectual: 21. Direitos de Propriedade Intelectual e Concorrência. VII – O Abuso de Posição Dominante: 22. Objetivos da Disciplina dos Abusos de Posição Dominante. 23. Posição Dominante: 23.1 Noção – 23.2 Definição do Mercado Relevante – 23.3 Determinação do Poder de Mercado – 23.4 Posição Dominante Coletiva. 24. Abuso (Exploração Abusiva) de Posição Dominante: 24.1 Noção – 24.2 Abusos sobre a Estrutura Concorrencial: Impacto em Concorrentes – 24.3 Abusos de Exploração de Clientes, Fornecedores e Consumidores. 25. Justificação Objetiva e Princípio da Proporcionalidade. VIII – O Controle das Concentrações: 26. Introdução: 26.1 A Concentração de Poder Econômico e o Direito da Concorrência – 26.2 A Noção de 'Concentração' – 26.3 Os Objetivos das Operações de Concentração. IX – Aspectos Processuais: 27. Introdução. Início do Processo. 28. Regras Processuais: 28.1 Regime Comunitário – 28.2 Regime Nacional. 29. Sanções e Medidas Corretivas: 29.1 Regime Comunitário – 29.2 Regime Nacional. X – Aplicação Judicial: 30. Controle Judicial a Título Principal: 30.1 Controle pelas Instâncias Comunitárias – 30.2 Controle pelos Tribunais Brasileiros. 31. Controle Judicial a Título Incidental" * O curso iniciou suas atividades no 2º semestre de 2003. Assim, a disciplina passou a ser ofertada no 1º semestre de 2007.		
Faculdade Estácio de Sá de Juiz de Fora – Juiz de Fora Instituição – 1986	Curso de Direito da Faculdade Estácio de Sá de Juiz de Fora (FESJF) Direito da Concorrência	"Regulação, Empresa e Política de Concorrência. Livre Iniciativa e Livre Concorrência. Concentração de Empresas. Abuso do Poder Econômico – Poder Econômico Público e Privado. Infrações à Ordem Econômica. Patentes e Livre Concorrência. Agências Regula-	40 h/a 9º sem.	Av. Pres. João Goulart, 600 CEP: 36030-900 Juiz de Fora (MG) *http://www.jf.estacio.br*

Instituição/Cidade	Curso/ Disciplina	Conteúdo/Observações	Carga horária	Endereço
REGIÃO SUDESTE – MINAS GERAIS				
	(Disciplina Obrigatória)	doras e Livre Concorrência. Crescimento Sustentável e Livre Concorrência. Livre Concorrência e Consumidor. O CADE (Conselho Administrativo de Defesa Econômica) e a Defesa da Concorrência" * O curso iniciou suas atividades no 1º semestre de 2004. Assim, a disciplina não foi ofertada até o presente momento.		
Faculdade de Ciências Humanas de Itabira – Itabira Instituição – 544	Curso de Direito da Faculdade de Ciências Humanas de Itabira (FACHI) Direito Concorrencial (Disciplina Optativa do 1º Bloco – oferta em conjunto com outras disciplinas)	"Direito da Concorrência. Interesses Protegidos. A Constituição Econômica e a Legislação Infraconstitucional. Conceitos Fundamentais: Mercado, Mercado Relevante, Concentração de Empresas, Abuso do Poder Dominante. A Competência do CADE" * O curso passou pelo processo de reconhecimento no 1º semestre de 2007.	Carga horária não definida 9º ou 10º sem.	Rodovia MG 03 s/n CEP: 35900-021 Itabira (MG) *http://www.funcesi.br*
REGIÃO SUDESTE – RIO DE JANEIRO				
Universidade Federal do Estado do Rio de Janeiro – Rio de Janeiro Instituição – 693	Escola de Ciências Jurídicas da Universidade Federal do Estado do Rio de Janeiro (UNIRIO) Direito da Concorrência (Disciplina Optativa)	Informação não disponível	60 h/a 9º sem.	Av. Pasteur, 458 CEP: 22290-240 Rio de Janeiro (RJ) *http://www.unirio.br/direito*
Instituto Superior Mendes de Almeida – Rio das Ostras Instituição – 2334	Curso de Direito do Instituto Superior Mendes de Almeida (IMA) Direito do Consumidor e da Concorrência (Disciplina Obrigatória)	"O Direito e os Fatos Econômicos. Direito Econômico. Direito da Concorrência. CADE. Relações entre Direito da Concorrência e Direito do Consumidor. Concorrência e as Novas Políticas da Globalização da Economia. *Joint-Ventures*. *Factoring*. *Franchising*. Direito do Consumidor. Circulação de Mercadorias. Os Instrumentos Jurídicos de Defesa do Consumidor. Os Órgãos de Proteção ao Consumidor. O	30 h/a 6º sem.	R. Daniel Carlos Vidal, s/n CEP: 28890-000 Rio das Ostras (RJ) *http://www.ima.edu.br*

Instituição/Cidade	Curso/ Disciplina	Conteúdo/Observações	Carga horária	Endereço
REGIÃO SUDESTE – RIO DE JANEIRO				
		Consumidor Frente aos Órgãos Jurisdicionais. Mercado, Direito e Desenvolvimento. Crimes Econômicos" * O curso iniciou suas atividades no 1º semestre de 2004.		
Escola de Direito do Rio de Janeiro da Fundação Getúlio Vargas – Rio de Janeiro Instituição – 2126	Escola de Direito do Rio de Janeiro da Fundação Getúlio Vargas (DIREITO RIO) Direito da Concorrência (Disciplina Obrigatória Regimental Profissionalizante)	"A Ordem Econômica na Constituição de 1988. O Sistema Brasileiro de Defesa da Concorrência: SDE, CADE, SEAE. Análise Antitruste de Atos de Concentração e Condutas Anticompetitivas. Repressão ao Abuso do Poder Econômico. Defesa da Concorrência" * A IES informou que pretende modificar o conteúdo da ementa. ** O curso iniciou suas atividades no 1º semestre de 2005.	60 h/a 7º sem.	Praia de Botafogo, 190 CEP: 22250-900 Rio de Janeiro (RJ) *http://www.direitorio.fgv.br*
Escola de Direito do Rio de Janeiro da Fundação Getúlio Vargas – Rio de Janeiro Instituição – 2126	Escola de Direito do Rio de Janeiro da Fundação Getúlio Vargas (DIREITO RIO) Fusões e Aquisições (Disciplina Eletiva de Especialização)	* A IES informou que pretende construir uma ementa com base no seu PPC. ** O curso iniciou suas atividades no 1º semestre de 2005.	60 h/a 8º, 9º ou 10º sem.	Praia de Botafogo, 190 CEP: 22250-900 Rio de Janeiro (RJ) *http://www.direitorio.fgv.br*
REGIÃO SUDESTE – SÃO PAULO				
Faculdade de Ciências Econômicas – Campinas Instituição – 1439	Curso de Direito da Faculdade de Ciências Econômicas (FACAMP) Teoria Econômica da Concorrência e do Consumidor (Disciplina da Área de Especialização. Área II – Novos Direitos) * O Curso opta por uma formação especializada a partir do 9º semestre.	"As Teorias Clássicas da Concorrência: Marshall e Walras. Concorrência, Conceituação e Centralização do Capital: Marx. O Fim do *Laissez-Faire*: Keynes. Corporação Moderna e a Concorrência: Berle e Means. A Grande Empresa e as Barreiras à Concorrência: Bain. Galbraith e o Novo Estado Industrial. As Fusões e Incorporações na Economia Contemporânea. Os Novos Institucionalistas e a Questão da Governança: Coase e Willianson. O Consumo na Economia Clássica. Bentham, o Utilitarismo e a Soberania do Consumidor. Marx e a Crítica das Relações 'Vulgares' Entre Produção, Distribuição e Consumo. A Economia da Grande empresa e a	* 72 h/a 9º sem. * O PPC do curso registra carga horária de 64 h/a, o sítio institucional carga de 72 h/a	Estrada Municipal Telebrás-Unicamp Km 1 s/n CEP 13083-970 Campinas (SP) *http://www.facamp.com.br*

Instituição/Cidade	Curso/ Disciplina	Conteúdo/Observações	Carga horária	Endereço
REGIÃO SUDESTE –SÃO PAULO				
		Mudança nas Relações Entre Consumo e Produção: Veblen. O Crédito ao Consumo e sua Importância no Capitalismo do Século XX. Keynes e a Função Consumo. O papel 'Estabilizador' das Transferências no Estado do Bem-Estar. Consumo Individual e Coletivo. Consumismo e Meio Ambiente"		
Faculdade de Ciências Econômicas – Campinas Instituição – 1439	Curso de Direito da Faculdade de Ciências Econômicas (FACAMP) Controle do Poder Econômico (Disciplina da Área de Especialização. Área II – Novos Direitos) * O curso opta por uma formação especializada a partir do penúltimo semestre.	"O estudo da repressão ao abuso do poder econômico englobará a análise (i) dos acordos entre agentes econômicos (verticais e horizontais), restritivos da concorrência; (ii) do abuso da posição dominante; e (iii) das concentrações entre agentes econômicos. Nesse prisma, serão estudados os princípios constitucionais da ordem econômica, bem como a Lei 8.884/1994. A abordagem do curso será comparativa e levará em consideração a recente evolução jurisprudencial (administrativa e judiciária) da União Européia e dos Estado Unidos, bem como as decisões proferidas pelo CADE – Conselho Administrativo de Defesa Econômica e os pareceres elaborados pelos demais órgãos integrantes do chamado Sistema Brasileiro de Defesa da Concorrência"	* 72 h/a 10º sem. * O PPC do curso registra carga horária de 64 h/a, o sítio institucional carga de 72 h/a	Estrada Municipal Telebrás-Unicamp Km 1 s/n CEP 13083-970 Campinas (SP) *http://www.facamp.com.br*
Universidade de Sorocaba – Sorocaba Instituição – 150	Curso de Direito da Universidade de Sorocaba (UNISO) Direito da Concorrência (Componentes Curriculares Eletivos)	Informação não disponível. * O curso iniciou suas atividades no 1º semestre de 1995. ** A estrutura curricular vigente é do 1º semestre de 2007.	80 h/a 9º sem.	Rodovia Raposo Tavares Km 92,5 s/n CEP 18023-000 Sorocaba (SP) *http://www.uniso.br*
Universidade Presbiteriana Mackenzie – São Paulo Instituição – 22	Faculdade de Direito da Universidade Presbiteriana Mackenzie (MACKENZIE) Direito Administrativo Econômico (Disciplina Obrigatória)	"Direito Administrativo Econômico. Empresas Públicas e Parcerias Público-Privadas. Agências Reguladoras: Características e Tipologia. Conceitos e Fins do Direito da Concorrência: Interdisciplinaridade. Concorrência Desleal. Sistema Brasileiro de Defesa da Concorrência. Globalização da Concorrência" * A estrutura curricular vigente é do 1º semestre de 2006.	30 h/a 9º sem.	R. da Consolação, 896 CEP: 01302-907 São Paulo (SP) *http://www.mackenzie.br*

Instituição/Cidade	Curso/ Disciplina	Conteúdo/Observações	Carga horária	Endereço
		REGIÃO SUDESTE – SÃO PAULO		
Universidade Anhembi Morumbi – São Paulo Instituição – 22	Curso de Direito da Universidade Anhembi Morumbi (UAM) Direito concorrencial (Disciplina Obrigatória)	"Definição de Mercado. Poder Econômico. Medição do Poder Econômico. Formas de Manifestação do Poder no Mercado. Controle do Poder Econômico. Regra para Avaliação. Eliminação Substancial da Concorrência. Justificativas para as Restrições à Concorrência. Dominação no Mercado. Abuso de Posição Dominante. Estruturas Organizativas. Concentrações Econômicas. Cooperação Empresarial. Regulação do Funcionamento dos Mercados. Concentração Empresarial. Condutas. Ilícito Concorrencial. Recusa de Contratar. Monopólios, Oligopólios e Cartéis. Intervenção do Estado no Domínio Econômico. Agências Reguladoras"	Carga horária não definida 8º sem.	R. Casa do Ator, 90 CEP: 04546-000 São Paulo (SP) *http://www.anhembi.br*
Faculdade Fênix – Bauru Instituição – 2476	Curso de Direito da Faculdade Fênix (FÊNIX) Direito da Concorrência (Disciplina Obrigatória)	"A Defesa da Concorrência na Constituição Federal de 1988. Abuso de Poder Econômico. CADE. Controle dos Atos de Concentração pelo CADE. Regulamentação *Anti-dumping* Brasileira. Regulamentação Internacional da Concorrência no MERCOSUL" * O curso iniciou suas atividades no 1º semestre de 2005.	36 h/a 10º Termo	R. Anhanguera, 919 CEP: 17013-191 Bauru (SP) *http://www.faculdadefenix.com.br/*
Escola de Direito de São Paulo da Fundação Getúlio Vargas – São Paulo Instituição – 2128	Escola de Direito de São Paulo da Fundação Getúlio Vargas (DIREITO GV) Direito da Organização Econômica e Oficina de Direito da Organização Econômica (Disciplina Obrigatória)	"Panorama Histórico das Relações do Estado com a Economia a Partir da Era Vargas. Ordem Econômica Constitucional e sua Interpretação pelo STF. Três Papéis Fundamentais do Estado na Economia: Regulação, Defesa da Concorrência e Planejamento. Categorias Jurídicas e Reforma do Estado" * O curso iniciou suas atividades no 1º semestre de 2005.	30 h/a Disciplina e 30 h/a Oficina 3º sem. 2º Ciclo	R. Rocha, 233 CEP: 01330-000 São Paulo (SP) *http://www.direitogv.com.br/*
Escola de Direito de São Paulo da Fundação Getúlio Vargas – São Paulo Instituição – 2128	Escola de Direito de São Paulo da Fundação Getúlio Vargas (DIREITO GV) Direito da Concorrência (Disciplina Eletiva)	"Defesa da Concorrência. Direito Concorrencial e Poder Econômico no Mercado. Definição de Mercados Relevantes. Análise de Barreiras à Entrada. Formas de Manifestação do Poder no Mercado: os Monopólios, os Oligopólios, os Monopsônios e os Oligopsônios. Concentrações Horizontais, Concentra-	60 h/a 4º Ciclo	R. Rocha, 233 CEP: 01330-000 São Paulo (SP) *http://www.direitogv.com.br/*

Instituição/Cidade	Curso/ Disciplina	Conteúdo/Observações	Carga horária	Endereço
REGIÃO SUDESTE – SÃO PAULO				
		ções Verticais, Formação de Conglomerados, Acordos de Cooperação Empresarial. Cooperação *Versus* Concentração Empresarial. As Condutas Anticoncorrenciais. Formação de Cartel. Contratos de Exclusividade. Recusa de Contratar. Preço Predatório. Venda Casada. A 'Regra da Razão' para Avaliação do Poder no Mercado. Poder no Mercado, Dominação do Mercado e Abuso de Posição Dominante. Controle de Estruturas e Controle de Condutas. As Justificativas para as Restrições à Concorrência. A Lei Brasileira de Defesa da Concorrência. Defesa da Concorrência em Indústrias que Apresentam Externalidades de Rede (*Network Effects*). A Relação Entre Defesa da Concorrência e Regulação Econômica. A Relação Entre Defesa da Concorrência e Propriedade Intelectual" * O curso iniciou suas atividades no 1º semestre de 2005.		
Escola de Direito de São Paulo da Fundação Getúlio Vargas – São Paulo Instituição – 2128	Escola de Direito de São Paulo da Fundação Getulio Vargas (DIREITO GV) Operações Societárias: Fusão, Incorporação, Cisão e Aquisição (Disciplina Eletiva)	"A proposta deste curso é trabalhar de forma interdisciplinar casos complexos de operações societárias, nos quais serão utilizados conhecimentos adquiridos pelos alunos nos três primeiros anos sobre questões societárias, contratuais, tributárias, trabalhistas, concorrenciais e de contabilidade. A idéia é fazer com que os alunos vivenciem as diversas fases decisórias nas operações societárias, desde o início das negociações, passando pela avaliação de empresas e estratégias na modelagem, até o seu fechamento. "Na parte societária e contratual, serão trabalhados instrumentos jurídicos para viabilização das operações de fusão, incorporação, cisão e aquisições de empresas, bem como da venda de participações societárias. Serão analisados os efeitos do negócio, especialmente em relação aos sócios/acionistas que estão fora do poder de controle e às formalidades necessárias para concretizar a operação.	60 h/a 4º Ciclo	R. Rocha, 233 CEP: 01330-000 São Paulo (SP) *http://www.direitogv.com.br/*

Instituição/Cidade	Curso/ Disciplina	Conteúdo/Observações	Carga horária	Endereço
REGIÃO SUDESTE – SÃO PAULO				
		"Serão estudados, também, os métodos de avaliação da empresa e a análise de passivos empresariais referentes a contingência tributária, previdenciária, trabalhista, ambiental, contratual, consumerista, referente à responsabilidade civil etc. "Outros pontos relevantes são a consideração de aspectos tributários, tais como tributação na alienação de ativos e amortização do ágil, e concorrenciais da operação" * O curso iniciou suas atividades no 1º semestre de 2005.		
Universidade de São Paulo – São Paulo Instituição – 55	Faculdade de Direito – Universidade de São Paulo (USP) Regulação, Concorrência e Mercado (* Disciplina Obrigatória) * Para os ingressantes a partir de 2008	Informação não disponível em relação à disciplina da nova estrutura curricular. * Em 2008 uma nova estrutura curricular passará a viger, com a obrigatoriedade da disciplina. ** Até o presente momento os alunos da Especialização em Direito Econômico cursam as disciplinas com temáticas ligadas à concorrência. Alunos de outras áreas de especialização igualmente podem cursar as mesmas, se do seu interesse, desde que cursado o núcleo duro da sua área de escolha. O "Direito Concorrencial" é uma disciplina obrigatória para optantes pela Área IV, e atualmente tem o seguinte ementário: "01. O Princípio Constitucional da Livre Iniciativa – Livre Iniciativa e Livre Concorrência. 02 – A Importância da Concorrência no Tráfico Mercantil. 03 – A Concorrência e suas Vicissitudes Históricas: da Tutela das Empresas para a Tutela do Consumidor. 04 – A Concorrência e a Intervenção do Estado na Economia. Regulação Concorrencial: SEADE, SDE e CADE. Competências. 05 – Função Social da Concorrência. 06 – Estruturas de Mercado e concorrência. Pareto e Kaldor-Hicks: Alocação de Recursos Escassos.	2 créditos 6º sem.	Largo S. Francisco, 95 CEP: 01005-010 São Paulo (SP) *http://www. direito.usp.br/*

Instituição/Cidade	Curso/ Disciplina	Conteúdo/Observações	Carga horária	Endereço
REGIÃO SUDESTE – SÃO PAULO				
		07 – Preços Concorrenciais e Preços Administrados e o Direito do Consumidor. 08 – Poder no Mercado. Crescimento Endógeno e Hexógeno: Fusão e Incorporação de Sociedades. 09 – Mercado Relevante. Abuso de Poder no Mercado. Elementos Caracterizadores. Repressão ao Abuso de Poder no Mercado. 10 – Restrições Legais e Convencionais à Livre Concorrência: Estipulações de Não-Concorrência: Alcance e Natureza. Tecnologia como Forma de Poder no Mercado. 11 – Direitos de Propriedade Intelectual e a Livre Concorrência. Privilégios Legais a Marcas, Patentes e Outras Criações Intelectuais como Monopólio Privado. 12 – Requisitos Essenciais para Registro de Privilégios. Proibições Legais. 13 – Prazo de Vigência dos Monopólios Privados de Propriedade Intelectual. 14 – Cessão, Licença e Desapropriação de Direito de Propriedade Intelectual. Invenção de Interesse da Segurança Nacional. 15 – Acordo TRIPS e Licença Compulsória. Caducidade de Privilégios. Nulidade e Cancelamento de Privilégios. 16 – Patentes: Requisitos Essenciais da Invenção. Invento Ocorrido na Vigência de Contrato de Trabalho. Desenvolvimento de Processos Patenteáveis. 17 – Sinais Distintivos: Funções Jurídicas e Tipos. 18 – Marca. Marca Notória. Procedimentos Registrais. 19 – Cessão e Caducidade. Nulidade do Registro. 20 – Indicações de Procedência. Expressões e Sinais de propaganda. 21 – Modelos de Utilidade. 22 – Cessão e Transferência de Tecnologia. Regulação Administrativa. *Royalties*. 23 – Clientela. Valor Econômico da Clientela e seus Reflexos no Plano do Direito. Clientela do Empresário, da Empresa, do Estabelecimento e da Marca. 24 – Concorrência Desleal. Colusão. Crimes de Concorrência Desleal"		

Na Região Centro-Oeste foram analisadas as 107 IES que ofertam o curso de graduação em Direito. Deste total foram encontradas 83 IES que apresentam informações sobre seu perfil e suas estruturas curriculares, enquanto 24, ou 22,42%, não apresentam informações sobre seu perfil nos seus sítios eletrônicos.

Região Centro-Oeste (3)	**IES consultadas**	**IES que não disponibilizam informações**
Distrito Federal	21	2
Goiás	36	9
Mato Grosso do Sul	21	6
Mato Grosso	29	7
Total 3.1	**107**	**24**

Das 83 IES analisadas, 7 ofertam ao menos uma disciplina cujo objeto central é o ensino da defesa e da promoção da concorrência. Assim, considerando o número 83 a totalidade, um percentual de 8,43% dos cursos de Direito da Região Centro-Oeste ofertam conteúdos essenciais que ensinam direito da concorrência. Considerando a totalidade de cursos o percentual cai para 6,54%.

Região Centro-Oeste (3)	**Cursos de Direito**	**Apresenta na estrutura curricular a disciplina "Direito da Concorrência"**	**Apresenta na estrutura curricular disciplina que pode ensinar "Direito da Concorrência"**
Distrito Federal	21	3	18
Goiás	36	4	32
Mato Grosso do Sul	21	0	21
Mato Grosso	29	0	29
Total 3.2	**107**	**7**	**100**

As mesmas considerações apontadas para as outras Regiões em relação a publicização de informações e ausência de dados mais claros são indicadas para a Região Centro-Oeste quando do tratamento das informações.

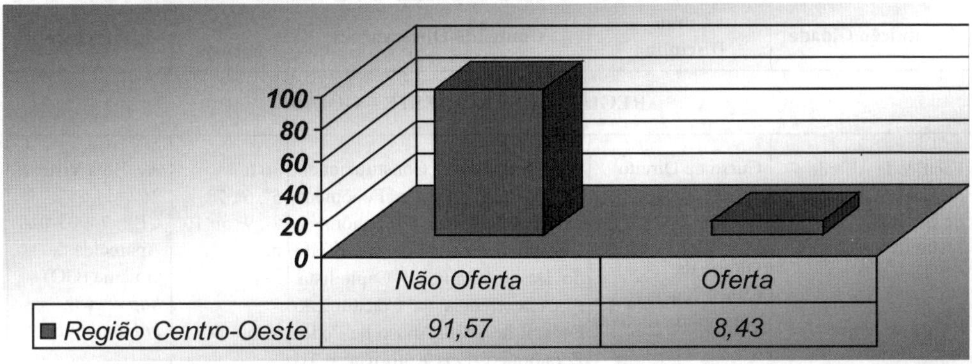

O detalhamento das informações segue no gráfico abaixo:

Instituição/Cidade	Curso/ Disciplina	Conteúdo/Observações	Carga horária	Endereço
REGIÃO CENTRO-OESTE – DISTRITO FEDERAL				
Faculdades Integradas UNICESP – Brasília Instituição – 3610	Curso de Direito das Faculdades Integradas UNICESP (FACICESP) Direito da Concorrência (Disciplina Eletiva)	Informação não disponível. * O curso iniciou suas atividades no 1º semestre de 2007. ** O PPC não apresenta ementário para a disciplina.	68 h/a 10º sem.	QE 11 Área Especial C/D s/n CEP: 71020-621 Brasília (DF) *http://www. unicesp.edu.br*
Universidade de Brasília – Brasília Instituição – 02	Faculdade de Direito da Universidade de Brasília (UnB) Direito da Concorrência (Disciplina Optativa)	Informação não disponível.	2 Créditos	*Campus* Universitário Darcy Ribeiro s/n CEP 70910-900 Brasília (DF) *http://www. unb.br*
Faculdades Integradas da UPIS – Brasília Instituição – 404	Curso de Direito das Faculdades Integradas da UPIS (UPIS) Direitos de Concorrência e das Agências Reguladoras (Disciplina Optativa)	Informação não disponível. * O curso iniciou suas atividades no 2º semestre de 1999.	75 h/a 6º, 8º e 9º sem.	SEPS 712/912, conj. A – Asa Sul CEP: 70390-125 Brasília (DF) *http://www. upis.br*

Instituição/Cidade	Curso/ Disciplina	Conteúdo/Observações	Carga horária	Endereço
REGIÃO CENTRO-OESTE – GOIÁS				
Faculdade Alfredo Nasser – Aparecida de Goiânia Instituição – 1573	Curso de Direito da - Faculdade Alfredo Nasser (UNIFAN) Direito da Concorrência (Disciplina Eletiva)	"Os Princípios Constitucionais da Ordem Econômica. Fenômeno Concentracionista. O Fenômeno Concentracionista como Efeito do Desenvolvimento Capitalista. A Concorrência na Constituição Federal de 1988. Abuso de Poder Econômico. Leis Antitruste e Titularidade dos Bens Jurídicos por Elas Protegidos. O CADE/conselho Administrativo de Defesa Econômica. Regulamentação Antidumping Brasileira. Regulamentação do Direito de Concorrência no MERCOSUL. Avaliação da Disciplina" * O curso iniciou suas atividades no 2º semestre de 2007.	36 h/a 5º, 6º, 7º, 8º, 9º ou 10º per.	Av. Bela Vista, 26 CEP: 74905-020 Aparecida de Goiânia (GO) *http://www.unifan.edu.br*
Escola Superior Associada de Goiânia – Goiânia Instituição – 3607	Curso de Direito da Escola Superior Associada de Goiânia (ESUP) Direito da Concorrência (Disciplina Obrigatória)	Informação não disponível. *O PPC não apresenta a ementa da disciplina ** O curso iniciou suas atividades no 1º semestre de 2006.	36 h/a 9º sem.	Av. Antonio Fidélis, 515 CEP: 74840-090 Goiânia (GO) *http://www.esup.edu.br*
Faculdade Raízes – Anápolis Instituição – 3389	Curso de Direito da Faculdade Raízes (SER) Direito Antitruste (Disciplina Obrigatória)	"Considerações Preliminares sobre o Espírito da Lei 8.884/1994, que Dispõe sobre a Prevenção e a Repressão às Infrações Contra a Ordem Econômica. Conceitos, Institutos e Princípios. As Infrações Contra a Ordem Econômica. Titularidade dos Bens Jurídicos Protegidos pela Lei. Territorialidade. Âmbito Territorial de Validade da Lei Antitruste. Conceito de 'Empresa dos Conselheiros e de sua Procuradoria. Competência Vinculada para Caracterizar a Infração. Discricionariedade para Aplicar Sanção. Contratação de Exame, Vistorias e Estudos. O MPF pe-	36 h/a 9º sem.	R. Felipe dos Santos, 20 CEP: 75105-010 Anápolis (GO) *http://www.faculdaderaizes.com.br*

Instituição/Cidade	Curso/ Disciplina	Conteúdo/Observações	Carga horária	Endereço
REGIÃO CENTRO-OESTE – GOIÁS				
		rante o CADE. A Secretaria de Direito Econômico: Competência. As Infrações da Ordem Econômica: Agente Ativo. Pessoas Jurídicas de Direito Público. Responsabilidade Solidária dos Dirigentes e Administradores. Solidariedade Entre Sociedades Filiadas a Grupo. Teoria da Desconsideração da Personalidade Jurídica. Fundamentos da Desconsideração. Desconsideração na Tutela do Livre Mercado. Responsabilidade Civil e Penal Estrangeira'. Empresa Estrangeira no Território Nacional. Natureza do Conselho Administrativo de Defesa Econômica/CADE. Composição do CADE e Requisitos Legais de Acesso. Mandato. Competência do Plenário do CADE, de seu Presidente, do Infrator. Irrelevância da Culpa dos Agentes Ativos da Infração. Prejuízo à Livre Concorrência ou Livre Iniciativa. Domínio de Mercado. Aumento Arbitrário de Lucros. Abuso de Posição Dominante. As Modalidades Fundamentais de Infração. As Penas. A Prescrição. O Direito de Ação. O Processo Administrativo: Averiguações Preliminares e a Instauração e Instrução do Processo. O Julgamento pelo CADE: Manifestação da Procuradoria. Sorteio do Relator. Instrução. Rito do Julgamento. Requisitos da Decisão e sua Definitividade no Âmbito Administrativo. Medida Preventiva e Ordem de Cessação. O Compromisso de Cessação. As Formas de Controle. O Controle dos Atos e Contratos. Compromisso de Desempenho. A Consulta. A Execução Judicial das Decisões do CADE. O Processo. A Intervenção Judicial. Crimes Contra a Ordem Econômica. Prisão Preventiva. Políticas Comerciais Abusivas"		

Instituição/Cidade	Curso/ Disciplina	Conteúdo/Observações	Carga horária	Endereço
REGIÃO CENTRO-OESTE – GOIÁS				
Faculdade Alves Faria – Goiânia Instituição – 1493	Curso de Direito da Faculdade Alves Faria (ALFA) Direito Econômico Concorrencial (Disciplina Obrigatória)	"Direito Econômico: Noções Introdutórias e Conceitos Básicos – Princípios Constitucionais. Legislação Nacional Referente ao Tema. Livre Mercado e intervenção Estatal na Economia. A Defesa da Concorrência na Constituição Federal de 1988. Abuso de Poder Econômico. CADE. Controle dos Atos de Concentração pelo CADE. Regulamentação Internacional da Concorrência no MERCOSUL"	36 h/a 9º Sem	Av. Perimetral Norte, 4.129 CEP: 74445-190 Goiânia (GO) *http://www.alfa.br*

Na Região Norte foram analisadas as 59 IES que ofertam o curso de graduação em Direito.

Deste total foram encontradas 42 IES que apresentam informações sobre suas estruturas curriculares, enquanto 17, ou 28,81%, não apresentam informações sobre a estrutura curricular, disciplinas e conteúdos, catálogo institucional ou PPC nos seus sítios eletrônicos.

Região Norte (4)	IES consultadas	IES que não disponibilizam informações
Acre	3	2
Amazonas	11	2
Amapá	6	0
Pará	15	5
Rondônia	10	5
Roraima	3	0
Tocantins	11	3
Total 4.1	**59**	**17**

Nas 42 IES analisadas não foi possível identificar qualquer disciplina cujo objeto central é o ensino da defesa e da promoção da concorrência. A investigação reafirma as considerações metodológicas destinadas às Regiões anteriormente analisadas.

Região Norte (4)	Cursos de Direito	Apresenta na estrutura curricular a disciplina "Direito da Concorrência"	Apresenta na estrutura curricular disciplina que pode ensinar "Direito da Concorrência"
Acre	3	0	3
Amazonas	11	0	11
Amapá	6	0	6
Pará	15	0	15
Rondônia	10	0	10
Roraima	3	0	3
Tocantins	11	0	11
Total 4.2	**59**	**0**	**59**

Na Região Nordeste foram analisadas as 194 IES que ofertam o curso de graduação em Direito. Deste total foram encontradas 134 IES que apresentam informações sobre suas estruturas curriculares, enquanto 60, ou 30,92%, não apresentam informações sobre a estrutura curricular, disciplinas e conteúdos, catálogo institucional ou PPC nos seus sítios eletrônicos.

Região Nordeste (5)	IES consultadas	IES que não disponibilizam informações
Alagoas	13	4
Bahia	55	22
Ceará	17	3
Maranhão	16	2
Paraíba	16	6
Pernambuco	27	7
Piauí	25	12
Rio Grande do Norte	14	4
Sergipe	11	0
Total 5.1	**194**	**60**

Das 134 IES analisadas, 6 ofertam ao menos uma disciplina cujo objeto central é o ensino da defesa e da promoção da concorrência. Assim, considerando o número

134 a totalidade, um percentual de 4,47% dos cursos de Direito da Região Nordeste ofertam conteúdos essenciais que ensinam direito da concorrência. Considerando a totalidade de cursos o percentual cai para 3,09%.

Região Nordeste (5)	**Cursos de Direito**	**Apresenta na estrutura curricular a disciplina "Direito da Concorrência"**	**Apresenta na estrutura curricular disciplina que pode ensinar "Direito da Concorrência"**
Alagoas	13	0	13
Bahia	55	2	53
Ceará	17	0	17
Maranhão	16	0	16
Paraíba	16	0	16
Pernambuco	27	1	26
Piauí	25	3	22
Rio Grande do Norte	14	0	14
Sergipe	11	0	11
Total 5.2	**194**	**6**	**188**

As mesmas considerações metodológicas indicadas anteriormente valem para o tratamento das informações da Região Nordeste.

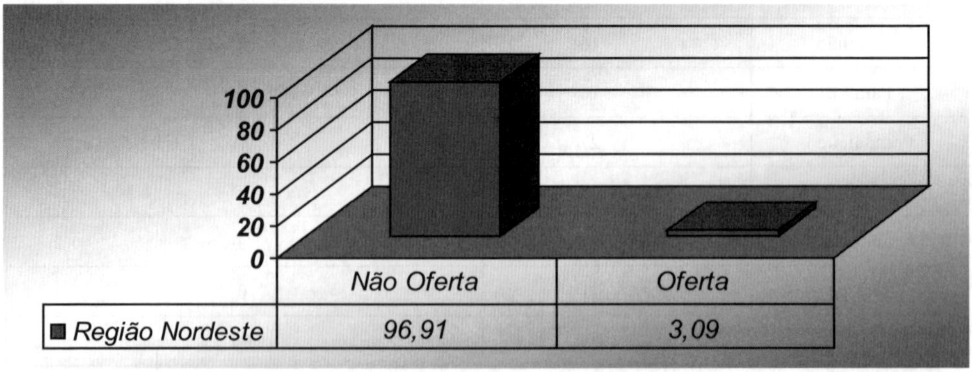

O detalhamento das informações segue no gráfico abaixo:

Instituição/Cidade	Curso/ Disciplina	Conteúdo/Observações	Carga horária	Endereço
REGIÃO NORDESTE – BAHIA				
Faculdade de Tecnologia e Ciências de Vitória da Conquista – Vitória da Conquista Instituição – 1364	Curso de Direito da Faculdade de Tecnologia e Ciências de Vitória da Conquista (FTC) Direito de Concorrência (Disciplina Eletiva)	Informação não disponível. * O PPC não apresenta a ementa da disciplina	40 h/a 5º ou 8º sem.	R. Ubaldino Figueira, 200 CEP: 45020-510 Vitória da Conquista (BA) *http://www.ftc.br*
Faculdade de Artes, Ciências e Tecnologias – Salvador Instituição – 1782	Curso de Graduação de Direito da Faculdade de Artes, Ciências e Tecnologias (FACET) Direito da Concorrência (* Disciplina Optativa) * Ênfase – Direito e Mercado (Grade Curricular 1º) ou Disciplina Optativa (Grade Curricular 2º)	"Intervenção do Estado na Economia. Mercado Ideal. A Lei da Oferta e da Procura. Monopólio. Concorrência Monopolística, Pura e Perfeita. Oligopólio e Cartéis. Monopsônio e Oligopsônio. *Dumping*. Teoria dos Jogos. Concorrência Desejada. Posição Dominante (Abuso). Mercado Relevante. Lucro Abusivo. Compromisso de Cessação. Compromisso de Desempenho. Medidas Preventivas. Procedimentos Administrativos da Lei 8.884/1994. O Sistema Brasileiro de Defesa da Concorrência. Os Órgãos de Controle do Abuso da Concorrência e suas Estruturas: CADE e Secretaria de Direito Econômico. Leis 4.137/1962, 8.158/1991 e 8.884/1994. As Ações Processuais de proteção à Ordem Econômica. As Relações entre Direito de Concorrência e Direito do Consumidor. Concorrência e as Novas Políticas de Globalização Econômica" * Há uma indicação de duas estruturas curriculares vigentes, Ambas contemplam a disciplina como optativa. Contudo, a opção inicial era da escolha de um bloco de disciplinas: ÊNFASE – DIREITO DO ESTADO ou ÊNFASE – DIREITO E MERCADO. Na segunda estrutura curricular a disciplina é optativa para integralização do curso. ** Não há indicação de que disciplina tenha sido ofertada até o presente momento.	72 h/a 9º sem.	R. Rubem Berta, 128 CEP: 41820-040 Salvador (BA) *http://www.facetba.com.br*

Instituição/Cidade	Curso/ Disciplina	Conteúdo/Observações	Carga horária	Endereço
REGIÃO NORDESTE – PERNAMBUCO				
Faculdade Integrada do Recife – Recife Instituição – 1077	Curso de Direito da Faculdade Integrada do Recife (FIR) Direito da Concorrência (Disciplina Eletiva)	Informação não disponível. * O PPC não apresenta a ementa da disciplina.	36 h/a 2º, 3º, 4º, 6º, 9º ou 10º sem.	Av. Engº Abdias de Carvalho, 1.678 CEP 50720-635 Recife (PE) *http://www.fir.br*
REGIÃO NORDESTE – PIAUÍ				
Faculdade das Atividades Empresariais de Teresina – Teresina Instituição – 1610	Curso de Direito da Faculdade das Atividades Empresariais de Teresina (FAETE) Direito Econômico e da Concorrência (Disciplina Optativa)	Informação não disponível	36 h/a 10º bloco	Av. Dr. Nicanor Barreto, 4.381 CEP: 64057-355 Teresina (PI) *http://www.faete.edu.br*
Faculdade Piauiense – Teresina Instituição – 1683	Curso de Direito da Faculdade Piauiense (FAP) Direito Econômico e da Concorrência (* Disciplina Optativa) * Direito Privado – Área de Concentração: Direito Econômico e Empresarial	Informação não disponível	54 h/a 10º sem.	Av. Jóquei Clube, 710 CEP: 64049-240 Teresina (PI) *http://www.fapteresina.com.br*
Faculdade Piauiense – Parnaíba Instituição – 1552	Curso de Direito da Faculdade Piauiense (FAP) Direito Econômico e da Concorrência	Informação não disponível * A estrutura curricular adotada no 2º semestre de 2001 não apresentava a disciplina. A estrutura curricular alterada no 2º semestre de 2006 incorporou os conteúdos.	54 h/a 10º sem.	Av. Deputado Pinheiro Machado, 2.611 CEP: 64212-045 Parnaíba (PI) *http://www.fap-pi.com.br*

Instituição/Cidade	Curso/ Disciplina	Conteúdo/Observações	Carga horária	Endereço
REGIÃO NORDESTE – PIAUÍ				
	(* Disciplina Optativa) * Direito Privado – Área de Concentração: Direito Econômico e Empresarial			

Os dados apresentados permitem construir inúmeras inferências sobre a organização do ensino jurídico e especificamente sobre o ensino da defesa e da promoção da concorrência nos cursos de graduação em Direito.

As informações possibilitam uma análise mais detalhada sobre os conteúdos ensinados nas disciplinas encontradas, sobre as cargas horárias e períodos mais adequados para a oferta, além de outras. Contudo, a opção foi a de estabelecer, nesse momento, considerações mais amplas sobre as peculiaridades observadas durante a pesquisa.

Uma primeira síntese construída durante o trabalho é que freqüentemente as grades curriculares esgotam os conteúdos centrais tradicionais da formação jurídica e destinam uma parte homeopática da carga horária, de um encontro semanal, geralmente no final do ciclo formativo, para o estudo de "conteúdos diferenciados". A idéia do ensino de "conteúdos diferenciados" nos cursos de Direito, para além dos indicados como conteúdos fundamentais, profissionais e práticos, pela legislação educacional, não é um fenômeno isolado.[30]

A análise das estruturas curriculares demonstra a presença de disciplinas de

30. Na seqüência são listados alguns conteúdos que foram particularizados em disciplinas e que se destacam pela inovação, pela ausência de um contexto pedagógico ou até pela aparente inadequação. As mesmas são ofertadas como conteúdos obrigatórios ou eletivos, e neste momento são agrupadas independentemente de valoração. Assim, poderá o leitor julgar a adequação ou inadequação das disciplinas: "Direito da Saúde" (IMED/RS), "Direito Imobiliário e Notarial" (UNIVALI/SC), "Direito Minerário" (UNESC/SC), "Direito Partidário" (UNESC/SC), "Psicocinética Aplicada ao Direito" (UNESC/SC), "Direito Penitenciário" (UNIPLAC/SC), "Direito Acidentário" (UNISUL/SC), "Direito e Movimentos Sociais" (CESUSC/SC), "Mercado de Capitais" (FACEAR/PR), "Teoria Geral da Solução de Conflitos" (FAPED/PR), "Direito Amazônico" (FEATI/PR), "Direito Parlamentar" (FSG/ES), "Direito Ambiental – Ênfase em Petróleo" (IVC/ES), "Informática Aplicada ao Direito – Juscibernética" (UNIVIX/ES), "Direito Municipal e Estadual" (FABAVI/ES), "Direito das Telecomunicações" (FDMC/MG), "Direito do Menor" (UNIPAM/MG), "Direito Virtual" (FACTU/MG), "Lei de Responsabilidade Fiscal" (FASAMA/MG), "Direito das Articulações Internacionais" (UPOP/MG), "Direito Minerário" (UPOP/MG), "Direito Bancário" (FAVAG/MG), "Medicina Legal e Psiquiatria Forense" (DOCTUM/MG), "Direito de Navegação" (UNIS/MG), "Ordenamento Jurídico do Capital Estrangeiro" (FEAD/MG), "Liquidação Extrajudicial" (FEAD/MG), "Direito Médico" (FAPAM/MG), "Direito de Telecomunicações e Internet" (FAPAM/MG), "Direito Comunitário" (UNIMINAS/MG), "Direito, Minorias Étnicas e Relações Raciais" (ESDHC/MG), "Questões de Gênero e Direito" (ESDHC/MG), "Direito Industrial" (FPU/MG), "Direito Sumular" (UNIGRANRIO/RJ), "*Marketing* e Direito" (UFRJ/RJ), "Direito Aeronáutico" (UFF/RJ), "Violência e Crimes Urbanos" (DIREITO RIO/RJ), "Regulação do Setor Energético" (DIREITO RIO/RJ), "Direito Agrário e Legislação Canavieira" (FDC/RJ), "Desenvolvimento Sustentável" (UNIVAP/SP), "Economia Internacional Brasileira" (UMC/SP), "Outros Direitos" (UNAERP/SP), "Organiza-

conformação não-tradicional na grande maioria dos cursos.

Contudo, as mesmas são construídas de forma isolada e geralmente descontextualizadas do PPC ou da realidade da localidade onde a instituição está inserida. Assim, o espaço destinado à inovação quase não existe, apesar de as instituições majoritariamente indicarem o contrário. O espaço para o ensino da defesa e da promoção da concorrência é considerado secundário, como o é para uma grande parte das disciplinas de formação não-tradicional.

Por uma questão mercadológica, as instituições, aparentemente, optam por uma formação generalista, que garante uma demanda por curso superior na área jurídica, influenciada pelas carreiras jurídicas ou não, no setor público.

Porém, há um grupo de IES que apresentam novidades em termos de oferta de conteúdos distinguidos. Muitos parecem absolutamente pertinentes à realidade institucional, ao desejo do PPC ou marcados pelas características do ambiente onde estão inseridos. Como a investigação limitou sua análise a alguns PPC – os que se propõem a ensinar conteúdos de direito econômico, direito dos negócios ou ter uma formação destinada ao comércio, aos negócios e à atividade industrial –, seria temerário indicar o que é adequado e o que é inadequado, porém algumas inconsistências são flagrantes na visão periférica proporcionada pela leitura de todas as estruturas curriculares.

A "diversidade curricular" não garante que os conteúdos sejam ensinados de forma otimizada. Freqüentemente há um descolamento completo da identidade institucional – em função da localização e das suas características econômicas e sociais – com os conteúdos que se pretende ensinar. Não é sem razão que as "perfumarias" são tão desprezadas pelos estudantes de Direito.

Uma segunda consideração rapidamente tratada na discussão anterior refere-se à "inovação institucional". As IES que ofertam o curso de Direito majoritariamente indicam nas suas informações elementares, dos sítios eletrônicos, que são "inovadoras" e que "apresentam diferencias competitivos". Como base numa leitura inicial das informações disponibilizadas pelas IES, seria possível afirmar que a policontextualidade é o destino do ensino jurídico de graduação no Brasil, e que cada instituição teria uma configuração única. É flagrante que tal afirmação não se demonstra exata e que as estruturas curriculares são idênticas, as metodologias de ensino são as mesmas e que a formação é marcada pela uniformidade.

O modelo geral de organização da cultura jurídica nacional não faculta grades inovações se o entorno social não garante efetividade para o apreendido por intermédio de práticas inovadoras.

O mercado de trabalho igualmente distorce a formação superior na área jurídica, já que as opções são marcadas pelas preocupações de empregabilidade. Se a opção é pelas carreiras públicas, o discente estará centrando sua formação na realização de provas de concursos públicos que majoritariamente aferem a capacidade de acumular informações básicas ou alguns

ções Não-Governamentais e Advocacia em Direitos Humanos" (FAM/SP), "Arte e Direito" (DIREITO GV/SP), "Direito e Economia" (DIREITO GV/SP), "Direitos Humanos, Raça e Etnia" (FAM/SP), "Direito do Cooperativismo" (FAIT/SP), "Direito Aeroespacial" (SAVONITTI/SP), "Direito Amazônico" (FASS/SP), "Direito dos Animais" (FASS/SP), "Direito Hospitalar" (FACAP/SP), "Direito Agroindustrial" (UNIFAN/GO), "Organizações Sociais e OSCIPs" (FASUG/GO), "Direito Indígena" (FESCG/MS), "Direito do Pantanal" (FASIP/MT), "Direito dos Animais" (FASIP/MT), "Tutela Jurídica da Flora e da Fauna" (UFAC/AC), "Direito dos Povos da Floresta" (ESBAM/AM), "Direito das Águas" (ESBAM/AM), "Ciência das Religiões" (FACDO/TO), "Direito da Reforma Agrária" (FRM/AL), "Direito dos Transportes" (FAP/CE), "Direito e Espiritualidade" (FAP/CE), "Direito *e-Commerce*" (FASNE/PE), "Direito Educacional" (FACESF/PE), "Direito Sindical" (FACIPE/PE).

raciocínios lógico-jurídicos de natureza instrumental. Se a opção é pelas carreiras privadas, pressupõe-se a incapacidade para a formação correta no ensino superior, existindo a necessidade de se aprender *on the job*.

Um terceiro conjunto de particularidades foi encontrado durante a pesquisa. Algumas disciplinas, tais como "Direitos Humanos", "Direito Internacional", "Direito do Consumidor", "Direito Ambiental", "Mediação e Arbitragem", além de outras, ampliaram de forma importante sua presença nos cursos de graduação em Direito. Condição não alcançada pelos conteúdos sobre defesa e promoção da concorrência ou outros na área econômica. Neste particular, algumas diferenças devem ser guardadas. Independentemente de uma discussão sobre premência de certos "conteúdos" – como se poderia afirmar em relação aos direitos humanos e ao Direito Internacional[31] –, efetivamente, as "disciplinas" narradas alcançaram grande destaque nos últimos anos.

Uma quarta consideração refere-se às IES que se propõem a preparar o bacharel em Direito para as atividades negociais, comerciais ou econômicas. Nestas o ensino dos temas ligados à micro e macroeconomia, econometria, contabilidade e outras não aparece. O direito da concorrência não teve melhor sorte. Assim, mesmo quando a proposta tem um perfil profissional definido, algumas disciplinas inerentes ao objetivo formador são ignoradas e/ou negligenciadas.

O ensino da defesa e da promoção da concorrência poderia produzir uma melhor interpretação sobre as falhas de mercado e suas conseqüências para o desenvolvimento econômico.

A existência de uma regulação promotora da concorrência contribui para a viabilização da competição em alguns setores, quando o livre mercado não é suficiente para evitar práticas prejudiciais. A inexistência de uma difusão da cultura na área acaba reiterando os erros da identificação de infrações quando da realização da norma por um comportamento considerado infracional sem a utilização de um instrumental apropriado para o entendimento de cada caso.

O longo período de organização do mercado centrado em parâmetros não-competitivos idealizou um modelo jurídico que ainda pensa em termos de "concorrência perfeita".

A educação para defesa e a promoção da competição, com fortes aportes da teoria econômica, permitiria superar determinados limites, de modo a considerar possível alcançar eqüidade, eficiência e satisfação dos consumidores. O ensino jurídico desta disciplina transcende a mera interpretação normativa isolada. A identificação de objetivos que produzem os acordos deve ser baseada em mecanismos que verificam as vantagens competitivas de determinados comportamentos, mesmo que restritivos.

Assim, a simples subsunção do fato à norma é no direito da concorrência algo

31. A presença de um conjunto enorme de disciplinas da área internacional, além das clássicas, tais como "Organizações Internacionais", "Direito Comunitário", "Direito da Integração Regional", "Direito Processual do MERCOSUL", "Solução de Controvérsias Internacionais", "Direito e Relações Internacionais", "Sistemas Internacionais Contemporâneos", pode ser considerada espantosa e de duvidosa utilidade.

O renascimento dos conteúdos internacionais na área do Direito é decorrente de inúmeros fatores; contudo, inegavelmente, a existência de programas de pós-graduação *stricto sensu* na periferia dos centros sorvedores de mão-de-obra de jusinternacionalistas introduziu no mercado de trabalho uma quantidade grande de titulados com formação numa área *gris* – entre a Política e o Direito –, estudada sob o viés unicamente jurídico, e que criou, de alguma forma, uma expectativa descontextualizada. Curiosamente, a busca de um docente titulado na área internacional para o curso de Direito, em qualquer cidade do Interior, é tarefa complexa. O renascimento dos conteúdos juseconômicos, ao contrário, não aconteceu.

distinto das fórmulas básicas às quais o Direito está adstrito. Separar práticas abusivas de práticas ligadas à dinâmica natural do mercado não depende de inquirição de testemunhas ou da análise documental. Mas, sim, de instrumentos ofertados pelo estudo dos conteúdos econômicos e jurídicos e que envolvam uma visão realista e vigorosa do sistema de proteção contra práticas restritivas, que garantam a liberdade de opção dos agentes integrados ao mercado.

5. Limites ao ensino da defesa e da promoção da concorrência nos cursos de graduação em Direito no Brasil

A dificuldade na obtenção das informações de forma completa exige certo relativismo nas deduções que eventualmente sejam retiradas na presente investigação. De qualquer maneira, os números apresentados são suficientes para o estabelecimento de uma avaliação prévia sobre os elementos que produzem uma limitação no interesse pelo ensino da defesa e da promoção da concorrência. Igualmente, é possível apresentar algumas idéias que podem ser discutidas e eventualmente movimentadas com o objetivo de estabelecer um cenário mais favorável à difusão da temática.

Outra observação considerada importante vincula-se ao eventual ensino dos conteúdos de direito da concorrência em outras disciplinas. Neste particular não foi possível fazer uma análise sobre os conteúdos vinculados à temática da concorrência que estivessem sendo ofertados em disciplinas "atípicas". Conforme discutido, apesar da obrigatoriedade do catálogo institucional, os sítios eletrônicos das IES não têm o cuidado de publicizar as informações ou, mesmo, disponibilizar dados completos sobre as estruturas curriculares, os conteúdos, as referências bibliográficas e os docentes.

Quando a solicitação de informações é feita diretamente à IES, mesmo explicitando os objetivos e propósitos da solicitação, o pedido de remessa de informações raramente é atendido. Neste particular especula-se que o ambiente pouco profissional no ensino jurídico de graduação, a ausência de coordenadores de curso profissionais, o modelo de gestão descompromissado e voltado para demandantes desinteressados em ensino de qualidade, além da presença de um corpo docente e de funcionários trabalhando em tempo parcial, dentre outras características do ensino jurídico atual, tornam o ambiente muito longe do ideal.[32]

Contudo, é inegável que o papel desempenhado pelo MEC, tanto no "período Cardoso" como no "período Lula da Silva", tem ampliado o armazenamento de informações na área educacional. Os mais diferentes instrumentos de avaliação, sensos e mecanismos de controle, um conjunto ampliado de exigências legais e formulários eletrônicos, além de outras ações, têm alimentado os bancos de dados públicos.

Ainda, o cenário do ensino jurídico em alguns ambientes tem migrado para a constituição de diferenciais centrados na qualidade.

Assim, para uma melhor compreensão do fenômeno narrado, a presente análise objetiva estabelecer quatro conjuntos de consideração entendidas como limitativas da ampliação do espaço de difusão da cultura da concorrência no ensino de graduação em Direito.

A primeira consideração é afeita à estrutura curricular, a segunda refere-se ao ambiente institucional, a terceira relaciona-se à maturidade das temáticas vinculadas à concorrência e a última relaciona-se ao mercado de trabalho.

32. Para uma ilustração sobre os problemas do ensino jurídico, v. (Junqueira 1999:91-131) e (Rodrigues 1993:23-44 e 67-84).

O primeiro enfoque do problema, conforme indicado, está vinculado às questões que envolvem a organização curricular dos cursos de Direito. As diretrizes curriculares nacionais para a área passaram por um longo processo evolutivo. O período atual é marcado por avanços em relação à forma de apresentação do curso centrado em conteúdos. Os modelos cogentes, em que as diretrizes estabeleciam quais disciplinas deveriam ser ofertadas, foram superados pela idéia dos conteúdos e atividades que atendam aos seguintes eixos:

(i) formação fundamental, que tem por objetivo integrar o estudante ao curso, estabelecendo as relações do Direito com outras áreas do saber, abrangendo, dentre outros, estudos que envolvam conteúdos essenciais sobre Antropologia, Ciência Política, Economia, Ética, Filosofia, História, Psicologia e Sociologia;

(ii) formação profissional, que abrange, além do enfoque dogmático, o conhecimento e a aplicação de conteúdos essenciais sobre Direito Constitucional, Direito Administrativo, Direito Tributário, Direito Penal, Direito Civil, Direito Empresarial, Direito do Trabalho, Direito Internacional e Direito Processual; e

(iii) formação prática, que objetiva a integração entre a prática e os conteúdos teóricos desenvolvidos nos outros eixos, especialmente nas atividades relacionadas com o Estágio Curricular Supervisionado, Trabalho de Curso e Atividades Complementares.

Conforme já indicado, a grande quantidade de conteúdos considerados elementares e a forma como os mesmos são pensados tornam impossível a equação conteúdos/tempo nos cursos de graduação em Direito. É flagrante a tentativa de um número majoritário de cursos de cobrir todos os conteúdos profissionalizantes de forma plena. A estrutura, neste caso, é sempre pensada em funções do núcleo disciplinar tradicional.

Assim, não se afirma que estes sejam desnecessários, porém uma alteração na forma como os mesmos são ensinados permitiria um grande avanço na racionalização do tempo de formação dos discentes e, como conseqüência, permitiria uma diversificação nas temáticas.

Porém, tal medida deve ser considerada insuficiente em função do ambiente institucional dos cursos de graduação em Direito – a segunda limitação apontada. No Brasil a formação na área jurídica é marcada pelas preocupações relacionadas à empregabilidade, e não à formação profissional. Esta é geralmente reduzida aos conteúdos profissionalizantes tradicionais e em termos de acúmulo de informação, e não da edificação de habilidades e competências. Como resultado, não resta um espaço privilegiado para a formação de um profissional com perfil adequado às novas demandas.

Quando a formação é estruturada sob uma visão não-tradicional, com o ensino de conteúdos diferenciados e novas ferramentas profissionais, se descontextualizada, esta acaba perdendo sua capacidade instrumental. O ensino da defesa e da promoção da concorrência – conteúdos e instrumentos profissionais – nos cursos de graduação em Direito é fortemente negligenciado, assim como tantos outros conteúdos considerados importantes, em função da forma como o ambiente institucional no ensino superior está organizado.

Ainda neste ponto, é importante perceber que os documentos institucionais tais como os PPC ainda não se tornaram o "norte" dos cursos de graduação em Direito. A ação desordenada de cada docente e da própria estrutura de um curso limita a realização de atividades consideradas integrativas em torno de certos objetivos. Alguns PPC apresentam inovações do ponto de vista androgógico, alterações nas organizações das suas estruturas curriculares e cuidado em relação às políticas institucionais em relação a discentes e docentes. Contudo, os documentos institucionais ainda não se tornaram um parâmetro para as atividades dentro dos cursos.

Freqüentemente se observa PPC avançados para mentalidades ainda conservadoras. A investigação verificou a presença de algumas destas alterações positivas na organização das atividades acadêmicas. A presença de atividades semipresenciais, por exemplo, em algumas estruturas curriculares é particularmente uma mudança positiva; contudo, num modelo de ensino marcado pela tradicional dependência da ação comunicativa do docente é difícil imaginar uma autonomia por parte do discente para a realização de atividades semipresenciais ou, mesmo, não-presenciais com aproveitamento. Outro exemplo é o das disciplinas optativas ou eletivas oferecidas geralmente no último ano da formação. Quando bem pensadas e ligadas ao perfil profissiográfico desejado em consonância com PPC parecem representar um mecanismo importante para a melhora na diversificação da formação profissional. Contudo, não planejadas, guardam uma armadilha financeira para muitas instituições.

Neste caso, excetuada a condição de algumas instituições públicas ou privadas com um grande número de docentes e boas estruturas acadêmicas, as disciplinas eletivas acabam sendo "qualquer coisa", e geralmente são usadas como reforço na formação universitária tradicional. O trabalho verificou que algumas instituições disponibilizam um número exagerado de disciplinas eletivas que, por questões financeiras, nunca serão ofertadas.[33] O destino destas estruturas curriculares é a simplificação e a exclusão dessas.

Não raro, como foi percebido durante a pesquisa, as IES têm alterado suas estruturas curriculares com o propósito indicado acima. Outra questão observada neste particular é que há pouca reflexão sobre a questão conteúdo/disciplina. A obrigatoriedade de conteúdos de Antropologia e Psicologia é confundida, por exemplo, com a necessidade de criar disciplinas com tais rótulos. Por fim, observou-se que o surgimento de novas diretrizes curriculares serve sempre como pretexto para alterações[34] e conseqüente uniformização das grades curriculares em moldes tradicionais.

O terceiro conjunto de considerações entendidas como limitativas refere-se ao cenário dos temas do direito da concorrência. Inicialmente trata-se de um objeto novo no cenário jurídico nacional, por conta de uma quantidade grande de variáveis

33. "Qualquer padrão de qualidade envolve custo e investimentos permanentes nas condições de ensino (corpo docente qualificado, infra-estrutura, acervo bibliográfico, laboratórios de Informática, projeto pedagógico viável). A experiência demonstrou que sua ausência ou flexibilização conduz ao nivelamento por baixo, até porque a sociedade em geral se compraz com o diploma, sob a ilusão de que abrirá as portas da ascensão social e profissional, encarregando-se a vida real de ensinar o deveria ter sido ensinado na escola. (...). A experiência de currículo mínimo foi prejudicada pela tendência simplista em transformá-lo em currículo pleno, sem criatividade e contemplação de novos conteúdos que pudessem revelar a identidade e a vocação de cada curso" (Lôbo 2003:130-134).

34. "(...) as mudanças legislativas específicas são aquelas que afetam a regulamentação das práticas educacionais e pedagógicas que devem ser realizadas no âmbito do curso jurídico. Em outras palavras, são as modificações normativas que alteram o conteúdo da legislação educacional, seja de forma mais ampla, proporcionando uma ruptura com o modelo anterior, seja de forma mais pontual, introduzindo modificações mais conjunturais. (...). Essas inúmeras modificações normativas em torno da regulamentação do curso jurídico propiciam o aparecimento de uma profunda insegurança em torno da elaboração e implementação dos projetos pedagógicos, com a abertura de diversos e infindáveis problemas, cujas respostas, ainda que possam ser extremamente criativas e enormemente flexíveis, dependem de um balizamento legal mínimo que não esteja sendo alterado em curtíssimos espaços de tempo (...)" (Fragale Filho 2003:98-101).

já descritas. Além disso, os temas são igualmente tratados em parâmetros sazonais que comprovam uma idéia generalizada de que a defesa e a promoção da concorrência ainda não alcançaram grande destaque no Brasil. Assim, foi possível perceber que muitas instituições que surgiram depois de 2000 é que ofertaram disciplinas com conteúdo vinculado ao direito da concorrência, influenciadas por um despertar em relação aos temas. Outras instituições já tradicionalmente vinculadas ao ensino do direito econômico mantiveram ao longo dos anos disciplinas nos cursos de graduação dedicadas ao ensino da temática.

A sazonalidade do ensino pode ser observada no desaparecimento do ensino da disciplina em algumas instituições. Como exemplo, a estrutura curricular do ano de 1996 do Curso de Direito da Universidade Federal de Santa Catarina (Florianópolis/SC) apresentava a possibilidade de os discentes cursarem a disciplina "Direito Antitruste"[35] como optativa. Com a alteração da estrutura curricular no ano de 2004, a disciplina "Direito Econômico" passou a discutir conteúdos de direito da concorrência. A Faculdade de Direito Pe. Arnaldo Janssen (Belo Horizonte/MG), que alterou a estrutura curricular no ano de 2006, não repetiu a proposta inicial do seu PPC do ano de 2002, que ofertava a disciplina "Direito da Concorrência" com carga horária de 36 h/a no 5º período. A Faculdade Dois de Julho (Salvador/BA) apresentava na estrutura curricular de 2002 a disciplina "Direito da Concorrência", com carga horária de 72 h/a, como obrigatória no 10º período; contudo, a estrutura curricular de 2005 excluiu a disciplina. O interesse é estacional, e pode depender de grandes casos que despertam a atenção da mídia, especializada ou não, na área econômica e que, como conseqüência, produzam externalidades positivas na difusão.

A produção acadêmica na área foi ampliada significativamente nos últimos anos.[36]

35. A disciplina "Direito Antitruste", ofertada com carga horária de 36 h/a, como optativa apresentava o seguinte ementário: "A Defesa da Concorrência na Constituição Federal de 1988. Abuso de Poder Econômico. CADE. Controle dos Atos de Concentração pelo CADE. Regulamentação *Antidumping* Brasileira. Regulamentação Internacional da Concorrência no MERCOSUL".

36. Na seqüência são listados alguns livros publicados no Brasil que investigam os temas concorrenciais: Maria Cecília Andrade, *Controle de Concentrações de Empresas*, São Paulo, Singular, 2002; Waldírio Bulgarelli, *Concentração de Empresas e Direito Antitruste*, São Paulo, Atlas, 1996; Leonardo Arquimimo de Carvalho, *Direito Antitruste e Relações Internacionais*, Curitiba, Juruá, 2001, e *Manual de Direito da Concorrência*, São Paulo, IOB, 2006; Umberto Celli Jr., *Regras de Concorrência no Direito Internacional Moderno*, Porto Alegre, Livraria do Advogado, 1999; Fábio Ulhoa Coelho, *Direito Antitruste Brasileiro: Comentários à Lei 8.884/1994*, São Paulo, Saraiva, 1995; Marcos da Costa e outros (orgs.), *Direito Concorrencial: Aspectos Jurídicos e Econômicos*, Rio de Janeiro, América Jurídica, 2003; Ricardo Thomazinho da Cunha, *Direito de Defesa da Concorrência*, São Paulo, Manole, 2003; Pedro Dutra, *A Concentração do Poder Econômico: Jurisprudência Anotada*, vols. I e II, Rio de Janeiro, Renovar, 2000; Jorge Fagundes, *Fundamentos Econômicos das Políticas de Defesa da Concorrência*, São Paulo, Singular, 2003; Werter Rotunno Faria, *Defesa da Concorrência no MERCOSUL*, Brasília, Associação Brasileira de Estudos da Integração/Senado Federal, 1992, e *Direito da Concorrência e Contrato de Distribuição*, Porto Alegre, SAFE, 1992; Geisy Fiedra, *Obrigação de Não-Concorrência*, São Paulo, Singular, 2007; João Bosco Leopoldino da Fonseca, *Lei de Proteção da Concorrência*, Rio de Janeiro, Forense, 1995; Paula Forgioni, *Fundamentos do Antitruste*, São Paulo, Ed. RT, 1998; José Inácio Gonzaga Franceschini, *Lei de Concorrência Conforme Interpretada pelo CADE*, São Paulo, Singular, 1998, e *Introdução ao Direito da Concorrência*, São Paulo, Malheiros Editores, 1996; José Inácio Gonzaga Franceschini e José Luiz Vicente de Azevedo Franceschini (orgs.), *Poder Econômico: Exercício e Abuso. Direito Antitruste Brasileiro*, São Paulo, Ed. RT, 1985; Daniel Goldberg, *Poder de Compra e Política Antitruste*, São Paulo, Singular, 2006; Ticiana Nogueira da Cruz Lima, *O CADE e Reestruturações Societárias*, São Paulo, Singular, 2006; César Mattos (org.), *A Revolução do Antitruste no Brasil*, São Paulo, Singular, 2004; Carolina Pancotto Bohrer Munhoz, *Direito, Livre Concorrência e Desenvolvimento*, São Paulo,

Nas atividades de pesquisa de alguns programas de pós-graduação *stricto sensu* o interesse pelas temáticas do direito da concorrência é profundo. Contudo, há uma inconsistência no interesse pelas temáticas, e é possível afirmar que não há núcleos coletivos de docentes e discentes, nos cursos de graduação e pós-graduação em Direito, permanentemente estruturados e pensando as questões empíricas ou científicas da política de concorrência.

Outra percepção problemática sobre a produção e a circulação de informações na área concorrencial é que as mesmas são limitadas pela forma como os periódicos são organizados ou circulam. As revistas especializadas têm dificuldade para manter uma constância, e freqüentemente silenciam em alguns períodos. As questões mais importantes ligadas à área estão limitadas às discussões que os agentes públicos do SBDC fazem em espaços privados ou públicos ou em alguns programas de pós-graduação em Direito que têm interesse na temática. A inexistência de um debate mais amplo limita a defesa e promoção da concorrência de forma permanente, sistematizada e ampliada.

No que tange à demanda por profissionais, a mesma é restrita a certas localidades e aos grandes escritórios dedicados a análise de questões jurídicas ou econômicas envolvendo concorrência. Não há um levantamento sobre o tema, mas os escritórios devem encontrar dificuldade para contratar profissionais no mercado habilitados às atividades inerentes às funções exigidas para o desempenho profissional na área. Porém, não se afirma na presente investigação que o ensino do tema pode produzir externalidades positivas em relação à empregabilidade. A preocupação central é com a defesa e a promoção da cultura da concorrência e, como conseqüência, nas questões da formação profissional.

Para efeitos desta pesquisa, considera-se que a ausência de estudos na área do direito da concorrência nos cursos de graduação em Direito é danosa. A desinformação entre os estudantes contribui para diluir o número de interessados em atividades – profissionais e de pesquisa – futuras envolvendo os conteúdos discutidos. Neste caso, o ciclo de desconhecimento-estagnação-desconhecimento é constantemente repetido e alimenta poucas inovações ou produção de conhecimento na área.

As atividades preventivas e repressivas do SBDC infundem a cultura da concorrência de forma mais relevante para o mercado. No ambiente do ensino universitário de graduação em Direito o impacto parece limitado, como a pesquisa observou. Porém, algumas medidas instrumentais básicas podem ser adotadas para a melhora do ambiente destinado ao ensino e à produção de conhecimento na área da concorrência.

Dentre as sugestões que já existem e são reiteradas, ou as que podem ser ampliadas, são citadas: o aprofundamento dos programas de intercâmbio de discentes com as instituições do SBDC, intercâmbio para docentes e pesquisadores de pós-graduação, a consolidação de eventos na área,

Lex, 2006; Ana Maria de Oliveira Nusdeo, *Defesa da Concorrência e Globalização Econômica*, São Paulo, Ed. RT, 2001; Amanda Flávio de Oliveira, *O Direito da Concorrência e o Poder Judiciário*, Rio de Janeiro, Forense. 2001; Gesner Oliveira, *Concorrência: Panorama no Brasil e no Mundo*, São Paulo, Saraiva, 2001; Gesner Oliveira e João Grandino Rodas, *Direito e Economia da Concorrência*, Rio de Janeiro, Renovar, 2004; Leopoldo Ubiratan Carreiro Pagotto, *Defesa da Concorrência no Sistema Financeiro*, São Paulo, Singular, 2006; Mário Possas (org.), *Ensaios sobre Economia e Direito da Concorrência*, São Paulo, Singular, 2002; Lúcia Helena Salgado, *A Economia Política da Ação Antitruste*, São Paulo, Singular, 1997; Calixto Salomão Filho, *Direito Concorrencial – As Estruturas*, São Paulo, Malheiros Editores, 2002, e *Direito Concorrencial – As Condutas*, São Paulo, Malheiros Editores, 2003; Paulo Antônio Caliendo Velloso da Silveira, *Defesa da Concorrência no MERCOSUL*, São Paulo, LTr, 1998; Isabel Vaz, *Direito da Concorrência*, Rio de Janeiro, Forense, 1993.

a divulgação e a ampliação do espaço de publicações, a promoção e o suporte das revistas especializadas, financiamento público e privado de pesquisas e pesquisadores, financiamento para publicações de trabalho na área, concessão de bolsas-de-estudo para estudantes de graduação e pós-graduação para a produção de casos didáticos que ensinem direito da concorrência com o uso de métodos participativos de ensino/aprendizagem, disponibilização de informações para que partes privadas prejudicadas busquem reparação ou cessação de condutas anticompetitivas nos tribunais, manutenção e institucionalização dos fóruns de políticas concorrenciais, aquisição de material bibliográfico produzido no Brasil e remessa para docentes e bibliotecas das instituições, destinação de um percentual das multas aplicadas por infrações contra ordem econômica à promoção da cultura da concorrência.

O incentivo ao processo de formação de um ambiente acadêmico de graduação que estimule o ensino da defesa e da promoção da concorrência pode auxiliar no equacionamento do atual ambiente de negligência em relação ao ensino da temática.

O processo depende de estímulos e trocas recíprocas que envolvam os atores do SBDC, os programas de pós-graduação, os cursos de graduação cujo destino seja a formação em áreas afins, os docentes e os pesquisadores.

6. Conclusões

O avanço institucional do SBDC com a definição de certos marcos regulatórios, com a ampliação da capacidade preventiva e repressiva do sistema e com a difusão de uma cultura concorrencial é marcante. O mercado, destino inicial das medidas asseguradoras da competição, foi sensibilizado pelo entendimento sobre a necessidade de garantir que determinadas condições e princípios, inerentes ao modelo econômico vigente, fossem respeitados.

Em contrapartida, o ensino da defesa e da promoção da concorrência nos cursos de graduação em Direito avançou pouco desde os anos 1990. Se até aquele período a temática tinha pouca expressão nos meios jurídicos, motivada por um ambiente desestimulante, mais recentemente a ausência não pode ser considerada um dado irrelevante.

O ensino jurídico de graduação apresenta um conjunto de particularidades que limitam a inovação e a criatividade. Como conseqüência, o aprendizado de conteúdos não-tradicionais é bastante limitado, e quando ele existe está afeito a uma lógica descontextualizada. O estudo dos temas ligados à concorrência encontra-se no mesmo cenário, e o processo é danoso, já que alimenta um movimento cíclico de desconhecimento.

Dentre as 1.068 IES pesquisadas, apenas 33, ou 3,08% do total, apresentam disciplinas cujo objeto central é o tema da concorrência. Se excluídas as 220 IES que não disponibilizam informações sobre estrutura curricular, disciplinas e conteúdos ou catálogo institucional nos seus sítios eletrônicos, o percentual chegará a 3,89%. Mesmo que alguma IES não tenha sido considerada, por conta da não-divulgação de informações de modo público, o percentual dificilmente alcançará 40%. Assim, é possível afirmar que menos de 4% das IES que possuem o curso de graduação em Direito têm em suas estruturas curriculares disciplinas cujo conteúdo central trate das temáticas ligadas à concorrência.

Outra informação que merece destaque é a oferta de conteúdos concorrenciais como disciplinas optativas. Assim, considerando as 1.068 IES pesquisadas, apenas 17, ou 1,59% do total, apresentam disciplinas obrigatórias cujo objeto central é o tema da concorrência. Se excluídas as 220 IES que não disponibilizam informações sobre seu perfil, o percentual chegará a 20%. A tendência, igualmente, não é positiva, já que a simplificação das estruturas curriculares tende a excluir conteúdos sem apelo tradicional, pelos motivos anteriormente descritos.

A possibilidade de que os conteúdos, objeto desta pesquisa, sejam ensinados em outra disciplina não é remota. Contudo, as peculiaridades do tema acabam limitando a possibilidade de que o mesmo, ensinado sob uma perspectiva noticiosa, produza grandes avanços na formação de um ambiente promissor para a investigação e o debate. A limitação da ampliação do espaço de difusão da cultura da concorrência no ensino de graduação em Direito é motivada principalmente por questões curriculares, ambientais, institucionais, jurídico-culturais e pelo próprio mercado de trabalho.

A forte "barreira à entrada" dos conteúdos que estimulam a defesa e promoção da concorrência nos cursos de graduação deve ser combatida com ações pontuais que reafirmem a necessidade de que aos menos as IES com perfil profissiográfico destinado às atividades negociais, empresariais ou econômicas ampliem o espaço destinado à formação de bacharéis instrumentalizados com o ferramental juseconômico suficiente à compreensão das características da competição eficiente.

A possível modificação da realidade é positiva, já que estabelece uma aproximação entre a Economia e o Direito de forma concreta. A mesma só pode ser obtida com ações que melhorem o ambiente destinado ao ensino e à produção de conhecimento na área da concorrência. Algumas posturas consideradas fundamentais são: o aprofundamento dos programas de intercâmbio de discentes, docentes e pesquisadores, a consolidação de eventos na área, a ampliação do espaço de publicações e de divulgação destas, o suporte às revistas especializadas, o financiamento público e privado de pesquisadores e pesquisas, a manutenção dos fóruns de políticas concorrenciais, medidas incentivadoras da cultura da concorrência. A atuação combinada das sugestões poderia, no mínimo, ampliar o espaço de discussão, ensino e investigação da temática nos cursos de graduação.

Superar os limites impostos pelas particularidades do ensino jurídico de graduação com a ampliação do espaço destinado ao estudo da defesa e da promoção da concorrência é medida salutar e fundamental para o mercado. A edificação de parâmetros locais de investigação, controle e promoção da competição depende de uma melhor qualificação e, como conseqüência, de um número maior de sujeitos interessados no aprofundamento na área na produção de conhecimento necessário à evolução das temáticas afeitas ao tema pesquisado.

Referências bibliográficas

ABREU, Marcelo de Paiva, e outros (1990). *A Ordem do Progresso: Cem Anos de Política Econômica 1889-1989*. Rio de Janeiro, Elsevier.

ASSOCIAÇÃO BRASILEIRA DE ENSINO DO DIREITO (2003 e 2006). *Anuário ABEDI*. Florianópolis, Fundação Boiteux.

CAMPOS, Francisco (1938). "A lei de proteção à economia popular: entrevista do Sr. Ministro da Justiça. Notas e informações". *RF* dezembro/1938. Rio de Janeiro, Forense (pp. 174-177).

CARVALHO, Leonardo Arquimimo de (2001). *Direito Antitruste & Relações Internacionais*. Curitiba, Juruá.

———— (2006). *Manual de Direito da Concorrência*. São Paulo, IOB Thomson.

CARVALHOSA, Modesto (1971). *Considerações sôbre Direito Econômico*. São Paulo (dissertação apresentada à egrégia Congregação da Faculdade de Direito da USP para Livre-Docência), Unidas.

CASTRO, Adilson Gurgel de (2000). "Pela melhoria dos cursos jurídicos". In: *OAB Ensino Jurídico: Balanço de uma Experiência*. Brasília, OAB/Conselho Federal (pp. 9-36).

CASTRO, Lavínia Barros de (2005). "Privatização, abertura e desindexação: a primeira metade dos anos 90 (1990-1994)". In: GIAMBIABI, Fábio, e outros. *Economia Brasileira Contemporânea*. Rio de Janeiro, Elsevier (pp. 141-165).

CERQUEIRA, Daniel Torres (2006). "Ensino do Direito no Brasil: breve radiografia do setor". In: ASSOCIAÇÃO BRASILEIRA DE ENSINO DO DIREITO. *Anuário ABEDI*. Florianópolis, Fundação Boiteux.

CONSELHO ADMINISTRATIVO DE DEFESA ECONÔMICA/CADE (1997). *Relatório Anual 1996*. Brasília, CADE.

———— (2004). *Relatório de Gestão 2003*. Brasília, CADE (disponível em *http://www.cade.gov.br*).

———— (2006). *Relatório de Gestão 2005*. Brasília, CADE (disponível em *http://www.cade.gov.br*).

———— (2007). *Relatório de Gestão 2006*. Brasília, CADE (disponível em *http://www.cade.gov.br*).

———— (2008). *Relatório Anual 1997*. Brasília, CADE.

CONSELHO NACIONAL DE DESENVOLVIMENTO CIENTÍFICO E TECNOLÓGICO/CNPq. *Plataforma Lattes do CNPq* (disponível em *http://lattes.cnpq.br/index.htm*).

CONSELHO NACIONAL DE EDUCAÇÃO/CÂMARA DE EDUCAÇÃO SUPERIOR (2004). *Resolução 9, de 29 de Setembro de 2004* ("Institui as Diretrizes Curriculares Nacionais do Curso de Graduação em Direito e dá outras providências).

COORDENAÇÃO DE APERFEIÇOAMENTO DE PESSOAL DE NÍVEL SUPERIOR/CAPES. *Banco de Teses*. Disponível em *http://servicos.capes.gov.br/capesdw/*.

FORGIONI, Paula A. (1998). *Os Fundamentos do Antitruste*. São Paulo, Ed. RT.

FRAGALE FILHO, Roberto (2003). "Impacto das mudanças legislativas nos projetos pedagógicos". In: ASSOCIAÇÃO BRASILEIRA DE ENSINO DO DIREITO. *Anuário ABEDI*. Florianópolis, Fundação Boiteux (pp. 91-103).

FRANCESCHINI, José Inácio Gonzaga, e FRANCESCHINI, José Luiz Vicente de Azevedo (1985). "Sumário histórico dos antecedentes legislativos da chamada 'Lei Antitruste' brasileira (Lei 4.137, de setembro/1962)". In: FRANCESCHINI, José Inácio Gonzaga, e FRANCESCHINI, José Luiz Vicente de Azevedo (orgs.). *Poder Econômico: Exercício e Abuso: Direito Antitruste Brasileiro*. São Paulo, Ed. RT.

FURTADO, Celso (1995). *Formação Econômica do Brasil*. 25ª ed. São Paulo, Nacional.

GIAMBIABI, Fábio, e outros (2005). *Economia Brasileira Contemporânea*. Rio de Janeiro, Elsevier.

GONÇALVES, Reinaldo, e outros (1998). *A Nova Economia Internacional: uma Perspectiva Brasileira*. 2ª ed. Rio de Janeiro, Campus.

HUNGRIA, Nelson (1939). *Dos Crimes Contra a Economia Popular e das Vendas a Prestações com Reserva de Domínio*. Rio de Janeiro, Jacintho Ribeiro dos Santos Editor.

INSTITUTO NACIONAL DE ESTUDOS E PESQUISAS EDUCACIONAIS ANÍSIO TEIXEIRA. Disponível em *http://www.educacaosuperior.inep.gov.br/*.

JUNQUEIRA, Eliane Botelho (1999). *Faculdades de Direito ou Fábricas de Ilusões?*. Rio de Janeiro, Letra Capital.

LAGO, Luiz Aranha Corrêa do (1990). "A retomada do crescimento e as distorções do 'milagre': 1967-1973". In: ABREU,

Marcelo de Paiva, e outros. *A Ordem do Progresso: Cem Anos de Política Econômica 1889-1989*. Rio de Janeiro, Elsevier (pp. 233-293).

LÔBO, Paulo Luiz Netto (2000). "Ensino jurídico: realidade e perspectivas". In: *OAB Ensino Jurídico: Balanço de uma Experiência*. Brasília, OAB/Conselho Federal (pp. 147-162).

———— (2003). "Para preservar os padrões de qualidade do ensino jurídico". In: ASSOCIAÇÃO BRASILEIRA DE ENSINO DO DIREITO. *Anuário ABEDI*. Florianópolis, Fundação Boiteux (pp. 123-137).

MATTOS, César (1997). "The recent evolution of competition policy in Brazil: an incomplete transition". *Revista do Instituto Brasileiro de Estudos das Relações de Concorrência e de Consumo* 4-n. 6/175-206. São Paulo.

MINISTRO DE ESTADO DA EDUCAÇÃO (2005). *Portaria 2.864, de 24 de Agosto de 2005*.

OLIVEIRA, Gesner (1998). "CADE 2000: rumo à maturidade institucional". In: CADE. *Relatório Anual 1997*. Brasília, CADE.

———— (2001). *Concorrência: Panorama no Brasil e no Mundo*. São Paulo, Saraiva.

ORDEM DOS ADVOGADOS DO BRASIL/OAB. *Conselho Federal*. Disponível em *http://www.oab.org.br*.

———— (2000). *Ensino Jurídico: Balanço de uma Experiência*. Brasília, OAB/Conselho Federal.

ORENSTEIN, Luiz, e SOCHACZEWSKI, Antônio Cláudio (1990). "Democracia com desenvolvimento: 1956-1961". In: ABREU, Marcelo de Paiva, e outros. *A Ordem do Progresso: Cem Anos de Política Econômica 1889-1989*. Rio de Janeiro, Elsevier (pp. 171-195).

PARECER CNE/CES 55/2004 (2004). *Diretrizes Curriculares Nacionais para o Curso de Graduação em Direito*. Brasília, Conselho Nacional de Educação/Câmara de Educação Superior.

PIMENTEL, Manoel Pedro (1973). *Direito Penal Econômico*. São Paulo, Ed. RT.

RODRIGUES, Horário Wanderlei (1993). *Ensino Jurídico e Direito Alternativo*. São Paulo, Acadêmica.

SALGADO, Lúcia Helena (1997). *A Economia Política da Ação Antitruste*. São Paulo, Singular.

SECRETARIA DE ACOMPANHAMENTO ECONÔMICO/SEAE (2004). *Relatório de Gestão 2003*. Brasília, Ministério da Fazenda (disponível em *http://www.seae.fazenda.gov.br*).

———— (2005). *Relatório de Gestão 2004*. Brasília, Ministério da Fazenda (disponível em *http://www.seae.fazenda.gov.br*).

————(2006). *Relatório de Gestão 2005*. Brasília, Ministério da Fazenda (disponível em *http://www.seae.fazenda.gov.br*).

SHIEBER, Benjamin M. (1966). *Abusos do Poder Econômico (Direito e Experiência Antitruste no Brasil e nos EUA)*. São Paulo, Ed. RT.

SOCHACZEWSKI, Antônio Cláudio, e ORENSTEIN, Luiz (1990). "Democracia com desenvolvimento: 1956-1961". In: ABREU, Marcelo de Paiva, e outros. *A Ordem do Progresso: Cem Anos de Política Econômica 1889-1989*. Rio de Janeiro, Elsevier (pp. 171-195).

SOUSA, Washington Peluso Albino de (1976). "O direito econômico no currículo da Faculdade de Direito da UFMG". *Revista de Direito Econômico* 4. Ano I. Agosto/1976.

SOUZA JR., José Geraldo (2000). "Critérios e doutrina para aprovação e rejeição de projetos". In: *OAB Ensino Jurídico: Balanço de uma Experiência*. Brasília: OAB/Conselho Federal (pp. 117-138).

VENÂNCIO FILHO, Alberto (1998). *A Intervenção do Estado no Domínio Econô-*

mico: o Direito Público Econômico no Brasil. Rio de Janeiro, Renovar (edição fac-similar da de 1968).

VIANNA, Sérgio Besserman (1990). "Política econômica externa e industrialização: 1946-1951". In: ABREU, Marcelo de Paiva, e outros (1990). *A Ordem do Progresso: Cem Anos de Política Econômica 1889-1989*. Rio de Janeiro, Elsevier (pp. 105-122).

INSTRUMENTOS PARA INVESTIMENTOS E O CERTIFICADO DE RECEBÍVEIS DO AGRONEGÓCIO/CRA

RENATO BURANELLO

1. Introdução. 2. Do regime jurídico geral dos fundos de investimento: 2.1 Do Fundo de Investimento Multimercado/FIM – 2.2 Do Fundo de Investimento em Direitos Creditórios/FIDC – 2.3 Do registro do FIM e do FIDC na CVM – 2.4 Do gestor e consultor de investimento ou crédito. 3. Da companhia securitizadora de recebíveis do agronegócio: 3.1 Dos requisitos para emissão do Certificado de Recebíveis do Agronegócio/CRA e sua oferta pública – 3.2 Da constituição da securitizadora de direitos creditórios do agronegócio.

1. Introdução

Na economia de mercado é função do Sistema Financeiro prover os canais adequados mediante os quais os agentes econômicos deficitários obtêm recursos de que necessitam para seus projetos de investimentos e os agentes superavitários aplicam suas poupanças. As instituições financeiras, assim, atuam como intermediários do crédito, na captação, aplicação e remuneração da moeda. Na ocorrência da intermediação a instituição financeira assume o risco do negócio do crédito, participando da cadeia obrigacional. Diferentemente do que ocorre no mercado de crédito, no mercado de capitais a mobilização da poupança é realizada diretamente entre a entidade emitente dos títulos e valores mobiliários e o investidor. Inexiste intermediação financeira,[1] já que os recursos circulam diretamente dos títulos e valores mobiliários para as empresas emitentes. Os fundos de investimento permitem a aplicação de recursos com uma administração especializada, de forma democrática, como instrumento de alocação de recursos, muitas vezes não afeitos à complexa dinâmica do mercado financeiro. A possibilidade de aplicação em uma carteira de ativos diversificada, mediante a aquisição de cotas de fundos de investimento, constitui um dos fatores mais atrativos para os investidores. A liquidez para os cotistas advém da possibilidade de cessão, transparência ou resgate das cotas dos fundos, que, dependendo de sua natureza, poderão ocorrer a qualquer momento.

Neste artigo fazemos comentários sobre os veículos de investimento em títulos do agronegócio, por meio de Fundo de Investimento Multimercado/FIM, do Fundo

1. Quando de uma emissão pública de valores mobiliários torna-se obrigatória a presença de uma instituição financeira *undewriter*, que não se confunde com a função de captação e concessão própria do crédito. Para a emissão pública deve-se pressupor a prévia autorização da CVM e a intermediação de uma instituição financeira na colocação dos valores mobiliários junto aos investidores (art. 19 da Instrução Normativa 400).

de Investimento em Direitos Creditórios/FIDC ou de companhia securitizadora de direitos creditórios do agronegócio (securitizadora), na descrição do regime jurídico aplicável a cada instituto, bem como, ao final, apresentando quadro comparativo sobre cada aspecto regulatório estudado.

2. *Do regime jurídico geral dos fundos de investimento*

A Instrução CVM-409, com suas posteriores alterações, estabelece normas gerais que regem a constituição, administração, o funcionamento e a divulgação de informações dos fundos de investimento, conceitua os fundos de investimento como condomínios formados por uma ou mais pessoas (físicas, jurídicas ou outras entidades) destinados a aplicar seus recursos em determinados ativos, financeiros ou não, desde que observado o disposto em seu Regulamento e na legislação específica emanada de seu órgão regulador, por aqui a Comissão de Valores Mobiliários/CVM. Em qualquer fundo de investimento é comum a figura do administrador, definido por lei como o representante legal do condomínio, que, entre outras atribuições, relaciona-se com o mercado, bem como é responsável pela contratação de todos os prestadores de serviços ao fundo de investimento, como o auditor independente, o gestor – caso exista–, o custodiante e as agências de classificação de risco.

A administração do fundo é usualmente confiada a uma entidade especializada, com capacidade técnica para gerir o patrimônio comum dos cotistas. O administrador tem poderes para praticar todos os atos necessários ao funcionamento do fundo, sendo responsável por sua constituição e pela prestação de informações à CVM. Também caberão ao administrador os serviços relacionados direta ou indiretamente ao seu funcionamento e à sua manutenção, de acordo com os arts. 56 e 58 da Instrução 409. Caso o administrador não cumpra as funções de distribuição e custódia, deverá contratar a prestação desses serviços. A distribuição é exercida por membros do Sistema de Distribuição de Valores Mobiliários, que compreende os agentes mencionados no art. 15 da Lei 6.385/1976. A custódia somente pode ser exercida por instituições financeiras e entidades de compensação e liquidação. O serviço de custódia compreende o depósito de valores mobiliários sob a guarda da instituição depositária (parágrafo único do art. 24 da Lei 6.385/1976).

A CVM classifica os fundos de acordo com os ativos objeto da parcela preponderante de seus investimentos, disciplinando-os, ainda, de maneira diversa, especialmente no que se refere ao tipo de investidor autorizado a participar de cada fundo bem como em relação à possibilidade de resgate ou cessão das cotas de cada tipo de fundo. Dependendo da sofisticação dos investimentos de cada fundo e, conseqüentemente, do grau de risco do respectivo fundo, a CVM limita o número de investidores que podem adquirir cotas do condomínio, permitindo investimento apenas aos investidores presumidamente dotados de conhecimento e de experiência necessária para avaliar o risco do investimento. São os chamados "investidores qualificados" ou "superqualificados".[2]

Adicionalmente, dependendo do perfil da carteira do fundo, principalmente do grau de liquidez dos ativos, a CVM veda a constituição de fundos de investimento abertos, admitindo somente a constituição

2. Entende-se como "investidor superqualificado" qualquer investidor que tenha investimento financeiro em valor superior a *R$ 1.000.000,00*. O conceito não existe formalmente em qualquer instrução normativa da CVM, sendo conceito adotado no mercado. No entanto, a Comissão Reguladora tem editado normativos flexibilizando determinadas regras ou limitando o investimento em determinados fundos somente para investidores qualificados que subscrevam no mínimo R$ 1.000.000,00 em cotas do respectivo fundo – o que demonstra sua concordância em relação a esse tipo de conceito.

de fundos fechados. Os fundos abertos são os condomínios em que os cotistas podem retirar-se mediante o resgate de suas cotas, vedada posterior negociação das cotas no mercado secundário. Já os fundos de investimento fechados são os condomínios em que os cotistas não podem resgatar suas cotas a qualquer tempo. Geralmente o resgate ocorre no encerramento do fundo ou no vencimento da série da cota, podendo, no entanto, negociar livremente tais cotas no mercado secundário.

Além das regras gerais mencionadas, há as regras específicas a cada classificação de fundo de investimento. Atualmente existem mais de 15 tipos de fundos de investimento admitidos pela legislação brasileira (dentre eles os fundos de investimento em direitos creditórios, fundos de investimento multimercado, fundos de investimento em renda fixa, fundos de investimento imobiliário, fundos de investimento em participação etc.), todos com regras distintas e variáveis de acordo com sua classificação pela CVM. Com relação às normas sob comento, somente dois fundos de investimento poderiam ser utilizados para o investimento majoritário nos títulos, a saber: o Fundo de Investimento Multimercado/FIM e o Fundo de Investimento em Direitos Creditórios/FIDC. Para melhor entendimento do tema estudado, passamos a analisar esses dois tipos de fundos, especialmente no que se refere às regras de composição da carteira, grau de concentração dos ativos em um mesmo emissor e restrição para aquisição de qualquer um dos títulos.

2.1 Do Fundo de Investimento Multimercado/FIM

O Fundo de Investimento Multimercado/FIM é regulado pela Instrução CVM-409, de 18.8.2004, podendo destinar seus recursos para vários tipos de investimentos (títulos públicos, títulos privados de renda fixa, ações, derivativos etc.). Como podem combinar diversos tipos de investimentos, tais fundos podem ser constituídos como condomínios abertos ou fechados. Adicionalmente, como pode combinar diversos ativos em sua carteira, o FIM pode realizar operações com derivativos, independentemente dos ativos integrantes da carteira e independentemente da natureza da operação (*hedge*, especulação ou arbitragem).

Apesar de maior flexibilidade para a composição da carteira, o FIM, conforme determinam os arts. 86 e 87 da Instrução CVM-409, deve – salvo as exceções a seguir mencionadas – atender ao limite de até 5% de seu patrimônio líquido em investimento para cada emissor de títulos (limite por emissor), bem como ao limite de até 20% do seu patrimônio líquido para a aplicação em conjunto por títulos (limite por ativo). Ressaltamos que os limites descritos poderão ser extrapolados para até 100% por emissor e por ativo no caso de FIMs exclusivos ou nos casos de FIMs destinados a investidores superqualificados, ou seja, os destinados aos investidores qualificados e que exijam investimento mínimo de *R$ 1.000.000,00* por investidor. Portanto, o FIM poderá ter em sua carteira até 100% do seu patrimônio líquido em títulos, incluindo os de um mesmo emissor. Adicionalmente, ressalte-se que, caso o FIM tenha em sua carteira títulos privados ou públicos que não da União Federal em volume superior a 50% de seu patrimônio líquido, na denominação do fundo deverá constar a expressão "Crédito Privado".

Além das regras relacionadas, o comentado fundo de investimento tem uma restrição legal, ou seja, o que dispõe o § 2º do art. 2º da Instrução 409, para a aquisição de CPR. Nesse caso, o fundo somente poderá adquirir CPRs caso o título seja negociado em Bolsa de Mercadorias e Futuros que garanta sua liquidação ou caso seja objeto de contrato que assegure ao fundo o direito de sua alienação antes do vencimento, com garantia de *instituição financeira* ou de *sociedade seguradora.*

2.2 Do Fundo de Investimento em Direitos Creditórios/FIDC

O Fundo de Investimento em Direitos Creditórios/FIDC é regulado pela Instrução CVM-356, de 17.12.2001 (Instrução 356/2001), sendo ele uma comunhão de recursos que destina parcela preponderante de seu patrimônio líquido de no mínimo 50% para aplicação em direitos creditórios, conforme o art. 40 da referida instrução, que são os direitos e títulos representativos de crédito originários de operações realizadas nos segmento financeiro, comercial, industrial, imobiliário, de hipotecas, de arrendamento mercantil e de prestação de serviços, inclusive os direitos para prestação futura.

No que se refere à composição da carteira, o FIDC não tem flexibilidade, pois deve ter *no mínimo 50%* de seu patrimônio líquido aplicados em títulos, caso esses ativos sejam os únicos definidos como direitos creditórios nos termos da sua política de investimentos. A parcela do patrimônio líquido do FIDC que não estiver aplicada em títulos pode ser aplicada em outros ativos de renda fixa definidos na Instrução 356 (principalmente títulos públicos, CDBs, RDBs, fundos de investimento de renda fixa etc.). No caso de derivativos, o FIDC pode operar somente com o objetivo de proteger posições detidas à vista, até o limite dessas, sendo vedada, assim, qualquer operação em mercado derivativo com fins especulativos ou de arbitragem.

No que se refere à concentração dos ativos, o FIDC somente poderá adquirir títulos de um mesmo devedor, ou de coobrigação de uma mesma entidade, acima do limite de 20%, caso o devedor ou o coobrigado: (i) tenha registro de companhia aberta; (ii) seja instituição financeira ou equiparada; ou (iii) seja sociedade empresária com demonstrações financeiras, inclusive as do exercício anterior ao da constituição do fundo, auditadas por auditor independente e registradas na CVM. Nesse sentido, o FIDC poderia adquirir CDCA ou CPR/CPR-F de um mesmo emissor pessoa jurídica em montante superior a 20% do patrimônio líquido do fundo, estando limitado, no entanto, a 20% para investimentos em CPR e CPR-F de um mesmo emissor pessoa física.[3]

Sem prejuízo das regras de concentração mencionadas e diferentemente do que ocorre com o FIM, a Instrução 356 não veda, a princípio, a aplicação do FIDC em CPR que não tenha garantia por parte de instituição financeira ou seguradora. Nesse caso, deve-se solicitar autorização para a aquisição de CPR sem garantia, no momento de constituição do FIDC, sendo certo que a CVM muito provavelmente irá solicitar *uma garantia* de que o FIDC não receba produto no caso da liquidação da CPR.

Por fim, destaca-se que a constituição de FIDC implica necessária contratação de agência de *rating*, salvo se a distribuição de cotas for destinada para um único cotista ou grupo de cotistas com interesse único e indissociável, devendo ser estabelecido que, caso seja permitida a transferência das cotas no mercado secundário, o FIDC deverá apresentar o relatório de classificação de risco.

2.3 Do registro do FIM e do FIDC na CVM

Independentemente do tipo de fundo, ambos devem ser registrados na CVM. O

3. Essa exigência é dispensável caso as cotas do fundo sejam objeto de oferta pública de distribuição para investidores integrantes de um mesmo grupo econômico ou tenham valor unitário igual ou superior a R$ 1.000.000,00 e destinadas para não mais que 20 investidores. Entendemos que a Instrução 356 foi editada sem abordar ou considerar a atividade exercida pelos emitentes de CPRs ou CPR-Fs, que optam voluntariamente por operar como pessoa física. Assim, recomendamos a formulação de uma consulta ou um pedido de autorização especial no momento da constituição do FIDC, com intuito de flexibilizar os investimentos em emitentes de CPR ou CPR-Fs.

registro do FIM é automático mediante a apresentação de todos os documentos solicitados no art. 8º da Instrução 409, tais como regulamento, prospectos, anúncios e demais declarações e documentos aplicáveis ao registro. O registro do FIDC será automaticamente concedido em *cinco dias* úteis somente se o fundo estiver de acordo com o padrão definido na Instrução 356 (característica acrescida da apresentação de documentos). Pela primeira análise de um eventual FIDC a ser constituído para adquirir títulos, entendemos que o registro automático não será concedido em virtude, principalmente: (i) da possibilidade de o FIDC adquirir CPR sem garantia de instituição financeira ou seguradora; e (ii) do eventual pedido que será feito para a CVM autorizar a extrapolação do limite de concentração por emissor de CPR ou CPR-F, conforme mencionado, em montante superior a 20% do patrimônio líquido do fundo. Nesse caso, o registro do FIDC poderia levar até 60 dias para ser constituído.

Independentemente de as cotas serem ofertadas de forma pública ou privada, toda nova distribuição de cotas de fundos fechados deve ser registrada na CVM, devendo o registro das cotas do FIM ou do FIDC fechados seguir a Instrução CVM-400, de 29.12.2003, aplicável para todas as distribuições públicas de valores mobiliários. Em contrapartida, as cotas do FIM ou do FIDC abertos independem de registro. Ressalta-se que as cotas do FIM conferem sempre os mesmos direitos aos cotistas, não havendo diferenciação de cotas. Em contrapartida, as cotas do FIDC são classificadas em seniores ou subordinadas, possibilitando maior alavancagem desse fundo.

2.4 Do gestor e consultor de investimento ou crédito

Duas outras figuras podem atuar no FIM ou no FIDC como prestadores de serviço de duas formas: (i) como gestora do fundo de investimento escolhido, caso obtenha autorização da CVM para prestação do serviço de administração de carteira; ou (ii) como consultora do fundo (consultora de investimento para o FIM e consultora de crédito para o FIDC), caso não consiga a autorização da CVM para a prestação do serviço de gestão de carteira. Independentemente da forma de atuação, a remuneração será via repasse pelo administrador da taxa de administração e, eventualmente, da taxa de *performance* do fundo. A principal diferença nas funções está na responsabilidade legal, dado que o gestor é a pessoa contratada pelo administrador do fundo de investimento para a prestação do serviço de gestão do fundo. Nesse sentido, caberia ao gestor a atribuição de escolha e seleção dos ativos que devem compor a carteira, respondendo, ainda, solidariamente com o administrador do fundo, conforme disposição do art. 57, § 2º, da Instrução 409.

3. Da companhia securitizadora de recebíveis do agronegócio

Trata-se de instituição não-financeira constituída sob a forma de sociedade por ações e que deve ter como objeto específico a aquisição e a securitização de direitos creditórios do agronegócio, com a conseqüente emissão e colocação de Certificados de Recebíveis do Agronegócio/CRAs no mercado financeiro e de capitais. Foi criada a partir da edição da Lei 11.076/2004, inspirada nas companhias securitizadoras de recebíveis imobiliários e emissoras dos Certificados de Recebíveis Imobiliários/CRIs.

A principal vantagem da constituição de uma securitizadora é a possibilidade de redução de custos ou exigências regulatórias no caso de emissões privadas de CRAs, o que possibilita a livre escolha de títulos, derivativos etc., independentemente de limites de concentração por emissor e por ativo, bem como sem a necessidade da contratação de seguro e aval de instituição financeira ou seguradora para o caso de aquisição de CPR. Ressaltamos que mesmo pela possibilidade de ter menores custos regulatórios associados, a constituição de uma securitizadora impacta em riscos maiores para os idealizadores do empreendimento, em razão de carregarem o risco do empreendimento, quando num fundo de investimento o risco do negócio é atribuído aos seus cotistas.

3.1 Dos requisitos para emissão do Certificado de Recebíveis do Agronegócio/CRA e sua oferta pública

O Certificado de Recebíveis do Agronegócio/CRA é título de crédito nominativo instituído pela Lei 11.076/2004, de emissão exclusiva da securitizadora, sendo de livre negociação, representativo de promessa de pagamento em dinheiro e, ainda, dotado de força executiva. Por se tratar de título de crédito, deve ser emitido observados os requisitos mínimos em seu contexto, que, em regra, são bem semelhantes aos requisitos exigidos para a emissão do CDCA (art. 37). Como principal diferença em relação ao CDCA, destaca-se a necessidade da elaboração de documento que vincula a emissão do CRA para os títulos, denominado "Termo de Securitização de Direitos Creditórios" (Termo de Securitização).

De acordo com a conveniência ou decisão do emitente do CRA, a securitizadora poderá instituir regime fiduciário sobre os títulos adquiridos, existindo ainda a figura do agente fiduciário (uma instituição financeira ou companhia autorizada para esse fim pelo Banco Central do Brasil) e beneficiários os adquirentes dos CRAs lastreados nos títulos objeto da fidúcia. Com a instituição do regime fiduciário dos títulos, os referidos créditos: (a) constituem patrimônio separado, não confundível com o da securitizadora; b) serão apartados do patrimônio da securitizadora até que se complete o resgate de todos os CRAs da série a que estejam vinculados; (c) serão destinados exclusivamente à liquidação dos CRAs vinculados, bem como ao pagamento dos respectivos custos de administração e de obrigações fiscais; (d) estarão isentos de qualquer ação ou execução pelos credores da securitizadora; (e) não serão passíveis de constituição de garantias ou de excussão por quaisquer dos credores da securitizadora, por mais privilegiados que sejam; (f) somente responderão pelas obrigações inerentes aos respectivos CRAs vinculados.

Adicionalmente, caberá à securitizadora administrar cada patrimônio separado, devendo, dessa forma, manter registros contábeis independentes bem como elaborar e publicar as respectivas demonstrações financeiras no *Diário Oficial da União* e em jornal de grande circulação que a securitizadora tenha escolhido para fazer suas publicações, conforme comando da legislação das sociedades por ações.

No que se refere ao meio de colocação dos CRAs, uma emissão de CRA pode ser realizada de forma pública, que deverá ser registrada na CVM, ou privada, em que não será necessário qualquer registro no órgão regulador do mercado de capitais. A configuração da oferta em pública ou privada torna-se relevante, pois caso a emissão tenha requisitos de oferta pública o CRA emitido será considerado como valor mobiliário, conforme dispõe o inciso IX do art. 2º da Lei 6.385, de 7.12.1976, suscetíveis, assim, o CRA e a securitizadora a fiscalização e regulamentação da CVM. O conceito de "oferta pública" leva em conta o meio pelo qual a securitizadora irá efetivar a oferta, sendo definida pela CVM no art. 3º da Instrução CVM-400 como a venda, promessa de venda, oferta à venda ou subscrição, assim como a aceitação de pedido de venda ou subscrição de valores mobiliários, de que conste qualquer um dos seguintes elementos: (a) a utilização de listas ou boletins de venda ou subscrição, folhetos, prospectos ou anúncios, destinados ao público, por qualquer meio ou forma; (b) a procura, no todo ou em parte, de subscritores ou adquirentes indeterminados para os CRAs, mesmo que realizada através de comunicações padronizadas endereçadas a destinatários individualmente identificados, por meio de empregados, representantes, agentes ou quaisquer pessoas naturais ou jurídicas integrantes ou não do sistema de distribuição de valores mobiliários; (c) a negociação feita em loja, escritório ou estabelecimento aberto ao público destinada, no todo ou em parte, a subscritores ou adquirentes indeterminados; ou (d) a utilização de publicidade, oral ou escrita, cartas, anúncios, avisos, especialmente através de meios de comunicação de massa ou eletrônicos (páginas ou documentos na rede mundial ou outras redes abertas de computadores e correio eletrônico), entendendo-se como tal qualquer forma de comunicação dirigida ao público em geral com o fim de promover, diretamente ou através de terceiros que atuem por conta da securitizadora, a subscrição ou alienação de CRAs.

A idéia por trás da norma estipulada pela CVM é "esforço de venda" e a distribuição ao público em geral, que, por envolver destinatários indeterminados, requer a intervenção da CVM de forma a assegurar a proteção do investidor adquirente dos CRAs. A oferta privada é, *a contrario sensu*, a *negociada com um grupo reduzido de investidores, devidamente individualizados e de prévio conhecimento da securitizadora, não sendo configurado qualquer esforço de venda para a efetivação da negociação*. Esses investidores, por terem prévia relação com o ofertante, seja comercial, creditícia, trabalhista etc., já têm acesso suficiente às informações sobre a securitizadora e o CRA ofertado, dispensando a proteção por parte da CVM, em razão de que a exigência do registro de oferta pública visa justamente a disponibilizar informações sobre a securitizadora e sobre o CRA ofertado para o mercado.

3.2 Da constituição da securitizadora de direitos creditórios do agronegócio

Conforme antes mencionado, a securitizadora é instituição não-financeira constituída sob a forma de sociedade por ações e que deve ter como objeto específico a aquisição e a securitização de direitos creditórios do agronegócio com a conseqüente emissão e colocação de CRAs no mercado financeiro e de capitais.

Por ser uma sociedade anônima, a securitizadora deverá seguir os preceitos contidos na Lei 6.404, de 15.12.1976, sendo seu capital dividido em ações ordinárias ou preferenciais e a responsabilidade dos acionistas limitada ao preço de emissão das ações subscritas ou adquiridas.

A constituição da securitizadora poderá ser feita por apenas um acionista, sendo denominada "subsidiária integral", mediante escritura pública, ou por dois ou mais acionistas, mediante subscrição particular ou pública de todas as ações do estatuto social da securitizadora, devendo ter por objeto específico a aquisição e securitização de recebíveis do agronegócio, com a conseqüente emissão dos CRAs no mercado financeiro e de capitais.

A administração efetiva da securitizadora será feita por um Conselho de Administração, obrigatório somente nas sociedades anônimas de capital aberto, e por uma Diretoria. O Conselho de Administração, caso exista, deve ser composto por no mínimo três membros e funciona como órgão deliberativo, fixando as diretrizes gerais da sociedade anônima e elegendo os diretores. A Diretoria, que é obrigatória independentemente do tipo de sociedade, deve ter no mínimo dois membros, cabendo-lhe a representação da sociedade.

Após a constituição da Securitizadora, deve-se registrar seus atos constitutivos na Junta Comercial do Estado do seu domicílio, com intuito de formalizar a constituição da nova sociedade, bem como dotá-la de personalidade jurídica. No que se refere à necessidade de registro na CVM, ressalta-se que o registro só será necessário caso a securitizadora realize distribuição pública de CRAs, conforme antes mencionado, dado que nesse momento se transfere para a CVM a competência para a fiscalização dos emissores de CRAs, classificados agora como valores mobiliários, conforme dispõe o inciso IX do art. 2º da Lei 6.385, de 7.12.1976. Diante de todo o exposto, concluímos que qualquer das estruturas apresenta tanto pontos positivos quanto negativos, conforme resumidos a seguir:

	FIM	**FIDC**	**SECURITIZADORA**
Limite de concentração por emissor dos títulos	Até 5% do PL por emissor, ressalvado no caso de FIM exclusivo ou destinado para investidores superqualificados, ocasião em que poderá chegar até 100% do PL	Até 20% do PL por emissor, ressalvados os casos apontados acima, em que pode chegar até 100% do PL	Sem limite
Limite de concentração por tipo de títulos	20% por ativo, ressalvada no caso de FIM exclusivo ou destinado para investidores superqualificados	Sem limite	Sem limite
Mínimo de aplicação em títulos	Livre conforme disposto no Regulamento do FIM	No mínimo 50%	Livre conforme discricionariedade dos administradores da securitizadora
Exigência de garantia de seguradora ou instituição financeira para aquisição de CPR	Sim	Não há, mas a CVM deve aprovar essa característica do FIDC	Sem exigência
Possibilidade de liquidação física da CPR	Não é possível.	Não é possível.	É possível.
Possibilidade de investimento em derivativos	Possibilidade ilimitada, conforme disposto no Regulamento do FIM	Somente para fins de proteção da carteira à vista e no limite dela	Possibilidade ilimitada
Necessidade de registro na CVM da entidade	Sempre	Sempre	Somente se distribuição pública de CRA
Necessidade de registro na CVM da distribuição dos ativos (cotas ou CRA) da emissão da entidade	Sempre	Sempre	Somente se distribuição pública de CRA
Necessidade de *rating*	Facultativo	Obrigatório nos fundos fechados, ressalvados os casos apontados acima	Facultativo
Papel da rural na entidade	Prestador de serviço	Prestador de serviço	Sócio

Espaço Discente

A PROTEÇÃO DOS ACIONISTAS E CREDORES NA INCORPORAÇÃO

Tércio Túlio Nunes Marcato*

A incorporação de empresas. Protocolo. Justificação. Formação do capital. Meios de proteção aos acionistas e credores. Referências.

A partir da década de setenta, as operações de reorganização social ganharam destaque no mundo dos negócios, entendendo reorganização social como o conjunto de medidas tomadas pelas sociedades intencionando alterar sua condição empresarial, o que pode ocorrer por meio de fusões, cisões e incorporações. O momento histórico vivido à época, com destaque para a bipolarização mundial entre capitalismo e socialismo, fez com que surgissem vários e diversos negócios oriundos de sociedades já existentes que então se incorporaram ou fundiram-se uma às outras, bem como a partir de uma empresa surgia outra.

Essas operações de reorganização societária se intensificaram em razão da procura por uma maior eficiência empresarial, seja quanto a gestão dos negócios, seja quanto aos lucros advindos da atividade empresarial.

Vários são os motivos que levam uma sociedade a buscar operação de reorganização societária, como a incorporação, por exemplo. Empresas que têm diversas atuações buscam incorporar-se a outras para desenvolvê-las e ampliá-las. Da mesma forma, empresas que possuem conhecida e já consolidada marca no mercado, mas, no entanto não têm como desenvolver os produtos de forma a atender a toda demanda, incorporam-se a outras para melhor desenvolver sua atividade e não permitir ver sua marca cair no ostracismo por falta de produtos no mercado.

A gênese deste processo surgiu após a Revolução Industrial, que desencadeou um processo concentracionista dos meios de produção, processo este que evoluiu acentuadamente, culminando, após um grande processo de transformação, na reorganização societária acima mencionada. Waldirio Bulgarelli assim se manifestou sobre a questão da evolução dos processos de transformação societária:

"Durante a sua marcha histórica, variaram sensivelmente as formas adotadas, não só como decorrência das transformações da economia, sobretudo em relação aos processos de produção e circulação mas, também em grande parte, para subtrair-se às proibições estatais e às dificuldades de ordem fiscal.

"Dos cartéis defensivos, *pools*, *corners*, *rings*, *trusts*, passou-se ao *Kozen*, aos consórcios, aos grupos, às *holdings*, às sociedades de investimento, às *joint-ventures*, sem, é claro, olvidar-se da forma mais radical e a ver de alguns a mais perfeita de todas elas, ou seja, a fusão e incorporação, que permaneceram ao lado das demais como uma constante" (Bulgarelli, 1975, p. 9).

Em razão disso, o Estado se posicionou perante esse fenômeno de forma a intervir assegurando tanto a sua lisura quanto a sua preservação para interesse de toda uma coletividade que inevitavelmente poderia se sentir atingida por essas transformações. No mesmo sentido, a intervenção estatal se operou para que o mercado não sofresse por elas ou minimizasse os efeitos advindos do surgimento de uma nova sociedade, mediante a incorporação de duas ou mais empresas.

Todavia, o processo de incorporação societária, quando de sua iniciação no sistema brasileiro, não era abarcado por uma legislação que assegurasse a efetividade de sua aplicação e a obtenção de resultados favoráveis. Em 1971, o Governo publicou o Decreto-lei n. 1.182 que facultou às empresas uma reavaliação dos ativos imobilizados que estivessem acima da correção monetária. O teor do decreto concedeu estímulos às fusões, às incorporações e à abertura de capital de empresas. No entanto, esta política tinha como objetivo efetivar uma concentração monopolística visando ao desenvolvimento de setores prioritários da economia, com o fito de efetuar uma paulatina substituição das importações mediante parcerias entre capital privado, estatais e multinacionais. No setor petroquímico, tal política foi aplicada com certo resultado favorável. Sob este aspecto, Mário Henrique Simonsen expôs a idéia abaixo transcrita com vistas à ideologia econômica concentracionista.

"Nos últimos anos o governo vem procurando criar um novo modelo de grande empresa privada nacional incentivando as fusões e a formação de conglomerados, numa espécie de imitação do modelo japonês. Embora alguns resultados expressivos tenham sido obtidos, restam ainda dois grandes obstáculos: a) por falta de dispositivos protetores na lei de sociedades anônimas, um bom número de capitalistas se recusa sistematicamente a aceitar as posições minoritárias das empresas. E é claro que pouco se pode esperar em matéria de fusões quando quase todos desejam ser majoritários; b) a maneira mais natural de reunir empresas em um conglomerado consiste em contratá-las através de um *holding*: acontece que a legislação fiscal brasileira desincentiva claramente a formação de *holdings*; também, certos dispositivos da legislação bancária desestimulam a integração de instituições financeiras em conglomerados" (Simonsen, 1971, p. 205).

O resultado desta ideologia de concentração foi a publicação da Lei 6.404, em 1976, que regulamentou as sociedades anônimas e tudo que a elas diz respeito. Em obra que comentou a aludida Lei, Modesto Carvalhosa teceu o seguinte comentário:

"Como conseqüência dessa ideologia de concentração empresarial acelerada e induzida, por meio da criação de conglomerados, o governo, pelo Decreto Lei 1.338 de 1974, artigo 23 revogou a carga fiscal para as *holdings*, isentas que ficaram do desconto do Imposto sobre a Renda na Fonte.

"Com esse específico propósito de concentração, e de desenvolvimento de um mercado de capitais para participação minoritária fundado no investidor individual, o governo formulou em 1976 anteprojeto da Lei das S/A e a criação da Comissão de Valores Mobiliários, de que redundou, com algumas alterações substanciais feitas pelo Congresso Nacional, a Lei n. 6.404, de 1976" (Carvalhosa, 2002, p. 209).

Nos idos da década de noventa a economia global sofreu um vultoso impulso em decorrência da acirrada competição empresarial. Tal situação não foi diferente no plano nacional, o que levou as empresas a explorarem suas atividades de forma a adotar estratégias para se manterem atuantes e firmes diante do novo quadro econômico. Em um mercado extremamente globalizado, a atividade empresarial é mais eficaz quando empreendida por empresas de grande porte, daí surge a questão da necessidade de empresas se incorporarem umas às outras. Modesto Carvalhosa assim justifica a necessidade desta transformação:

"Isso se dá por razões tecnológicas e de mercado, tais como a necessidade de capitais elevados para exploração; a presença de significativas economias de escala na produção de bens e serviços essenciais ou de ponta; a indispensabilidade da integração vertical com vistas a assegurar o suprimento de matéria prima em condições vantajosas ou no mínimo razoáveis; a relevância da integração como meio de obter economias nos recursos de especialização entre linhas de produtos; a necessidade de diluir elevados e continuados dispêndios em tecnologia, entre outros fatores" (Carvalhosa, 2002, p. 212).

Dessa forma, facilmente se conclui que o fator determinante para o surgimento da incorporação, como meio de transformação societária, é meramente a conjuntura econômica. O já citado Modesto Carvalhosa, ao lecionar sobre o tema, manifestou o seguinte entendimento:

"A posição dominante advinda da concentração empresarial é fruto direto e imediato da imperfeição estrutural do mercado e do aproveitamento insuficiente da apropriação desse mesmo mercado por parte dos concorrentes. Em conseqüência, e como referido, as empresas concentradas, ao encontrarem-se em posição dominante de mercado, têm, mais do que em qualquer circunstância, uma capacidade decisória que transcende as leis econômicas concorrenciais" (Carvalhosa, 2002, p. 223).

Amador de Almeida Paes, citando Miranda Valverde, teceu o seguinte comentário sobre os motivos determinantes da incorporação.

"Várias são as causas determinantes da fusão ou incorporação. A concorrência entre empresas ou companhias que exploram o mesmo ramo de indústria ou de comercio; o objetivo de possibilitar o monopólio de fato na distribuição ou colocação de certos produtos; a necessidade de absorver as empresas ou companhias que exploram indústrias primárias ou complementares – tais são, entre muitas outras, as causas principais da incorporação ou da fusão de duas ou mais sociedades" (Paes, 2007, p. 68).

Considerando que a concentração empresarial advém muito mais de uma conjuntura econômica do que de outros fatores, surge o direito como meio para manter esta harmonia econômica, sendo que outros fatores que guardam relação com o direito daqueles que são sujeitos do processo de incorporação, ficaram um tanto quanto relevados a segundo plano. Ao tratar sobre o assunto, Modesto Carvalhosa assim lecionou:

"O ordenamento, ao dispor de instrumentos legais que levam à concentração empresarial, tem como pressuposto não apenas sua legalidade, mas também sua legitimidade no âmbito finalístico de servir ao direito e, assim, aos interesses da sociedade e do homem.

"Essa legitimidade, no entanto, corre sempre o risco de desbordar para o abuso de direito decorrente da concentração de empresarial, como demonstra a existência, a partir dos fins do século XIX, de leis antitrustes (Lei Shermann e Lei Clayton). Isso porque, inevitavelmente, o grau de concentração empresarial está intimamente ligado ao fenômeno da posição dominante. Não obstante, e como referido, tal concentração em si mesma não é considerada ilícita pela maioria das leis antimonopolistas que se sucederam nos diversos países por mais de um século. Apenas o abuso dessa posição dominante é sancionado, como se pode ver nos *standards* normativos contidos nos artigos 20 e 21 da Lei 8.884, de 1994. estes, com efeito, tem caráter objetiva (mera conduta) e formal, no sentido de, respectivamente, de configurar-se a antijuridicidade independentemente de culpa e mesmo que não produza efeitos no mercado" (Carvalhosa, 2002, p. 223).

Em todas as modalidades de incorporações e fusões, em cada uma delas, invariavelmente, surgem problemas de procedimento, de proteção aos acionistas, de proteção aos credores e tributários, além de outros.

O assunto proposto tratará sobre as formas pelas quais as partes vinculadas em uma operação de incorporação podem socorre-se do direito para sanarem ou dirimirem situações que eventualmente venham lhe causar prejuízos. Para tanto, todo o processo pelo qual as empresas – tanto incorporadora quanto incorporada – perpassam, será minuciosamente discutido, com uma exposição conceitual dos atos preparatórios e executivos, além de sua repercussão ante os envolvidos.

Ultrapassada a questão conceitual, serão tratadas situações que diante do procedimento de incorporação, algumas das partes venham a ser prejudicada. Sob esta ótica as formas cabíveis para uma eficaz solução do problema ocorrido serão apresentadas

A incorporação de empresas

A incorporação de empresas é regida pelo art. 223 da Lei 6.404/1976, a Lei das Sociedades Anônimas. Dispõe o referido artigo que

> A incorporação, fusão ou cisão podem ser operadas entre sociedades de tipos iguais ou diferentes e deverão ser deliberadas na forma prevista para a alteração dos respectivos estatutos ou contratos sociais.
>
> § 1º. Nas operações em que houver criação de sociedade serão observadas as normas reguladoras da constituição das sociedades do seu tipo.
>
> § 2º. Os sócios ou acionistas das sociedades incorporadas, fundidas ou cindidas receberão, diretamente da companhia emissora, as ações que lhes couberem.
>
> § 3º. Se a incorporação, fusão ou cisão envolverem companhia aberta, as sociedades que a sucederem serão também abertas, devendo obter o respectivo registro e, se for o caso, promover a admissão de negociação das novas ações no mercado secundário, no prazo máximo de cento e vinte dias, contados da data da assembléia-geral que aprovou a operação, observando as normas pertinentes baixadas pela Comissão de Valores Mobiliários.
>
> § 4º. O descumprimento do previsto no parágrafo anterior dará ao acionista direito de retirar-se da companhia, mediante reembolso do valor das suas ações (art. 45), nos trinta dias seguintes ao término do prazo nele referido, observado o disposto nos §§ 1º e 4º do art. 137.

O art. 1.116 do Código Civil oferece uma definição de incorporação como abaixo transcrito

> Na incorporação, uma ou várias sociedades são absorvidas por outra, que lhes sucede em todos os direitos e obrigações, devendo todas aprová-la, na forma estabelecida para os respectivos tipos.

Com a incorporação, há a extinção da personalidade jurídica de uma ou mais sociedades, sendo o seu patrimônio absorvido por outra sociedade que já existe. Na incorporação, há uma sucessão universal, sendo que a incorporadora assume a titularidade de todos os débitos e créditos das sociedades incorporadas. Tanto a incorporadora quanto a incorporada devem praticar determinados atos que precedem a incorporação em si. Com isso, os sócios de ambas as sociedades devem aprovar, mediante um procedimento preliminar, a operação de incorporação das sociedades.

Dessa maneira, tem-se a incorporação societária como um procedimento de extrema importância a fim de facultar às sociedades, dada uma determinada conjuntura econômica, uma forma de reorganizar sua estrutura e assim obter maiores resultados financeiros. Modesto Carvalhosa e Nelson Eizirik definiram tal procedimento mostrando que

"A incorporação constitui operação de grande relevância para possibilitar processos de reorganização empresarial, servindo, basicamente, à concentração societária. (...)

"Em decorrência da incorporação, a sociedade incorporada desaparece e o seu patrimônio é incorporado à sociedade incorporadora. Esta deve realizar um aumento de capital, que será subscrito com a versão do patrimônio da incorporadora" (Carvalhosa, Eizirik, 2002, p. 373).

Diante do quadro procedimental que surge com a incorporação, há uma imperiosa necessidade de se conceituar tal instituto do ponto de vista de sua natureza jurídica. Há o entendimento de existir uma linha societária e outra linha contratual, sendo que entre as duas paira a conceituação do ponto de vista da natureza jurídica. Acerca de tal divergência, quanto à natureza jurídica e as formas pelas quais a incorporação é tratada, Waldirio Bulgarelli lecionou que

"a indagação se centraliza então, entre dois pólos, o corporativo ou societário e o contratual, aquele profundamente influenciado pela doutrina alemã e este pela corrente italiana e francesa, com Ferri a frente.

"Com efeito, entende Ferri (discordando de De Semo sob o aspecto de que se trata de um contrato de sociedade) que apesar da complexidade dos vários atos de natureza corporativa, existe um contrato base. A fusão, pois, não se realiza em virtude de um contrato de sociedade, mas de um negócio corporativo capaz de influir sobre a estrutura interna do ente. As particulares vontades sociais são o resultado de um procedimento complexo e da colaboração de vários órgãos: o negócio jurídico, contudo, permanece um contrato.

"Essa concepção contratual é encampada por Brunetti que entende que o processo se desenvolve separada, paralela e internamente, em cada sociedade, razão pela qual os atos indicados são atos unilaterais desta, e com maior precisão, atos coletivos. Estes procedimentos separados desembocam, no entanto, naquele negócio, necessariamente bilateral (mesmo que sociedades que se fusionam sejam mais de duas) que a lei, com expressão genérica, qualifica de 'ato de fusão', mas que, compreendido nele a declaração de consentimento dos representantes legais das sociedades interessadas, só pode ser definido como contrato" (Bulgarelli, 2000, p. 79).

E arremata:

"No momento em que as vontades das sociedades se cruzam ou se justapõem, é evidente a existência de um contrato. Decorrente ou não de um protocolo, de um tratado ou de um projeto, não se pode negar a existência de um contrato. Não se deve, pois, confundir a série de atos corporativos, internos, de formação da vontade social com a relação das sociedades entre si, como sujeitos de direito. É verdade que a doutrina vem atribuindo preponderância à serie de atos corporativos, mas isto não significa que fusão possa ser meramente interna.

"Não há, portanto, dúvidas de que a fusão se apresenta sob dois aspectos: contratual, externo, portanto, entre as sociedades, e corporativo, associativo ou societário, portanto, interno. São as duas faces do mesmo fenômeno, porém, não se contrapondo nem se sobrepondo" (Bulgarelli, 2000, p. 82).

Não obstante a conceituação da natureza contratual da incorporação acima transcrita há uma corrente doutrinária que entende que a natureza jurídica da incorporação é corporativa. Mais uma vez, Waldirio Bulgarelli apresenta a questão da seguinte maneira:

"Por sua vez, Uria, principal seguidor da corrente corporativa, assinala que o contrato não serve para explicar os efeitos de ordem interna característicos da fusão, isto é, a dissolução de algumas das sociedades fusionadas, a confusão dos patrimônios sociais e o agrupamento dos sócios de cada uma delas, numa única sociedade.

"Guirao, por seu turno, que, na busca de um conceito unitário de fusão ofereceu amplo conceito, dá predominância ao caráter corporativo em detrimento do contratual, embora partidário da concepção mista, de acordo, aliás, com a opção que colocou como base da discussão sobre o tema, que não parece correta, pois, como se verá, de fato não existe" (Bulgarelli, 2000, p. 80).

A definição da natureza do instituto da incorporação é de fundamental importância para a conclusão a que se pretende chegar com o presente artigo. Definir a natureza jurídica da incorporação como contrato, como de fato é o entendimento aqui exposto, pressupõe imputar à incorporação todas as medidas cabíveis em termos de uma relação contratual, mormente quando esta não se aprimora da forma devida. Assim, dentro do tema proposto, resta a incorporação considerada e tratada como um contrato.

As bases sobre as quais se fundam uma operação de incorporação, dado o incontroverso entendimento que se trata de pura e simples manifestação de vontade dos envolvidos, só podem ser entendidas como uma relação contratual que, após exposta a vontade de incorporadora e incorporada, imputam a esta e àquela direitos e deveres, que reciprocamente tratados, têm o condão de um contrato e, como tal, deve sob a ótica contratual ser regidas. Essas bases são disciplinadas pelos arts. 224 e ss. da Lei 6.404/1976 que doravante serão tratadas.

Protocolo

Dispõe o art. 224 da Lei de Sociedades Anônimas:

> Art. 224. As condições da incorporação, fusão ou cisão com incorporação em sociedade existente constarão de protocolo firmado pelos órgãos de administração ou sócios das sociedades interessadas, que incluirá:
>
> I – o número, espécie e classe das ações que serão atribuídas em substituição dos direitos de sócios que se extinguirão e os critérios utilizados para determinar as relações de substituição;
>
> II – os elementos ativos e passivos que formarão cada parcela do patrimônio, no caso de cisão;
>
> III – os critérios de avaliação do patrimônio líquido, a data a que será referida a avaliação, e o tratamento das variações patrimoniais posteriores;
>
> IV – a solução a ser adotada quanto às ações ou quotas do capital de uma das sociedades possuídas por outra;
>
> V – o valor do capital das sociedades a serem criadas ou do aumento ou redução do capital das sociedades que forem parte na operação;
>
> VI – o projeto ou projetos de estatuto, ou de alterações estatutárias, que deverão ser aprovados para efetivar a operação;
>
> VII – todas as demais condições a que estiver sujeita a operação.
>
> Parágrafo único. Os valores sujeitos a determinação serão indicados por estimativa.

As normas procedimentais que regulamentam a incorporação de sociedades só surgiram com a publicação da Lei 6.404/1976. O diploma que regulava a matéria em 1940 era dotado de forte conotação contratualista, prevalecendo, portanto, a liberdade plena dos administradores das companhias que objetivassem uma reorganização societária.

Em 1976, contudo, a matéria foi regulada com a criação de procedimentos legais, conferindo ampla publicidade aos atos de reestruturação societária diante de sua obrigatória observância. Acerca da inovação então surgida, Modesto Carvalhosa elucidou a questão ao tratar sobre os atos preparatórios para o processo de incorporação, salientando que

"Já o diploma de 1976, com predominante caráter institucionalista, adequou rigorosamente os institutos da fusão, incorporação e cisão ao princípio da publicidade (art. 289), criando procedimentos de natureza legal, de observância obrigatória, que deverão ser cumpridos pelos administradores e pelas assembléias das sociedades anônimas envolvidas. Há uma proposital ruptura com a feição contratualista do diploma anterior, como se pode ver da Exposição de Motivos da lei de 1976 ao propugnar que a lei societária passasse a cuidar expressamente da operação, dos efeitos que o negócio terá sobre os direitos dos sócios e dos credores, bem como 'do valor de reembolso que lhes caberá, caso prefiram usar do direito de retirada'" (Carvalhosa, 2002, p. 235).

Especificamente com relação ao protocolo, este pode ser considerado e convencionado como sendo de natureza pré-contratual, por meio da qual é manifestada a vontade das sociedades envolvidas na celebração da incorporação. Segundo Modesto Carvalhosa, o protocolo "Constitui um pacto necessário, que produz a manifestação confluente (plurilateral) de vontade das sociedades sobre as bases essenciais do negócio jurídico, porém não suficiente para a consumação dos negócios de fusão, incorporação ou cisão. Importante ressaltar que está o protocolo sujeito ao regime de publicidade (art. 289), que deverá ser observado no momento da celebração deste ajuste preliminar" (Carvalhosa, 2002, p. 237).

Trata-se, portanto, de um pré-contrato em que não apenas estará exposta a vontade das partes, mas em que restarão contidas todas as cláusulas mínimas que regerão a incorporação. Referidas cláusulas decorrem do fato de ser imperiosa a necessidade de estarem bem delineados os contornos do processo de incorporação, em face do interesse de ordem pública que representa o processo em discussão.

O protocolo se sujeita à aprovação da assembléia geral, ocasião em que, após deliberação da assembléia, havendo necessidade de alterar as condições contidas no protocolo, novas cláusulas serão inseridas e novo protocolo será redigido. Trata-se, pois, de um documento que não produz efeitos necessariamente quanto à incorporação em si, mas que apenas vincula, de forma definitiva, as sociedades que se reestruturarão. No mesmo sentido, o protocolo não produz efeitos porque também está na estrita dependência de ser aprovado pela assembléia geral.

O protocolo é celebrado pelos órgãos de administração das sociedades envolvidas no negócio da incorporação, cabendo sua aprovação a outro órgão da sociedade, que é a assembléia geral. Ao comentar o assunto, Modesto Carvalhosa se manifestou da seguinte forma:

"Assim, o protocolo constitui um negócio jurídico típico, embora seus efeitos, no que respeite a sua execução estejam vinculados à manifestação de vontade, não de terceiros, mas da própria sociedade, através de outros órgãos. E, como negócio jurídico típico, o protocolo constitui instrumento necessário, porém não suficiente para a satisfação dos interesses das sociedades envolvidas. Encontram-se assim as sociedades que firmam o protocolo a regulação de seus interesses confluentes (plurilaterais) de fusionar, incorporar ou ser incorporado, com ou sem cisão. Com este propósito, a lei oferece aos sócios o instrumento para que estabeleçam os termos do negócio de reorganização societária a ser celebrado. Insere-se, assim, o protocolo entre aqueles institutos que nosso ordenamento jurídico reconhece e regula, por reputar transcendente sua função socioeconômica" (Carvalhosa, 2002, p. 238).

No que tange aos requisitos que devem constar no protocolo, estes são minuciosamente detalhados no art. 224 da Lei 6.404/1976 e devem obrigatoriamente constar no protocolo. Contudo, é também previsto e permitido que outras condições constem no documento, figurando como cláusulas complementares, salientando que estas cláusulas não podem contrariar, suprimir ou substituir as cláusulas obrigatórias.

No que se refere às ações, conforme mencionado no inciso I do art. 224, devem constar no protocolo o número, a espécie e a classe das ações que serão atribuídas em substituição dos direitos dos sócios que sairão da sociedade. Esta determinação decorre do fato de haver um aumento de capital na sociedade incorporadora mediante integralização do capital da incorporada e do fato de este capital ser transferido aos acionistas que não mais farão parte da sociedade. Por isso, deve ser descrito de forma minuciosa de que forma esta transferência de ações ocorrerá, de forma a respeitar tanto os interesses dos acionistas da sociedade incorporada quanto da incorporadora, além de outros interesses diretamente ligados à operação.

Os demais requisitos, que devem constar no protocolo, guardam estreita relação com a avaliação da sociedade. Todavia, é com relação às ações a serem transferidas que o presente artigo tem a sua fundamentação, uma vez que havendo qualquer ato contrário ao que determina o protocolo, no que tange a esta condição, alguma medida judicial deve ser tomada, a fim de sanar eventual problema que surja.

Uma vez considerado contrato preliminar, este é dotado de certas peculiaridades, como bilateralidade, que consiste em obrigações recíprocas assumidas por ambas as partes e que devem ser aprovadas por uma assembléia geral. No protocolo, há, portanto, imperativa a aplicação da teoria da *exceptio non adimplenti contractus*. Com propriedade, Modesto Carvalhosa assim lecionou:

"Cabe, portanto, em matéria de protocolo, a condição resolutiva tácita, ou seja, o princípio de que o inadimplemento da obrigação de fazer assumido por uma das sociedades envolvidas, constitui justa causa para que a outra promova a resolução do acordo. Isso porque, se uma sociedade deixa de honrar, nos prazos consignados os compromissos de fazer, a obrigação da outra fica sem causa, resolvendo o contrato.

"Devem, assim, as sociedades envolvidas cumprir especificamente o prometido, ou seja, promover as medidas de avaliação e consectárias e submeter soberana o negócio da fusão, incorporação ou cisão com incorporação, instruída por seus termos" (Carvalhosa, 2002, p. 240).

Com relação ao descumprimento de quaisquer das condições mencionadas no protocolo, surge a dúvida quanto a possibilidade de uma atuação jurisdicional suprir este descumprimento. Assim, questiona-se se é possível aplicar a este descumprimento as possibilidades descritas no Código de Processo Civil no que tange às obrigações de fazer.

O negócio jurídico consubstanciado pelo protocolo é um negócio plurilateral, ou seja, vincula várias partes envolvidas no negócio. Todavia, em caso de não aprovação das condições pactuadas no protocolo, não pode agir o Estado Juiz para imputar aos sócios a reorganização societária proposta e que não foi aprovada pela assembléia geral, sendo que apenas uma das partes intencionava tal reorganização.

Entretanto, caso o descumprimento de uma das obrigações pactuadas no protocolo venha causar perdas e danos, perfeitamente possível o provimento jurisdicional para solucionar a questão. Saliente-se que a não aprovação por si só não é capaz de gerar perdas e danos, mas tão-somente o descumprimento das condições pactuadas no protocolo é que são passíveis de causar prejuízos. O entendimento prevalecente é que a mera não aprovação do negócio de incorporação não se constitui em ato ilícito, razão pela qual não pode ser indenizado.

Justificação

Ultrapassadas as questões impostas pelo protocolo, o art. 225 da Lei 6.404, de 1976, determina o próximo passo a ser seguido, qual seja a justificação.

Art. 225. As operações de incorporação, fusão e cisão serão submetidas à deliberação da assembléia geral das companhias interessadas mediante justificação, na qual serão expostos:

I – os motivos ou fins da operação, e o interesse da companhia na sua realização;

II – as ações que os acionistas preferenciais receberão e as razões para a modificação dos seus direitos, se prevista;

III – a composição, após a operação, segundo espécies e classes das ações, do capital das companhias que deverão emitir ações em substituição às que deverão extinguir;

IV – o valor de reembolso das ações a que terão direito os acionistas dissidentes.

Tanto o fundamento do protocolo quanto da justificação decorre do princípio da publicidade conforme já exposto e que é imprescindível, dado o patente interesse de sócios, credores, empregados e o interesse público em geral.

Da mesma forma que não havia determinação legal no que tange ao protocolo, o diploma de 1940 também nada especificou com relação à justificação, que não era documento necessário e imprescindível para os processos de incorporação, fazendo do procedimento da incorporação um procedimento moroso e muito complicado.

Com a publicação da Lei 6.404, esta operação foi simplificada, imputando à assembléia geral a obrigação de justificar o processo de incorporação após análise e aprovação do protocolo. A justificação, portanto, nada mais é que a deliberação da assembléia geral sobre as condições impostas mediante o protocolo.

Com relação ao procedimento pelo qual a justificação é elaborada, a Lei 9.457, de 1997, foi bem elucidativa ao dispor de que forma esta justificação deve ser formulada. As palavras de Modesto Carvalhosa, ao se manifestar sobre a justificativa, muito bem definem este procedimento efetuado pela assembléia geral.

"Assim, a deliberação da assembléia sobre a fusão, a incorporação o a cisão com incorporação, prevista no presente artigo, dependerá da prévia aprovação por uma outra assembléia, de caráter universal (§ 3º do art. 45), dos peritos que irão fazer o laudo sobre o valor econômico da companhia (§ 1º do art. 45). Dependerá, ainda, do respectivo laudo apresentado pelos peritos, em que constará o valor econômico da companhia e sua divisão pelas ações emitidas. E esse laudo será objeto do disposto no inciso IV da norma ora comentada" (Carvalhosa, 2002, p. 247).

A justificação, dessa forma, vinculase não somente ao protocolo, mas também a outra deliberação de uma assembléia universal formada por todos os acionistas. Após ser levada a aprovação pela assembléia geral, presume-se que a aprovação será levada a efeito, com a lavratura da justificativa.

Interessa, neste momento, especialmente a deliberação da assembléia sobre o que determina o inciso IV do art. 225, que se refere ao valor de reembolso das ações cabíveis aos acionistas dissidentes. Tal importância decorre do fato de as outras questões não serem passíveis de causar prejuízos quando da aprovação do protocolo pela assembléia geral, não sendo, pois, passível de reparação judicial. No mesmo sentido, importa também frisar que devem constar na justificativa as ações que os acionistas preferenciais têm direito, razão pela qual, havendo discordância dos acionistas quanto a esta condição, também permissível acionar o Poder Judiciário para solucionar tal situação.

Ainda com relação aos atos que possam importar em perdas e danos às partes envolvidas nas operações de incorporação, podemos citar o momento de aprovação ou não do protocolo, que constará na justificativa. Esta aprovação é levada a efeito pela assembléia geral que, sendo a ela imputada a prerrogativa de deliberar sobre a aprovação do procedimento de incorporação, não pode alterar a documentação que lhe é levada a conhecimento, em face da determinação contida no art. 139 que determina a indelegabilidade de competência dos órgãos sociais. As alterações no protocolo ou na justificativa constituem em recusa dos documentos, recusa esta que implicará efeitos distintos. O tão recorrido Modesto Carvalhosa, com toda peculiaridade que trata o assunto, esclarece a questão da seguinte forma:

"Se não houver aprovação do negócio reorganizativo, estarão extintos os respectivos protocolo e justificação, que não mais poderão produzir nenhum efeito no âmbito da respectiva sociedade. Se, no entanto, a assembléia geral deliberar pela alteração parcial ou pontual desses documentos, seja quanto ao mérito destes, seja quanto a seus aspectos técnicos, o efeito será, em princípio, o de aprovação do negócio respectivo de fusão, incorporação ou cisão com incorporação. Será assim, considerada a deliberação da assembléia, neste caso, não mais definitiva quanto à reorganização proposta, mas preliminar à formulação de um novo protocolo (art. 224) ou de uma nova justificação. Com essa deliberação de reenvio da matéria aos órgãos de administração não se vincula a sociedade à realização futura do próprio negócio de fusão, de incorporação ou de cisão com incorporação, pois poderá, em uma próxima oportunidade, soberanamente continuar recusando, total ou parcialmente, os documentos de instrução: protocolo (art. 224) e justificação (art. 225).

"Assim, o efeito da deliberação modificadora desses documentos técnicos será interno, no âmbito dos órgãos da própria sociedade, não tendo o efeito de vincular a vontade da companhia, em princípio, favorável ao negócio" (Carvalhosa, 2002, pp. 248-249).

É no momento em que o protocolo é levado à aprovação pela assembléia geral que os interesses dos envolvidos na reorganização societária podem se conflitar. Ao aprovar o protocolo mediante a justificativa, a assembléia determina de que forma o negócio reorganizativo será efetivado, considerando todos os aspectos sociais, econômicos e, especialmente, os interesses dos acionistas diretamente interessados na efetivação do negócio. Situação que está diretamente ligada aos interesses dos acionistas diz respeito ao último ato preparatório à incorporação, que é a formação do capital.

Formação do capital

O art. 226 disciplina de que forma o capital envolvido na incorporação será formado e assim dispõe:

> Art. 226. As operações de incorporação, fusão e cisão somente poderão ser efetivadas nas condições aprovadas se os peritos nomeados determinarem que o valor do patrimônio ou patrimônios líquidos a serem vertidos para a formação do capital é, ao menos, igual ao montante do capital a realizar.
>
> § 1º. As ações ou quotas do capital da sociedade a ser incorporada que forem de propriedade da companhia incorporadora poderão, conforme dispuser o protocolo de incorporação, ser extintas, ou substituídas por ações em tesouraria da incorporadora, até o limite dos lucros acumulados e reservas, exceto a legal.
>
> § 2º. O disposto no parágrafo primeiro aplicar-se-á aos casos de fusão, quando uma das sociedades fundidas for proprietária das ações ou cotas da outra, e de cisão com incorporação, quando a companhia que incorporar parcela do patrimônio cindida for proprietária de ações ou quotas do capital desta.

O objetivo precípuo da formação do capital é proteger os credores, evitando que um processo de reorganização societária seja fraudulento. O capital envolvido na incorporação deve ser suficiente e adequado ao patrimônio líquido das sociedades envolvidas, refletindo, como exposto na Lei 6.404 de 1976, o princípio da realidade do capital social. A forma como o capital é formado, pode ocorrer por dois meios, assim discorrido por Modesto Carvalhosa:

"A regra que se aplica aos três negócios de reorganização é que haverá, necessariamente, versão do patrimônio líquido apurado em laudo especial, para a formação do capital social. Os efeitos, no entanto, dessa regra são diversos conforme o tipo negocial. Assim, na fusão, os patrimônios líquidos das fundidas são congregados para a formação inicial do capital da sociedade que resultará da extinção das anteriores (art. 219). Na incorporação, haverá aumento do capital da incorporadora, resultante da versão do patrimônio líquido da incorporada.

"Nos três negócios, portanto, haverá capital a realizar, mediante transferências patrimoniais. E o valor do patrimônio líquido não poderá ser inferior ao montante do capital a realizar. Com efeito, o capital social deverá refletir exatamente o valor do patrimônio líquido resultante do negócio, para assim terem os credores segura referencia quanto à segurança jurídica dos seus créditos" (Carvalhosa, 2002, p. 253).

Relativamente à segunda forma de formação do capital, que se dá por meio da participação do capital da incorporada na incorporadora, continua Modesto Carvalhosa ao dissertar:

"Como referido, a extinção das quotas ou ações ou sua substituição por ações em tesouraria da incorporadora deve constar do protocolo e da justificação (arts. 224, IV e 225 III). Sobre o mérito da questão, a incorporadora pode deduzir o montante de sua participação no capital da incorporada do valor do seu patrimônio líquido, ou então, incluí-la para manter seu valor representado por ações em tesouraria. Essa participação não será correspondente ao valor nominal ou ao constante dos livros (*book value* das ações sem valor nominal), mas, sim, ao apurado em avaliação, como valor integrante do patrimônio líquido da sociedade incorporada" (Carvalhosa, 2002, p. 253).

Questão controversa acerca do tema discutido guarda relação com a forma pela qual a avaliação do patrimônio líquido será efetuada. Boa parte da doutrina entende que as administrações das sociedades envolvidas estão livres para avaliar seu patrimônio da melhor forma que lhes aprouver, sendo que os critérios de avaliação obrigatoriamente devem constar do protocolo. Tal situação decorre do fato de não haver estipulado na legislação quais são estes critérios. Contudo, o critério mais eficaz para apurar o valor patrimonial é o valor contábil da sociedade, uma vez que referido valor reflete e assegura com maior realidade o capital social, posto que estes valores sempre constem no balanço da sociedade e reflete com exatidão o seu valor patrimonial. Modesto Carvalhosa e Nelson Erizik, com propriedade, se manifestaram sobre a questão da avaliação ao afirmarem que

"De fato não há qualquer exigência ou determinação especial quanto aos critérios a serem utilizados para avaliação do patrimônio de cada sociedade, que serão livremente transacionados, dominando amplamente o principio da liberdade contratual.

"Prevalece, portanto, em nosso direito, a ampla liberdade na fixação convencional tanto do critério utilizado para avaliação do patrimônio líquido da sociedade a ser incorporada como do parâmetro fixado para determinação da relação de troca das ações, devendo apenas constar do protocolo de incorporação o critério escolhido, conforme estipula o art. 224, II da Lei das S/A" (Carvalhosa, Erizik, 2000, p. 374).

Ao falar em liberdade contratual, deixando ao alvedrio dos administradores das sociedades a forma como o patrimônio das sociedades será avaliado, evidente resta a condição de contrato atribuída aos atos preparatórios à incorporação, bem como a esta em si.

Consideradas as questões preliminares ao ato de reorganização societária, doravante será discutida a forma como as pessoas envolvidas em atos de reestruturação empresarial podem, diante de atitudes que venham a lhes trazer prejuízos, vindicar seus direitos.

Meios de proteção aos acionistas e credores

Indiscutível é o fato de a legislação se aperfeiçoar em busca de mecanismos intencionando aprimorar as operações de reorganização societária e assim garantir a efetiva satisfação dos direitos dos que nesta operação se envolveram. Sobre estas alterações que paulatinamente se incorporaram ao direito, Waldirio Bulgarelli teceu o comentário abaixo:

"De todo o visto, ressaltam inegáveis os aperfeiçoamentos que as mais recentes legislações trouxeram ao instituto, sobretudo no que tange à proteção dos acionistas, compensando em larga medida o direito de recesso que lhes não foi concedido ou retirado; aos credores para compensar a falta do direito de oposição e a ambos, acionistas e credores, através da exigência de alguns elementos básicos esclarecedores da operação (acordo prévio, balanço especial etc.) e sua difusão e publicidade.

"Tentou-se assim, flexibilizar o mecanismo jurídico, sem prejudicar os acionistas e credores, para alcançar um justo equilíbrio entre os interesses das partes, incluindo o interesse público" (Bulgarelli, 2000, p. 191).

Em uma operação de reorganização societária, vários são os interesses envolvidos no processo. Há o interesse dos que representam as sociedades envolvidas; os interesses dos credores das sociedades e, especialmente, os interesses dos acionistas, que, diante da complexidade – ainda que surgidas formas legais para simplificar o processo – são os maiores interessados em um processo de reorganização societária. Waldirio Bulgarelli, com conhecimento sobre o tema que lhe é peculiar, manifestou o seguinte entendimento sobre o tema:

"Desde logo deve-se destacar que a lei avançou bastante, neste aspecto, em relação à legislação anterior. Consagrou assim medidas informativas aos acionistas, conforme já ressaltado, a saber, o protocolo e a justificação.

"Do ponto de vista patrimonial, o conteúdo do protocolo e já justificação virá esclarecer o acionista sobre uma série de elementos da maior importância: assim, o critério de avaliação do patrimônio líquido, por exemplo, previsto no inciso III do artigo 224; o sistema adotado para a 'troca de ações' ou 'canje de acciones' dos espanhóis previsto no item III do artigo 225; as ações a que terão direito os acionistas dissidentes (itens II e IV do art. 225).

"Quanto ao direito de recesso, a Lei 9.457/97 de pronto revogou a Lei Lobão e a seguir disciplinou de forma diversa a Lei 6.404/76. Destarte, desde logo o excluiu no caso de cisão e em relação à incorporação e à fusão estabeleceu algumas restrições, assim como o cálculo do reembolso" (Bulgarelli, 2000, p. 220).

Questão de vultosa relevância, que guarda relação diretamente com os acionistas nos processos de incorporação, diz respeito ao direito de recesso. Tal situação, que permite ao acionista dissidente se retirar da sociedade, ao longo do tempo teve sua legislação alterada por substanciais mudanças.

Em 1989, foi publicada a Lei 7.958, a chamada Lei Lobão que, ao modificar a redação conferida ao art. 137 da Lei 6.404/1976, suprimiu, nos casos de incorporação, fusão e cisão, o direito de retirada do acionista dissidente. Entretanto, controversa questão surgiu quando esta mesma lei manteve incólume o disposto no art. 230 da Lei das Sociedades Anônimas, que também dispõe sobre o direito de retirada em casos de incorporação societária.

Os que defendem que não mais há o direito de retirada, o fazem com fincas no fato de quando uma lei revoga ou derroga outros dispositivos legais, há intrínseca vinculação a este preceito de todos os outros que guardam relação com o que dispõem o texto revogado. Dessa forma, estariam todas as normas vinculadas ao dispositivo revogado, também revogadas. Carlos Maximiliano, com a sabedoria de sempre referente ao assunto de interpretação, comentou a questão da seguinte maneira:

"Extinta uma disposição, ou um instituto jurídico, cessam todas as determinações que aparecem como simples conseqüências, explicações, limitações ou se destinam a lhes facilitar a execução ou funcionamento, a fortalecer ou abrandar seus efeitos. O preceito principal arrasta em sua queda o seu dependente ou acessório" (Maximiliano, 1970, p. 421).

Com base na lição acima transcrita, alguns doutrinadores têm entendido que, com a publicação da Lei 7.958/1989, tendo o art. 137 da Lei 6.404/1976 sido revogado, automaticamente o art. 230 do mesmo diploma o estaria também. Isso decorre do fato de estar o art. 230 vinculado ao 137. Para dirimir a dúvida surgida, Mauro Rodrigues Penteado esposou entendimento no sentido

"De tudo que foi exposto, dúvidas não ensombram que a Lei 7.958/89, por haver tão-somente subtraído do artigo 137 as remissões feitas aos incisos VI e VIII do artigo 136 da lei acionária, não logrou eliminar, como tencionava o autor do Projeto 182/89, o direito de retirada nas operações de incorporação, fusão, cisão e constituição de grupos de sociedades.

"A *mens legislatoris* desaparece, como sabido, com a promulgação da lei, dando lugar à *mens legis*, que, no caso presente é apreendida sem qualquer esforço, ante a subsistência do artigo 225 IV, 230, 264, §§ 3º e 4º e 270 parágrafo único, no diploma legal acionário modificado" (Penteado, 1990, p. 48).

No mesmo sentido, Modesto Carvalhosa expôs igual entendimento mostrando que:

"(...) o direito de retirada tem caráter essencial, inderrogável e intangível, como disposto no art. 109 da Lei 6.404/76, podendo estar previsto em outros artigos da mesma lei, além do já referido art. 137, que não foram alterados.

"Ademais, o artigo 137 meramente estabelece uma norma geral conflitar com qualquer dos demais artigos que o asseguram em casos específicos, os quais estabelecem procedimentos próprios para as hipóteses nele previstas.

"E os outros artigos que disciplinam tal direito de retirada não foram expressa ou tacitamente revogados, em nada conflitando com a Lei 7.958/89, de acordo com a moderna interpretação legislativa.

"Tem-se, pois, que a Lei 7.958/89, não derrogou nem restringiu o direito de recesso, que continua íntegro para os acionistas dissidentes das deliberações de incorporação, fusão e cisão, tudo nos termos dos já citados artigos 230 e 264, § 2º e § 3º, da Lei 6.404/76" (Carvalhosa, 1989, pp. 90-91).

Dessa forma, indiscutível resta que o art. 230 não foi revogado pela Lei 7.958/1989, razão pela qual o direito de recesso dos acionistas dissidentes deve ser mantido com a vigência da referida lei.

Ademais, há salientar que a Lei 10.303/2001 introduziu importantes alterações no que diz respeito ao direito de recesso. Com relação aos titulares de ações dotadas de liquidez ou emitidas por companhias com o capital disperso no mercado, a citada lei não alterou o determinado pela Lei 9.457/1997, no sentido de negar o direito de recesso na fusão, incorporação ou cisão.

Apesar de não modificar estes critérios, negando o direito de recesso aos acionistas dissidentes, a Lei 10.303/2001 modificou os critérios para se aferir a liquidez das ações. Assim se manifestaram Modesto Carvalhosa e Nelson Erizik:

"A Lei 10.303/01, no que se refere ao direito de recesso na fusão, incorporação ou participação em grupos de sociedades introduz alterações importantes.

"Em primeiro lugar, observa-se que não foi alterado o princípio introduzido pela Lei 9.457/97, de negar o direito de recesso aos titulares de ações dotadas de liquidez ou emitidas por companhias com o capital disperso no mercado.

"Não obstante, a Lei 10.303/01 modificou substancialmente os critérios para que se possam aferir os parâmetros de liquidez e dispersão das ações, visando a reduzir as hipóteses em que pode ser negado o direito de recesso aos acionistas dissidentes" (Carvalhosa, Erizik, 2002, p. 272).

A justificativa para a retirada do direito de recesso, trazida pela Lei 9.457/1997, se dá em decorrência da necessidade de efetivação de um processo de desestatização levado a efeito pelo Governo Federal, de forma a permitir o pleno desenvolvimento da política de incentivo ao desenvolvimento.

Nesse diapasão, com fincas do que acima restou exposto, ainda que tenha a Lei 10.303/2001 alterado substancialmente a forma de se aferir a liquidez das ações, esta manteve a retirada do direito de recesso em casos de fusão, incorporação e cisão. E a justificativa para tal condição é simples. Uma vez exposto que o objetivo precípuo da retirada do direito de recesso dos processos de incorporação é eximir a sociedade de se onerar com a retirada de alguns dos sócios, com a intenção de assim assegurar a efetiva aplicação de uma política de desenvolvimento, somente em casos específicos é que é assegurada aos acionistas a efetivação do direito de recesso.

Ademais, por toda disposição contida acerca da interpretação das leis em discussão e considerando os preceitos que regem a matéria do ponto de vista da Lei de Introdução ao Código Civil, o artigo de lei que determina o direito de retirada foi revogado, sendo inclusive tal fato reconhecido pelo Superior Tribunal de Justiça que, ao julgar ação que demandava a questão do exercício do direito de retirada, reconheceu que o acionista dissidente não mais tem direito de retirada com a publicação da Lei 7.958/1989.

O entendimento exposto no presente trabalho, divergindo inclusive da posição assumida pelo Superior Tribunal de Justiça, é que ao acionista dissidente é garantido o direito de recesso independente da situação em que esta retirada é efetuada (no caso a incorporação).

A partir do momento em que o sócio se retira da sociedade, em razão de uma operação de reorganização societária, haverá uma troca de ações entre as sociedades, sendo que a incorporadora passará a ter ações que outrora faziam parte da incorporada. Uma vez que estas ações passarão ao domínio da incorporada, nada mais justo que ressarcir os acionistas pelo valor das ações que então detinham na sociedade incorporada, e que não mais terão direito acionário na sociedade que a incorporou. Trata-se, portanto, de assegurar às minorias o efetivo exercício de seus direitos. Ainda que seja estipulada uma forma de se aferir qual o efetivo valor das ações devidas aos acionistas dissidentes, o direito de reembolso dos acionistas minoritários deve ser respeitado e assegurado.

Waldirio Bulgarelli manifestou-se no seguinte sentido sobre a questão, buscando uma consonância entre as regras que regem o negócio da incorporação e o direito dos acionistas minoritários.

"Ingenuidade seria aceitar-se a regra da prevalência dos direitos da maioria, enquanto tal, sempre e, principalmente, no que toca à incorporação, onde a fraude pode campear, através da tomada do controle prévio. É verdade que se trata, afinal, de luta de interesses, entre capitalistas todos, minorias e maiorias, e até mesmo, uma grande minoria, ou uma quase maioria. Neste caso, às vezes, por uma diferença mínima, um grupo impõe sua vontade ao outro, em prejuízo dos interesses destes, não se podendo, no caso, encontrar na regra geral da prevalência dos interesses sociais sobre os interesses individuais, a justificativa necessária.

"(...).

"É bem de ver que na incorporação, especificamente, não se trata de obter um estado de equilíbrio entre a maioria e minoria, para que a sociedade atinja os seus fins, conciliando interesses em jogo, inclusive, a apregoada contradição de interesses entre empresa e sociedade.

"Aqui se trata da realização de um negócio jurídico que levará até mesmo a incorporada a se extinguir, devendo, portanto, suas regras ser endereçadas a garantir a justa retribuição dos acionistas, sem vantagens para uns em relação a outros. Regras, portanto, específicas para garantir a participação igualitária no negócio, não se justificando que os controladores, só por isso, mereçam ou obtenham vantagens maiores do que os demais, ou mesmo em detrimento deles" (Bulgarelli, 2000, p. 164).

Dessa forma, pelas considerações acima formuladas, o direito dos acionistas minoritários merece e deve ser preservado, sob pena de, não o sendo, serem aviltados princípios e direitos inerentes à minoria. Sob este aspecto, vários são os instrumentos processuais postos à disposição destes para dirimirem, cabendo, ante o caso concreto, a oposição do meio mais eficaz e hábil para dirimir a lide.

Incluem entre estes meios, ações que intencionam anular a assembléia que deliberou pela reorganização societária, ações em que os acionistas vindicam reparação em decorrência de avaliação errônea de suas ações e até mesmo ações que pleiteiem recomposição societária decorrente de alterações sociais levadas a efeito com inobservância às formas legais e em detrimento dos direitos dos acionistas.

Relativamente à questão da anulação da assembléia, que deliberou sobre a reorganização societária, tal possibilidade é abarcada pelo art. 286 da Lei 6.404/1976, em que é estipulado um prazo para propositura da ação.

Há, contudo, se observar quais os tipos de violação podem ocorrer em uma assembléia, pois, para cada tipo de vícios, a medida a ser tomada dependerá da forma destes. Tullio Ascarelli, ao discorrer sobre o assunto, manifestou o entendimento abaixo exposto.

"Querendo formular um princípio geral a respeito dos vícios de impugnabilidade e daqueles de nulidade da deliberação, poder-se-ia dizer que, enquanto a deliberação exista, a violação das normas que disciplinam as assembléias e as suas deliberações ou os direitos individuais renunciáveis dos acionistas acarreta a anulabilidade da deliberação, ao passo que a violação das normas de ordem pública, ou emanadas no interesse de terceiros, acarreta a nulidade ou a ineficácia da deliberação, bem como são nulas as deliberações ou as cláusulas do estatuto cujo objeto contraste com direitos inderrogáveis e irrenunciáveis do acionista.

"A nulidade da deliberação pode ser invocada, de conformidade com o direito comum, por qualquer interessado e, portanto, até pelo acionista que votou a favor da deliberação; a anulação da deliberação pode ser invocada, nos prazos do artigo 286 da Lei 6.404/76, pela sociedade ou pelo acionista que não votou a favor da deliberação; e ineficácia da deliberação pode ser invocada pelo terceiro (ou pelo acionista privilegiado), interessado, de conformidade com o direito comum.

"A sentença que declara a inexistência, ineficácia ou nulidade da deliberação é, conforme técnica processual moderna, uma sentença declaratória; a sentença que pronuncia a anulação da deliberação é, ao contrário, uma sentença constitutiva" (Ascarelli, 2001, p. 554).

A partir do momento em que ocorre a deliberação na assembléia, nos termos explanados, várias são as possibilidades de lesão a direitos, bem como várias também são as formas para sanar tais lesões. Há, contudo, como fator preponderante, a imperiosa necessidade de determinar qual vício maculou a assembléia e qual foi a parte lesada na deliberação, a fim de que seja tomada a medida cabível para se obter um resultado prático e eficaz.

Relativamente aos direitos dos credores, a legislação também se preocupou em protegê-los e lhes assegurar o efetivo exercício de seus direitos. Uma vez credor da incorporada, o seu crédito também se transfere à incorporadora, podendo inclusive haver melhoras na condição de devedor. No que tange ao fato de a lei conferir especial atenção aos credores, Waldirio Bulgarelli elucida a questão da seguinte forma:

"O princípio em que se apóia a oposição dos credores, é o de que não estão obrigados a aceitar a substituição do devedor, quando lhes possa ser prejudicial. A doutrina italiana a respeito, está plenamente convicta do acerto do seu sistema, tanto que já assinalava Navarrini que na fusão, os credores poderiam ser prejudicados 'daí a necessidade, por outro lado, de avaliar-lhe as conseqüências, de ver como seus direitos podem ser de outro modo assegurados, de opor-se, enfim, quando não o sejam: tem-se, cada um o vê, para os credores das sociedades que desaparecem, mudança do devedor, e tal mudança não pode, pelos princípios gerais, existir, se não houver a adesão dos credores. Por outro lado, há a necessidade de que a sociedade e os sócios venham a conhecer e possam, pois, apreciar convenientemente a gravidade do ato'" (Bulgarelli, 2000, p. 181).

Certo é que os credores também são envolvidos por certo tipo de proteção quando da efetivação da reorganização societária, sendo certo que a legislação faculta a estes o direito de, no prazo de 3 (três) meses, buscar a reparação judicial de prejuízos que eventualmente tenham sofrido no processo de incorporação.

Esta reparação se dará por meio da anulação da operação, sendo certo que os credores podem ser tanto da sociedade incorporada quanto da incorporadora. Entretanto, considerando os aspectos econômicos, sociais e principalmente os objetivos que envolvem um processo de reorganização societária, seria um tanto quanto temerário facilitar o direito dos credores ao ponto de dificultar o procedimento de incorporação. Waldirio Bulgarelli expôs o seguinte entendimento:

"A tendência geral vem sendo, como na Itália e na Espanha, a de diminuir os prazos de oposição, tendo em vista a necessidade de não dificultar em demasia a sua realização. Trata-se, portanto, de uma diminuição da margem de tempo que dispõem os credores para reclamar da incorporação, facilitando e simplificando o mecanismo para certas incorporações, sem prejudicá-los, retirando-lhes este direito.

"Por seu turno, a lei brasileira se de um lado facilita a realização da incorporação, não concedendo esse direito de oposição, utilizando em alguns casos por credores de má fé para dificultar e até mesmo impedir a incorporação, como já se verificou em outros países, faz, de outro, pender sobre ela uma verdadeira condição 'resolutiva', pois poderá ser desfeita, se os credores lograrem sucesso no pedido de anulação" (Bulgarelli, 2000, p. 184).

Tem-se, assim, uma nítida e flagrante distorção entre o que é facultado aos credores, relativamente aos seus direitos ante uma incorporação e o que é efetivamente praticado nos atos de incorporação, considerando, especialmente, seus objetivos.

Uma vez que o fato de assegurar aos credores o direito de oposição é ato que fere letalmente o processo de incorporação, e considerando que daqueles não pode ser retirado o direito de vindicarem o ressarcimento por prejuízos que eventualmente venham a sofrer, a saída encontrada é manter o direito de oposição, porém reduzindo o prazo, atitude cominada a uma série de outros atos que venham a assegurar o efetivo direito dos credores, sem, contudo, prejudicar o andamento do processo de reorganização societária.

Esta convergência de fatores põe de um lado o interesse societário em se reestruturar e de outro o interesse dos credores das sociedades neste processo envolvidos, o que faz surgir a idéia de, face de uma premente necessidade de elidir estes conflitos, efetivar um aprimoramento dos aspectos legislativos que tratam da matéria, mas que não se encontram em perfeita consonância com a rápida evolução do instituto em questão.

***

Diante da acentuada necessidade de as empresas se reorganizarem, surgiram os processos de incorporação societária a fim de possibilitar um desempenho mais efetivo de suas atividades e, conseqüentemente, um maior aferimento de lucros e resultados.

Em razão desse fator, a legislação ao longo do tempo, evoluiu no sentido de organizar e legalizar os procedimentos pelos quais a reorganização societária é levada a efeito, impondo a realização de vários atos preliminares e outros que visem adequar o procedimento de incorporação aos interesses das partes diretamente envolvidas no processo de reorganização, dos credores e de toda uma coletividade que direta ou indiretamente guarda alguma relação com a incorporação.

Entretanto, mesmo com todo o cuidado com o qual se busca efetivar o procedimento de reorganização, há situações em que os interesses dos acionistas, dissidentes ou não, participantes ou não do procedimento, entram em conflito com os interesses e objetivos principais da incorporação, sendo que em muitas situações há até a ocorrência de lesão a direitos. No mesmo sentido, há também salientar os interesses dos credores das sociedades envolvidas na incorporação, que são partes cujos interesses podem vir a conflitar com a operação.

Assim, a legislação, embora tenha por muito tempo se omitido com relação às formas pelas quais podem os interessados, que de alguma maneira foram lesados em um processo de incorporação, vindicar seus direitos, facultou a estes a possibilidade de uma maneira judicial buscar uma reparação por prejuízos que eventualmente venham a sofrer.

O ponto controverso da questão reside no aspecto de, ao proporcionar aos acionistas, credores e demais envolvidos em um processo de incorporação, meios pelos quais estes poderão buscar uma reparação judicial, em casos de lesão a direitos, o objetivo precípuo da reorganização societária, que é fomentar e desenvolver a atividade empresarial, fica prejudicada.

Não se olvidando que os direitos dos acionistas dissidentes, dos credores e demais interessados devem ser preservados, resguardados e mantidos, há salientar que uma reorganização societária pressupõe uma significativa alteração que aproveita a toda uma coletividade que pode se beneficiar dessa reorganização, além de todo um impacto econômico.

Não obstante a repercussão de uma reorganização societária, considerando todos os seus efeitos, os direitos dos acionistas e credores devem ser preservados de modo a garantir a lisura da prática. Direitos de acionistas, ainda que minoritários ou daqueles que não mais farão parte da sociedade, devem ser mantidos, ocasião em que, não os sendo, impõem-se a provocação do Poder Judiciário para dirimir as controvérsias surgidas.

Entretanto, diante da sobreposição dos interesses públicos decorrentes de um processo de incorporação, a forma como podem os acionistas dissidentes, os minoritários e os credores vindicar seus direitos e buscar a reparação de eventuais lesões, foi também objeto de várias alterações legislativas. Se de um lado certos direitos foram suprimidos, de outro buscou-se formas de aprimorar cada vez mais o procedimento, a fim de evitar lesão a direitos de acionistas e credores.

Dessa forma, não se furta o Poder Judiciário de apreciar estas questões. Porém, para que esses direitos sejam judicialmente pleiteados, as questões que o originam devem ser tratadas com maior cuidado e zelo, de modo a preservar o procedimento de reorganização societária e também assegurar os interesses dos envolvidos.

Referências

ALMEIDA, Amador Paes (2007). *Manual das Sociedades Comerciais*. 16ª ed. São Paulo, Saraiva.

ASCARELLI, Tullio (2001). *Problemas das Sociedades Anônimas e o Direito Comparado*. Campinas, Bookseller.

BULGARELLI, Waldirio (1975). *A Incorporação das Sociedades Anônimas*. São Paulo, Livraria e Editora Universitária de Direito Ltda.

______ (2000). *Fusões, Incorporações e Cisões de Sociedades*. 5ª ed. atualizada de acordo com a Lei 9.457/97 das Sociedades por Ações. São Paulo, Atlas.

CARVALHOSA, Modesto. "A Lei 7.958/89, de 20 de dezembro de 1989 e o direito de retirada dos acionistas dissidentes", *Revista Forense* 328/90-91.

______ (2002). *Comentários à Lei das Sociedades Anônimas: Lei 6.404, de 15 de dezembro de 1976 com as Modificações das Leis 9.475, de 5 de maio de 1997 e 10.303, de 30 de outubro de 2001*. São Paulo, Saraiva.

______ (2002). *A Nova Lei das Sociedades Anônimas*. São Paulo, Saraiva.

MAXIMILIANO, Carlos (1970). *Hermenêutica e Aplicação do Direito*. 3ª ed. Rio de Janeiro, Borsói.

PENTEADO, Mauro Rodrigues (1990). "A Lei 7.958/89 e a pretensa modificação do direito de retirada dos acionistas: uma discussão inócua", *Revista de Direito Mercantil* 77, jan.-mar./1990

SIMONSEN, Mário Henrique (1971). *A Nova Economia Brasileira*. São Paulo, José Olímpio.

Jurisprudência Comentada

O CONTRATO-TIPO E A APLICAÇÃO DO CDC AOS CONTRATOS EMPRESARIAIS

Gustavo Neto de Carvalho Dias

1. Resumo do caso. 2. O contrato-tipo: 2.1 Histórico; 2.2 Noções gerais; 2.3 Estrutura básica. 3. Conclusões.

REsp n. 655.436-MT (2004-0050898-7) – 4ª Turma do STJ

Rel.: Ministro João Otávio de Noronha

Recte.: Luiz Alberto Sampaio Mousquer

Advs.: Rogério Pinheiro Crepaldi e Outros

Recdo.: Adm. Exportadora e Importadora S/A

Advs.: Vasco Ribeiro Gonçalves de Medeiros e Outros

j. 8.4.2008

DJ 28.4.2008

Ementa: Direito Civil. Compra e venda de safra futura. Contrato-tipo. Código de Defesa do Consumidor. Potencial consumidor. Inaplicável. Onerosidade excessiva. Não-configurada. Dólar americano. Fator de atualização. Cláusula penal. Redução. Súmula n. 7-STJ.

1. Não há relação de consumo nos moldes do art. 29 do CDC quando o contratante não traduz a condição de potencial consumidor nem de parte aderente, firmando negócio jurídico produzido por acordo de vontades, na forma de contrato-tipo.
2. O dólar americano não representa indexador, sendo utilizado na avença como fator de atualização, porquanto a soja brasileira caracteriza-se como produto de exportação cujo preço é determinado pela Bolsa de Chicago.
3. É possível a revisão de multa de modo a ser reduzida pelo magistrado quando houver adimplemento parcial ou simples mora dada a natureza compensatória das perdas e danos. No entanto, sua adequação à realidade dos fatos esbarra no óbice da Súmula n.7-STJ.
4. Recurso especial não conhecido.

ACÓRDÃO

Vistos, relatados e discutidos os autos em que são partes as acima indicadas, acordam os Ministros da 4ª Turma do Superior Tribunal de Justiça, por unanimidade, não conhecer do recurso especial nos termos do voto do Sr. Ministro Relator. Os Srs. Ministros Fernando Gonçalves e Aldir Passarinho Junior votaram com o Sr. Ministro Relator. Presidiu o julgamento o Sr. Ministro Fernando Gonçalves.

Brasília, 8 de abril de 2008 (data do julgamento).

Ministro João Otávio de Noronha – Relator.

RELATÓRIO

Cuida-se de recurso especial interposto contra acórdão prolatado pela 1ª Câmara Cível do Tribunal de Justiça do Estado do Mato Grosso e cuja ementa a seguir transcrevo:

"Contrato de compra e venda de soja para entrega futura – Inadimplemento do vendedor – Indexador em dólar – Admissibilidade – Cláusula penal compensatória – 50% do valor inadimplido – Limite do art. 412 do CC – Inaplicabilidade do CDC – Recurso improvido – Sentença mantida.

"A relação ajustada pelas partes não caracteriza relação de consumo a permitir a aplicação das regras contidas no Código do Consumidor, pois se trata de compra e venda de safra de soja. Nem o comprador é fornecedor, nem o vendedor é consumidor.

"Conquanto a legislação pátria proíba o pagamento em moeda estrangeira não há vedação quanto à sua contratação como fator de atualização monetária, mormente porque o produto negociado encontra-se vinculado à cotação do mercado internacional.

"O não-cumprimento da obrigação pelo vendedor dá ensejo à rescisão contratual com a conseqüente incidência da multa convencionada, nos termos da lei, razão porque não deve ser reduzida" (fl. 248).

Subseqüentemente, foram opostos embargos de declaração sob alegação de omissão quanto à incidência do Código de Defesa do Consumidor na espécie da contratação, bem como para prequestionar artigo de lei violado, os quais restaram desacolhidos, consoante ementa adiante transcrita:

"Recurso de apelação cível – Embargos declaratórios – Alegação de omissão – Inexistência – Pretensão de reexame das questões já decididas – Impossibilidade – Recurso improvido.

"Não se prestam os embargos declaratórios ao reexame das questões decididas com profundidade e suficiência" (fl. 268).

Nas razões do especial, alega-se o seguinte:

a) negativa de vigência ao art. 535, II, do CPC, na medida em que o Tribunal de origem entendeu válida a cláusula contratual que previa atualização monetária atrelada à cotação do dólar, mas não se manifestou acerca do desequilíbrio contratual marcado pela abrupta desvalorização do real frente ao dólar americano.

b) negativa de vigência ao art. 29 do Código de Defesa do Consumidor, porquanto toda e qualquer pessoa determinável ou não, exposta às práticas abusivas descritas no Capítulo V e VI, do CDC, equipara-se a consumidor. No caso em exame, alega o recorrente que a recorrida demonstrou "todo seu poderio financeiro estipulando preços, prazos e condições", não lhe restando outra alternativa senão aceitar as condições impostas sob pena de não vender seu produto.

Argumenta o recorrente também que há caráter adesivo no contrato assinado, porquanto a própria recorrida admite que executa centenas de compras de soja visando à contratação em massa, bem como reconhece que as cláusulas são previamente redigidas, estipulando preço, prazos, condições e garantias a serem ofertadas no negócio. Defende a tese de que foi exposto a práticas contratuais abusivas, uma vez que aderiu ao contrato pela dificuldade de circulação do produto no município, distante 500km da capital de Mato Grosso. Aduz dissídio jurisprudencial, colacionando acórdão paradigma da lavra do Ministro Ruy Rosado (REsp n. 57.974-0-RS).

c) negativa de vigência ao art. 54, §§ 3º e 4º, do CDC, na medida em que a cláusula quarta foi mal redigida, faltando-lhe clareza quanto à aplicação da variação da moeda estrangeira para correção do débito. Alega que "inexiste a alusão precisa, correta e definitiva de que o recorrente teria que pagar o equivalente à cotação da moeda norte-americana na data aprazada, o que afasta a vinculação do débito do recorrente com a indexação cambial" (fl. 287).

Pondera que, nas razões da apelação, requereu fosse o débito corrigido monetariamente pelo INPC-IBGE, ou, alternativamente, fosse decretada a invalidade da indexação pelo dólar americano a partir da onerosidade excessiva; todavia, o acórdão recorrido afastou a aplicação do CDC e a configuração do contrato de adesão na espécie contratada, negando vigência aos parágrafos do aludido art. 54 do código consumerista.

d) negativa de vigência ao inciso VI do art. 6º e ao inciso III do § 1º e IV do art. 51 do Código de Defesa do Consumidor, considerando que a indexação com base no dólar tornou-se excessivamente onerosa, devendo as cláusulas contratuais que previam ônus exclusivo ao recorrente serem nulas de pleno direito, não podendo o "fornecedor" pelo negócio feito no exterior transferir o risco de sua atividade para o "consumidor".

e) negativa de vigência aos arts. 6º da Lei n. 8.880/1994 e 1º do Decreto n. 857/1969, porquanto o acórdão recorrido considerou válida a contratação de moeda estrangeira como fator de atualização. No entanto, argumenta o recorrente que são nulas de pleno direito as contratações exeqüíveis em moeda estrangeira. Aduz dissenso pretoriano a respeito do tema, trazendo aos autos acórdão paradigma proferido no AgRg no Ag n. 464.005-RJ.

f) negativa de vigência ao § 1º do art. 52 do CDC e ao art. 924 do Código Civil de 1916, na medida em que o acórdão recorrido não determinou a redução da cláusula penal imposta ao recorrente no percentual de 50%, considerada iníqua e abusiva. Alega o recorrente que já está sujeito à multa moratória de 10% como medida de proteção ao pacto, sendo que o CDC limita em 2% as multas de mora em razão de inadimplemento.

Considera o recorrente justa a redução da cláusula penal para 2% (dois por cento), uma vez que cumpriu quase 90% (noventa por cento) da obrigação com a entrega de 610.896 (seiscentos e dez mil e oitocentos e noventa e seis) quilos e 100 (cem) gramas de soja brasileira à recorrida. Colaciona paradigma que trata da limitação de cláusula penal sobre valor de contrato firmado pelo Banco do Brasil S/A (REsp 57.974-0-RS).

As contra-razões foram apresentadas às fls. 349-366.

É o relatório.

VOTO

O Exmo. Sr. Ministro João Otávio de Noronha (Relator): O recorrente firmou com a recorrida contrato de compra e venda de coisa certa e futura, qual seja, 686.000 (seiscentos e oitenta e seis mil) quilos de soja brasileira em grãos, da safra de 1998/1999, devidamente especificado o percentual máximo de umidade, pureza, avariados, grãos verdes e grãos quebrados, assumindo a condição de fiel depositário do produto plantado.

Ocorre que parte do produto avençado, equivalente a 75.072 (setenta e cinco mil e setenta e dois) quilos, deixou de ser entregue ao comprador, sendo impingida ao vendedor multa moratória de 10% (dez por cento) e multa indenizatória de 50% (cinqüenta por cento) sobre a obrigação inadimplida.

1. Art. 535, inc. II, do CPC.

Em relação à alegada violação do art. 535, do CPC, ao argumento de que não foi abordada pelo Tribunal *a quo* a caracterização da avença como contrato de adesão, pondero que a matéria foi abordada objetiva e suficientemente, tendo sido afastada a aplicação do Código de Defesa do Consumidor e, por conseqüência, a condição de aderente ao contrato, conforme se depreende do excerto do acórdão recorrido:

"Ao que se observa, a espécie contratual não se submete ao *Codex* consumerista, tratando-se na verdade de negócio jurídico com destinação eminentemente profissional, relacionado diretamente com a atividade econômica do Apelante, no caso, o exercício das funções de produção, desvinculada da idéia de mútuo ou do conceito acima referido, na medida em que o apelante não está inserido na figura de destinatário final, seguindo o entendimento esposado pela corrente finalista, mormente porque a ampliação do aludido conceito, exemplo dos maximalistas, significaria guarnecer de direitos abusivos aqueles que prescindem dos mesmos" (fl. 251).

2. Art. 29 do Código de Defesa do Consumidor, contrato de adesão, onerosidade excessiva e indexação do contrato pelo dólar americano.

Sob a alegação de que foi coagido a aceitar as regras impostas pela recorrida, pretende o recorrente seja considerado consumidor equiparado nos termos da segunda parte do art. 29 do CDC e vítima da onerosidade excessiva. Pretende ainda que o negócio jurídico firmado com a recorrida seja aperfeiçoado como relação de consumo, na qual seja considerado parte aderente da relação, porquanto considera-se hipossuficiente frente à recorrida. Trata o contrato de compra e venda de soja em grãos firmado com a empresa exportadora como contrato de mútuo, quando pretende que o débito inadimplido seja corrigido pelo INPC-IBGE, reputando ilegal a cláusula quarta como avença indexada ao dólar americano, bem como propala abusividade da cláusula penal de 50% (cinqüenta por cento) sobre a parcela inadimplida.

Embora os contratos de compra e venda possam fazer parte da sociedade de consumo, é necessário observar se há caracterização da parte como consumidor ou consumidor equiparado, como pretende o recorrente.

O art. 2º do CDC afirma que toda pessoa física ou jurídica que adquire ou utiliza produto ou serviço como destinatário final é consumidor.

Já o art. 29 inserto no Capítulo V do Código de Defesa do Consumidor, que trata das práticas comerciais, equipara a consumidor toda pessoa determinável ou não exposta às práticas nele previstas, bem como regula a oferta, a publicidade, as práticas abusivas, a cobrança de dívidas e os bancos de dados e cadastros de consumidores. Vale dizer que, ainda que não integrem uma relação de consumo, podem as pessoas determináveis ou não serem amparadas pelo código consumerista. São os potenciais consumidores que, atraídos pelas condições da oferta de um produto ou serviço e por sua publicidade, constatam serem inverídicas aquelas condições, compelindo o fornecedor a respeitar o que divulgou acerca do seu produto ou do seu serviço.

Vê-se, portanto, que, *in casu*, o contrato de compra e venda de soja brasileira firmado entre o recorrente e a empresa exportadora não traduz relação de consumo, porquanto aquele não se enquadra na condição de consumidor nem de pessoa física equiparada a consumidor, vale dizer, de potencial consumidor diante de práticas comerciais abusivas.

Note-se, ademais, que o recorrente obrigou-se perante o credor a entregar toneladas de soja a granel, situação que revelaria, caso admitida a relação de consumo, a condição de fornecedor de produto destinado à exportação, e não de consumidor hipossuficiente, parte vulnerável da relação jurídica que ignora as condições estipuladas nas cláusulas típicas de venda de safra futura. Cumpre aduzir que não é tarefa árdua entabular que, sendo a soja produto destinado ao mercado externo e sendo o recorrente produtor de toneladas de grãos, possui o livre arbítrio, profissionalismo e autoridade para contratar com empresa exportadora que lhe forneça as melhores condições de contratação, não sendo o caso de ser enquadrado como parte aderente que mal conhece o teor e o alcance das cláusulas contratuais.

Pondero que estamos diante de um contrato-tipo que se diferencia do contrato de adesão sob o aspecto funcional pelo fato de que os futuros contratantes pertencem a categorias contrapostas e organizadas de interessados, sendo, no caso em concreto, profissionais do ramo agrícola e de exportação. Já no contrato de adesão, uma das categorias de interessados não constitui grupo identificável em razão da impossibilidade de predeterminação convencional (Orlando Gomes, *Contratos*, 26ª ed., Rio de Janeiro, Forense, 2007).

Melhor sorte não assiste ao recorrente no que diz respeito ao dissenso pretoriano apontado, porquanto inobservadas as exigências do art. 255, §§ 1º e 2º do RISTJ. Com efeito, pondero que há ausência de similitude fática entre o acórdão recorrido e o acórdão trazido como paradigma. Enquanto este revela relação creditícia de mútuo bancário, no caso em concreto vislumbra-se um negócio jurídico consubstanciado numa obrigação de entrega de coisa certa, futura, fungível, sob o arcabouço de um contrato-tipo resultante de um acordo de vontades.

Em relação à quitação do débito inadimplido com base no INPC-IBGE desvinculado do dólar americano, convém esclarecer que a cláusula contratual obriga o recorrente à entrega de coisa certa e futura, não se tratando de contrato de mútuo indexado pela variação cambial, em situação típica de operação firmada com instituição financeira. Considero o pleito inviável na medida em que a moeda americana não é o indexador da operação mercantil, tendo a cláusula quarta tão-somente equiparado o preço da soja brasileira ao da cotação do dólar americano, já que nas *commodities* os preços são determinados pela cotação da Bolsa de Chicago e expressos em moeda estadunidense. Não há, portanto, que abalizar a onerosidade excessiva em face da desvalorização do real em relação ao dólar americano.

No tocante ao dissenso pretoriano alegado pelo recorrente que trata da indexação do contrato ao dólar americano, o apelo especial não encontra guarida, ausente a similitude fática entre os arestos. Enquanto o acórdão objurgado concluiu que a moeda estrangeira insculpida na cláusula quarta da avença retrata apenas um fator de atualização, e não um indexador, o acórdão paradigma, em contrapartida, admite a legalidade da cláusula contratual que utiliza a moeda americana como fator de atualização monetária, considera legítimo pacto firmado em moeda estrangeira, mas consigna que o pagamento somente pode ser efetuado em moeda nacional (fl. 327).

3. Revisão da multa compensatória, arts. 52, § 1º do CDC e 924 do Código Civil de 1916.

Uma vez estabelecido que o negócio jurídico entabulado pelas partes está amparado pela legislação civil e comercial, e afastada a incidência do código consumerista, visto que o recorrente não é beneficiário final, fático e econômico do bem ou do serviço, nem tampouco equiparado à condição de consumidor, porquanto não foi atraído pela oferta de um produto ou serviço ou por sua publicidade, de igual modo, não há por que falar na incidência do § 1º do art. 52 do CDC no tocante à cláusula penal. A uma, porque o referido artigo trata de multa moratória decorrente do retardo no cumprimento da obrigação e limitada a 2% do valor da prestação devida quando as partes se enquadrarem nos conceitos de consumidor e fornecedor; a duas, porque, *in casu*, estamos diante de cláusula penal compensatória, cuja função é delimitar a responsabilidade pela inexecução parcial ou total e culposa do contrato.

Cumpre aduzir que é possível a revisão de multa acaso estipulada em patamar exacerbado, evitando-se enriquecimento sem causa do credor e tornando-a consentânea com a realidade dos fatos dada a natureza compensatória das perdas e danos. Contudo, o acórdão objurgado, ao decidir pela não-redução da cláusula penal, assim o fez em decorrência da convicção formada pela Turma julgadora diante da análise das cláusulas contratuais, das provas e das circunstâncias fáticas do processo *sub judice*, sendo certo, por esse prisma, aterem-se as razões do recurso a uma perspectiva de reexame desses elementos. A esse objetivo, todavia, não se presta o apelo diante do édito das Súmulas ns. 5 e 7 do STJ.

Com essas considerações, *não conheço o recurso especial*.

É como voto.

Certidão de Julgamento

4ª Turma – n. reg.: 2004-0050898-7

REsp 655.436-MT– N. origem: 17320

Pauta: 1.4.2008 – Julgado: 8.4.2008

Relator: Exmo. Sr. Ministro João Otávio de Noronha. Presidente da Sessão: Exmo. Sr. Ministro Fernando Gonçalves. Subprocurador-Geral da República: Exmo. Sr. Dr. Antônio Carlos Pessoa Lins. Secretária: Bela. Claudia Austregésilo de Athayde Beck.

Autuação

Recte.: Luiz Alberto Sampaio Mousquer

Advs.: Rogério Pinheiro Crepaldi e Outros

Recdo.: Adm. Exportadora e Importadora S/A

Advs.: Vasco Ribeiro Gonçalves de Medeiros e Outros

Assunto: Civil – Contrato – Compra e Venda

Certidão

Certifico que a egrégia 4ª Turma, ao apreciar o processo em epígrafe na sessão realizada nesta data, proferiu a seguinte decisão: A Turma, por unanimidade, não conheceu do recurso especial, nos termos do voto do Sr. Ministro Relator. Os Srs. Ministros Fernando Gonçalves e Aldir Passarinho Junior votaram com o Sr. Ministro Relator.

Brasília, 8 de abril de 2008. Claudia Austregésilo de Athayde Beck – Secretária.

Comentários de
Gustavo N. C. Dias

1. Resumo do caso

O acórdão sob comento enfrenta a recalcitrante e outrora tormentosa questão dos critérios de enquadramento dos contratos empresariais no âmbito de incidência do Código de Defesa do Consumidor.

No caso julgado, um produtor de soja firmou com um exportador um contrato de compra e venda certa e futura de quase setecentas toneladas do referido grão de determinada safra e precisas especificidades técnicas. Setenta e cinco toneladas do produto, todavia, não foram entregues pelo produtor, o que lhe impôs multa indenizatória de 50% e multa moratória de 10% (dez por cento) sobre a parte inadimplida do contrato.

O produtor pleiteou judicialmente a aplicação do Código de Defesa do Consumidor ao referido contrato, de forma a ter reconhecidos, em suma: (i) o enquadramento da avença como contrato de adesão; (ii) a onerosidade excessiva da sua parte da obrigação, por conta de indexação ao dólar estadunidense, que teve superveniente supervalorização frente ao real brasileiro; e (iii) a abusividade da cláusula penal pactuada.

Nos seus apelos, o produtor/vendedor desenvolveu uma linha de defesa sempre girando em torno do fato de ter firmado um verdadeiro *contrato de adesão*, com cláusulas imutáveis com teor e alcance de difícil entendimento para si, sem margem de negociação, dada a sua suposta *hipossuficiência* diante do comprador.

Nenhuma de suas pretensões foi acolhida em primeiro e segundo graus, posição essa confirmada em definitivo pelo Superior Tribunal de Justiça através do acórdão em tela. Entendeu-se que o recorrente, porquanto produtor agrícola de respeitável porte e com senioridade e profissionalidade no ramo, não reúne condições de enquadramento como consumidor para fins de aplicação do CDC, em se tratando o caso de contrato de compra e venda do seu produto para outro empresário exportador.

Tendo sido considerado tipicamente *empresarial* (e não de consumo), o contrato inadimplido se resolveu em rescisão e no respectivo pagamento, por parte do vendedor, do valor referente à sua obrigação remanescente, acrescida de todas as cominações previstas no instrumento, sem qualquer espécie de mitigação.

2. *O contrato-tipo*

À parte a discussão macro do enquadramento ou não de determinada relação jurídica – no caso, de compra e venda – como consumerista ou empresarial, a presente análise versará com maior prioridade especificamente sobre um dos pontos-chave que ensejou a demanda: a intersecção entre as figuras do contrato de adesão e o contrato-tipo.

2.1 Histórico

É no âmbito do Direito Internacional que se têm notícias do histórico do contrato-tipo. Consta que, por conta do crescente volume e complexidade do comércio internacional, foi tomando corpo uma demanda premente por uma uniformização das estruturas e institutos que serviam de base legal para os negócios.

Além disso, também as diferenças culturais entre os povos que entre si comerciavam, bem como a diversidade de sistemas legais e ordenamentos jurídicos mundo afora, incrementaram a necessidade e o interesse pela busca de uma padronização possível do comércio internacional. É evidente que uma unificação de institutos e mecanismos comerciais haveria de conferir maior segurança para as partes envolvidas diretamente caso a caso e, via de conseqüência, ao próprio sistema jurídico.

É nesse ambiente que a noção de contrato-tipo foi tomando corpo; comerciantes querendo padronizar certos costumes, poupando tempo e preocupação nas fases de negociação e elaboração de contratos internacionais.

Segundo Engelberg,[1] foi no âmbito das associações de comerciantes, como a *London Corn Trade Association* no século 19, que os primeiros contratos-tipo foram formalmente delineados. Os próprios comerciantes, através dessas suas associações de classe, tomaram a iniciativa de estabelecer certos padrões de conduta a serem observados por eles todos na condução das suas atividades empresariais. Verdadeiros regulamentos eram editados de acordo as especificidades do produto comercializado e da região dos produtores, que serviriam de base para os futuros contratos de compra e venda e também os acessórios.[2]

Ao longo do tempo, não só os produtores, mas também os compradores passaram a estabelecer suas "regras de conduta" no comércio internacional, ou diretamente ou através da negociação com as associações dos vendedores. É o que registra Engelberg,[3] por exemplo no comércio de materiais resinosos, no qual "serradores suecos e floresteiros finlandeses (exportadores) propõem e discutem contratos-tipo com várias associações de importadores: japoneses, franceses, belgas, ingleses, canadenses (...)".

Por se tratarem de instrumentos em constante estudo e aperfeiçoamento por especialistas – as associações de comerciantes –, os contratos-tipo foram adquirindo gradativamente maior complexidade e, por óbvio, eliminando ou minimizando os problemas recorrentes do comércio.

2.2 Noções gerais

Os contratos-tipo, também chamados de contratos de massa, em série ou por formulários, caracterizam-se pela predisposi-

1. Esther Engelberg, *Contratos Internacionais do Comércio*, 2ª ed., São Paulo, Atlas, 1997.
2. Contratos de seguro, de transporte etc.
3. Ob. cit.

ção de cláusulas-padrão e de uma estrutura pré-definida. Assim também o são os contratos de adesão, entretanto, via de regra, o conteúdo destes é imposto por uma das partes em face de uma outra *vulnerável*, enquanto que os contratos-tipo são marcados pela possibilidade de discussão das suas cláusulas[4] e condições com as partes em situação razoavelmente isonômica.

Neste caso, portanto, a predisposição do conteúdo contratual resulta de uma vontade paritária de partes economicamente equivalentes. As cláusulas não são impostas por um dos contratantes, mas simplesmente redigidas previamente pelas partes diretamente ou através das suas já citadas entidades representativas. Fossem unilateralmente estabelecidas, estar-se-ia diante de um contrato de adesão por excelência.[5]

Caio Mário[6] singelamente explica que o contrato-tipo não resulta de cláusulas impostas, mas simplesmente pré-redigidas às quais a outra parte não se limita a aderir, mas que efetivamente aceita, conhecendo-as. Por isso, são suscetíveis de alteração ou cancelamento, por via de outras cláusulas substitutivas, que venham manuscritas, datilografadas, digitadas ou carimbadas.

Assim, existem contratos-tipo e também *cláusulas-tipo*, ou seja, cláusulas e condições padronizadas para diferentes circunstâncias e que estão à disposição para o uso dos comerciantes quando lhes forem convenientes. É como se fossem instrumentos estandardizados e guardados numa prateleira ao alcance do uso dos comerciantes. Expressão máxima dessa noção são os *Incoterms*.[7]

Os *Incoterms* são uma pacífica consolidação e compilação da interpretação de formas diversas de cláusulas contratuais, mediante utilização de siglas e abreviaturas, que são utilizadas no comércio internacional. Seus primeiros termos foram editados em 1936 pela Câmara Internacional do Comércio, e foram continuamente aperfeiçoados ao longo dos anos, culminando com uma reedição recente chamada *Incoterms 2000*.

O resultado positivo dessa padronização demonstra-se pelo alto grau de segurança que as partes têm quando utilizam os *Incoterms*, em relação aos seus direitos e obrigações. Quando um vendedor de qualquer país fecha um contrato com um comprador de qualquer outro país e os mesmos decidem optar por um determinado *Incoterm* para balizar o negócio, ambos sabem com absoluta precisão a quem caberá o ônus de cada responsabilidade. São entendimentos padronizados que não se prendem a traduções lingüísticas ou culturais, nem a adaptações de institutos jurídicos de um ordenamento ou outro.

A Câmara Internacional do Comércio, que é uma entidade que congrega todos os principais atores do comércio internacional, é um dos órgãos que mais exercem influência na formação dos conceitos utilizados nos contratos-tipo na atualidade, por estarem os casos resolvidos por essa Câmara relacionados diretamente com o tema central abordado pelo seu tipo de contrato.

2.3 Estrutura básica

O contrato-tipo é tal qual uma moldura com lacunas para serem preenchidas e organizadas, dispondo as partes, no gozo da sua autonomia da vontade, de uma enorme gama de peças pré-moldadas (as cláusulas predispostas). *Montado* com as cláusulas-padrão de um determinado segmento econômico objetivamente redigidas, o resultado é um contrato-tipo preenchido com

4. Sobre o tema, v.: Orlando Gomes, *Contratos*, 23ª ed., Rio de Janeiro, Forense, 2001.

5. Sobre o tema, v.: Darcy Bessone, *Do Contrato*, 1ª ed., Rio de Janeiro, Forense, 1960.

6. Caio Mário da Silva Pereira, *Instituições de Direito Civil*, vol. III, 12ª ed., Rio de Janeiro, Forense, 2005.

7. *International Commercial Terms* (Termos Internacionais de Comércio).

as especificidades do negócio jurídico a que dá suporte.

Quanto à estrutura, em que pese cada contrato-tipo constituir um roteiro específico de *montagem* de um contrato relacionado a um certo produto/serviço e envolvendo determinadas partes e condições, sua estrutura básica é idêntica à de um outro contrato qualquer, contemplando: (i) as partes, sua identificação e qualificação precisa dos representantes legais; (ii) objeto com especificidades técnicas pormenorizadas e descrição da contraprestação (moeda, quantidade e forma de pagamento, por exemplo); (iii) descrição e juntada da base documental exigida ou solicitada, como certificados fitossanitários, para os produtos de origem animal, por exemplo; (iv) descrição das obrigações das partes de pagar e de entregar o produto/serviço, com a precisa distribuição das responsabilidades de contratar seguro, frete etc.; (v) hipóteses de excludente de responsabilidade por caso fortuito; e (vi) sistema de solução de controvérsias escolhido pelas partes e legislação aplicável, quando for o caso.

3. Conclusões

O contrato-tipo, na medida em que se constitui de um conjunto de normas formado dentro de uma pluralidade de fontes adotadas pelas partes, é um verdadeiro modelo contratual específico dentro de uma determinada ordem jurídica. Mais ainda do que um modelo de um instrumento escrito, é a tipificação consolidada de normas e padrões de conduta em situações diversas e específicas.

Tanto é assim que o contrato-tipo é um dos mais relevantes objetos de estudo quando se investigam os padrões de conduta adotados por determinado setor econômico, tipo de produto ou região das partes envolvidas.

O grande trunfo do contrato-tipo é a segurança – não só jurídica – por ele trazido às relações comerciais, através do processo de mitigação das diferenças culturais entre os empresários e da delimitação precisa das expectativas das partes.

No âmbito da ordem jurídica brasileira, os contratos de compra e venda de títulos no balcão organizado do mercado de capitais são exemplos típicos de contratos-tipo. A sua predisposição de cláusulas conferem alto grau de confiabilidade ao negócio, sendo que as partes (investidores, corretoras etc.), via de regra, têm conhecimento dos seus mecanismos e já atuam de forma *automatizada*, sem discussões de cláusulas que não digam respeito exclusivamente ao preço do negócio. Já existe um *modelo* de contrato e de contratação culturalmente pacificado, inexistindo aí uma mera adesão de uma parte *hipossuficiente* ou *vulnerável*.

Em se tratando do julgado ora analisado, nos parece corretíssima a solução dada pelo Superior Tribunal de Justiça. Isoladamente a predisposição de suas cláusulas não é suficiente para caracterizar um contrato como de adesão e muito menos consumerista. É inolvidável que a premissa é válida no sentido oposto do argumento, ou seja, os contratos de adesão no âmbito do Direito Consumerista possuem, sim, cláusulas predispostas. A singela premissa, portanto, é a de que todo contrato de adesão é um contrato-tipo, mas nem todo contrato-tipo é um contrato de adesão, especialmente quando este é assim definido pelo Código de Defesa do Consumidor.

No caso sob comento, litigaram dois empresários de respeitável porte, sendo um produtor e um exportador de grãos, ambos com senioridade negocial, estando afastada *in casu* a condição de qualquer deles de consumidor ou equiparado. Faltando esse requisito básico, não há como sujeitar o contrato de compra e venda de soja entre eles firmado à égide do Código de Defesa do Consumidor. Realmente tratava-se de um contrato-tipo, com cláusulas predispostas e que podem inclusive ter sido exigidas por uma das partes como condição para a avença, mas efetivamente aí não se tinha um contrato de adesão de consumo.

Assim, tal relação jurídica foi regulada pelas normas gerais dos contratos empresariais, não se sujeitando às proteções e limitações objetivas do CDC. Eventual abuso, como o alegado exagero da multa por inadimplemento e a vinculação à cotação do dólar, seria objeto de discussão envolvendo os institutos gerais do Direito Civil e Comercial, como a ilicitude do enriquecimento sem causa. Ao não aplicarem o CDC ao caso por conta do mero uso de um contrato-tipo supostamente de adesão, os magistrados de segundo grau e da Corte Superior o fizeram de forma irrepreensível.

2/2009.

Pareceres

ATUAÇÃO DO ESTADO NO DOMÍNIO ECONÔMICO E SISTEMA FINANCEIRO NACIONAL. INEXIGIBILIDADE DE LICITAÇÃO EM INCORPORAÇÃO OU EM ALIENAÇÃO DO CONTROLE DE UMA SOCIEDADE DE ECONOMIA MISTA POR OUTRA SOCIEDADE DE ECONOMIA MISTA

Gilberto Bercovici

Consulta. Parecer: 1.1 Natureza e regime jurídico do Banco do Brasil S/A e da Nossa Caixa S/A. 1.2 A atuação do Estado no domínio econômico. 1.3 As competências federativas e o papel do Estado na economia. 1.4 A sociedade de economia mista como instrumento de atuação estatal. 1.5 A incorporação de uma sociedade de economia mista por outra sociedade de economia mista e a inexigibilidade de licitação. Resposta. Consulta Complementar. Quesitos Complementares. Parecer Complementar: 2.1 A alienação do controle de uma sociedade de economia mista por outra sociedade de economia mista. 2.2 O art. 37, XX, da Constituição de 1988 e a necessidade de autorização legislativa. 2.3 A constitucionalidade e o alcance da Medida Provisória n. 443, de 21 de outubro de 2008. Resposta aos Quesitos Complementares.

Consulta

O Banco do Brasil S/A, por intermédio de seu Diretor Jurídico, Dr. Joaquim Portes de Cerqueira César, honra-me com a formulação da seguinte Consulta, cujos termos transcrevo abaixo, para análise e produção de Parecer:

"Na data de 21.5.2008, o Banco do Brasil S/A e a Nossa Caixa S/A publicaram fato relevante ao mercado, em conformidade com o § 4º do art. 157 da Lei n. 6.404, de 15 de dezembro de 1976, e a Instrução CVM n. 358, de 3 de janeiro de 2002, nos seguintes termos:

"'1. O Banco do Brasil S/A propôs, e o Governo do Estado de São Paulo aceitou, iniciar tratativas sem nenhum efeito vinculante, visando à incorporação do Banco Nossa Caixa S/A pelo primeiro, observadas a regulamentação vigente e as condições inerentes às operações dessa natureza, notadamente a obtenção de prévia autorização legislativa no âmbito estadual.

"'2. É consenso ainda que a operação deverá preservar adequadamente os interesses do público relacionado das companhias envolvidas, incluindo empregados, correntistas, acionistas e outros parceiros.

"'3. Fatos adicionais, julgados relevantes, serão divulgados ao mercado de acordo com a evolução das tratativas'.

"A propósito do assunto, o Banco do Brasil S/A solicita manifestação prévia de Vossa Senhoria quanto ao interesse na elaboração de parecer jurídico com o objetivo de responder aos quesitos ao final enumerados, com relação à inaplicabilidade da Lei de Licitações à mencionada incorporação:

"1) Vez que na incorporação societária *não ocorre a alienação* (*ou seja, a venda de ações com recebimento em dinheiro*), mas sim a substituição das ações dos acionistas da sociedade incorporada por ações da sociedade incorporadora, é correto afirmar que, nessa hipótese, não se aplica a Lei de Licitações, por não se enquadrar nas hipóteses do *caput* do art. 2º da predita lei?

"2) Ainda que negativa a hipótese do quesito anterior, é possível afirmar que o acionista controlador de instituição financeira de economia mista estadual, distrital ou federal possui liberdade de escolha acerca de eventual reorganização societária dessa instituição financeira? Ou seja, pode escolher, dentre outras, a incorporação societária, a incorporação de ações, a alienação de controle acionário, bastando apenas, neste caso, justificar o interesse público? Ou obrigatoriamente o acionista controlador teria de levar a venda das ações a leilão, para assegurar o recebimento do melhor preço/proposta?

"3) Considerando que o acionista controlador de uma sociedade de economia mista é livre para escolher a modalidade de reorganização societária, caso a escolha recaia na incorporação societária ou incorporação de ações, pode-se afirmar que nessas hipóteses restaria caracterizada a inexigibilidade de licitação pela inviabilidade de competição (art. 25, LLIC), uma vez que não há como estabelecer os termos e condições do certame licitatório para a escolha da empresa incorporadora?

"4) Quando se afirma que o Estado poderá intervir na atividade econômica, deve-se compreender que essa intervenção pode ser efetivada tanto pela União quanto pelos Estados-membros e Municípios? Essa intervenção na atividade econômica pode ocorrer por intermédio de sociedades de economia mista? É correto afirmar que as sociedades de economia mista (tanto da União, quanto dos demais Estados-membros) representam, dessa forma, verdadeiro instrumento da ação governamental dos respectivos entes federados?

Com base na resposta a essas questões, gentileza responder os seguintes subquesitos:

"a) É correto afirmar que entes de esfera diversa da Federação, por intermédio de suas sociedades de economia mista, podem conjugar esforços para melhor exercer suas respectivas ações governamentais?

"b) Essa ação governamental pode ser exercida pela incorporação de uma sociedade de economia mista estadual (Nossa Caixa) por uma outra sociedade de economia mista federal (Banco do Brasil), com vistas a manter o atendimento do interesse público?

"c) Considerando que essa ação governamental representa exercício da atividade econômica, é correto afirmar que tal ingerência do Estado na economia não está subordinada aos ditames da Lei n. 8.666/1993 ou, ao menos, na hipótese mencionada, seria inexigível eventual licitação por inviabilidade de competição?

"5) Ainda que não se admitisse a inexigibilidade ou a não aplicação da lei de Licitação, é possível afirmar que a incorporação da Nossa Caixa pelo Banco do Brasil estaria configurada na hipótese de dispensa de licitação pelo art. 17, inciso II, alínea *b*, da Lei de Licitações, por não haver pagamento em dinheiro, mas sim substituição/troca de ações dos acionistas da sociedade incorporada por ações da sociedade incorporadora, tratando-se, dessa forma, de uma permuta e assim permitindo o estabelecimento de negócio direto entre as partes (Nossa Caixa e Banco do Brasil), sem a necessidade de procedimento licitatório?

"6) Tanto na hipótese de inaplicabilidade da Lei de Licitações, quanto nas de sua inexigibilidade ou dispensa, apresentadas nos quesitos anteriores, é possível afirmar que a incorporação da Nossa Caixa pelo Banco do Brasil atende ao interesse público? A afirmativa é reforçada pelo fato de as sociedades de economia mista, desde o seu nascedouro, já terem sua formação dirigida para o interesse público?"

Parecer

1.1 Natureza e regime jurídico do Banco do Brasil S/A e da Nossa Caixa S/A

A criação do Banco do Brasil se deu por meio do Alvará de 12 de outubro de 1808, do Príncipe Regente D. João, que instituiu um banco público, sob o formato de sociedade por ações. Suas funções eram amplas, mas exerceu essencialmente as funções de poder emissor e de caixa do Tesouro. O prazo de duração previsto do Banco do Brasil era de 20 anos, sendo sua extinção determinada, pela Lei de 23 de setembro de 1829, para o dia 11 de outubro de 1829 (embora tenha se concretizado apenas em 11 de abril de 1835). Houve uma segunda tentativa de criação de um banco público no Brasil, por meio da Lei n. 59, de 8 de outubro de 1833, que previa a instituição de um banco de circulação e depósito pelo prazo de 20 anos, mas este banco não chegou a ser fundado.

Em 1851, Mauá criou o segundo Banco do Brasil, autorizado pelo Decreto n. 801, de 2 de julho de 1851. Este banco foi incorporado, juntamente com outros, pelo governo, por meio da Lei n. 683, de 5 de julho de 1853, que autorizou a criação de um banco de depósitos, desconto e emissão, com duração de 30 anos, posteriormente estendida até o ano de 1910 (Lei n. 1.349, de 12 de setembro de 1866). Após a Proclamação da República, o Banco do Brasil fundiu-se com o Banco da República dos Estados Unidos do Brasil (cuja criação fora autorizada pelo Decreto n. 190, de 29 de janeiro de 1890), adotando o nome de Banco da República do Brasil (Decreto n. 1.167, de 17 de dezembro de 1892, que autorizou a fusão *ad referendum* do Congresso Nacional, que a aprovou por meio da Lei n. 183-C, de 23 de setembro de 1893), sendo reestruturado mais uma vez, e novamente sob a denominação de Banco do Brasil, por meio da Lei n. 1.455, de 30 de dezembro de 1905.[1]

O Banco do Brasil é uma sociedade de economia mista, controlada pela União, vinculada ao Ministério da Fazenda e integrante do Sistema Financeiro Nacional (arts. 1º, III, 19 e 62, da Lei n. 4.595, de 31 de dezembro de 1964, e art. 189 do Decreto-lei n. 200, de 25 de fevereiro de 1967). A Nossa Caixa é, por sua vez, uma sociedade de economia mista estadual, que, embora vinculada à Secretaria da Fazenda do Estado de São Paulo (art. 4º do Decreto-lei Complementar n. 7, de 6 de novembro de 1969), também integra o Sistema Financeiro Nacional (arts. 1º, V, 22 e 24, da Lei n. 4.595/1964). Sua criação, autorizada pela Lei Estadual n. 1.164, de 7 de agosto de 1951, deu-se com o nome de Caixa Econômica do Estado de São Paulo (CEESP) e sob a forma de autarquia, tendo sido transformada em empresa pública

1. Sobre a história do Banco do Brasil, v. José Xavier Carvalho de Mendonça, *Tratado de Direito Comercial Brasileiro*, vol. VI, 5ª ed., Rio de Janeiro, Freitas Bastos, 1956, pp. 116-138; João Pandiá Calógeras, *A Política Monetária do Brasil*, São Paulo, Cia. Editora Nacional, 1960, pp. 29-37, 45-48, 72-73, 96-102, 199-266, 340-350 e 384-408; Waldemar Martins Ferreira, *A Sociedade de Economia Mista em seu Aspecto Contemporâneo*, São Paulo, Max Limonad, 1956, pp. 89-93 e Afonso Arinos de Melo Franco, *História do Banco do Brasil (Primeira Fase - 1808-1835)*, Brasília, Banco do Brasil, 1979, pp. 11-28 e 167-235.

por intermédio da Lei Estadual n. 10.430, de 16 de dezembro de 1971, e, finalmente, em sociedade de economia mista por meio da Lei Estadual n. 10.853, de 16 de julho de 2001. A natureza jurídica de sociedade de economia mista de ambas instituições financeiras gera uma série de implicações jurídicas e parâmetros para sua atuação.

A sociedade de economia mista é, em sua estruturação atual, um fenômeno do final do século XIX e início do século XX, que se intensificou, especialmente na Alemanha, durante a Primeira Guerra Mundial (1914-1918).[2] A Constituição alemã de 1919, a Constituição de Weimar, por sua vez, previu expressamente, em seu art. 156, a possibilidade de socialização, nacionalização ou participação estatal no setor empresarial.[3]

A visão tradicional, inspirada nos escritos do industrial alemão Walter Rathenau, entendia a sociedade de economia mista (*gemischtwirtschaftliche Unternehmung*) como uma associação livre de capitais privados e fundos públicos para a exploração de uma atividade econômica, um fenômeno "econômico", que não pertenceria às instituições administrativas.[4] Esta concepção equivocada levou a uma série de debates, como o protagonizado entre nós por Bilac Pinto, sobre a impossibilidade de conciliação dos interesses público (do Estado) e privados (dos demais acionistas privados, que almejam o lucro), que levaria à substituição do modelo de sociedade de economia mista pelo da empresa pública, cujo capital é exclusivamente estatal.[5]

Neste debate em torno das sociedades de economia mista, vários autores, como Hedemann, um dos fundadores do direito econômico, entenderam a sociedade de economia mista com uma perspectiva predominantemente privatista, denominando-a de "atividade comercial pública" (*öffentliche Hand*). Outros, como Forsthoff, embora ainda mantivessem ressalvas às sociedades de economia mista como entes administrativos, já as compreenderam a partir da influência que o Estado poderia exercer na condução da empresa em virtude de sua posição acionária, vendo nesta

2. Walter Jellinek, *Verwaltungsrecht*, 3ª ed., Berlin, Verlag von Julius Springer, 1931, pp. 526-528. Sobre as "sociedades de guerra" (*Kriegsgesellschaften*), criadas na Alemanha entre 1914 e 1918, v. Regina Roth, *Staat und Wirtschaft im Ersten Weltkrieg: Kriegsgesellschaften als kriegswirtschaftliche Steuerungsinstrumente*, Berlin, Duncker e Humblot, 1997, pp. 103-156.

3. V. René Brunet, *La Constitution Allemande du 11 Août 1919*, Paris, Payot, 1921, pp. 298-318; Gerhard Anschütz, *Die Verfassung des Deutschen Reichs vom 11. August 1919*, 14ª ed., reimpr., Aalen, Scientia Verlag, 1987, pp. 725-729; Heinrich Friedlaender, "Artikel 156. Sozialisierung", in Hans Carl Nipperdey (org.), *Die Grundrechte und Grundpflichten der Reichsverfassung: Kommentar zum zweiten Teil der Reichsverfassung*, vol. 3, reimpr., Frankfurt am Main, Verlag Ferdinand Keip, 1975, pp. 322-348; e Gerold Ambrosius, *Der Staat als Unternehmer: Öffentliche Wirtschaft und Kapitalismus seit dem 19. Jahrhundert*, Göttingen, Vandenhoeck e Ruprecht, 1984, pp. 64-102. Para o debate em torno da constituição econômica durante o período da República de Weimar (1918-1933), v. Gilberto Bercovici, *Constituição e Estado de Exceção Permanente: Atualidade de Weimar*, Rio de Janeiro, Azougue Editorial, 2004, pp. 39-50.

4. Fritz Fleiner, *Les Principes Généraux du Droit Administratif Allemand*, Paris, Librairie Delagrave, 1933, pp. 82-84; Ernst Rudolf Huber, *Wirtschaftsverwaltungsrecht*, vol. 1, 2ª ed., Tübingen, J. C. B. Mohr (Paul Siebeck), 1953, pp. 529-530; Ernst Forsthoff, *Lehrbuch des Verwaltungsrechts*, vol. 1, 9ª ed., München, Verlag C. H. Beck, 1966, p. 485; e Jean-Yves Chérot, *Droit Public Économique*, 2ª ed., Paris, Economica, 2007, pp. 471-472. Para as dificuldades encontradas pela doutrina publicista brasileira com o conceito de empresa estatal, v. Alberto Venâncio Filho, *A Intervenção do Estado no Domínio Econômico: o Direito Público Econômico no Brasil*, Rio de Janeiro, Ed. FGV, 1968, pp. 385-406.

5. V. o clássico artigo de Bilac Pinto, "O declínio das sociedades de economia mista e o advento das modernas empresas públicas", in Instituto de Direito Público e Ciência Política, *Estudos sôbre a Constituição Brasileira*, Rio de Janeiro, FGV, 1954, pp. 43-57. V., ainda, Waldemar Martins Ferreira, *A Sociedade de Economia Mista em seu Aspecto Contemporâneo*, cit., pp. 151-153.

participação societária um elemento constitutivo da sociedade de economia mista.[6]

A doutrina publicista brasileira contemporânea, com base no art. 5º, III, do Decreto-lei n. 200/1967 (com a redação alterada pelo Decreto-lei n. 900, de 29 de setembro de 1969), define a sociedade de economia mista como uma entidade integrante da Administração Pública Indireta, dotada de personalidade jurídica de direito privado, cuja criação é autorizada por lei, como um instrumento de ação do Estado. Apesar de sua personalidade de direito privado, a sociedade de economia mista, como qualquer empresa estatal, está submetida a regras especiais decorrentes de sua natureza de integrante da Administração Pública. Estas regras especiais decorrem de sua criação autorizada por lei, cujo texto excepciona a legislação societária, comercial e civil aplicável às empresas privadas. Na criação da sociedade de economia mista, autorizada pela via legislativa, o Estado age como Poder Público, não como acionista. A sua constituição só pode se dar sob a forma de sociedade anônima, devendo o controle acionário majoritário pertencer ao Estado, em qualquer de suas esferas governamentais, pois ela foi criada deliberadamente como um instrumento da ação estatal.[7]

Toda sociedade de economia mista está submetida às regras gerais da Administração Pública (art. 37 da Constituição), ao controle do Congresso Nacional (art. 49, X, no caso das sociedades de economia mista pertencentes à União), do Tribunal de Contas da União (art. 71, II, III e IV, da Constituição, também no caso das sociedades de economia mista da esfera federal)[8] e, no caso das sociedades de economia mista federais, da Controladoria-Geral da União (arts. 17 a 20 da Lei n. 10.683, de 28 de maio de 2003). Além disto, o orçamento de investimentos das sociedades de economia mista federais deve estar previsto no orçamento-geral da União (art. 165, § 5º, da Constituição de 1988), assim como, no caso do Estado de São Paulo, o orçamento de investimentos das empresas estatais estaduais deve estar compreendido na lei orçamentária anual (art. 174, § 4º, 2, da Constituição Estadual).

Estes dispositivos constitucionais são formas distintas de vinculação e conformação jurídica, constitucionalmente definidas, que vão além do disposto no art. 173, § 1º, II, que iguala o regime jurídico das empresas estatais prestadoras de atividade econômica em sentido estrito ao mesmo das empresas privadas em seus aspectos civil, comercial, trabalhista e tributário.[9] A natureza jurídica de direito

6. Justus Wilhelm Hedemann, *Deutsches Wirtschaftsrecht: Ein Grundriss*, Berlin, Junker und Dünnhaupt Verlag, 1939, pp. 146-157 e Ernst Forsthoff, *Lehrbuch des Verwaltungsrechts*, vol. 1, cit., pp. 485-486. V., ainda, Ernst Rudolf Huber, *Wirtschaftsverwaltungsrecht*, vol. 1, cit., pp. 519-526.

7. V., por todos, Waldemar Martins Ferreira, *A Sociedade de Economia Mista em seu Aspecto Contemporâneo*, cit., pp. 131-151; Alberto Venâncio Filho, *A Intervenção do Estado no Domínio Econômico*, cit., pp. 415-437; Manuel de Oliveira Franco Sobrinho, *Comentários à Reforma Administrativa Federal*, 2ª ed., São Paulo, Saraiva, 1983, pp. 68-74; Washington Peluso Albino de Souza, *Primeiras Linhas de Direito Econômico*, 3ª ed., São Paulo, LTr, 1994, pp. 273-276; Celso Antônio Bandeira de Mello, *Curso de Direito Administrativo*, 20ª ed., São Paulo, Malheiros Editores, 2006, pp. 175-178; Eros Roberto Grau, *A Ordem Econômica na Constituição de 1988 (Interpretação e Crítica)*, 12ª ed., São Paulo, Malheiros Editores, 2007, pp. 111-119; e Maria Sylvia Zanella Di Pietro, *Direito Administrativo*, 20ª ed., São Paulo, Atlas, 2007, pp. 420-421.

8. No caso do Estado de São Paulo, as sociedades de economia mista estadual, como a Nossa Caixa, estão submetidas ao controle da Assembléia Legislativa e do Tribunal de Contas do Estado (arts. 32 e 33 da Constituição do Estado de São Paulo, de 1989).

9. Sobre a influência da atividade prestada (serviço público ou atividade econômica em sentido estrito) no regime jurídico das empresas estatais (empresas públicas e sociedades de economia mista), v. Celso Antônio Bandeira de Mello, *Curso de Direito Administrativo*, cit., pp. 183-184; Eros Roberto Grau, *A Ordem Econômica na Constituição de 1988*, cit., pp. 140-146; e Maria Sylvia Zanella Di Pietro, *Direito Administrativo*, cit., pp. 412-414. Na doutrina estrangeira, v., p. ex., Fritz Fleiner, *Les Principes Généraux du Droit Administratif Alle-*

privado é um expediente técnico que não derroga o direito administrativo, sob pena de inviabilizar a sociedade de economia mista como instrumento de atuação do Estado.[10] Neste sentido, esclarece Celso Antônio Bandeira de Mello:

"O traço nuclear das empresas estatais, isto é, das empresas públicas e sociedades de economia mista, reside no fato de serem coadjuvantes de misteres estatais. Nada pode dissolver este signo insculpido em suas naturezas. Dita realidade jurídica representa o mais certeiro norte para a intelecção destas pessoas. Conseqüentemente, aí está o critério retor para interpretação dos princípios jurídicos que lhes são obrigatoriamente aplicáveis, pena de converter-se o *acidental* – suas personalidades de direito privado – em *essencial*, e o essencial – seu caráter de sujeitos auxiliares do Estado – em acidental."[11]

A prevalência do direito público não significa, no entanto, que a sociedade de economia mista perca a natureza de sociedade anônima.[12] A Lei das S/A (Lei n. 6.404, de 15 de dezembro de 1976), se aplica às sociedades de economia mista, desde que seja preservado o interesse público que justifica sua criação e atuação (art. 235). Deste modo, sua liberdade de reestruturação organizacional é plena, dentro de todas as formas possíveis previstas pela legislação societária brasileira, como a incorporação, fusão ou cisão (art. 223).

1.2 A atuação do Estado no domínio econômico

A atuação do Estado no domínio econômico está prevista expressamente nos arts. 173, *caput*, e 175, *caput*, da Constituição de 1988:

Art. 173, *caput*: "Ressalvados os casos previstos nesta Constituição, a exploração direta de atividade econômica pelo Estado só será permitida quando necessária aos imperativos da segurança nacional ou a relevante interesse coletivo, conforme definidos em lei".

Art. 175, *caput*: "Incumbe ao poder público, na forma da lei, diretamente ou sob regime de concessão ou permissão, sempre através de licitação, a prestação de serviços públicos".

Em ambos os dispositivos, trata-se da prestação de atividade econômica em

mand, cit., pp. 198-209, e Jean-Philippe Colson, *Droit Public Économique*, 3ª ed., Paris, LGDJ, 2001, pp. 330-332.

10. Caio Tácito, "Direito Administrativo e Direito Privado nas empresas estatais", in *Temas de Direito Público (Estudos e Pareceres)*, vol. 1, Rio de Janeiro, Renovar, 1997, pp. 691-698; Eros Roberto Grau, *Elementos de Direito Econômico*, São Paulo, Ed. RT, 1981, pp. 101-111; Celso Antônio Bandeira de Mello, *Curso de Direito Administrativo*, cit., pp. 178-183 e 185-188; Eros Roberto Grau, *A Ordem Econômica na Constituição de 1988*, cit., pp. 111-123 e 278-281; e Maria Sylvia Zanella Di Pietro, *Direito Administrativo*, cit., pp. 416-418 e 421-428. Na doutrina estrangeira, sobre os regimes jurídicos das empresas estatais, em geral, e das sociedades de economia mista, em particular, v. Ernst Rudolf Huber, *Wirtschaftsverwaltungsrecht*, vol. 1, cit., pp. 530-532; Bernard Chenot, *Organisation Économique de l'État*, 2ª ed., Paris, Dalloz, 1965, pp. 312-313; Ernst Forsthoff, *Lehrbuch des Verwaltungsrechts*, vol. 1, cit., pp. 478-483; Günter Püttner, *Die öffentlichen Unternehmen: Verfassungsfragen zur wirtschaftlichen Betätigung der öffentlichen Hand*, Bad Homburg/Berlin/Zürich, Verlag Gehlen, 1969, pp. 125-140 e 368-380; Gérard Farjat, *Droit Économique*, Paris, PUF, 1971, pp. 189-198, especialmente pp. 195-198; Massimo Severo Giannini, *Diritto Pubblico dell'Economia*, reimpr. da 3ª ed., Bologna, Il Mulino, 1999, pp. 163-166; Jean-Philippe Colson, *Droit Public Économique*, cit., pp. 297-301 e 328-330; Pierre Delvolvé, *Droit Public de l'Économie*, Paris, Dalloz, 1998, pp. 672-675 e 706-731; e Peter Badura, *Wirtschaftsverfassung und Wirtschaftsverwaltung: Ein exemplarischer Leitfaden*, 2ª ed., Tübingen, J. C. B. Mohr (Paul Siebeck), 2005, pp. 145-164, especialmente pp. 146-147.

11. Celso Antônio Bandeira de Mello, *Curso de Direito Administrativo*, cit., p. 179, grifos do autor.

12. Waldemar Martins Ferreira, *A Sociedade de Economia Mista em seu Aspecto Contemporâneo*, cit., pp. 131-133 e 138-145, e Modesto Carvalhosa, *Comentários à Lei de Sociedades Anônimas*, vol. 4, t. I, 2ª ed., São Paulo, Saraiva, 1999, pp. 351-353, 367-368, 374 e 376-378.

sentido amplo pelo Estado, subdividida em duas modalidades: a prestação de atividade econômica em sentido estrito (art. 173) e a prestação de serviço público (art. 175).[13] É, portanto, essencial compreender os pressupostos teóricos que se encontram por trás das várias concepções de serviço público da doutrina brasileira, cuja grande influência, assim como nos debates italiano, espanhol ou português, é de matriz francesa.[14]

Nesta análise, pela sua importância teórica, destacam-se os franceses Léon Duguit e Maurice Hauriou, cujas teorias são, sem sombra de dúvida, as mais presentes na nossa doutrina. Estes autores, no entanto, não só necessitam ser entendidos no contexto histórico em que desenvolveram sua obra, mas também é necessário que se problematize, tendo em vista o atual debate sobre os serviços públicos, a adequação destas teorias à nossa realidade, levando em conta a especificidade da formação histórico-social do Estado brasileiro. Duguit e Hauriou representam alternativas ao pensamento liberal dominante nos meios publicistas franceses e contrapõem-se à incorporação dos conceitos alemães (como o de Estado de Direito – *Rechtsstaat*, em choque com o *État Légal* francês) à Teoria do Estado francesa, tarefa então realizada especialmente por Carré de Malberg.[15]

Léon Duguit combate, em suas obras, a visão tradicional do Estado soberano, criticando a concepção do Poder Público como uma vontade subjetiva dos governantes sobre os governados. Para Duguit, o Estado não é um soberano que comanda, mas uma força capaz de criar e gerar serviços públicos, formando um sistema realista com base na solidariedade social, objetivamente imposto a todos os cidadãos. O ponto central é a sua defesa do fim da idéia de dominação (*Herrschaft*, *puissance publique*) na Teoria do Estado, substituindo a soberania pelo serviço público como noção fundamental do direito público. A doutrina de Duguit é teleológica, o Estado se legitima por seus fins. Para Duguit, os governantes monopolizam a força para organizar e controlar o funcionamento dos serviços públicos. Serviço público: "c'est tout activité dont l'accomplissement doit être assuré, reglé et contrôlé par les gouvernants, parce que l'accomplissement de cette activité est indispensable à la realisation et au développement de l'interdépendance sociale, et

13. Sobre a clássica distinção da atividade econômica em sentido amplo e atividade econômica em sentido estrito e serviço público, v. Eros Roberto Grau, *A Ordem Econômica na Constituição de 1988*, cit., pp. 101-111.

14. O debate alemão sobre serviço público gira em torno da concepção de *Daseinsvorsorge*, desenvolvida originariamente por Ernst Forsthoff durante o nazismo e, posteriormente, adaptada à democracia da Lei Fundamental. V. Ernst Forsthoff, *Die Verwaltung als Leistungsträger*, Stuttgart/Berlin, W. Kohlhammer Verlag, 1938, pp. 1-15 (capítulo 1, cujo título, emblemático, afirma ser a prestação de *Daseinsvorsorge* a tarefa da Administração Pública moderna – "Die Daseinsvorsorge als Aufgabe der modernen Verwaltung"); Ernst Forsthoff, *Lehrbuch des Verwaltungsrechts*, vol. 1, cit., pp. 340-345; Bernardo Sordi, *Tra Weimar e Vienna: Amministrazione Pubblica e Teoria Giuridica nel Primo Dopoguerra*, Milano, Giuffrè, 1987, pp. 274-309. Para o debate atual na Alemanha, v. Reiner Schmidt, "Der Liberalisierung der Daseinsvorsorge", *Der Staat*, vol. 42, Berlin, Duncker e Humblot, 2003, pp. 225-247; e Michael Ronellenfitsch, "Daseinsvorsorge als Rechtsbegriff – Aktuelle Entwicklungen im nationalen und europäischen Recht", in Willi Blümel (org.), *Ernst Forsthoff: Kolloquium aus Anlass des 100. Geburstags von Prof. Dr. Dr. h. c. Ernst Forsthoff*, Berlin, Duncker e Humblot, 2003, pp. 67-114.

15. Raymond Carré de Malberg, *Contribution à la Théorie Générale de l'État*, vol. 1, reimpr., Paris, Centre National de la Recherche Scientifique, 1962, pp. 231-243, 255-256 e, especialmente, pp. 488-494. Sobre o debate publicista francês do final do século XIX e início do século XX, travado entre os adeptos das concepções de *État Légal* e de *État de Droit*, v. Marie-Joëlle Redor, *De l'État Legal a l'État de Droit: l'Evolution des Conceptions de la Doctrine Publiciste Française, 1879-1914*, Paris, Economica/Presses Universitaires d'Aix-Marseille, 1992, e Gilberto Bercovici, *Soberania e Constituição: para uma Crítica do Constitucionalismo*, São Paulo, Quartier Latin, 2008, pp. 259-272.

qu'elle est de telle nature qu'elle ne peut être réalisée complètement que par l'intervention de la force gouvernante".[16]

O Estado, para Duguit, não é o soberano, mas o garantidor da interdependência e solidariedade sociais. Os serviços públicos não podem ser interrompidos, sua continuidade é essencial e é uma obrigação imposta aos governantes pelo fato de serem governantes, constituindo o fundamento e o limite de seu poder. Segundo Duguit, o poder público é um dever, uma função, não um direito dos governantes. Duguit propõe, assim, um regime político fundado na solidariedade social, em que os governantes têm deveres e obrigações de agir, o que implica na intervenção estatal nos domínios econômico e social. A solidariedade social, concretizada por meio dos serviços públicos, é, na sua visão, a forma mais adequada de legitimidade do Estado.[17]

Embora também critique a visão subjetiva preponderante da dominação estatal, ao entender o Estado como uma instituição objetiva, Maurice Hauriou vai se diferenciar das concepções de Duguit tanto quanto da doutrina tradicional. Hauriou entende o Estado como uma instituição que repousa sobre equilíbrios móveis na sociedade, uma unidade na pluralidade, descrevendo o poder como o resultado da correlação de forças dentro do processo social.[18] A articulação entre o poder público e o serviço público dá-se pelo fato de todo serviço público pressupor a utilização dos procedimentos do poder público. Utilização esta, no entanto, limitada pela referência ao próprio serviço público, ou seja, à sua missão social. Esta ligação que Hauriou desenvolve entre poder público e serviço público o distingue de Duguit: o poder do Estado detém sua legitimidade na medida em que está a serviço do interesse social, mas o Estado só pode estar a serviço do interesse social porque é dotado de poder.[19]

Para o estudo do debate clássico francês em torno da concepção de serviço público resta, ainda, mencionar o discípulo de Duguit, Gaston Jèze. Jèze entende o serviço público como elemento fundamental e definidor do direito administrativo, cujo objeto seria formular as regras para o bom funcionamento dos serviços públicos.[20] No entanto, Jèze diverge do sociologismo de Duguit, preferindo adotar a metodologia essencialmente jurídica. Para ele, serviço público está necessariamente ligado a um regime jurídico especial, cuja base é a supremacia do interesse geral (público) sobre o interesse particular (privado). Ao buscar a instrumentalização do exercício do serviço público pelo direito público administrativo, Jèze acaba abandonando o sentido material de serviço público de Duguit, limitando-se a uma concepção jurídico-formal. Nesta perspectiva, Gaston Jèze define serviço público como um

16. Léon Duguit, *Traité de Droit Constitutionnel*, vol. 2, 3ª ed., Paris, E. de Boccard, 1928, p. 61.

17. De Léon Duguit: *Les Transformations du Droit Public*, Paris, Éditions La Mémoire du Droit, 1999, pp. 33-72; Léon Duguit, *Manuel de Droit Constitutionnel*, 3ª ed., Paris, Ancienne Librairie Fontemoing e Cie. Éditeurs, 1918, pp. 29-30, 67-68 e 71-84; Léon Duguit, *Leçons de Droit Public Général*, Paris, Éditions La Mémoire du Droit, 2000, pp. 124-152; Léon Duguit, *Traité de Droit Constitutionnel*, vol. 1, cit. (1927), pp. 541-551, 603-631, 649-654 e 670-680 e vol. 2 (1928), pp. 59-107 e 118-142. Para a importância da noção de serviço público na Teoria do Estado de Duguit, v. o indispensável estudo de Evelyne Pisier-Kouchner, *Le Service Public dans la Théorie de l'État de Léon Duguit*, Paris, LGDJ, 1972.

18. O estudo clássico do institucionalismo de Hauriou é Maurice Hauriou, "La théorie de l'institution et de la fondation (Essai de vitalisme social)", in *Aux Sources du Droit: le Pouvoir, l'Ordre et la Liberté*, edição fac-similar, Caen, Centre de Philosophie Politique et Juridique/Université de Caen, 1990, pp. 89-128.

19. Maurice Hauriou, *Précis de Droit Administratif et de Droit Public*, 10ª ed., Paris, Sirey, 1921, pp. 21-33.

20. Gaston Jèze, *Les Principes Généraux du Droit Administratif*, vol. 1, 3ª ed., Paris, Marcel Giard Libraire-Éditeur, 1925, pp. 1-2.

procedimento técnico que se traduz em um regime jurídico peculiar.[21]

A concepção de serviço público dominante na maior parte da doutrina brasileira é a concepção formal, inspirada em Jèze. Celso Antônio Bandeira de Mello, por exemplo, entende a concepção material de serviço público como "extrajurídica". Para ele, é impossível uma definição não formal de serviço público:

"Serviço público é toda atividade de oferecimento de utilidade ou comodidade material destinada à satisfação da coletividade em geral, mas fruível singularmente pelos administrados, que o Estado assume como pertinente a seus deveres e presta por si mesmo ou por quem lhe faça as vezes, sob um regime de Direito Público – portanto, consagrador de prerrogativas de supremacia e de restrições especiais –, instituído em favor dos interesses definidos como públicos no sistema normativo."[22]

Há dois elementos essenciais em sua concepção de serviço público: o substrato material, a prestação de "utilidade ou comodidade material fruível diretamente pelos administrados", e o elemento formal, que, para Celso Antônio Bandeira de Mello, é o que caracteriza efetivamente o serviço público. Só é serviço público a prestação submetida ao regime de direito público, isto é, ao regime administrativo.[23]

A concepção formal de serviço público também é a adotada por Maria Sylvia Zanella Di Pietro. Na sua definição, serviço público é entendido "como toda atividade material que a lei atribui ao Estado para que a exerça diretamente ou por meio de seus delegados, com o objetivo de satisfazer concretamente às necessidades coletivas, sob regime jurídico total ou parcialmente público".[24] O elemento material ("satisfazer concretamente às necessidades coletivas") é, novamente, colocado em segundo plano diante do elemento formal, o regime jurídico e a atribuição do serviço ao Estado por lei, que, para Di Pietro, caracteriza efetivamente o serviço público.[25]

A concepção material de serviço público, na atualidade, é defendida, entre outros, por Eros Roberto Grau. Partindo da sua classificação do serviço público como espécie da atividade econômica em sentido amplo, que compete preferencialmente ao setor público, este autor defende a noção de serviço público como atividade indispensável à consecução da coesão e interdependência sociais. Ao prestar serviço público, o Estado, ou quem atue em seu nome, está acatando ao interesse social. A inspiração da concepção material de serviço público de Eros Grau é proveniente, além de Duguit, da conceituação do administrativista gaúcho Ruy Cirne Lima.[26] Também fundado em Duguit, Cirne Lima entende o serviço público como "todo o serviço existencial, relativamente à sociedade ou, pelo menos, assim havido num momento dado, que, por isso mesmo, tem de ser prestado aos componentes daquela, direta ou indiretamente, pelo Estado ou outra pessoa administrativa".[27]

A concepção material de serviço público, assim, é construída sobre as idéias de coesão e interdependência sociais, justificando a necessidade da prestação estatal, direta ou indireta, do serviço público.

21. Gaston Jèze, *Les Principes Généraux du Droit Administratif*, vol. 2, 3ª ed., cit., 1930, pp. 1-23.

22. Celso Antônio Bandeira de Mello, *Curso de Direito Administrativo*, cit., p. 634.

23. Celso Antônio Bandeira de Mello, *Curso de Direito Administrativo*, cit., pp. 633-639. V., também, de Celso Antônio Bandeira de Mello, *Natureza e Regime Jurídico das Autarquias*, São Paulo, Ed. RT, 1968, pp. 167-171, e Celso Antônio Bandeira de Mello, *Prestação de Serviços Públicos e Administração Indireta*, 2ª ed., São Paulo, Ed. RT, 1987, pp. 18-27.

24. Maria Sylvia Zanella Di Pietro, *Direito Administrativo*, cit., p. 90.

25. Maria Sylvia Zanella Di Pietro, *Direito Administrativo*, cit., pp. 86-92.

26. Ruy Cirne Lima, *Princípios de Direito Administrativo*, 5ª ed., São Paulo, Ed. RT, 1982, pp. 81-85.

27. Ruy Cirne Lima, *Princípios de Direito Administrativo*, cit., p. 82.

Para os adeptos da concepção material, os serviços públicos podem estar previstos explícita ou implicitamente no texto constitucional, destacando como elemento fundamental para a caracterização de um serviço público a importância daquela atividade econômica, em dado momento histórico, para a coesão e interdependência sociais.[28]

Já a atividade econômica em sentido estrito (art. 173, *caput*, da Constituição) só pode ser prestada diretamente pelo Estado em casos de imperativos de segurança nacional ou relevante interesse coletivo. A atividade econômica em sentido estrito é prestada, preferencialmente, pelos agentes econômicos privados, em regime de mercado. O Estado pode prestar atividade econômica em sentido estrito apenas nas hipóteses elencadas no *caput* do art. 173, concorrendo com os demais agentes econômicos privados ou monopolizando a atividade. Este artigo define as bases constitucionais para a atuação *stricto sensu* do Estado no domínio econômico, exigindo que esta se dê pela via da legalidade e quando necessária aos imperativos da segurança nacional e relevante interesse coletivo. O art. 173 da Constituição segue a tradição brasileira inaugurada em 1934, e mantida em 1946, possibilitando de forma expressa a atuação do Estado no domínio econômico, inclusive com a hipótese de instituição do monopólio estatal sobre determinados setores ou atividades:

Art. 116 da Constituição de 1934: "Por motivo de interesse público e autorizada em lei especial, a União poderá monopolizar determinada indústria ou atividade econômica, asseguradas as indenizações devidas, conforme o art. 113, n. 17, e ressalvados os serviços municipalizados ou de competência dos poderes locais".

Art. 146 da Constituição de 1946: "A União poderá, mediante lei especial, intervir no domínio econômico e monopolizar determinada indústria ou atividade. A intervenção terá por base o interesse público e por limite os direitos fundamentais assegurados nesta Constituição".

Eros Grau destaca que, nos casos de imperativos de segurança nacional, apenas a União poderá prestar a atividade econômica em sentido estrito e sob o regime de monopólio (conforme os arts. 21, III, 22, XXVIII, e 91, da Constituição, que definem a segurança nacional como competência exclusiva da União). Já nos casos de relevante interesse coletivo, como o direito econômico, é matéria de competência concorrente entre a União e os demais entes da Federação (art. 24, I, da Constituição), qualquer esfera de governo poderá atuar, desde que autorizada por lei, nos termos do art. 173 da Constituição,[29] como detalharei adiante.

As atividades prestadas pelo Banco do Brasil e pela Nossa Caixa são atividades econômicas em sentido estrito, não serviços públicos, justificadas com base no art. 173 da Constituição, em relevante interesse coletivo. Ao contrário da definição material de serviço público, as atividades bancárias, com a óbvia exceção da emissão de moeda,[30] não são propriamen-

28. De Eros Roberto Grau, *A Ordem Econômica na Constituição de 1988*, cit., pp. 123-140, e Eros Roberto Grau, "Constituição e serviço público", in Eros Roberto Grau e Willis Santiago Guerra Filho (orgs.), *Direito Constitucional - Estudos em Homenagem a Paulo Bonavides*, São Paulo, Malheiros Editores, 2001, pp. 249-267.

29. Eros Roberto Grau, *A Ordem Econômica na Constituição de 1988*, cit., pp. 128-129, 277-278 e 281-285. V., ainda, Celso Antônio Bandeira de Mello, *Curso de Direito Administrativo*, cit., p. 189.

30. V. os arts. 21, VII, 22, VI, e 164, *caput*, da Constituição de 1988. Sobre a emissão monetária como tarefa estatal, v. Arthur Nussbaum, *Teoría Jurídica del Dinero: el Dinero en la Teoría y en la Práctica del Derecho Alemán y Extranjero*, Madrid, Librería General de Victoriano Suárez, 1929, pp. 48-50; José Tadeu de Chiara, *Moeda e Ordem Jurídica*, mimeo, São Paulo, Tese de Doutoramento (Faculdade de Direito da USP), 1986, pp. 32-41; e Giampiero Di Plinio, *Diritto Pubblico dell'Economia*, Milano, Giuffrè, 1998, pp. 371-387. V., ainda, embora sob perspectivas distintas, Georg Friedrich Knapp,

te atividades indispensáveis à consecução da "coesão e interdependência sociais" (muito embora sejam essenciais para o desenvolvimento econômico), justificando a necessidade da prestação estatal direta ou indireta. As atividades bancárias não seriam também serviços públicos para os que adotam a concepção formal de serviço público, inspirada em Gaston Jèze (só é serviço público a prestação submetida ao regime de direito público, ao regime administrativo). A Constituição não define estas atividades como serviço público, embora sejam de fundamental importância para o processo econômico, isto é, trata-se de atividades econômicas de relevante interesse coletivo.

As atividades desenvolvidas pelos bancos públicos são atividades econômicas em sentido estrito, visando a consecução de objetivos de política econômica do Estado brasileiro, além da preservação do mercado e das relações econômicas no Brasil. O Estado brasileiro atua no setor bancário com base na preservação de relevante interesse coletivo (art. 173, *caput*, da Constituição),[31] sendo tal caracterização repleta de efeitos para a questão analisada, pois o relevante interesse coletivo deve ser perseguido e protegido pelos dirigentes das sociedades de economia mista constituídas para tal fim.

Esta atuação estatal no setor bancário não fere, de maneira alguma, o princípio constitucional da livre iniciativa (arts. 1º, IV, e 170, *caput*, da Constituição de 1988). A livre iniciativa, no texto constitucional de 1988, não representa o triunfo do individualismo econômico, mas é protegida em conjunto com a valorização do trabalho humano, em uma ordem econômica com o objetivo de garantir a todos uma vida digna,[32] com base na justiça social. Isto significa que a livre iniciativa é fundamento da ordem econômica constitucional no que expressa de socialmente valioso.[33]

A livre iniciativa não pode ser reduzida, sob pena de uma interpretação parcial e equivocada do texto constitucional, à liberdade econômica plena ou à liberdade de empresa, pois abrange todas as formas de produção, individuais ou coletivas,

Staatliche Theorie des Geldes, 4ª ed., München/Leipzig, Duncker e Humblot, 1923, pp. 20-36, e Eugênio Gudin, *Princípios de Economia Monetária*, vol. I, 9ª ed., Rio de Janeiro, Agir, 1976, pp. 25-26 e 215-221.

31. Sobre a importância fundamental dos bancos públicos no sistema financeiro brasileiro, com papel central no financiamento do investimento e do crescimento da economia, v. Barbara Stallings e Rogerio Studart, *Finance for Development: Latin America in Comparative Perspective*, Washington/Santiago, Brookings Institution Press/United Nations – Economic Commission for Latin America and the Caribbean, 2006, pp. 230-234. Para o papel do Estado na política de crédito, v., ainda, Gérard Farjat, *Droit Économique*, cit., pp. 215-221.

32. Sobre as relações entre ordem econômica constitucional e dignidade da pessoa humana, v. Gilberto Bercovici, "Dignidade da pessoa humana e a Constituição Econômica de 1988", in José Ribas Vieira (org.), *Vinte Anos da Constituição Cidadã de 1988: Efetivação ou Impasse Institucional?*, Rio de Janeiro, Forense, 2008, pp. 319-325.

33. Cf. Eros Roberto Grau, *A Ordem Econômica na Constituição de 1988*, cit., pp. 200-208; Fábio Konder Comparato, "Regime constitucional do controle de preços no mercado", *Revista de Direito Público* 97/18-23, São Paulo, Ed. RT, jan.-mar./1991, e Cláudio Pereira de Souza Neto e José Vicente Santos de Mendonça, "Fundamentalização e fundamentalismo na interpretação do princípio constitucional da livre iniciativa", in Cláudio Pereira de Souza Neto e Daniel Sarmento (coords.), *A Constitucionalização do Direito: Fundamentos Teóricos e Aplicações Específicas*, Rio de Janeiro, Lumen Juris, 2007, pp. 709-741. V., ainda, no direito europeu, Antonis Manitakis, *La Liberté du Commerce et de l'Industrie en Droit Belge et en Droit Français*, Bruxelles, Bruylant, 1979, pp. 31-37 e 265-277; Oscar de Juan Asenjo, *La Constitución Económica Española: Iniciativa Económica Pública "versus" Iniciativa Económica Privada en la Constitución Española de 1978*, Madrid, Centro de Estudios Constitucionales, 1984, pp. 148-169; Luís S. Cabral de Moncada, *Direito Económico*, 2ª ed., Coimbra, Coimbra Ed., 1988, pp. 140-145; Natalino Irti, *L'Ordine Giuridico del Mercato*, 4ª ed., Roma/Bari, Laterza, 2001, pp. 18-20, 68-69, 85-88 e 93-96; e José Joaquim Gomes Canotilho e Vital Moreira, *Constituição da República Portuguesa Anotada*, vol. I, 4ª ed., Coimbra, Coimbra Ed., 2007, pp. 791-792.

como a iniciativa econômica individual, a iniciativa econômica cooperativa (arts. 5º, XVIII, e 174, § 3º e § 4º, da Constituição) e a própria iniciativa econômica pública (arts. 173 e 177 da Constituição, entre outros). A Constituição brasileira, assim como várias outras constituições contemporâneas, não exclui nenhuma forma de intervenção estatal, nem veda ao Estado atuar em nenhum domínio da atividade econômica. A amplitude maior ou menor desta atuação econômica do Estado é conseqüência das decisões políticas democraticamente legitimadas, não de alguma determinação constitucional expressa. Mas o Estado deve ter sua iniciativa econômica pública protegida de forma semelhante às das iniciativas privada e cooperativa. A iniciativa econômica pública, obviamente, tem suas especificidades, pois é determinada positivamente pela Constituição ou pela lei (assim como a liberdade de iniciativa privada também é limitada pela lei) e deve se dar de acordo com o interesse público, ou, mais especificamente, com os imperativos da segurança nacional ou relevante interesse coletivo (art. 173 da Constituição).[34]

1.3 As competências federativas e o papel do Estado na economia

Em um Estado intervencionista e voltado para a implementação de políticas públicas, como o Estado brasileiro estruturado pela Constituição de 1988, as esferas subnacionais não têm mais como analisar e decidir, originariamente, sobre inúmeros setores da atuação estatal, que necessitam de um tratamento uniforme em escala nacional.

Isto ocorre principalmente com os setores econômico e social, que exigem uma unidade de planejamento e direção.[35] Antes, portanto, de o Estado social (aqui entendido como sinônimo de Estado intervencionista[36]) estar em contradição com o Estado federal, o Estado social influi de maneira decisiva no desenvolvimento do federalismo atual, sendo o federalismo cooperativo considerado como o federalismo adequado ao Estado social.[37]

As tensões do federalismo contemporâneo, situadas basicamente entre a exigência da atuação uniformizada e harmônica de todos os entes federados e o pluralismo federal, são resolvidas em boa parte por meio da colaboração e atuação conjunta das diversas instâncias federais. A cooperação se faz necessária para que as crescentes necessidades de homogeneização não desemboquem na centralização. A virtude da cooperação é a de buscar resultados unitários e uniformizadores sem esvaziar os poderes e competências dos

34. Sobre a iniciativa econômica pública, v., ainda, Oscar de Juan Asenjo, *La Constitución Económica Española*, cit., pp. 90-99; Luís S. Cabral de Moncada, *Direito Económico*, cit., pp. 117-121; Natalino Irti, *L'Ordine Giuridico del Mercato*, cit., pp. 19-20; Paolo de Carli, *Lezioni ed Argomenti di Diritto Pubblico dell'Economia*, Padova, Cedam, 1995, pp. 36-38 e 40-41; e José Joaquim Gomes Canotilho e Vital Moreira, *Constituição da República Portuguesa Anotada*, vol. I, cit., pp. 958-959 e 982-986. Para uma análise da compatibilidade e das mudanças na visão da iniciativa econômica pública a partir do processo de integração econômica européia, v. Giampiero Di Plinio, *Diritto Pubblico dell'Economia*, cit., pp. 173-178 e 531-538.

35. Konrad Hesse, *Der Unitarische Bundesstaat*, Karlsruhe, Verlag C. F. Müller, 1962, pp. 13-14, e Enoch Alberti Rovira, *Federalismo y Cooperación en la República Federal Alemana*, Madrid, Centro de Estudios Constitucionales, 1986, pp. 356-357.

36. Sobre esta discussão, v. Gilberto Bercovici, *Desigualdades Regionais, Estado e Constituição*, São Paulo, Max Limonad, 2003, pp. 50-55.

37. Konrad Hesse, *Der Unitarische Bundesstaat*, cit., pp. 32-34; Konrad Hesse, *Grundzüge des Verfassungsrechts der Bundesrepublik Deutschland*, 20ª ed., Heidelberg, C. F. Müller Verlag, 1999, pp. 119-120; Enoch Alberti Rovira, *Federalismo y Cooperación en la República Federal Alemana*, cit., pp. 25, 54-55 e 365-366; e Gilberto Bercovici, "O federalismo cooperativo nos Estados Unidos e no Brasil", *Revista da Procuradoria-Geral do Município de Porto Alegre* 16/13-25, Porto Alegre, dez./2002.

entes federados em relação à União, mas ressaltando a sua complementaridade.[38] Podemos passar para a análise do federalismo brasileiro da Constituição de 1988, partindo da caracterização de federalismo cooperativo formulada por Enoch Rovira:

"En pocas palabras, y como punto de partida, podemos decir que la división federal del poder no se entiende ya como separación y mera yuxtaposición de esferas independientes y soberanas de gobierno, actuando cada una sobre un ámbito material propio y exclusivo, sino como colaboración entre los diversos centros de gobierno en la consecución de objetivos de común interés, como participación de todas las instancias en un esfuerzo conjunto para el cumplimiento de todas aquellas funciones y tareas que redundan en beneficio del todo, y con él, de las propias partes. La separación y la estanqueidad han sido sustituidas por lo que podemos designar como voluntad de colaboración, a impulso de las necesidades y exigencias de la realidad."[39]

Não é plausível, contudo, um Estado federal em que não haja um mínimo de colaboração entre os diversos níveis de governo. Faz parte da própria concepção de federalismo esta colaboração mútua. Portanto, no federalismo cooperativo, não se traz nenhuma inovação com a expressão "cooperação". Na realidade, a diferença é o que se entende por cooperação, que, no federalismo cooperativo, é bem diferente do modelo clássico de colaboração mínima e indispensável.[40]

Dentre as complexas relações de interdependência entre a União e os entes federados, no federalismo cooperativo, devemos distinguir a coordenação da cooperação propriamente dita. A coordenação é, na realidade, um modo de atribuição e exercício conjunto de competências no qual os vários integrantes da Federação possuem certo grau de participação. A vontade das partes é livre e igual, com a manutenção integral de suas competências: os entes federados sempre podem atuar de maneira isolada ou autônoma. A coordenação é um procedimento que busca um resultado comum e do interesse de todos. A decisão comum, tomada em escala federal, é adaptada e executada autonomamente por cada ente federado, adaptando-a às suas peculiaridades e necessidades.[41]

A materialização da coordenação na repartição de poderes são as competências concorrentes.[42] A União e os entes federados concorrem em uma mesma função, mas com âmbito e intensidade distintos. No caso brasileiro, há uma divergência doutrinária sobre a questão dos Municípios participarem, ou não, da repartição das competências concorrentes, por não estarem previstos expressamente no art. 24 da Constituição de 1988 como titulares dos poderes elencados, ao lado da União

38. Konrad Hesse, *Der Unitarische Bundesstaat*, cit., pp. 19-21 e 31-32; Konrad Hesse, *Grundzüge des Verfassungsrechts der Bundesrepublik Deutschland*, cit., pp. 103-104; e Enoch Alberti Rovira, *Federalismo y Cooperación en la República Federal Alemana*, cit., pp. 24-25 e 562-563.

39. Enoch Alberti Rovira, *Federalismo y Cooperación en la República Federal Alemana*, cit., pp. 358-359.

40. Enoch Alberti Rovira, *Federalismo y Cooperación en la República Federal Alemana*, cit., pp. 345-346 e 365-366. V. tb. Jean Anastopoulos, *Les Aspects Financiers du Fédéralisme*, Paris, LGDJ, 1979, pp. 409-410, e Klaus Friedrich Arndt, Wolfgang Heyder e Gebhard Ziller, "Interdependência política no federalismo cooperativo", in *O Federalismo na Alemanha*, Série Traduções 7, Rio de Janeiro, Konrad Adenauer Stiftung, 1995, p. 107.

41. Enoch Alberti Rovira, *Federalismo y Cooperación en la República Federal Alemana*, cit., pp. 361-365, 367-369 e 463-477.

42. V. Kenneth C. Wheare, *Federal Government*, London/New York, Oxford University Press/ Royal Institute of International Affairs, 1947, pp. 79-84. De acordo com vários autores, a técnica das competências concorrentes seria típica do federalismo cooperativo. Cf. Fernanda Dias Menezes de Almeida, *Competências na Constituição de 1988*, São Paulo, Atlas, 1991, p. 53.

e Estados. Na opinião de Fernanda Menezes de Almeida, apesar de não constarem expressamente no art. 24, os Municípios não foram excluídos da repartição de competências concorrentes. Para ela, a titularidade dos Municípios está garantida pelo art. 30, II, da Constituição, que dá competência aos Municípios para legislarem de maneira suplementar no que lhes couber.[43]

Cada parte decide, dentro de sua esfera de poderes, de maneira separada e independente, com a ressalva da prevalência do direito federal, que estabelece as chamadas "normas gerais". Em relação ao caso brasileiro, é necessário definirmos o que deve ser entendido por "normas gerais", previstas nos §§ 1º, 2º, 3º e 4º, do art. 24 da Constituição de 1988. De acordo com Tércio Sampaio Ferraz Jr., a expressão "normas gerais" exige que seu conteúdo seja analisado de maneira teleológica. As "normas gerais" devem se reportar ao interesse fundamental da ordem federativa. Como a Federação brasileira tem por fundamento a solidariedade, que exige a colaboração de todos os seus integrantes, existe a necessidade de uniformização de certos interesses como base desta cooperação. Desta maneira, toda matéria que ultrapassar o interesse particular de um ente federado porque é comum, ou seja, interessa a todos, ou envolver conceituações que, se fossem particularizadas num âmbito subnacional, gerariam conflitos ou dificuldades nacionalmente, é matéria de "norma geral".[44] Justamente dentre as matérias elencadas no texto constitucional de 1988 como de competência concorrente da União e demais entes federados está o direito econômico (art. 24, I, da Constituição).[45]

Já na cooperação, nem a União, nem qualquer ente federado pode atuar isoladamente, mas todos devem exercer sua competência conjuntamente com os demais.[46] Na repartição de competências, a cooperação se revela nas chamadas com-

43. V. Fernanda Dias Menezes de Almeida, *Competências na Constituição de 1988*, cit., pp. 80, 125, 139 e 167-171. Esta é a posição que considero mais adequada, dentro do sistema constitucional de 1988. Em sentido contrário, v. especialmente Tércio Sampaio Ferraz Jr., "Normas gerais e competência concorrente – Uma exegese do art. 24 da Constituição Federal", *Revista Trimestral de Direito Público* 7/19-20, São Paulo, Malheiros Editores, 1994.

44. Cf. Tércio Sampaio Ferraz Jr., "Normas gerais e competência concorrente – Uma exegese do art. 24 da Constituição Federal", cit., pp. 18-19. Para uma análise clássica (e ainda pertinente) sobre o assunto no Brasil, v. os textos de Victor Nunes Leal, "Leis Federais e Estaduais" e "Leis Municipais", in *Problemas de Direito Público*, Rio de Janeiro, Forense, 1960, pp. 109-178. V., ainda, Enoch Alberti Rovira, *Federalismo y Cooperación en la República Federal Alemana*, cit., pp. 84-85, 89-95, 366-367 e 462-463. De acordo com Enoch Rovira, a disposição que determina a prevalência do direito federal sobre o direito estadual (e, no nosso caso, também o direito municipal) é uma "norma de colisão" (*Kollisionsnorm*), não de competência. Esta determinação da prevalência do direito federal (na Constituição de 1988 está expressa no art. 24, § 4º) não diz respeito à repartição de competências entre a União e os demais entes federados, mas como devem ser resolvidos eventuais conflitos oriundos da repartição, determinando, nestes casos, qual é o direito válido. V. Enoch Alberti Rovira, idem, pp. 119-128. V. também Konrad Hesse, *Grundzüge des Verfassungsrechts der Bundesrepublik Deutschland*, cit., p. 116. Para Raul Machado Horta, a Constituição de 1988 abandonou a tradição constitucional anterior, onde a competência concorrente dizia respeito apenas à suplementação, pelos Estados, da legislação de competência privativa da União. O art. 24 da Constituição, em sua opinião, deu autonomia material e formal à competência concorrente, ao definir matérias próprias que são objeto das normas gerais federais e das normas suplementares estaduais. Cf. Raul Machado Horta, "Repartição de competências na Constituição Federal de 1988", in *Direito Constitucional*, 2ª ed., Belo Horizonte, Del Rey, 1999, pp. 356-357 e 366-368.

45. De Washington Peluso Albino de Souza, *Primeiras Linhas de Direito Econômico*, cit., pp. 23-24 e 46-47, e Washington Peluso Albino de Souza, *Teoria da Constituição Econômica*, Belo Horizonte, Del Rey, 2002, pp. 205-263; e Giovani Clark, *O Município em Face do Direito Econômico*, Belo Horizonte, Del Rey, 2001, pp. 94-102.

46. Enoch Alberti Rovira, *Federalismo y Cooperación en la República Federal Alemana*, cit., pp. 369-370 e 487. V. tb. Raul Machado Horta, "Repar-

petências comuns, consagradas no art. 23 da Constituição de 1988. Nas competências comuns, todos os entes da Federação devem colaborar para a execução das tarefas determinadas pela Constituição. E mais: não existindo supremacia de nenhuma das esferas na execução destas tarefas, as responsabilidades também são comuns, não podendo nenhum dos entes da Federação se eximir de implementá-las, pois o custo político recai sobre todas as esferas de governo.[47] A cooperação parte do pressuposto da estreita interdependência que existe em inúmeras matérias e programas de interesse comum, o que dificulta (quando não impede) a sua atribuição exclusiva ou preponderante a um determinado ente, diferenciando, em termos de repartição de competências, as competências comuns das competências concorrentes e exclusivas.[48]

O interesse comum viabiliza a existência de um mecanismo unitário de decisão, no qual participam todos os integrantes da Federação. Na realidade, há dois momentos de decisão na cooperação. O primeiro se dá em nível federal, quando se determina, conjuntamente, as medidas a serem adotadas, uniformizando-se a atuação de todos os poderes estatais competentes em determinada matéria. O segundo momento ocorre em nível estadual ou regional, quando cada ente federado adapta a decisão tomada em conjunto às suas características e necessidades. Na cooperação, em geral, a decisão é conjunta, mas a execução se realiza de maneira separada, embora possa haver, também, uma atuação conjunta, especialmente no tocante ao financiamento das políticas públicas.[49]

Em termos federativos, o debate sobre políticas públicas e desenvolvimento está estreitamente vinculado à concepção do federalismo cooperativo e seus instrumentos de atuação conjunta. Para Joachim Hesse, o termo-chave da cooperação é a elaboração de política conjunta (*Politikverflechtung*).[50] E, no caso brasileiro, a política conjunta está vinculada diretamente à responsabilidade comum decorrente das políticas e tarefas estatais (*Staatsaufgaben*),[51] cuja ênfase deve se dar no processo de cooperação intergovernamental e nas políticas dele derivadas.[52]

tição de competências na Constituição Federal de 1988", cit., pp. 364-366.

47. V. especialmente Sueli Gandolfi Dallari, *Os Estados Brasileiros e o Direito à Saúde*, São Paulo, Hucitec, 1995, pp. 38-42 e 79-80. V. tb. Marta Arretche, *Estado Federativo e Políticas Sociais: Determinantes da Descentralização*, Rio de Janeiro, Revan, 2000, p. 56.

48. Enoch Alberti Rovira, *Federalismo y Cooperación en la República Federal Alemana*, cit., pp. 373-374.

49. Enoch Alberti Rovira, *Federalismo y Cooperación en la República Federal Alemana*, cit., pp. 374-376. V. tb. Jean Anastopoulos, *Les Aspects Financiers du Fédéralisme*, cit., pp. 114-115 e 224-227; Joachim Jens Hesse, "República Federal da Alemanha: do federalismo cooperativo à elaboração de política conjunta", in *O Federalismo na Alemanha*, cit., pp. 128-129; e Eberhard Thiel, "O significado das disposições legais da estrutura do Estado Federativo para a política econômica prática", in *O Federalismo na Alemanha*, cit., pp. 179-180.

50. Cf. Joachim Jens Hesse, "República Federal da Alemanha: do federalismo cooperativo à elaboração de política conjunta", cit., pp. 117-118.

51. O debate sobre as "tarefas do Estado" (*Staatsaufgaben*) é o debate alemão que trata das políticas previstas constitucionalmente, sua estruturação administrativa, responsabilidade por sua execução, mecanismos de cooperação administrativa e financeira, etc. Por tratar diretamente de questões vinculadas ao desenho da cooperação federativa, entendemos que pode ser muito útil para uma comparação com os dilemas enfrentados pelo federalismo cooperativo no Brasil. Sobre este tema, v. Franz-Xaver Kaufmann, "Diskurse über Staatsaufgaben", in Dieter Grimm (org.), *Staatsaufgaben*, Frankfurt-am-Main, Suhrkamp, 1996, pp. 15-38; Dieter Grimm, "Der Wandel der Staatsaufgaben und die Zukunft der Verfassung", in Dieter Grimm (org.), *Staatsaufgaben*, cit., pp. 613-638; e Josef Isensee, "Staatsaufgaben", in Josef Isensee e Paul Kirchhof (orgs.), *Handbuch des Staatsrechts der Bundesrepublik Deutschland*, vol. 4, 3ª ed., Heidelberg, C. F. Müller Verlag, 2006, pp. 118-159.

52. Joachim Jens Hesse, "República Federal da Alemanha: do federalismo cooperativo à elaboração de política conjunta", cit., pp. 121-124 e 132-137.

O fato de o direito econômico encontrar-se entre as matérias elencadas como de competência concorrente (art. 24, I), é reforçado pela circunstância de que as finalidades e objetivos da União, Estados, Distrito Federal e Municípios são os mesmos, determinados pela Constituição de 1988, devendo utilizar de forma coordenada os instrumentos de que dispõem, na sua esfera de competências, para atuarem na esfera econômica.[53] No caso da política financeira e creditícia, a atuação conjunta é, inclusive, determinada pela própria estruturação do Sistema Financeiro Nacional (Lei n. 4.595/1964), não obstante o fato de ser a política de crédito de competência exclusiva da União (arts. 21, VIII, e 22, VII, da Constituição).[54] No Brasil, historicamente o papel do setor bancário público na política creditícia e financeira é preponderante,[55] o que torna toda e qualquer atuação conjunta entre instituições financeiras públicas federais e estaduais absolutamente positiva para o desenvolvimento nacional. A incorporação de uma sociedade de economia mista estadual por uma sociedade de economia mista federal, com a unificação das políticas creditícias das instituições financeiras públicas por meio da incorporação da Nossa Caixa ao Banco do Brasil, não afeta a realização das políticas governamentais de crédito e fomento. Pelo contrário, pode, inclusive, ser um fator de melhor coordenação e maior eficiência na obtenção do interesse público.

1.4 A sociedade de economia mista como instrumento de atuação estatal

É incorreto aceitar acriticamente conceitos e princípios pré-constitucionais só por estarem consolidados na doutrina administrativista. A Constituição obriga a reformulação, mesmo que parcial, de todas as categorias do direito administrativo. A realização dos programas constitucionais não depende dos operadores jurídicos, mas de inúmeros outros fatores, como a Administração Pública, para ser concretizada. Este "protagonismo político" da Administração, como ressalta Paulo Otero, está bem longe da tradição administrativista liberal. Fica patente, portanto, a necessidade de construção de um direito administrativo dinâmico, a serviço da concretização dos direitos fundamentais e da Constituição.[56]

53. Para um exemplo de um Estado que não é propriamente federativo, mas que reparte competências de atuação na esfera econômica com entes subnacionais, v. Oscar de Juan Asenjo, *La Constitución Económica Española*, cit., pp. 249-311 e Juan José Solozábal Echavarría, "El Estado Social como Estado Autonómico", in *Teoría y Realidad Constitucional* 3/61-78, Madrid, Universidad Nacional de Educación a Distancia/Editorial Centro de Estudios Ramón Areces, jan.-jun./1999.

54. Geraldo de Camargo Vidigal, *Fundamentos do Direito Financeiro*, São Paulo, Ed. RT, 1973, pp. 276-277. Sobre a necessidade de atuação conjunta da União e dos entes federados na política financeira e creditícia, v. C. J. de Assis Ribeiro, *Análise Jurídica do Crédito Público*, Rio de Janeiro, Edições Financeiras, 1954, pp. 175-189.

55. Sobre o predomínio do setor bancário público (especialmente o BNDES, o Banco do Brasil e a Caixa Econômica Federal) na oferta de crédito para o setor privado (especialmente pequenas e médias empresas) e no financiamento de longo prazo no Brasil, v. Barbara Stallings e Rogerio Studart, *Finance for Development*, cit., pp. 241-247 e 252-255.

56. Peter Badura, *Verwaltungsrecht im liberal und im sozialen Rechtsstaat*, Tübingen, J. C. B. Mohr (Paul Siebeck), 1966, pp. 12-27; Antonio Troncoso Reigada, "Dogmática administrativa y Derecho Constitucional: el caso del servicio público", *Revista Española de Derecho Constitucional* 57/87-98, Madrid, Centro de Estudios Políticos y Constitucionales, set.-dez./1999, e Paulo Otero, "Constituição e legalidade administrativa: a revolução dogmática do Direito Administrativo", in André Ramos Tavares, Olavo A. V. Alves Ferreira e Pedro Lenza (coords.), *Constituição Federal, 15 Anos: Mutação e Evolução – Comentários e Perspectivas*, São Paulo, Método, 2003, pp. 147-151. V. tb. Konrad Hesse, *Grundzüge des Verfassungsrechts der Bundesrepublik Deutschland*, 20ª ed., Heidelberg, C. F. Müller Verlag, 1999, pp. 93-94, e Dieter Grimm, "Die Zukunft der Verfassung", in *Die Zukunft der Verfassung*, 2ª ed., Frankfurt am Main, Suhrkamp, 1994, pp. 434-437.

Sob a Constituição de 1988, as empresas estatais estão subordinadas às finalidades do Estado, como o desenvolvimento (art. 3º, II, da Constituição). Neste sentido, é correta a afirmação de Paulo Otero, para quem o interesse público é o fundamento, o limite e o critério da iniciativa econômica pública.[57] A legitimação constitucional, no caso brasileiro, desta iniciativa econômica pública, da qual as sociedades de economia mista Banco do Brasil e Nossa Caixa constituem exemplos, se dá pelo cumprimento dos requisitos constitucionais e legais fixados para a sua atuação.

Como ressalta Washington Peluso Albino de Souza, a criação de uma empresa estatal, como uma sociedade de economia mista, já é um ato de política econômica.[58] Os objetivos do Banco do Brasil e da Nossa Caixa estão fixados por lei, não podendo furtar-se a estes objetivos. Devem cumpri-los, sob pena de desvio de finalidade. Para isto foram criados e são mantidos pelo Poder Público (federal ou estadual), integrando o Sistema Financeiro Nacional.

A sociedade de economia mista, como o Banco do Brasil ou a Nossa Caixa, é um instrumento de atuação do Estado, devendo estar acima, portanto, dos interesses privados. Embora se apliquem às sociedades de economia mista as disposições da Lei das S/A, esta também prescreve no seu art. 238 que a finalidade da sociedade de economia mista é atender ao interesse público, que motivou sua criação. A sociedade de economia mista está vinculada aos fins da lei que autoriza a sua instituição, que determina o seu objeto social e destina uma parcela do patrimônio público para aquele fim. Não pode, portanto, a sociedade de economia mista, por sua própria vontade, utilizar o patrimônio público para atender finalidade diversa da prevista em lei,[59] conforme expressa o art. 237 da Lei das S/A.

O objetivo essencial das sociedades de economia mista não é a obtenção de lucro, mas a implementação de políticas públicas. Segundo Fábio Konder Comparato, a legitimidade da ação do Estado como empresário (a iniciativa econômica pública) é a produção de bens e serviços que não podem ser obtidos de forma eficiente e justa no regime da exploração econômica privada. Não há nenhum sentido em o Estado procurar receitas por meio da exploração direta da atividade econômica.[60] A esfera de atuação das sociedades de economia mista é a dos objetivos da política econômica, de estruturação de finalidades maiores, cuja instituição e funcionamento ultrapassam a racionalidade de um único ator individual (como a própria sociedade ou seus acionistas). Nas palavras de Eros Roberto Grau:

"O Estado moderno é o Estado das políticas públicas. Ao desenvolvê-las, por certo não há de visar, o Estado, a produção de lucro, mas a realização justamente daquela linha de maior vantagem de que fala Washington Peluso Albino de Sou-

57. Paulo Otero, *Vinculação e Liberdade de Conformação Jurídica do Sector Empresarial do Estado*, Coimbra, Coimbra Ed., 1998, pp. 122-131 e 199-217. V. tb. Günter Püttner, *Die öffentlichen Unternehmen*, cit., pp. 87-98; Jean-Philippe Colson, *Droit Public Économique*, cit., pp. 99-111; e Celso Antônio Bandeira de Mello, *Curso de Direito Administrativo*, cit., pp. 178-183.

58. Washington Peluso Albino de Souza, *Primeiras Linhas de Direito Econômico*, cit., p. 278.

59. Maria Sylvia Zanella Di Pietro, *Direito Administrativo*, cit., pp. 417-418.

60. Cf. Fábio Konder Comparato, *O Poder de Controle na Sociedade Anônima*, 2ª ed., São Paulo, Ed. RT, 1977, pp. 289 e 390-391, e Eros Roberto Grau, "Sociedades de economia mista, empresas públicas, fundações e autarquias prestadoras de serviço público: o tema do lucro", *Revista Trimestral de Direito Público* 6/273-276, São Paulo, Malheiros Editores, 1994. V., ainda, Modesto Carvalhosa, *Comentários à Lei de Sociedades Anônimas*, vol. 4, t. I, cit., pp. 376-378 e 412-418, e Günter Püttner, *Die öffentlichen Unternehmen*, cit., pp. 86-87.

za, o que supõe máxima eficácia social ponderada desde os valores ideológicos consagrados no plano constitucional. Daí porque sustento que o princípio da economicidade impõe à Administração a busca da máxima eficácia social na implementação das políticas públicas a seu cargo e não a geração de lucro."[61]

A finalidade de qualquer ente da Administração é obter um resultado de interesse público, decorrente explícita ou implicitamente da lei. Isto quer dizer que a finalidade é condição obrigatória de legalidade de qualquer atuação administrativa, marcada, segundo Celso Antônio Bandeira de Mello, pela idéia de função. Quem define a finalidade da atuação dos órgãos da Administração Pública é o legislador, não as autoridades administrativas. Na possibilidade de se ver infringida, direta ou indiretamente, a finalidade legal, como o atendimento de um fim particular em detrimento do interesse público, ou, na feliz expressão de Caio Tácito, "a aplicação da competência para fim estranho ao estabelecido em lei", estará ocorrendo desvio de finalidade ou desvio de poder.[62] Há, no desvio de finalidade, uma incompatibilidade objetiva, ainda que possa ser disfarçada,[63] entre a finalidade legal que deveria ser atendida e a intenção particular de finalidade do ato praticado pela autoridade administrativa.

Aqui, portanto, trata-se, da clássica contraposição entre o interesse público e os interesses privados. Preservar e agir de acordo com o interesse público[64] é o dever fundamental da Administração Pública, da qual fazem parte a sociedade de economia mista Banco do Brasil (esfera federal) e a sociedade de economia mista Nossa Caixa (esfera estadual). O interesse público é indisponível por parte da Administração Pública, fundamentando o que Rogério Ehrhardt Soares denomina de "dever da boa administração": o administrador público deve atuar e esta atuação deve ocorrer em uma determinada direção, expressa nas diretrizes e princípios constitucionais.[65] Ainda nas palavras de Celso Antônio Bandeira de Mello:

61. Eros Roberto Grau, "Sociedades de economia mista, empresas públicas, fundações e autarquias prestadoras de serviço público: o tema do lucro", cit., p. 276. V., ainda, Günter Püttner, *Die öffentlichen Unternehmen*, cit., pp. 106-110.

62. O excesso de poder (*détournement de pouvoir*) é uma criação jurisprudencial do Conselho de Estado francês no final do século XIX, sendo o desvio de poder (ou desvio de finalidade) uma de suas formas possíveis de manifestação. No direito público brasileiro, a doutrina do desvio de finalidade foi introduzida a partir das considerações de Miguel Seabra Fagundes, Victor Nunes Leal (que, embora favorável à tese, buscou, corretamente, restringir a possibilidade de análise judicial sobre o mérito e a discricionariedade dos atos administrativos, tentando evitar, assim, que o legislador fosse substituído pelo juiz) e Caio Tácito. V. Miguel Seabra Fagundes, *O Controle dos Atos Administrativos pelo Poder Judiciário*, 5ª ed., Rio de Janeiro, Forense, 1979, pp. 71-73; Victor Nunes Leal, "Poder discricionário e ação arbitrária da Administração", in *Problemas de Direito Público*, Rio de Janeiro, Forense, 1960, pp. 278-294; de Caio Tácito, "O abuso do poder administrativo no Brasil", in *Temas de Direito Público*, vol. 1, cit., pp. 39 e 52-53,; Caio Tácito, "O desvio de poder em matéria administrativa", in *Temas de Direito Público*, vol. 1, cit., pp. 74-75, 89-92, 101-103 e 157-158, e Caio Tácito, "Teoria e prática do desvio de poder", in *Temas de Direito Público*, cit., vol. 1, pp. 162-168 e 178-180. Para o debate na doutrina brasileira recente, v., de Celso Antônio Bandeira de Mello, *Discricionariedade e Controle Jurisdicional*, 2ª ed., São Paulo, Malheiros Editores, 1996, pp. 53-83; Celso Antônio Bandeira de Mello, e *Curso de Direito Administrativo*, cit., pp. 377-380 e 923-926; e Maria Sylvia Zanella Di Pietro, *Direito Administrativo*, cit., pp. 194-195, 203, 222 e 225. Para o caso das sociedades de economia mista, v., ainda, Modesto Carvalhosa, *Comentários à Lei de Sociedades Anônimas*, cit., vol. 4, t. I, p. 417.

63. Miguel Seabra Fagundes fala explicitamente em "burla da intenção legal". Cf. Miguel Seabra Fagundes, *O Controle dos Atos Administrativos pelo Poder Judiciário*, cit., p. 72.

64. Sobre a supremacia do interesse público, v. Celso Antônio Bandeira de Mello, *Curso de Direito Administrativo*, cit., pp. 58-75 e 85-88, e Maria Sylvia Zanella Di Pietro, *Direito Administrativo*, cit., pp. 59-62.

65. Rogério Guilherme Ehrhardt Soares, *Interesse Público, Legalidade e Mérito*, Coimbra, Facul-

"Quem exerce 'função administrativa' está adscrito a satisfazer interesses públicos, ou seja, interesses de outrem: a coletividade. Por isso, o uso das prerrogativas da Administração é legítimo se, quando e na medida indispensável ao atendimento dos interesses públicos: vale dizer, do povo, porquanto nos Estados Democráticos o poder emana do povo e em seu proveito terá de ser exercido."[66]

Mesmo os autores que recentemente vêm defendendo a "relativização", ou mesmo o fim, da supremacia do interesse público sobre os interesses privados,[67] concordam que é dever do Estado e da Administração Pública a proteção aos direitos fundamentais e o respeito à Constituição.[68] No Estado Democrático de Direito, como o instituído pela Constituição de 1988, a base do direito administrativo só pode ser o direito constitucional, que estabelece os seus parâmetros: o direito administrativo é o "direito constitucional concretizado".[69]

As finalidades do Banco do Brasil e da Nossa Caixa estão definidas na legislação. Ambos são instrumentos da política nacional de crédito, como determina o art. 22, *caput*, da Lei n. 4.595/1964: "As instituições financeiras públicas são órgãos auxiliares da execução da política de crédito do Governo Federal".

O Banco do Brasil caracteriza-se por ser o principal instrumento das políticas de crédito nacionais,[70] com destaque ao crédito rural, ao financiamento do comércio exterior e à preocupação com as necessidades creditícias distintas das várias regiões do país, além de atuar de forma suplementar à rede bancária privada.[71] Suas funções estão previstas expressamente no art. 19 da mesma Lei n. 4.595/1964:

> Art. 19. Ao Banco do Brasil S/A competirá precipuamente, sob a supervisão do Conselho Monetário Nacional e como instrumento de execução da política creditícia e financeira do Governo Federal:

dade de Direito da Universidade de Coimbra, 1955, pp. 179-205, e Celso Antônio Bandeira de Mello, *Curso de Direito Administrativo*, cit., pp. 62-63.

66. Celso Antônio Bandeira de Mello, *Curso de Direito Administrativo*, cit., p. 60.

67. V., por todos, Peter Häberle, *Öffentliches Interesse als juristisches Problem: Eine Analyse von Gesetzgebung und Rechtsprechung*, 2ª ed., Berlin, Berliner Wissenschafts Verlag, 2006, especialmente pp. 52-53, 60-70 e 525-552. No Brasil, v. a obra coletiva *Interesses Públicos "versus" Interesses Privados: Desconstruindo o Princípio de Supremacia do Interesse Público*, Daniel Sarmento (org.), Rio de Janeiro, Lumen Juris, 2005.

68. Peter Häberle, *Öffentliches Interesse als juristisches Problem*, cit., pp. 351-359; Daniel Sarmento, "Interesses públicos *vs.* interesses privados na perspectiva da teoria e da filosofia constitucional", pp. 79-109, e Paulo Ricardo Schier, "Ensaio sobre a supremacia do interesse público sobre o privado e o regime jurídico dos direitos fundamentais", pp. 217-242, ambos ensaios publicados na já referida obra coletiva *Interesses Públicos "versus" Interesses Privados*, Daniel Sarmento (org.), cit.

69. Para esta concepção, v. Fritz Werner, "Verwaltungsrecht als konkretisiertes Verfassungsrecht", in *Recht und Gericht in unserer Zeit: Reden, Vorträge, Aufsätze 1948-1969*, Köln, Carl Heymans Verlag, 1971, pp. 212-226.

70. V. a menção expressa nos objetivos da Reforma Bancária de 1964, in Ministério do Planejamento e Coordenação Econômica, *Programa de Ação Econômica do Govêrno, 1964-1966 (Síntese)*, 2ª ed., Brasília, Escritório de Pesquisa Econômica Aplicada, 1965, p. 74.

71. Sobre as funções do Banco do Brasil, v. José Xavier Carvalho de Mendonça, *Tratado de Direito Comercial Brasileiro*, vol. VI, 5ª ed., Rio de Janeiro, Freitas Bastos, 1956, pp. 128-140; Waldemar Martins Ferreira, *A Sociedade de Economia Mista em seu Aspecto Contemporâneo*, cit., pp. 93-95; Alberto Venâncio Filho, *A Intervenção do Estado no Domínio Econômico*, cit., pp. 256-257; Manuel de Oliveira Franco Sobrinho, *Comentários à Reforma Administrativa Federal*, cit., pp. 344-346; e Thomas J. Trebat, *Brazil's State-Owned Enterprises: a Case Study of the State as Entrepreneur*, reimpr., Cambridge/New York, Cambridge University Press, 2006, pp. 23-24. Sobre o processo de centralização da autoridade monetária no Banco Central, em detrimento do Banco do Brasil, que só foi finalizado com a Constituição de 1988, v. Gilberto Bercovici e Luís Fernando Massonetto, "A Constituição dirigente invertida: a blindagem da Constituição financeira e a agonia da Constituição econômica", *Boletim de Ciências Económicas*, vol. XLIX, Coimbra, Universidade de Coimbra, 2006, pp. 60-66.

I – na qualidade de Agente, Financeiro do Tesouro Nacional, sem prejuízo de outras funções que lhe venham a ser atribuídas e ressalvado o disposto no art. 8º, da Lei n. 1.628, de 20 de junho de 1952:

a) receber, a crédito do Tesouro Nacional, as importâncias provenientes da arrecadação de tributos ou rendas federais e ainda o produto das operações de que trata o art. 49, desta lei;

b) realizar os pagamentos e suprimentos necessários à execução do Orçamento Geral da União e leis complementares, de acordo com as autorizações que lhe forem transmitidas pelo Ministério da Fazenda, as quais não poderão exceder o montante global dos recursos a que se refere a letra anterior, vedada a concessão, pelo Banco, de créditos de qualquer natureza ao Tesouro Nacional;

c) conceder aval, fiança e outras garantias, consoante expressa autorização legal;

d) adquirir e financiar estoques de produção exportável;

e) executar a política de preços mínimos dos produtos agropastoris;

f) ser agente pagador e recebedor fora do País; g) executar o serviço da dívida pública consolidada;

II – como principal executor dos serviços bancários de interesse do Governo Federal, inclusive suas autarquias, receber em depósito, com exclusividade, as disponibilidades de quaisquer entidades federais, compreendendo as repartições de todos os ministérios civis e militares, instituições de previdência e outras autarquias, comissões, departamentos, entidades em regime especial de administração e quaisquer pessoas físicas ou jurídicas responsáveis por adiantamentos, ressalvados o disposto no § 5º deste artigo, as exceções previstas em lei ou casos especiais, expressamente autorizados pelo Conselho Monetário Nacional, por proposta do Banco Central da República do Brasil;[72]

III – arrecadar os depósitos voluntários, à vista, das instituições de que trata o inciso III, do art. 10, desta lei, escriturando as respectivas contas;

IV – executar os serviços de compensação de cheques e outros papéis;

V – receber, com exclusividade, os depósitos de que tratam os arts. 38, item 3º, do Decreto-lei n. 2.627, de 26 de setembro de 1940, e 1º do Decreto-lei n. 5.956, de 1.11.1943, ressalvado o disposto no art. 27, desta lei;

VI – realizar, por conta própria, operações de compra e venda de moeda estrangeira e, por conta do Banco Central da República do Brasil, nas condições estabelecidas pelo Conselho Monetário Nacional;

VII – realizar recebimentos ou pagamentos e outros serviços de interesse do Banco Central da República do Brasil, mediante contratação na forma do art. 13, desta lei;

VIII – dar execução à política de comércio exterior;

IX – financiar a aquisição e instalação da pequena e média propriedade rural, nos termos da legislação que regular a matéria;

X – financiar as atividades industriais e rurais, estas com o favorecimento referido no art. 4º, inciso IX, e art. 53, desta lei;

XI – difundir e orientar o crédito, inclusive às atividades comerciais suplementando a ação da rede bancária;

a) no financiamento das atividades econômicas, atendendo às necessidades creditícias das diferentes regiões do País;

b) no financiamento das exportações e importações.[73]

§ 1º. O Conselho Monetário Nacional assegurará recursos específicos que possibilitem ao Banco do Brasil S/A, sob

72. Esta competência hoje, pelo art. 164, § 3º, da Constituição, é do Banco Central.

73. A Lei n. 8.490, de 19 de novembro de 1992, transferiu as atribuições de executar a política de comércio exterior do Ministério da Fazenda para o Ministério da Indústria e Comércio.

adequada remuneração, o atendimento dos encargos previstos nesta lei.

§ 2º. Do montante global dos depósitos arrecadados, na forma do inciso III deste artigo o Banco do Brasil S/A. Colocará à disposição do Banco Central da República do Brasil, observadas as normas que forem estabelecidas pelo Conselho Monetário Nacional, a parcela que exceder as necessidades normais de movimentação das contas respectivas, em função dos serviços aludidos no inciso IV deste artigo.

§ 3º. Os encargos referidos no inciso I, deste artigo, serão objeto de contratação entre o Banco do Brasil S/A e a União Federal, esta representada pelo Ministro da Fazenda.

§ 4º. O Banco do Brasil S/A prestará ao Banco Central da República do Brasil todas as informações por este julgadas necessárias para a exata execução desta lei.

§ 5º. Os depósitos de que trata o inciso II deste artigo, também poderão ser feitos nas Caixas econômicas Federais, nos limites e condições fixadas pelo Conselho Monetário Nacional.

Em relação à Nossa Caixa, suas funções estavam previstas no art. 2º da Lei Estadual n. 10.430/1971, revogado expressamente pelo art. 12 da Lei Estadual n. 10.853/2001, que redefiniu o objeto social da Nossa Caixa em seu art. 1º:

Art. 2º da Lei Estadual n. 10.430/1971:

A CEESP terá por finalidade estimular a poupança popular, aplicando seus depósitos em operações de crédito relacionadas com a promoção social e o bem-estar da comunidade, cabendo-lhe especificamente:

I – captar poupanças populares;

II – conceder empréstimos destinados a atender a empreendimentos educacionais, habitacionais, de saúde e saneamento, bem assim a programas de promoção cultural;

III – conceder crédito pessoal;

IV – conceder a Municípios, empréstimos para execução de serviços e obras e para o financiamento de operações de crédito por antecipação de receita.

Parágrafo único. As operações que, pela sua natureza, se incluam entre as habitualmente exercidas por outras instituições privadas, serão realizadas mediante refinanciamento.

Art. 1º da Lei Estadual n. 10.853/2001:

O Banco Nossa Caixa S/A, criado sob a denominação de CEESP – Caixa Econômica do Estado de São Paulo S/A pela Lei Estadual n. 10.430, de 16 de dezembro de 1971, passa a constituir-se em sociedade de economia mista, sob a forma de sociedade por ações, com sede, foro e administração na cidade de São Paulo, tendo por objeto social a atividade bancária, realizada por meio de operações ativas, passivas e acessórias inerentes às respectivas carteiras autorizadas, como banco múltiplo com carteira comercial, de crédito imobiliário e de câmbio, bem como a emissão e administração de cartões de crédito, nos termos das normas regulamentares pertinentes, podendo participar ainda de outras sociedades, nos termos desta lei e das demais disposições legais aplicáveis.

A legislação pertinente demonstra a proximidade e a sinergia existente entre as funções das duas sociedades de economia mista. Mesmo sob uma definição mais restrita de suas funções, a Nossa Caixa atuava no âmbito estadual paralelamente à atuação do Banco do Brasil em todo o país. A ampliação de seu objeto social, em 2001, para as atividades bancárias de um banco múltiplo apenas reforçou esta similaridade e proximidade na atuação de ambos os bancos, instrumentos da política econômica de seus respectivos titulares, a União e o Estado de São Paulo.

Nunca é demais tornar a ressaltar como os bancos públicos são essenciais para a política monetária, creditícia e fiscal do Estado brasileiro.[74] O Estado contemporâneo não pode se limitar à uma atuação mínima, mas deve dimensionar seus recursos de maneira a satisfazer o mais amplamente possível as necessidades sociais. Neste contexto, o funcionamento do crédito, que estende o campo das trocas do presente e dos bens disponíveis para o futuro e aos bens a produzir, é essencial como instrumento de direção da política econômica tendo em vista a manutenção da atividade econômica, o crescimento e a ampliação das oportunidades de emprego.[75] E, no Brasil, historicamente, o crédito é instrumentalizado, em sua maior parte, por intermédio dos bancos públicos, como o Banco do Brasil e a Nossa Caixa.

1.5 A incorporação de uma sociedade de economia mista por outra sociedade de economia mista e a inexigibilidade de licitação

A incorporação é a operação pela qual uma sociedade é absorvida por outra, que a sucede em direitos e obrigações (art. 227 da Lei n. 6.404/1976). A doutrina brasileira praticamente não diverge no que diz respeito à natureza da operação de incorporação. Não se trata de uma compra e venda de controle acionário, mas da absorção de uma companhia, que deixa de existir, por outra, que aumenta seu capital e assume todos os seus direitos e obrigações (sucessão universal),[76] recebendo os acionistas que possuíam ações da companhia incorporada o valor correspondente em ações da companhia incorporadora. Trata-se, na expressão precisa de Modesto Carvalhosa, "de oferta e troca de posições acionárias". Com a incorporação, a companhia incorporada se extingue,[77] sem passar pelo processo de dissolução ou liquidação, pois integra-se totalmente na companhia incorporadora.[78] Sobre a incorporação, afirmou José Xavier Carvalho de Mendonça: "Esta, porém, não deixa de ser o que realmente é: a transferência do patrimônio de uma para outra sociedade, mediante equivalente".[79]

Sendo o Banco do Brasil e a Nossa Caixa sociedades de economia mista, portanto, constituídas sob a forma de sociedade anônima, não haveria, em princípio, qualquer obstáculo à realização da operação de incorporação, pois a Lei n. 6.404/1976 também se aplica às socieda-

74. Sobre o papel essencial que os bancos emissores possuem na política econômica, v. Otto Pfleiderer, "Die Notenbank im System der wirtschaftspolitischen Steuerung", in Joseph H. Kaiser (org.), *Planung III: Mittel und Methoden planender Verwaltung*, Baden-Baden, Nomos Verlagsgesellschaft, 1968, pp. 409-427.

75. Geraldo de Camargo Vidigal, *Fundamentos do Direito Financeiro*, cit., pp. 38-39, 42-43, 51 e 199-203.

76. Sobre a sucessão universal no processo de incorporação, v. José Xavier Carvalho de Mendonça, *Tratado de Direito Comercial Brasileiro*, vol. IV, cit., p. 199; Waldirio Bulgarelli, *Fusões, Incorporações e Cisões de Sociedades*, 3ª ed., São Paulo, Atlas, 1998, pp. 107-113; Modesto Carvalhosa, *Comentários à Lei de Sociedades Anônimas*, vol. 4, t. I, cit., pp. 279 e 282; e José Edwaldo Tavares Borba, *Direito Societário*, 10ª ed., Rio de Janeiro, Renovar, 2007, p. 494.

77. A fusão cria uma nova sociedade, extinguindo as sociedades originárias, já a incorporação extingue a sociedade incorporada, mas mantém a sociedade incorporadora. Cf. José Xavier Carvalho de Mendonça, *Tratado de Direito Comercial Brasileiro*, vol. IV, cit., pp. 196-198; Waldirio Bulgarelli, *Fusões, Incorporações e Cisões de Sociedades*, cit., pp. 48-78; Modesto Carvalhosa, *Comentários à Lei de Sociedades Anônimas*, vol. 4, t. I, cit., pp. 296-297; e José Edwaldo Tavares Borba, *Direito Societário*, cit., p. 489.

78. José Xavier Carvalho de Mendonça, *Tratado de Direito Comercial Brasileiro*, vol. IV, cit., pp. 196-201; Waldirio Bulgarelli, *Fusões, Incorporações e Cisões de Sociedades*, cit., pp. 79-113 e 216-225; Modesto Carvalhosa, *Comentários à Lei de Sociedades Anônimas*, vol. 4, t. I, cit., pp. 273-291; Modesto Carvalhosa e Nelson Eizirik, *A Nova Lei das S/A*, São Paulo, Saraiva, 2002, pp. 372-383; e José Edwaldo Tavares Borba, *Direito Societário*, cit., pp. 488-495 e 498-499.

79. José Xavier Carvalho de Mendonça, *Tratado de Direito Comercial Brasileiro*, vol. IV, cit., p. 198.

des de economia mista. No entanto, a sociedade de economia mista também está submetida ao regime de direito público e à legislação que autorizou a sua instituição.

O art. 37, XX, da Constituição de 1988 determina que a criação de subsidiárias das entidades administrativas mencionadas no inciso XIX do mesmo artigo (autarquias, empresas públicas, sociedades de economia mista e fundações), bem como sua participação em empresa privada depende de autorização legislativa. No caso sob exame, o Banco do Brasil, sociedade de economia mista, não necessita desta autorização legislativa, pois não está criando nenhuma subsidiária ou participando de alguma empresa privada. O Banco do Brasil está propondo incorporar ao seu patrimônio uma outra sociedade de economia mista, a Nossa Caixa.

Da mesma forma que a sociedade de economia mista deve ter sua criação autorizada por lei (art. 37, XIX, da Constituição), ela só pode ser extinta por lei ou na forma da lei. Esta necessidade de autorização legislativa para a extinção das empresas estatais em geral (inclusive as sociedades de economia mista) sempre foi defendida pela doutrina administrativista brasileira,[80] estando hoje consagrada no art. 61, § 1º, II, *e*, da Constituição de 1988, com a redação alterada pela Emenda Constitucional n. 32, de 11 de setembro de 2001:

Art. 61, § 1º, II, *e*: "§ 1º. São de iniciativa privativa do Presidente da República as leis que: (...) II – disponham sobre: (...) e) *criação e extinção* de Ministérios e *órgãos da administração pública*, observado o disposto no art. 84, VI" (grifos meus).

Como a incorporação não acarreta a extinção da sociedade de economia mista Banco do Brasil e também não afeta os seus objetivos legais, é desnecessária a autorização legislativa prevista nos arts. 37, XIX, e 61, § 1º, II, *e*, da Constituição. A operação de incorporação não implica em alienação de qualquer tipo de bem imóvel, não sendo exigível a autorização legislativa prevista na Lei de Licitações (art. 17, *caput*).

Já no caso da Nossa Caixa, como haverá, resultante do processo de incorporação, sua extinção, se faz necessária a autorização legislativa. A Constituição do Estado de São Paulo de 1989, em seu art. 115, XXI, exige prévia autorização legislativa para a criação, transformação, fusão, cisão, incorporação, privatização ou extinção das sociedades de economia mista, autarquias, fundações e empresas públicas.

Resta, ainda, uma última consideração a ser feita em relação a um dispositivo da Constituição do Estado de São Paulo, o art. 173, que declara serem agentes financeiros do Tesouro Estadual o Banco do Estado de São Paulo S/A e a Caixa Econômica do Estado de São Paulo S/A (atual Nossa Caixa S/A). Após uma leitura apressada do texto, este artigo poderia ser utilizado como óbice à incorporação da Nossa Caixa pelo Banco do Brasil. Mas, na realidade, não é o que se depreende em uma análise um pouco mais detida deste dispositivo constitucional estadual.

O fato de o art. 173 da Constituição Estadual declarar o Banespa e a Nossa Caixa como agentes financeiros do Estado de São Paulo significa que estas instituições financeiras detêm esta função enquanto controladas pelo Poder Público estadual, seguindo o disposto no art. 164, § 3º, da Constituição de 1988:

Art. 164, § 3º: "As disponibilidades de caixa da União serão depositadas no Banco Central; as dos Estados, do Distrito Federal, dos Municípios e dos órgãos ou entidades do poder público e das empresas por ele controladas, em instituições financeiras oficiais, ressalvados os casos previstos em lei".

80. Cf. Celso Antônio Bandeira de Mello, *Curso de Direito Administrativo*, cit., p. 190, e Maria Sylvia Zanella Di Pietro, *Direito Administrativo*, cit., pp. 414-416.

A decretação do Regime de Administração Especial Temporária (RAET), em 30 de dezembro de 1994,[81] a federalização, em 26 dezembro de 1997,[82] e posterior privatização do Banespa, ocorrida em 20 de novembro de 2000, retirou deste banco a função de agente financeiro do Tesouro Estadual, função esta que passou com exclusividade para a Nossa Caixa, como instituição financeira pública estadual remanescente. Caso ocorra a incorporação da Nossa Caixa ao Banco do Brasil, incorporação esta autorizada pelo art. 115, XXI, da Constituição do Estado de São Paulo, deixará de existir uma instituição financeira pública estadual e o art. 173 da Constituição Estadual terá que continuar a ser interpretado e aplicado em de acordo com o art. 164, § 3º, devendo as disponibilidades de caixa do Estado de São Paulo ser depositadas em instituição financeira oficial, como o Banco do Brasil, solução mais provável caso incorpore a Nossa Caixa, ou outro banco controlado pelo Poder Público.

Assim, a incorporação de uma sociedade de economia mista (Nossa Caixa) por outra sociedade de economia mista (Banco do Brasil) necessita de prévia autorização legislativa para a extinção da sociedade incorporada (Nossa Caixa), em virtude dos arts. 37, XIX, e 61, § 1º, II, *e*, da Constituição de 1988 e do art. 115, XXI, da Constituição do Estado de São Paulo de 1989. Esta prévia autorização legislativa, obviamente, é do órgão legislativo competente, no caso, a Assembléia Legislativa do Estado de São Paulo, por se tratar da incorporação de uma sociedade de economia mista estadual por uma sociedade de economia mista federal.

Na incorporação, não se deseja simplesmente vender ou unificar patrimônio, mas as partes envolvidas querem atuar conjuntamente na mesma sociedade, ou seja, a sociedade incorporada passa a fazer parte da sociedade incorporadora, inclusive com seus acionistas participando das decisões sociais da incorporadora. A vontade da sociedade a ser incorporada não é alienar ou vender seu patrimônio, mas integrar-se a outra sociedade, subscrevendo o capital daquela com o seu próprio patrimônio.[83] A incorporação não é, portanto, uma alienação de patrimônio, não se configurando como uma mera transferência de domínio de bens a terceiros (seguindo a definição do art. 6º, IV, da Lei de Licitações – Lei n. 8.666, de 21 de junho de 1993). Na incorporação, não há apenas a transferência de bens, mas a subscrição de ações com o patrimônio da sociedade incorporada. Seus acionistas tornam-se acionistas da sociedade incorporadora, não deixam de ser acionistas e de atuarem nas deliberações societárias na proporção da sua titularidade acionária, isto é, passam de acionistas da sociedade incorporada para acionistas da sociedade incorporadora. Deste modo, não está configurada dentre os contratos que exigem licitação por determinação do art. 37, XXI, da Constituição,[84] e do art. 2º, *caput*, da Lei n. 8.666/1993.[85]

81. O Regime de Administração Especial Temporária do Banespa, com duração inicial prevista de 12 meses, foi decretado pelo Presidente do Banco Central, com base no Decreto-lei n. 2.321, de 25 de fevereiro de 1987, por meio do Ato Presidencial n. 165, de 30 de dezembro de 1994. Este regime foi prorrogado pelos Atos Presidenciais ns. 437, de 25 de dezembro de 1995, e 602, de 27 de dezembro de 1996.

82. Em 27 de novembro de 1996, foi firmado um protocolo entre a União e o Estado de São Paulo objetivando a reestruturação do sistema financeiro estadual, com a transferência de 51% das ações ordinárias do Banespa para a União. Esta transferência foi autorizada pelas Leis Estaduais ns. 9.343, de 22 de fevereiro de 1996, e 9.466, de 27 de dezembro de 1996, seguindo o disposto no art. 115, XXI, da Constituição do Estado de São Paulo.

83. Waldirio Bulgarelli, *Fusões, Incorporações e Cisões de Sociedades*, 3ª ed., cit., p. 114, e Modesto Carvalhosa, *Comentários à Lei de Sociedades Anônimas*, vol. 4, t. I, cit., p. 283.

84. A Constituição exige licitação para contratos de obras, serviços, compras e alienações.

85. Art. 2º, *caput*: "As obras, serviços, inclusive de publicidade, compras, alienações, concessões,

Caso se tratasse de uma privatização, ou seja, de uma alienação de patrimônio público para o setor privado, a realização de leilão de oferta pública de ações seria obrigatória (art. 37, XXI, da Constituição, e arts. 2º, § 4º, e 4º, § 3º, da Lei n. 9.491, de 9 de setembro de 1997). Mas trata-se da incorporação de uma sociedade de economia mista por outra sociedade de economia mista. O patrimônio da sociedade incorporada continuará a ser patrimônio público, mas de propriedade da sociedade de economia mista incorporadora. Neste caso, a incorporação também não tem como ser enquadrada no art. 17 da Lei n. 8.666/1993, pois não se trata de alienação de bens públicos, mas de permanência dos bens e do capital de uma sociedade de economia mista na esfera pública, apenas sob outra titularidade e, no caso, com a passagem destes bens e capital da titularidade formal estadual para a federal, com a contrapartida da participação equivalente dos acionistas (inclusive o Poder Público estadual, acionista controlador da Nossa Caixa) da sociedade incorporada no patrimônio da sociedade incorporadora.

A licitação é possível quando há possibilidade de competição, de pluralidade de concorrentes.[86] No caso da incorporação de uma sociedade de economia mista por outra sociedade de economia mista, esta possibilidade é inexistente, pois não há como escolher, por leilão público, o incorporador. A situação é determinada pela vontade e conveniência política dos acionistas controladores das sociedades de economia mista envolvidas, o Governo Federal (Banco do Brasil) e o Governo do Estado de São Paulo (Nossa Caixa). A conveniência da incorporação deve ser justificada, com base no interesse público e nas finalidades para as quais foram criadas e são mantidas ambas as sociedades de economia mista. O caso da incorporação de uma sociedade de economia mista por outra sociedade de economia mista é um caso de inexigibilidade de licitação (art. 25 da Lei n. 8.666/1993). Não se trata de uma opção ou possibilidade de não licitar (caso da dispensa de licitação), mas de inviabilidade de competição, de impossibilidade de licitar, portanto, de não incidência do dever de licitar.[87]

A título de especulação, caso a incorporação de sociedade de economia mista por outra sociedade de economia mista não fosse um caso de inexigibilidade de licitação, esta operação poderia ser enquadrada dentro das hipóteses previstas de dispensa de licitação (art. 17 da Lei n. 8.666/1993), como a doação, a permuta, a venda de ações e a venda de bens, desde que estas operações ocorram com outro órgão ou entidade da Administração Pública, de qualquer esfera de governo (art. 17, I, *b*, *c*, *e*, para bens imóveis, e art. 17, II, *a*, *b*, *c*, *e*, *f*, para bens móveis). Se no caso da alienação de bens públicos para outro órgão ou entidade da Administração Pública é possível a dispensa de licitação, com muito mais razão esta seria dispensável no caso da incorporação de uma sociedade de economia mista por outra sociedade de economia mista, pois não há alienação de bens públi-

permissões e locações da Administração Pública, quando contratadas com terceiros, serão necessariamente precedidas de licitação, ressalvadas as hipóteses previstas nesta Lei".

86. V., por todos, Celso Antônio Bandeira de Mello, *Curso de Direito Administrativo*, cit., pp. 505-506, e Maria Sylvia Zanella Di Pietro, *Direito Administrativo*, cit., p. 340.

87. Sobre a inexigibilidade de licitação, v. Celso Antônio Bandeira de Mello, *Curso de Direito Administrativo*, cit., pp. 506-507 e 513-518; Maria Sylvia Zanella Di Pietro, *Direito Administrativo*, cit., pp. 338-340 e 347-349; Lúcia Valle Figueiredo, *Direitos dos Licitantes*, 4ª ed., São Paulo, Malheiros Editores, 1994, pp. 23-37; e, especialmente, Eros Roberto Grau, *Licitação e Contrato Administrativo (Estudos sobre a Interpretação da Lei)*, São Paulo, Malheiros Editores, 1995, pp. 64-88. O próprio STF consagrou esta conceituação de inexigibilidade de licitação, conforme pode-se depreender da AP 348-SC (Relator: Ministro Eros Grau), publicada no *DJ* 3.8.2007.

cos neste tipo de operação. É justamente por não haver alienação de bens públicos, que a incorporação de uma sociedade de economia mista por outra sociedade de economia mista é um caso de inexigibilidade, não de dispensa, de licitação.

Os motivos de interesse público na incorporação da Nossa Caixa pelo Banco do Brasil são facilmente demonstráveis por alguns dos aspectos envolvidos nesta operação. O primeiro e mais perceptível diz respeito à manutenção e ampliação das políticas financeira, creditícia e de fomento desenvolvidas por ambas instituições financeiras públicas, cuja compatibilização e coordenação são necessárias no modelo federativo cooperativo instaurado pela Constituição de 1988.

Outro motivo de interesse público é a possibilidade de manutenção dos empregados da Nossa Caixa como empregados de outro banco público, o Banco do Brasil, que não costuma promover a demissão imotivada de funcionários, ao contrário do que historicamente ocorreu no Brasil após a compra de bancos públicos pela iniciativa privada. O princípio da busca do pleno emprego (art. 170, VIII, da Constituição) seria melhor atendido deste modo, pois este princípio é também, indiretamente, uma garantia para o trabalhador, na medida em que está coligado ao princípio da valorização do trabalho humano (arts. 1º, IV, e 170, *caput*, da Constituição) e reflete efeitos em relação ao direito social ao trabalho (art. 6º da Constituição). O direito ao trabalho consiste em um marco na luta por direitos sociais desde os debates da Revolução de 1848, que terminaram por excluir a previsão do direito ao trabalho do texto constitucional francês,[88] mas não do centro da disputa política e jurídica que irá servir de fundamento para o chamado "constitucionalismo social" do século XX. Em virtude da centralidade da questão do trabalho e do direito ao trabalho neste "constitucionalismo social", Antonio Cantaro, inclusive, o denominará de "*costituzioni del lavoro*", cujo ápice se dará com a Constituição da Itália de 1947 e sua proclamação de que "a Itália é uma República democrática fundada sobre o trabalho" (art. 1º da Constituição Italiana),[89] cujo texto correlato na Constituição de 1988 é a proclamação do valor social do trabalho como fundamento da República e da ordem econômica constitucional.

A preservação do patrimônio público também é um motivo que justifica o interesse público na incorporação da Nossa Caixa pelo Banco do Brasil, especialmente no que diz respeito aos depósitos judiciais e operações privativas de instituições financeiras oficiais, conforme determinam o art. 164, § 3º, da Constituição e o art. 666, I, do Código de Processo Civil (com a redação alterada pela Lei n. 11.382, de 6 de dezembro de 2006):

Art. 666, I, do Código de Processo Civil: "Os bens penhorados serão preferencialmente depositados: I – no Banco do Brasil, na Caixa Econômica Federal, ou em um banco, de que o Estado-Membro da União possua mais de metade do capital social integralizado; ou, em falta de tais estabelecimentos de crédito, ou agências suas no lugar, em qualquer estabelecimento de crédito, designado pelo juiz, as quantias em dinheiro, as pedras e os metais preciosos, bem como os papéis de crédito".

A expressão "instituições financeiras oficiais" significa instituições financeiras pertencentes ao Estado. Em todo o texto constitucional de 1988, a expressão "oficial" tem este sentido de pertencente ou

88. Sobre o debate de 1848, v. Carlos Miguel Herrera, "Estado, Constitución y derechos sociales", *Revista Derecho del Estado* 15/78-80, Bogotá, 2003, e Antonio Cantaro, *Il Secolo Lungo: Lavoro e Diritti Sociali nella Storia Europea*, Roma, Ediesse, 2006, pp. 52-54 e 151-152.

89. Antonio Cantaro, *Il Secolo Lungo: Lavoro e Diritti Sociali nella Storia Europea*, cit., pp. 54-75 e 161-172. V., por todos, o clássico texto de Costantino Mortati, "Il lavoro nella Costituzione", in *Il Diritto del Lavoro*, I, 1954, pp. 149-212.

proveniente do Estado, em contraposição ao setor privado.[90] Neste sentido, inclusive, prescrevia o art. 192, I,[91] da Constituição de 1988 (hoje revogado pela Emenda Constitucional n. 40, de 29 de maio de 2003) e a Lei n. 4.595/1964, que, após definir instituição financeira, em seu art. 17,[92] institui, em seu art. 18, § 1º, a diferenciação entre estabelecimento bancário oficial e estabelecimento bancário privado, deixando claro a reiterada opção do legislador brasileiro (constituinte e ordinário) de equiparar o estabelecimento bancário oficial ao estabelecimento bancário público:

Art. 18, § 1º, da Lei n. 4.595/1964: "Além dos *estabelecimentos bancários oficiais ou privados*, das sociedades de crédito, financiamento e investimentos, das caixas econômicas e das cooperativas de crédito ou a seção de crédito das cooperativas que a tenham, também se subordinam às disposições e disciplina desta lei no que for aplicável, as bolsas de valores, companhias de seguros e de capitalização, as sociedades que efetuam distribuição de prêmios em imóveis, mercadorias ou dinheiro, mediante sorteio de títulos de sua emissão ou por qualquer forma, e as pessoas físicas ou jurídicas que exerçam, por conta própria ou de terceiros, atividade relacionada com a compra e venda de ações e outros quaisquer títulos, realizando nos mercados financeiros e de capitais operações ou serviços de natureza dos executados pelas instituições financeiras" (grifos meus).

Caso o Governo do Estado de São Paulo optasse por privatizar a Nossa Caixa, efetuando, neste caso, alienação de patrimônio público para o setor privado, os eventuais compradores ficariam sem os depósitos judiciais e demais operações restritas às instituições financeiras oficiais, que passariam para outro banco oficial, ou seja, público, por imposição legal. Este dado demonstra que o valor dos ativos da Nossa Caixa para o setor financeiro privado é muito menor do que para o setor financeiro público, configurando uma maior vantagem financeira para o Estado de São Paulo a incorporação da Nossa Caixa pelo Banco do Brasil, que, inclusive, conforme disposto no art. 3º da Lei n. 9.491/1997, está excluído da possibilidade de privatização.[93]

Finalmente, o interesse público está sendo atendido na incorporação da Nossa Caixa ao Banco do Brasil em virtude da necessidade estratégica de preservar o setor público no setor bancário nacional, segmento da economia que nos últimos anos se caracteriza pela desnacionalização e pela concentração econômica em mãos privadas. Ao contrário da concentração de poder econômico privado, cujo abuso deve ser reprimido (art. 173, § 4º, da Constituição), concentração pode ser benéfica quando se trata de constituir um setor estatal forte, capaz de atuar no sen-

90. Cf. Fábio Konder Comparato, "Monopólio público das operações de resseguro", in *Direito Público: Estudos e Pareceres*, São Paulo, Saraiva, 1996, pp. 157-160.

91. Art. 192, I, da Constituição de 1988: "I – a autorização para o funcionamento das instituições financeiras, assegurado às *instituições bancárias oficiais e privadas* acesso a todos os instrumentos do mercado financeiro bancário, sendo vedada a essas instituições a participação em atividades não previstas na autorização de que trata este inciso" (grifos meus).

92. Art. 17, *caput*, da Lei n. 4.595/1964: "Consideram-se instituições financeiras, para os efeitos da legislação em vigor, as pessoas jurídicas públicas ou privadas, que tenham como atividade principal ou acessória a coleta, intermediação ou aplicação de recursos financeiros próprios ou de terceiros, em moeda nacional ou estrangeira, e a custódia de valor de propriedade de terceiros".

93. Art. 3º da Lei n. 9.491/1997: "Não se aplicam os dispositivos desta Lei ao Banco do Brasil S/A, à Caixa Econômica Federal, e a empresas públicas ou sociedades de economia mista que exerçam atividades de competência exclusiva da União, de que tratam os incisos XI e XXIII do art. 21 e a alínea *c* do inciso I do art. 159 e o art. 177 da Constituição Federal, não se aplicando a vedação aqui prevista às participações acionárias detidas por essas entidades, desde que não incida restrição legal à alienação das referidas participações".

tido dos dispositivos constitucionais. Para repensar as bases e estrutura do Estado brasileiro, não se pode deixar de levar em consideração a questão central da atualidade: a prevalência das instituições democráticas sobre o mercado e a independência política do Estado em relação ao poder econômico privado, ou seja, a necessidade de o Estado ser dotado de uma sólida base de poder econômico próprio.[94] O fundamento desta visão, consubstanciada no texto constitucional vigente, é o de que não pode existir um Estado democrático forte sem que sua força também seja ampliada do ponto de vista econômico, para que ele possa enfrentar os interesses dos detentores do poder econômico privado.

O desafio da reestruturação do Estado no Brasil envolve, assim, uma reflexão sobre os instrumentos jurídicos, fiscais, financeiros e administrativos necessários ou à disposição do Estado para a retomada do projeto nacional de superação do subdesenvolvimento. Ou seja, é uma tarefa preponderantemente do direito econômico, com sua característica, denominada por Norbert Reich, da "dupla instrumentalidade" (*doppelte Instrumentalität des Wirtschaftsrechts*):[95] ao mesmo tempo em que oferece instrumentos para a organização do processo econômico capitalista de mercado, o direito econômico pode ser utilizado pelo Estado como um instrumento de influência, manipulação e transformação da economia, vinculado a objetivos sociais ou coletivos.

Resposta

Diante da argumentação exposta, concluo:

1) Na incorporação de uma sociedade de economia mista por outra sociedade de economia mista, não ocorre alienação, mas substituição das ações dos acionistas da sociedade incorporada por ações da sociedade incorporadora. Esta operação não está prevista nas hipóteses do art. 2º, *caput*, da Lei de Licitações (Lei n. 8.666/1993).

2) A sociedade de economia mista tem natureza jurídica de sociedade anônima. Desde que seja do interesse público do ente que a instituiu, ela pode promover qualquer tipo de reorganização societária prevista na Lei das S/A (Lei n. 6.404/1976), como a incorporação societária. A venda das ações em leilão é obrigatória nos casos de privatização (art. 2º, § 1º, *a*, e art. 4º, I, II e III, da Lei n. 9.491/1997), para assegurar o recebimento do melhor preço/proposta, não nos casos de incorporação de uma sociedade de economia mista por outra sociedade de economia mista.

3) No caso da incorporação de uma sociedade de economia mista por outra sociedade de economia mista está configurada a inexigibilidade de licitação pela inviabilidade de competição (art. 25 da Lei n. 8.666/1993).

4) A atuação do Estado na esfera econômica pode ser efetuada pela União ou qualquer dos entes da Federação, com base nos arts. 23, 24, 173 e 175, da Constituição de 1988. A atuação do Estado no domínio econômico pode ocorrer por intermédio de sociedades de economia mista, que efetivamente constituem instrumentos de política econômica e de ação governamental dos vários entes federados. De acordo com a estrutura federativa cooperativa prevista no texto constitucional de 1988,

94. A literatura nacional é omissa a este respeito. A exceção fica a cargo da Tese de Alberto Moniz da Rocha Barros, *O Poder Econômico do Estado Contemporâneo e seus Reflexos no Direito*, mimeo, São Paulo, Faculdade de Direito da USP, 1953. Na literatura estrangeira, v., p. ex., Oscar de Juan Asenjo, *La Constitución Económica Española*, cit., pp. 318-323.

95. Norbert Reich, *Markt und Recht: Theorie und Praxis des Wirtschaftsrechts in der Bundesrepublik Deutschland*, Neuwied/Darmstadt, Luchterhand, 1977, pp. 64-66. V. tb. Eros Roberto Grau, "O direito do modo de produção capitalista e a teoria da regulação", in *O Direito Posto e o Direito Pressuposto*, 5ª ed., São Paulo, Malheiros Editores, 2003, pp. 126-127.

os vários entes da Federação não apenas podem, mas devem atuar em conjunto, por intermédio de todos os instrumentos de intervenção de que dispõem, como as sociedades de economia mista, para melhor exercer suas respectivas funções governamentais e atingir os objetivos constitucionais a que estão vinculados. A atuação no setor bancário configura exercício de atividade econômica em sentido estrito e esta atuação governamental conjunta pode ser exercida pela incorporação de uma sociedade de economia mista estadual (Nossa Caixa) por uma outra sociedade de economia mista federal (Banco do Brasil), com vistas a manter o atendimento do interesse público.

5) Ainda que não se admitisse a inexigibilidade de licitação, que não é o caso, poderia ser possível afirmar que a incorporação da Nossa Caixa pelo Banco do Brasil estaria configurada nas hipóteses de dispensa de licitação (art. 17 da Lei n. 8.666/1993), por se tratar de operação envolvendo entes da Administração Pública. Mas, como a incorporação de uma sociedade de economia mista por outra sociedade de economia mista não envolve alienação de bens públicos, trata-se de um caso de inexigibilidade, ou seja, de impossibilidade, de não incidência, de licitação.

6) Em qualquer das hipóteses, a incorporação da Nossa Caixa pelo Banco do Brasil atende ao interesse público, tendo em vista que são sociedades de economia mista criadas para a consecução do interesse público, além do fato desta incorporação reforçar o poder econômico público em um setor marcado pela desnacionalização e concentração de poder econômico em mãos privadas, como o setor bancário.

Este é o meu Parecer.

São Paulo, 21 de setembro de 2008.

Consulta Complementar

O Banco do Brasil S/A, por intermédio de seu Diretor Jurídico, Dr. Joaquim Portes de Cerqueira César, honra-me com a formulação da seguinte Consulta, cujos termos transcrevo abaixo, para análise e produção de Parecer:

"O Parecer em epígrafe cuidou da análise do negócio jurídico visualizado pelas partes (incorporação societária do BNC pelo BB), que foi levado ao conhecimento do público e do mercado por intermédio da publicação de fato relevante de 21.5.2008.

"As partes envolvidas na operação decidiram ampliar a análise para abarcar outra hipótese de reorganização societária (alienação de controle acionário). No caso concreto, tal hipótese não exclui e seria precedente à incorporação societária a ser levada a efeito no momento mais oportuno do ponto de vista operacional.

"Sob esse novo enfoque, o Banco do Brasil S/A solicita prévia manifestação de Vossa Senhoria sobre seu interesse de elaborar Parecer jurídico complementar para responder os quesitos abaixo, analisando, dentre outros pontos, a inaplicabilidade da Lei de Licitações na hipótese de alienação do controle acionário da Nossa Caixa ao Banco do Brasil.

"De outro lado, o complementar pronunciamento requer também a análise quanto à necessidade (ou não) de autorização legislativa para que o Banco do Brasil S/A possa participar majoritária ou minoritariamente de outra instituição financeira, à luz da novel Medida Provisória n. 443, de 21 de outubro de 2008.

Quesitos Complementares

"1. Na esteira das indagações formuladas na Consulta anterior, estaria configurada, também, a hipótese de contratação direta por inexigibilidade ou dispensa de licitação no caso de alienação do controle de uma sociedade de economia mista estadual (BNC) a uma sociedade de economia mista federal (BB)?

"2. Considerando-se a hipótese anterior, permaneceria presente o interesse público no BNC, notadamente porque este se tornaria, num primeiro momento, sociedade controlada do BB?

"3. Qual o alcance da expressão 'empresa privada' constante no inciso XX, do art. 37, da Constituição Federal, ou seja, a expressão representaria a empresa que detém capital privado, ainda que em parte, como ocorre nas sociedades de economia mista, ou seria a sociedade eminentemente privada, composta de capital integralmente privado e controlada exclusivamente por entes privados?

"4. Considerando que a alienação do controle do BNC ao BB representaria a vontade discricionária do administrador em não o privatizar e que o negócio constituiria fase preliminar de reorganização para a posterior incorporação societária do BNC pelo BB, poder-se-ia afirmar que nesse lapso temporal, ou seja, enquanto o BNC permanecer como controlada do BB, o BNC poderia desempenhar as funções públicas originalmente prestadas por ele, como por exemplo, abrigar a conta única do Tesouro do Estado de São Paulo e administrar os depósitos judiciais de que trata o art. 666, inciso I, do CPC, etc.?

"5. A edição da Medida Provisória 443, de 21 de outubro de 2008, altera o contido no Parecer anteriormente emitido por Vossa Senhoria ou as conclusões decorrentes da análise dos itens precedentes, quanto à dispensa ou inexigibilidade de licitação?"

Parecer Complementar

2.1 A alienação do controle de uma sociedade de economia mista por outra sociedade de economia mista

Toda sociedade de economia mista está submetida às regras gerais da Administração Pública (art. 37 da Constituição de 1988), possuindo uma forma distinta de vinculação e conformação jurídica, constitucionalmente definida, que vai além do disposto no art. 173, § 1º, II, da Constituição, que iguala o regime jurídico das empresas estatais prestadoras de atividade econômica em sentido estrito ao mesmo das empresas privadas em seus aspectos civil, comercial, trabalhista e tributário. A natureza jurídica de direito privado é um expediente técnico que não derroga o direito administrativo, sob pena de inviabilizar a sociedade de economia mista como instrumento de atuação do Estado.[96]

A prevalência do direito público não significa, no entanto, que a sociedade de economia mista perca a natureza de sociedade anônima.[97] A Lei das S/A (Lei n. 6.404, de 15 de dezembro de 1976) se aplica às sociedades de economia mista, desde que seja preservado o interesse público que justifica sua criação e atuação (art. 235). Deste modo, sua liberdade de reestruturação organizacional é plena, dentro de todas as formas possíveis previstas pela legislação societária brasileira.

A alienação do controle de uma sociedade de economia mista por outra sociedade de economia mista não envolve alienação de patrimônio público para o setor privado. Não se trata, portanto, de uma privatização, o que exigiria, por força do disposto no art. 37, XXI, da Constituição,[98] no art. 2º, *caput*, da Lei n. 8.666, de 21 de

96. Caio Tácito, "Direito Administrativo e Direito Privado nas empresas estatais", cit., pp. 691-698; Eros Roberto Grau, *Elementos de Direito Econômico*, cit., pp. 101-111; Celso Antônio Bandeira de Mello, *Curso de Direito Administrativo*, cit., pp. 178-183 e 185-188; Eros Roberto Grau, *A Ordem Econômica na Constituição de 1988*, cit., pp. 111-123 e 278-281; e Maria Sylvia Zanella Di Pietro, *Direito Administrativo*, cit., pp. 416-418 e 421-428.

97. Waldemar Martins Ferreira, *A Sociedade de Economia Mista em seu Aspecto Contemporâneo*, cit., pp. 131-133 e 138-145 e Modesto Carvalhosa, *Comentários à Lei de Sociedades Anônimas*, vol. 4, t. I, cit., pp. 351-353, 367-368, 374 e 376-378.

98. A Constituição exige licitação para contratos de obras, serviços, compras e alienações.

junho de 1993,[99] e nos arts. 2º, § 4º, e 4º, § 3º, da Lei n. 9.491, de 9 de setembro de 1997, a realização obrigatória de um leilão de oferta pública de ações.

A característica da alienação do controle acionário é a transferência do bloco de controle, isto é, a quantidade de ações, títulos e direitos que garante o exercício do poder de controle,[100] tornando o seu adquirente o novo acionista controlador. Na alienação do controle, há, assim, a transferência direta ou indireta do bloco de controle da companhia, sob a condição, suspensiva ou resolutiva, de que o adquirente faça a oferta pública de aquisição de ações com direito a voto de propriedade dos demais acionistas, devendo partir do preço mínimo de oitenta por cento do que for adotado para as ações do bloco de controle (art. 254-A da Lei n. 6.404/1976, com as alterações introduzidas pela Lei n. 10.303, de 31 de outubro de 2001).[101] Como se trata da alienação do controle de uma instituição financeira, há também a necessidade de autorização, além da Comissão de Valores Mobiliários (art. 254, § 2º, da Lei n. 6.404/1976), do órgão público competente (art. 255 da Lei n. 6.404/1976),[102] ou seja, do Banco Central do Brasil.

A alienação do controle de sociedade de economia mista por outra sociedade de economia mista, como se configura na alienação de bens públicos para outro órgão ou entidade da Administração Pública, pode ser enquadrada dentro das hipóteses previstas de dispensa de licitação (art. 17 da Lei n. 8.666/1993), como a doação, a permuta, a venda de ações e a venda de bens, desde que estas operações ocorram com outro órgão ou entidade da Administração Pública, de qualquer esfera de governo (art. 17, I, *b*, *c*, *e*, para bens imóveis, e art. 17, II, *a*, *b*, *c*, *e*, *f*, para bens móveis). No caso da dispensa de licitação, há uma opção ou possibilidade de não licitar.[103] A situação é determinada pela vontade e conveniência política dos acionistas controladores das sociedades de economia mista envolvidas, o Governo Federal (Banco do Brasil) e o Governo do Estado de São Paulo (Nossa Caixa).

A inexigibilidade de licitação poderia ser justificada, no entanto, em virtude da impossibilidade de concorrência,[104] conforme estipula o art. 25 da Lei n. 8.666/1993. Neste caso da alienação do controle de sociedade de economia mista por outra sociedade de economia mista, esta possibilidade seria viável pela ine-

99. Art. 2º, *caput*: "As obras, serviços, inclusive de publicidade, compras, alienações, concessões, permissões e locações da Administração Pública, quando contratadas com terceiros, serão necessariamente precedidas de licitação, ressalvadas as hipóteses previstas nesta Lei".

100. V. a definição clássica de poder de controle em Fábio Konder Comparato, *O Poder de Controle na Sociedade Anônima*, cit., pp. 79-100.

101. Modesto Carvalhosa e Nelson Eizirik, *A Nova Lei das S/A*, cit., pp. 384-410, e José Edwaldo Tavares Borba, *Direito Societário*, cit., pp. 498-501. V., ainda, Fábio Konder Comparato, *O Poder de Controle na Sociedade Anônima*, cit., pp. 222-241; Alfredo Lamy Filho e José Luiz Bulhões Pedreira, *A Lei das S/A*, vol. II, 2ª ed., Rio de Janeiro, Renovar, 1996, pp. 611-631; e Calixto Salomão Filho, "Alienação de controle: o vaivém da disciplina e seus problemas", in *O Novo Direito Societário*, 3ª ed., São Paulo, Malheiros Editores, 2006, pp. 128-152. Sobre a natureza da cessão de controle acionário, submetida às normas de direito civil, e não de direito comercial, v. Fábio Konder Comparato, "A cessão de controle acionário é negócio mercantil?", in *Novos Ensaios e Pareceres de Direito Empresarial*, Rio de Janeiro, Forense, 1981, pp. 245-260.

102. V. Fábio Konder Comparato, *O Poder de Controle na Sociedade Anônima*, cit., pp. 215-216; Alfredo Lamy Filho e José Luiz Bulhões Pedreira, *A Lei das S/A*, vol. II, cit., pp. 667-668, 677 e 681-683; e Modesto Carvalhosa, *Comentários à Lei de Sociedades Anônimas*, vol. 4, t. II, cit., pp. 150-154.

103. Sobre a dispensa de licitação, v. Celso Antônio Bandeira de Mello, *Curso de Direito Administrativo*, cit., pp. 509-513 e 513-518, e Maria Sylvia Zanella Di Pietro, *Direito Administrativo*, cit., pp. 338-347.

104. Afinal, a licitação só é possível quando há possibilidade de competição, quando há pluralidade de concorrentes. V., por todos, Celso Antônio Bandeira de Mello, *Curso de Direito Administrativo*, cit., pp. 505-506, e Maria Sylvia Zanella Di Pietro, *Direito Administrativo*, cit., p. 340.

xistência de outros concorrentes. Como a situação é determinada pela vontade e conveniência política dos acionistas controladores das sociedades de economia mista envolvidas, o Governo Federal (Banco do Brasil) e o Governo do Estado de São Paulo (Nossa Caixa), poderia se alegar que não se trata, neste caso, de uma opção ou possibilidade de não licitar (caso da dispensa de licitação), mas de inviabilidade de competição, de impossibilidade de licitar, portanto, de não incidência do dever de licitar.[105]

Alienado o controle da sociedade de economia mista estadual Nossa Caixa para a sociedade de economia mista federal Banco do Brasil, a sociedade cujo controle foi alienado terá o seu capital fechado para cancelamento de registro ou será incorporada como subsidiária integral. Em qualquer das hipóteses, a Nossa Caixa se tornará uma sociedade controlada pelo Banco do Brasil, cuja definição legal é estipulada pela Lei das S/A, em seu art. 243, § 2º:

Art. 243, § 2º:

"Considera-se controlada a sociedade na qual a controladora, diretamente ou através de outras controladas, é titular de direitos de sócio que lhe assegurem, de modo permanente, preponderância nas deliberações sociais e o poder de eleger a maioria dos administradores".

A sociedade controlada deve se relacionar com a sua controladora sem favorecimentos recíprocos (art. 245 da Lei n. 6.404/1976), bem como deve a sociedade controladora ter as mesmas responsabilidades do acionista controlador (arts. 116 e 117 da Lei n. 6.404/1976).[106] Já no caso específico da subsidiária integral (art. 252 da Lei n. 6.404/1976), esta não incorpora seu patrimônio à incorporadora, nem se extingue. Embora suas ações sejam incorporadas, ela permanece existindo como pessoa jurídica, com patrimônio e capacidade administrativa. A sua incorporadora obterá um aumento de capital social, integralizado com as ações da subsidiária integral, mas o seu patrimônio não é incorporado ao da incorporadora.[107]

Em relação à subsidiária integral das sociedades de economia mista, há um debate doutrinário entre os que a consideram dotada da mesma natureza jurídica mista e os que a entendem como uma sociedade privada comum, nos termos do art. 235, § 2º, da Lei das S/A:

Art. 235, § 2º:

"As companhias de que participarem, majoritária ou minoritariamente, as sociedades de economia mista, estão sujeitas ao disposto nesta Lei, sem as exceções previstas neste Capítulo".

Para vários autores, não seria aplicável o regime de direito público às sociedades que, embora controladas por sociedades de economia mista, não foram criadas como sociedade de economia mista por lei, não podendo, assim, ser classificadas como "sociedades de economia mista de segundo grau". Outro argumento favorável à natureza privada comum vincula-se à necessidade de existência de um conselho de administração nas sociedades de economia mista, o que seria impossível na subsidiária integral, por esta só ter um acionista. A outra objeção diz respeito ao mesmo problema: a característica de sociedade unipessoal da subsidiária integral. Como só há um acionista, não seria pos-

105. Sobre a inexigibilidade de licitação, v. Celso Antônio Bandeira de Mello, *Curso de Direito Administrativo*, cit., pp. 506-507 e 513-518; Maria Sylvia Zanella Di Pietro, *Direito Administrativo*, cit., pp. 338-340 e 347-349; Lúcia Valle Figueiredo, *Direitos dos Licitantes*, cit., pp. 23-37; e, especialmente, Eros Roberto Grau, *Licitação e Contrato Administrativo*, cit., pp. 64-88.

106. José Edwaldo Tavares Borba, *Direito Societário*, cit., pp. 493-496.

107. Modesto Carvalhosa, *Comentários à Lei de Sociedades Anônimas*, vol. 4, t. II, cit., pp. 115-139; Modesto Carvalhosa e Nelson Eizirik, *A Nova Lei das S/A*, cit., pp. 380-383.

sível este acionista ser público e privado ao mesmo tempo, podendo ser totalmente público (seria, então, uma empresa pública) ou totalmente privado. Neste sentido, os doutrinadores favoráveis a esta interpretação consideram a subsidiária integral como exclusivamente privada por entenderem o patrimônio da sociedade de economia mista como privado.[108]

Estas objeções, no presente caso, podem ser afastadas. Caso a sociedade de economia mista estadual Nossa Caixa se torne subsidiária integral ou controlada da sociedade de economia mista federal Banco do Brasil, sua natureza jurídica continuará a ser de sociedade de economia mista. Em primeiro lugar, a incorporação ou alienação do controle de uma sociedade de economia mista por outra sociedade de economia mista não a retira do setor público, pelo contrário, demonstra a clara e inequívoca vontade do administrador em não privatizar a sociedade de economia mista a ser alienada ou incorporada.

O fato de a subsidiária integral ser uma sociedade unipessoal não retira a sua natureza de sociedade de economia mista. Não há cabimento na afirmação de que este único acionista não poderia ser público e privado ao mesmo tempo. De início, não se pode deixar de lado que, embora ente integrante da Administração Indireta, a sociedade de economia mista prestadora de atividade econômica em sentido estrito é dotada de natureza jurídica de direito privado (art. 173, § 1º, II, da Constituição de 1988, e art. 5º, III, do Decreto-lei n. 200/1967). Uma sociedade de economia mista não é, neste sentido, "pública e privada ao mesmo tempo". Os acionistas da sociedade de economia mista incorporadora são também acionistas, por seu intermédio, da subsidiária integral, cujo único acionista seria a sociedade de economia mista incorporadora, todas, como prestadoras de atividade econômica em sentido estrito, detentoras de natureza jurídica de direito privado, embora com todas as limitações e especificidades determinadas constitucional e legalmente.

Além disto, caso houvesse a necessidade de que o acionista da subsidiária integral fosse "totalmente" público ou "totalmente" privado, não há nenhum dispositivo constitucional ou legal que fundamente a classificação de uma subsidiária integral de sociedade de economia mista como preferencialmente privada. Ela poderia ser, a juízo do seu único acionista estatal, exclusivamente pública. O que define uma sociedade de economia mista é o interesse público em sua instituição por lei como instrumento de atuação do Estado, não a interpretação sobre a natureza do seu patrimônio. Modesto Carvalhosa, por exemplo, critica esta concepção privatista, afirmando que se está confundindo o meio (patrimônio), com o fim (interesse público), defendendo o entendimento de que a subsidiária integral de uma sociedade de economia mista pode também possuir natureza jurídica de sociedade de economia mista.[109]

Finalmente, no presente caso, sequer a ausência de autorização legal para a criação da controlada ou subsidiária integral poderia ser levantada. Afinal, a Nossa Caixa foi criada por lei como sociedade de economia mista (Lei Estadual n. 10.853, de 16 de julho de 2001), não consistindo em uma "sociedade de economia mista de segundo grau". Não será a incorporação ou alienação do controle para o Banco do Brasil que "transformará" a Nossa Caixa

108. Caio Tácito, "Alienação do controle acionário da Light pela Eletrobrás. Desnecessidade de prévia autorização", in *Temas de Direito Público*, vol. 2, cit., pp. 1.165-1.168, e Modesto Carvalhosa, *Comentários à Lei de Sociedades Anônimas*, vol. 4, t. I, cit., pp. 364-365. V. tb. Mauro Rodrigues Penteado, "As sociedades de economia mista e as empresas estatais perante a Constituição de 1988", *Revista de Informação Legislativa* 102/55-68, Brasília, abr.-jun./1989, e José Edwaldo Tavares Borba, *Direito Societário*, cit., p. 477.

109. Modesto Carvalhosa, *Comentários à Lei de Sociedades Anônimas*, vol. 4, t. II, cit., pp. 121-122.

em sociedade de economia mista. Ela já é uma sociedade de economia mista, legalmente constituída, que continuará a fazer parte do setor empresarial público, pois está sendo adquirida por outra sociedade de economia mista. O interesse público continua, assim, a prevalecer na organização e atuação da Nossa Caixa, mesmo como controlada ou subsidiária integral do Banco do Brasil, até sua plena incorporação. Neste espaço de tempo, enquanto a sociedade de economia mista estadual permanecer como controlada ou subsidiária integral da sociedade de economia mista federal, ela continua competente para desempenhar suas funções públicas, como abrigar a conta única do Tesouro do Estado de São Paulo (art. 164, § 3º, da Constituição de 1988, e art. 173 da Constituição do Estado de São Paulo) e administrar os depósitos judiciais (art. 666, I, do Código de Processo Civil).

2.2 O art. 37, XX, da Constituição de 1988 e a necessidade de autorização legislativa

O art. 37, XX, da Constituição de 1988 determina a necessidade de autorização legislativa para a criação de subsidiárias das entidades administrativas mencionadas no inciso XIX do mesmo artigo (autarquias, empresas públicas, sociedades de economia mista e fundações), bem como sua participação em empresa privada:

Art. 37, XIX: "XIX – somente por lei específica poderá ser criada autarquia e autorizada a instituição de empresa pública, de sociedade de economia mista e de fundação, cabendo à lei complementar, neste último caso, definir as áreas de sua atuação".

Art. 37, XX: "XX – depende de autorização legislativa, em cada caso, a criação de subsidiárias das entidades mencionadas no inciso anterior, assim como a participação de qualquer delas em empresa privada".

A dúvida que pode existir diz respeito à expressão "em cada caso" para a autorização legislativa para a criação de subsidiárias ou participação em empresa privada dos entes estatais mencionados no art. 37, XIX, da Constituição. Neste inciso XX do art. 37, ao contrário do inciso XIX, não há qualquer referência à "lei específica", como no caso da criação de empresas estatais, mas ao caso de cada empresa ou ente público. Não há a necessidade de indicação expressa de qual empresa específica receberá investimento público. A expressão "cada caso" indica a área ou a atividade a ser contemplada. Entendo, assim, que esta expressão "em cada caso" deve ser compreendida como "no caso de cada ente" que se proponha a criar subsidiárias ou a participar de outras sociedades. As empresas estatais que possuírem autorização legislativa, seja pela sua lei de criação, ou seja, por alguma lei posterior, podem atuar neste sentido. Se este inciso fosse compreendido de outra maneira, a existência de inúmeras entidades estatais que atuam em operações de participação, como o próprio BNDES (Banco Nacional de Desenvolvimento Econômico e Social) seria inviável.[110]

Este entendimento sobre o disposto no art. 37, XX, da Constituição também foi adotado pelo Congresso Nacional, que aprovou vários diplomas legais conceden-

110. Caio Tácito, "As empresas estatais no Direito brasileiro", in *Temas de Direito Público*, vol. 1, cit., pp. 683-686; Caio Tácito, "Sociedade de economia mista. Incorporação de outra empresa", in *Temas de Direito Público*, vol. 2, cit., pp. 1.154-1.155; Modesto Carvalhosa, *Comentários à Lei de Sociedades Anônimas*, vol. 4, t. I, cit., pp. 387-389; e José Edwaldo Tavares Borba, *Direito Societário*, cit., pp. 476-477. Em sentido contrário, defendendo a obrigatoriedade de autorização legislativa caso a caso, v. Celso Antônio Bandeira de Mello, *Curso de Direito Administrativo*, cit., pp. 189-190.

do autorizações amplas para a criação de subsidiárias por sociedades de economia mista. Apenas no caso da Petrobrás, por exemplo, foram aprovadas a Lei n. 8.395, de 2 de janeiro de 1992, que autoriza a Petrobrás Química S/A, Petroquisa, a participar minoritariamente de sociedades de capitais privados no Eixo Químico do Nordeste, formado pelos Estados da Bahia, Sergipe, Alagoas, Pernambuco e Rio Grande do Norte, a Lei n. 8.403, de 8 de janeiro de 1992, que autoriza a Petrobrás e a Petrobrás Distribuidora S/A (BR) a participarem do capital de outras sociedades, e o art. 65 da Lei n. 9.478, de 6 de agosto de 1997, que autoriza a Petrobrás a constituir uma subsidiária com atribuições específicas de operar e construir seus dutos, terminais marítimos e embarcações para transporte de petróleo e derivados e gás natural, podendo, ainda, se associar a outras empresas. A nova lei do petróleo, ainda, concedeu uma autorização genérica para a constituição de subsidiárias pela Petrobrás, estipulando em seu art. 64:

Art. 64: "Para o estrito cumprimento de atividades de seu objeto social que integrem a indústria do petróleo, fica a Petrobrás autorizada a constituir subsidiárias, as quais poderão associar-se, majoritária ou minoritariamente, a outras empresas".

O Supremo Tribunal Federal também adotou esta interpretação sobre o alcance da autorização legislativa prevista no art. 37, XX, da Constituição no julgamento da ADI n. 1.649-DF (Relator: Ministro Maurício Corrêa), julgada em 24 de março de 2004:

Ementa: *Ação Direta de Inconstitucionalidade. Lei 9.478/1997. Autorização à Petrobrás para constituir subsidiárias. Ofensa aos arts. 2º e 37, XIX e XX, da Constituição Federal. Inexistência. Alegação improcedente.* 1. A Lei 9.478/1997 não autorizou a instituição de empresa de economia mista, mas sim a criação de subsidiárias distintas da sociedade-matriz, em consonância com o inciso XX, e não com o XIX do art. 37 da Constituição Federal. 2. É dispensável a autorização legislativa para a criação de empresas subsidiárias, desde que haja previsão para esse fim na própria lei que instituiu a empresa de economia mista matriz, tendo em vista que a lei criadora é a própria medida autorizadora. Ação direta de inconstitucionalidade julgada improcedente.

A expressão "empresa privada", que se refere à participação dos entes estatais no art. 37, XX, também não pode ser interpretada de qualquer modo.

A Constituição sempre se refere de forma expressa às empresas estatais e suas espécies (empresa pública e sociedade de economia mista). Apesar da determinação constitucional de equivalência de regimes jurídicos entre as empresas estatais (empresas públicas e sociedades de economia mista) que explorem atividade econômica e as empresas privadas (art. 173, § 1º, II), o texto constitucional sempre distingue as empresas estatais das empresas privadas propriamente ditas.

Todas as vezes em que há referência à "empresa privada" na Constituição, o texto diz respeito às sociedades privadas propriamente ditas, compostas por capital integralmente privado, nunca às sociedades de economia mista, compostas por capital parcialmente privado. O art. 37, XX, menciona a empresa privada neste mesmo sentido.[111]

111. Neste mesmo sentido, o STF se manifestou no julgamento da referida ADI 1.649-DF (Relator: Ministro Maurício Corrêa), em março de 2004. Sobre a discussão teórica em torno da conceituação de empresa, v. Paula A. Forgioni, *O Direito Comercial Brasileiro: da Mercancia ao Mercado*, mimeo, São Paulo, Faculdade de Direito da USP (Tese de Titularidade), 2008, pp. 53-102. Para o debate português sobre o significado de empresa nos distintos dispositivos constitucionais e diplomas legais, v. Jorge Manuel Coutinho de Abreu, *Da Empresarialidade: as Empresas no Direito*, reimpr., Coimbra, Almedina, 1999, especialmente pp. 1-24 e 281-308.

2.3 A constitucionalidade e o alcance da Medida Provisória n. 443, de 21 de outubro de 2008

A Medida Provisória n. 443, de 21 de outubro de 2008, autoriza o Banco do Brasil e a Caixa Econômica Federal a constituírem subsidiárias integrais ou controladas, bem como a adquirirem participação em instituições financeiras, públicas ou privadas, incluindo empresas de ramos complementares às do setor financeiro (arts. 1º e 2º da Medida Provisória n. 443/2008). A Medida Provisória n. 443/2008 concede, assim, uma autorização ampla para a criação de subsidiárias e participação em outras sociedades por estas duas instituições financeiras públicas federais.

Além desta autorização legal, a Medida Provisória n. 443/2008 expressamente determina a dispensa de licitação no caso de venda de participação acionária em instituições financeiras públicas para o Banco do Brasil e a Caixa Econômica Federal (art. 5º da Medida Provisória n. 443/2008). O disposto no art. 17, II, *c*, da Lei n. 8.666/1993 é, assim, excepcionado para o caso destas instituições financeiras públicas federais. A dispensa de licitação deixa de ser mais uma opção do administrador a ser justificada como adequada à situação de venda de participação acionária em instituições financeiras públicas para o Banco do Brasil e a Caixa Econômica Federal, para se tornar uma possibilidade determinada expressamente no texto legal para estes casos.

Os requisitos constitucionais da relevância e urgência (art. 62, *caput*, da Constituição) estão visivelmente atendidos com a edição desta Medida Provisória. A crise financeira internacional, iniciada em setembro de 2008, exige a necessidade de atuação diligente e eficaz do Poder Executivo, especialmente no que diz respeito às medidas de natureza econômica.[112] A preservação e reestruturação do sistema financeiro nacional, visando a ampliação da oferta de crédito e de liquidez, fundamentam a concessão de instrumentos que conferem maior agilidade e eficiência ao setor bancário público.

A Medida Provisória n. 443/2008 consagra instrumentos para que os bancos públicos federais possam atuar em igualdade de condições com os grandes bancos privados. Afinal, a Constituição de 1988 garante da mesma forma a iniciativa econômica individual, a iniciativa econômica cooperativa (arts. 5º, XVIII, e 174, §§ 3º e § 4º, da Constituição) e a iniciativa econômica pública (arts. 173 e 177 da Constituição, entre outros). A iniciativa econômica pública tem suas especificidades, pois é determinada positivamente pela Constituição ou pela lei (assim como a liberdade de iniciativa privada também é limitada pela lei) e deve se dar de acordo com o interesse público, ou, mais especificamente, com os imperativos da segurança nacional ou relevante interesse coletivo (art. 173 da Constituição). Apesar destas especificidades, o Estado deve ter sua iniciativa econômica pública protegida de forma semelhante à proteção das iniciativas privada e cooperativa.[113]

112. Sobre as situações de emergência econômica, v. de Gilberto Bercovici, "O Estado de exceção econômico e a periferia do capitalismo", *Boletim de Ciências Económicas*, vol. XLVIII, Coimbra, Universidade de Coimbra, 2005, pp. 1-11, e Gilberto Bercovici, "Die Aktualität von Carl Schmitt an der Peripherie des Kapitalismus: Betrachtungen am Fall Brasilien", in Rüdiger Voigt (org.), *Der Staat des Dezisionismus: Carl Schmitt in der internationalen Debatte*, Baden-Baden, Nomos Verlagsgesellschaft, 2007, pp. 188-198.

113. Sobre a iniciativa econômica pública, v., ainda, Francesco Galgano, "Pubblico e privato nella regolazione dei rapporti economici", in Francesco Galgano (coord.), *Trattato di Diritto Commerciale e di Diritto Pubblico dell'Economia*, vol. 1, Padova, Cedam, 1977, pp. 120-126; Oscar de Juan Asenjo, *La Constitución Económica Española*, cit., pp. 90-99; Natalino Irti, *L'Ordine Giuridico del Mercato*, cit., pp. 19-20; e José Joaquim Gomes Canotilho e Vital Moreira, *Constituição da República Portuguesa Anotada*, vol. I, cit., pp. 958-959 e 982-986.

Não se trata aqui, portanto, de nenhuma violação ao princípio constitucional da livre iniciativa (arts. 1º, IV, e 170, *caput*), que também deve conformar a iniciativa econômica pública, não apenas a iniciativa econômica privada, como muitos autores, equivocadamente, defendem, sustentando uma posição ideológica que não encontra fundamento no texto constitucional.[114] O Estado brasileiro é regido por uma constituição cujos preceitos reclamam, de uma forma ou de outra, a atuação estatal no domínio econômico. A Constituição de 1988, assim, não exclui nenhuma forma de intervenção estatal, nem veda ao Estado atuar em nenhum domínio da atividade econômica. A Medida Provisória n. 443, de 21 de outubro de 2008, neste sentido, apenas confere ao setor bancário público federal instrumentos mais adequados para sua atuação mais eficaz e para o cumprimento de seus objetivos fixados legal e constitucionalmente.

Resposta aos Quesitos Complementares

Diante da argumentação exposta, concluo:

1) A alienação do controle de uma sociedade de economia mista estadual (Nossa Caixa) a uma sociedade de economia mista federal (Banco do Brasil) configura a hipótese de contratação direta por dispensa de licitação. A inexigibilidade de licitação poderia, no entanto, ser alegada em virtude da inexistência de competição possível neste caso (art. 25 da Lei n. 8.666/1993).

114. Como exemplo deste tipo de argumentação, v. Paulo Bonavides, "Serviço postal (art. 21, X)", *Revista de Direito do Estado* 6/323-324, Rio de Janeiro, abr.-jun./2007. Para a crítica destas concepções que privilegiam a livre iniciativa privada, v. Cláudio Pereira de Souza Neto e José Vicente Santos de Mendonça, "Fundamentalização e fundamentalismo na interpretação do princípio constitucional da livre iniciativa", cit., pp. 709-741.

2) O interesse público permanece presente na Nossa Caixa, sociedade de economia mista estadual criada por lei específica, mesmo com a alienação do controle acionário. A Nossa Caixa torna-se sociedade controlada do Banco do Brasil, sociedade de economia mista federal, mas se mantém no setor empresarial público e com sua natureza jurídica de sociedade de economia mista.

3) A referência do art. 37, XX, da Constituição de 1988 à "empresa privada" diz respeito à empresa composta por capital totalmente privado e administrada por particulares.

4) A alienação do controle da Nossa Caixa ao Banco do Brasil demonstra inequivocamente a vontade discricionária do administrador em não privatizá-la. O negócio constitui fase preliminar de reorganização para a posterior incorporação societária da Nossa Caixa pelo Banco do Brasil. Neste interregno, a Nossa Caixa seria sociedade controlada do Banco do Brasil, mas manteria sua natureza de sociedade de economia mista, criada por lei, mas controlada por outra sociedade de economia mista, podendo desempenhar normalmente suas funções públicas, como por exemplo, abrigar a conta única do Tesouro do Estado de São Paulo e administrar os depósitos judiciais (art. 666, I, do Código de Processo Civil).

5) A edição da Medida Provisória n. 443, de 21 de outubro de 2008, determina a dispensa de licitação para a aquisição de instituição financeira pública por parte do Banco do Brasil. A dispensa de licitação deixa, assim, de ser mais uma opção do administrador a ser justificada como adequada à situação de venda de participação acionária em instituições financeiras públicas para o Banco do Brasil e a Caixa Econômica Federal, para se tornar uma possibilidade determinada expressamente no texto legal para estes casos. A Medida Provisória n. 443/2008 autoriza o Banco do Brasil a constituir subsidiárias integrais

ou controladas, bem como a participar de outras empresas do sistema financeiro ou que exerçam atividades complementares por parte do Banco do Brasil. Esta Medida Provisória consagra, portanto, instrumentos para que os bancos públicos federais possam atuar em igualdade de condições com os grandes bancos privados, preservando a iniciativa econômica pública, garantida pela Constituição de 1988.

Este é o meu Parecer.

São Paulo, 10 de novembro de 2008.

RDM 148

DOUTRINA: REORGANIZAÇÃO SOCIETÁRIA E CONCORRÊNCIA – RACHEL SZTAJN • ***ATUALIDADES***: OPERAÇÕES COM DERIVATIVOS: UMA INTRODUÇÃO MULTIDISCIPLINAR E ALGUMAS LIÇÕES DA CRISE NO BRASIL – ALEXSANDRO BROEDEL LOPES • SOCIEDADES DE GRANDE PORTE (Lei n. 11.638/2007, art. 3º) – ERASMO VALLADÃO A. E N. FRANÇA e MARCELO VIEIRA VON ADAMEK • O REGRESSO NO CONTRATO DE FOMENTO MERCANTIL – CRISTIANO GOMES DE BRITO • RESPONSABILIDADE PATRIMONIAL DOS SÓCIOS E DOS EVENTUAIS EX-SÓCIOS PELAS OBRIGAÇÕES TRABALHISTAS CONTRAÍDAS PELA SOCIEDADE – JOSÉ ELIAS ALVARENGA DE PÁDUA • SOCIEDADE ANÔNIMA: UMA ANÁLISE SOBRE A NATUREZA DO CONFLITO DE INTERESSES DOS MEMBROS DO CONSELHO DE ADMINISTRAÇÃO – FERNANDA AVIZ SANTOS • O PATRIMÔNIO DE AFETAÇÃO E AS EMPRESAS INDIVIDUAIS DE RESPONSABILIDADE LIMITADA – MARIA ANTONIETA LYNCH • A PROTEÇÃO INTERNACIONAL DAS INDICAÇÕES GEOGRÁFICAS E SUA ATUAÇÃO COMO INSTRUMENTO DE DESENVOLVIMENTO – ANALLUZA BRAVO BOLIVAR • O ENSINO DA DEFESA E DA PROMOÇÃO DA CONCORRÊNCIA NOS CURSOS DE GRADUAÇÃO EM DIREITO NO BRASIL: O ESTADO DA ARTE – LEONARDO ARQUIMIMO DE CARVALHO • INSTRUMENTOS PARA INVESTIMENTOS E O CERTIFICADO DE RECEBÍVEIS DO AGRONEGÓCIO/CRA – RENATO BURANELLO • ***ESPAÇO DISCENTE***: A PROTEÇÃO DOS ACIONISTAS E CREDORES NA INCORPORAÇÃO – TÉRCIO TÚLIO NUNES MARCATO • ***JURISPRUDÊNCIA COMENTADA***: O CONTRATO-TIPO E A APLICAÇÃO DO CDC AOS CONTRATOS EMPRESARIAIS – GUSTAVO NETO DE CARVALHO DIAS • ***PARECERES***: ATUAÇÃO DO ESTADO NO DOMÍNIO ECONÔMICO E SISTEMA FINANCEIRO NACIONAL. INEXIGIBILIDADE DE LICITAÇÃO EM INCORPORAÇÃO OU EM ALIENAÇÃO DO CONTROLE DE UMA SOCIEDADE DE ECONOMIA MISTA POR OUTRA SOCIEDADE DE ECONOMIA MISTA – GILBERTO BERCOVICI

MALHEIROS EDITORES